제5판

MODERN SOCIETY AND LAW

현대사회와 법

손수진 저

도서출판 學林

제5판 머 리 말

제4판 발행 후 3년 6개월이 지나면서 그동안 여러 법률이 개정되었다. 개정된 법률의 주요 내용을 반영하여 제5판을 발간하고자 수정 · 보완작업을 하였다. 그동안 대법원에서는 전원합의체 판결을 통하여 폭행 · 협박 선행형의 강제추행죄에서 폭행 · 협박의 의미와 관련하여 기존의 판례를 변경하였다. 그리고 피상속인의 배우자와 자녀 중 전부가 상속을 포기한 경우 배우자가 단독상속인이 된다는 전원합의체 결정으로 기존 판례를 변경하였다. 그 외에도 사회적으로 큰 관심을 끌었던 Bad Fathers 사건에 대한 판결 등이 있었다. 제5판에서는 이러한 판례를 반영하고 독자의 이해를 돕기 위해 그 외 다양한 판례를 추가하였다. 그리고 스토킹범죄를 추가하는 등 내용을 수정 · 보완하였다.

제5판 발간을 위해 도움을 주신 도서출판 학림의 이원일 대표님께 진심으로 감사의 마음을 전한다.

2025년 6월 24일

공주대학교 연구실에서

손 수 진

제4판 머리말

제3판이 간행된 지 4년의 세월이 흐르는 동안 많은 법률의 개정이 있었다. 그동안 미루어왔던 수정·보완 작업을 더 이상 미룰 수 없어 서둘러 제4판을 발간하고자 한다.

그동안 미성년자에 대한 성폭력 등의 경우 손해배상청구권의 소멸시효에 관한 규정이 새로이 신설되었고, 주택임차인의 주거생활의 안정을 보다 강화하기 위하여 주택임대차보호법에 임차인의 계약갱신요구권이 도입되었으며, 2년여간 지속된 코로나19 사태로 인한 경제사정의 변동을 반영하기 위하여 상가건물임대차보호법의 개정도 있었다. 그리고 근로자 모성 보호제도를 강화하기 위한 「남녀고용평등과 일·가정양립지원에 관한 법률」의 개정과 이자제한법상 최고이율의 변동이 수차례 있었다. 그 밖에도 많은 법률의 개정이 있었다. 제4판에서는 개정된 법률의 주요 내용을 반영하고, 이해를 돕기 위해 판례를 새로이 추가하였다.

끝으로 제4판 발간을 위해 도움을 주신 도서출판 학림의 이원일 대표님께 깊은 감사를 드린다.

2022년 1월 17일

금강이 내려다 보이는 공주대학교 연구실에서

손 수 진

제3판 머 리 말

개정판이 간행된 지 2년의 세월이 흘렀고 그동안 많은 법률의 개정이 있었다. 개정된 법률의 내용을 반영하여 제3판을 발간하고자 합니다.

제3판에서는 주택임대차계약에서 최우선변제권이 인정되는 소액보증금의 범위와 최우선변제를 받을 수 있는 금액을 상향시키기 위한 주택임대차보호법시행령의 개정 내용을 반영하였고, 상가건물임대차에서 임차인의 권리금 회수기회를 보호하기 위한 상가건물임대차보호법의 개정 내용을 반영하였다. 그리고 할부거래에 관한 법률에서는 선불식 할부거래와 관련된 내용을 보완하였다. 그 밖에도 개정된 법률의 내용을 반영하였다. 변경된 판례의 내용을 반영하여 사례 및 해설을 수정하고 판례를 추가하였다.

제3판 발간을 위해 도움을 주신 도서출판 학림의 이원일 대표님과 심성보 편집위원님께 깊은 감사를 드린다.

2018년 1월 31일

공산성을 마주보는 공주대학교 연구실에서

손 수 진

제2판 머리말

초판이 간행된 지 1년밖에 지나지 않았지만, 그동안 유책배우자의 이혼청구를 허용하는 예외적 사유를 확대하는 대법원 판결이 있었고, 초판 발간 작업 중에 있었던 헌법재판소의 위헌결정으로 미처 초판에 반영하지 못한 간통죄의 폐지 등을 비롯하여 몇 가지 내용을 수정하고 보완하기 위하여 개정판 발간 작업을 서둘러 진행하였다. 특히 강학상 미흡한 부분에 대한 보완의 필요성이 컸기에 개정판 발간을 늦출 수 없었다.

대법원은 전원합의체 판결을 통하여 유책배우자의 이혼청구를 예외적으로 허용하는 사유로서, 이미 대법원 판례에서 허용하고 있는 사유, 즉 상대방 배우자도 혼인을 계속할 의사가 없음이 객관적으로 명백한 경우 이외에, 이혼을 청구하는 배우자의 유책성을 상쇄할 정도로 상대방 배우자 및 자녀에 대한 보호와 배려가 이루어진 경우, 세월의 경과에 따라 혼인파탄 당시 현저하였던 유책배우자의 유책성과 상대방 배우자가 받은 정신적 고통이 점차 약화되어 쌍방의 책임의 경중을 엄밀히 따지는 것이 더 이상 무의미할 정도가 된 경우 등과 같이 혼인생활의 파탄에 대한 유책성이 그 이혼청구를 배척해야 할 정도로 남아 있지 아니한 사정이 있는 경우로 확대하였다.

헌법재판소는 2015년 2월 26일 배우자 있는 자의 간통행위 및 그와의 상간행위를 처벌하도록 규정한 형법 제241조의 간통죄가 성적 자기결정권 및 사생활의 비밀과 자유를 침해하는 것으로 헌법에 위반된다는 결정을 하였다.

개정판에서는 이러한 대법원과 헌법재판소의 판례를 보완하고 몇 가지 사례를 추가하였으며, 특히 제1장 법학 일반이론 부분을 기존의 3개 절에서 6개 절로 늘려 그 내용을 보완하였다.

끝으로 개정작업을 도와주신 도서출판 학림의 이원일 대표님과 심성보 편집위원님께 깊은 감사를 드린다.

2016년 1월 30일

공산성을 마주보는 공주대학교 연구실에서

손 수 진

머 리 말

법치주의를 근간으로 하는 현대국가에서 법은 사회의 질서를 유지하기 위한 필수적 장치이다. 법은 정당한 권리의 행사를 도와주기도 하지만, 때로는 억압의 수단으로 다가와 피해를 주기도 한다. 법률에 관한 지식을 가지고 있는 사람은 자신의 권리를 정당하게 행사하여 권익을 찾으며 살 수 있지만, 그렇지 못한 사람은 법률에 의하여 주어진 정당한 권리조차 행사하지 못하여 피해를 당하는 경우가 있다. 따라서 현대를 살아가는 생활인으로서 반드시 알아두어야 할 기초적 법률 지식을 갖추는 일은 매우 중요하다고 할 것이다.

이에 저자는 수년간 「생활법률」과 「법학개론」을 강의하면서 작성한 강의록을 한 권의 책으로 발간하고자 한다. 일상생활과 관련이 있는 기초적 법률 지식을 알기 쉽게 풀이하여 누구든지 쉽게 이해하고 실생활에 적용할 수 있도록 하기 위해 사례를 들어 설명하고 관련 판례를 소개하였다.

이 책은 「생활법률」이나 「법학개론」의 교재로 사용하기 위해 쓰여진 것으로, 그 내용은 제1장 법학 일반이론, 제2장 민법, 제3장 주택 · 상가건물 임대차보호법, 제4장 소송관계법, 제5장 소비자법, 제6장 노동법, 제7장 상법, 제8장 형법으로 구성되어 있다. 시간에 쫓겨 부족한 점이 있어 부끄럽지만 우선 출판하고자 한다. 독자 여러분의 많은 비판과 조언을 수용하여 앞으로 계속 수정·보완할 계획이다.

끝으로 이 책의 출간을 위해 도움을 주신 도서출판 학림의 이원일 대표님과 심성보 편집위원님께 진심으로 감사드린다.

2015년 2월 12일

금강이 내려다 보이는 공주대학교 연구실에서

손 수 진

차 례

제1장 법학 일반이론

제2장 민 법

제 5 장 소비자법

제 6 장 노동법

제 7 장 상 법

제 8 장 형 법

CHAPTER 01 법학 일반이론

제1절 법의 본질

[1] 법의 개념

1. 법은 규범이다

Kant는 법칙을 자연을 대상으로 하는 자연법칙과 인간사회를 대상으로 하는 규범법칙으로 구분하였다. "밤이 지나가면 아침이 온다", "봄이 되면 꽃이 핀다"는 자연법칙은 원인과 결과의 관계가 변함없이 나타나는 필연의 법칙이다. 이에 반해 규범법칙은 "사람을 살해하지 말아라", "빌린 돈은 갚아야 한다" 등과 같이 인간의 이성을 전제로 하여 창조되고 규제되는 당위의 법칙이며 가치를 지향하는 목적의 법칙이다. 법은 사람의 행동을 규율하기 위하여 인위적으로 만든 규범법칙이다.

2. 법은 사회규범이다

사람은 혼자 살 수 없으므로 사회라는 공동체를 형성하여 생활을 한다. 사회생활에서는 사회구성원 간에 서로의 이익이 상충되어 다툼이 일어날 수 있으므로 사회의 질서를 유지하기 위한 규범이 필요하다. "사회가 있는 곳에 반드시 법이 있다"는 말은 바로 법이 사회생활을 규율하는 사회규범임을 표현한 것이다.

3. 법은 강제규범이다

법은 국가권력에 의해 승인되고 강제되는 규범이다. 법의 강제성은 법이 다른 사회규범과 구별되는 결정적인 요소로서 법의 본질적 속성이다. 법은 다른 사회규범과 달리 국가권력에 의해 제정되고 국가권력의 강제력에 의해 실행되는 강제규범이라는데 특색이 있다. 위반자에 대하여 국가권력에 의한 강제집행 또는 형벌부과 등을 통하여 그 준수가 확보된다.

[2] 법과 기타 규범의 다른 점

사회질서를 유지하기 위한 규범으로는 법 이외에도 도덕규범, 종교규범, 관습규범 등이 있다. 이들 규범은 사람의 행위를 규율한다는 점에 있어서는 법과 다를 바 없으나, 그 본질에 있어서는 다소의 차이가 있다.

1. 법과 도덕규범

도덕은 사람의 사회생활에서 가장 광범위한 구속력을 가지는 행위규범이다. 도덕은 법과 같이 사람의 행위를 규율하는 규범으로서 법이 금하는 행위는 도덕에서도 허락하지 않는다. 그러나 법은 외면적, 타율적인 데 반하여 도덕은 내면적, 자율적이라는 점에서 차이가 있다.

법은 사람의 외면적 행위를 규율함을 목적으로 하고 행위로 표출되지 아니한 내면적 의사는 문제삼지 않으나(법의 외면성), 도덕은 사람의 내면적 의사도 규율대상으로 한다(도덕의 내면성). 다만 법은 행위자의 선의 또는 악의에 따라 법률상의 보호에 차이를 두는 것과 같이 내면성에 대하여 전부 불문에 부치는 것이 아니지만 이 경우에도 외부적인 행위로서 나타났을 때 비로소 법률상 문제가 되는 것이다.

법은 국가권력의 강제력에 의하여 그 준수가 강제되므로 타율성을 요소로 하지만(법의 타율성), 도덕은 국가권력에 의해 그 준수가 강제되는 것이 아니라 사람의 양심에 의하여 유지되므로 자율성을 요소로 한다(도덕의 자율성). 따라서 법 위반행위에 대한 평가와 제재는 국가권력에 의해 이루어지는 데 반하여, 도덕 위반행위의 경우 그에 대한 평가와 제재는 개인적, 사회적 양심에 의한다.

2. 법과 종교규범

종교는 신이나 그 밖의 어떤 절대적인 존재에 대한 신앙에 그 본질이 있다. 그러므로 종교는 법과 달리 한 국가 안에서도 신앙집단의 수에 따라 둘 이상이 있을 수 있고 반대로 하나의 종교가 여러 국가에 걸쳐 집단을 형성하는 경우도 있다. 따라서 종교규범은 한 국가에 둘 이상의 종교규범이 성립할 수 있고 경우에 따라서는 하나의 종교규범이 여러 국가에 걸쳐 성립할 수도 있다. 종교는 사람의 외부적 행위를 규율하기도 하지만 내면적인 규범성에 법과 다른 일면이 있다.

3. 법과 관습

관습이란 일상생활 속에서 자연적으로 발생하여 반복적으로 행하여온 관행으로서 사회구성원들이 그에 준거하여 행동하지 않으면 안 된다는 하나의 규범으로 인식하기에 이른 것을 말한다. 법은 관습을 기반으로 하여 성립하는 경우가 많으며 양자는 밀접한 관계가 있다. 관습이 불특정다수인에 의하여 법적 인식을 수반하게 되어 관습법으로 진화하거나 성문법화하여 법질서 속에 흡수되는 경우가 있고 이와 반대로 법이 제정됨으로써 사회구성원에 의한 준수가 계속되는 가운데 그것이 관습화해 가기도 한다. 법도 이러한 관습을 존중하여 「법령 중의 선량한 풍속 기타 사회질서에 관계없는 규정과 다른 관습이 있는 경우에 당사자의 의사가 명확하지 아니한 때에는 그 관습에 의한다」(민법 제106조)라고 규정하여 관습에 법률적 효과를 부여하고 있다. 다만, 사회구성원에 의해 발생되고 유지되는 관습은 위반할 경우 사회로부터 비난받는 정도에 그친다는 점에서, 국가권력에 의해 제정되고 그 준수가 강제되며 위반할 경우 국가권력에 의한 제재가 따르는 법과 다르다.

[3] 법의 이념

1. 정의

정의는 법이념의 방향을 제시하는 것이다. 즉 법은 정의 그 자체가 아니라 정의라는 가치를 지향하는 규범이다. 법은 사회정의의 구현을 이념으로 할 때 법으로서 지켜져야 할 가치가 있는 것이다. 여기서 정의라고 하는 것은 구체적으로는 시대와 사회에 따라서 상대적인 것이다. 다만, 사회정의는 사회구성원에 의해 실천되지 않으면 안 되므로 그 구체적인 내용은 실천의 보장에 필요한 힘을 가진 국가권력에 의해 인정되어야 한다.

2. 합목적성

합목적성은 법의 내용에 관한 지침이라고 할 수 있다. 법의 이념으로서 합목적성이란 목적에 맞추어 방향을 결정하여야 한다는 원리로서, 법의 내용이 어떠한 목적을 추구하는데 합당한가 하는 것이다.

법의 목적은 세계관이나 가치관에 따라 다양하게 인식될 수 있으나, 대체로 민주주의 국가에서 법의 목적은 개인의 자유와 권리를 금과옥조로 하는 개인주의와 공공복리라고 하는 단체적 가치를 추구하는 단체주의의 상호조화를 꾀하는 데에 있다고 할 것이다. 즉 사익과 공익의 조화를 모색함에 합목적성이 있다고 할 수 있다.

3. 법적 안정성

법의 제1차적 기능은 사회의 질서를 유지하고 분쟁이 발생한 경우에 평화를 회복하고 유지하는 데 있다. 법의 이념으로서의 법적 안정성은 질서유지와 직결된다. 법이 안정되지 못하면 사람들은 법을 신뢰하지 아니하고 준수하지도 않을 것이므로 법질서의 안정은 평화로운 공동생활의 전제이다. 그러므로 법적 안정성을 확보하기 위하여, 법은 그 내용이 명확해야 하고, 쉽게 변경되거나 자의적으로 적용되고 해석되어서는 아니되며, 실제로 실행가능한 것으로 국민의 법의식에 합치되는 것이어야 한다.

4. 세 이념의 관계

법의 이념으로서 정의 · 합목적성 · 법적 안정성의 관계는 상호모순되면서도 상호보완의 관계에 있다고 할 수 있다. 법적 안정성은 법의 형식에 관하여 강조점을 두는 반면, 정의와 합목적성은 주로 법의 실질에 중점을 둔다. 따라서 법적 안정성은 법의 내용이 정의나 목적에 부합하는지 여부와 관계없이 그 원리 자체를 고집하는 경향이 있어서 양자 간에는 갈등이 생긴다. 그리고 정의와 합목적성도 다 같이 법의 내용에 관한 것이지만 둘 사이에서도 갈등이 생긴다. 또 정의만을 강조하면 법적 안정성을 기할 수 없고, 법적 안정성을 강조하면 정의를 실현할 수 없게 되는 경우가 있다. 이처럼 세 이념은 법체계에 절대적으로 필요한 것들이면서 동시에 상호 대립되기도 하는 것이다.

⊙ 친일반민족행위자 재산의 국가귀속에 관한 특별법(시행 2005. 12. 29. 법률 제7769호, 2005. 12 29. 제정)

제1조(목적) 이 법은 일본 제국주의의 식민통치에 협력하고 우리 민족을 탄압한 반민족행위자가 그 당시 친일반민족행위로 축재한 재산을 국가에 귀속시키고 선의의 제3자를 보호하여 거래의 안전을 도모함으로써 정의를 구현하고 민족의 정기를 바로 세우며 일본제국주의에 저항한 3.1운동의 헌법이념을 구현함을 목적으로 한다.

⊙ 5 · 18민주화운동 등에 관한 특별법(시행 1995. 12. 21. 법률 제5029호, 1995. 12. 21. 제정)

제1조(목적) 이 법은 1979년 12월 12일과 1980년 5월 18일을 전후하여 발생한 헌정질서 파괴범죄와 반인도적 범죄에 대한 공소시효 정지 등에 관한 사항 등을 규정함으로써 국가기강을 바로잡고 민주화를 정착시키며 민족정기를 함양함을 목적으로 한다.

제2절 법의 존재형식(法源)

법이 존재하는 형식, 즉 법원은 그 표현형식에 따라 성문법과 불문법으로 구분할 수 있으며, 성립형식에 따라서는 법률 · 명령 · 규칙 · 조례 · 조약 · 관습법 · 판례법 · 조리 등으로 나누어진다.

[1] 성문법

1. 성문법의 의의

성문법 또는 제정법(制定法)이라 함은 문자로 표현되고 문서의 형식을 갖춘 법으로서 일정한 절차와 형식에 의하여 공포된 법을 말한다. 성문법은 일반적이고 추상적인 문장으로 표현되고 고정적이며 그 개폐에는 복잡한 절차를 요한다는 점이 특색이다. 그러므로 성문법은 그 의미와 내용이 명백하고 규범으로서의 법적 안정성이 있는 반면에 변화하는 사회의 현실을 즉시 반영하지 못하는 한계가 있다. 그리고 성문법주의 국가에서는 모든 정치, 경제적 개혁을 법의 제정 및 개정을 통하여 추진하는 것이 가능하다는 장점이 있지만, 반면에 사회적인 기반을 무시한 법만능의 사조로 흐르기 쉽다는 단점이 있다.

성문법주의 국가로는 대륙법계(大陸法係)에 속하는 독일, 프랑스, 이탈리아, 한국, 일본 등이 있다. 우리나라에서 성문법에 속하는 것으로는 헌법, 법률, 명령, 규칙, 자치법규, 조약 등이 있다.

2. 헌법

헌법은 한 국가의 최상위규범으로 국가의 조직과 통치작용을 규정한 기본법이다. 그러므로 헌법에 저촉되는 법률이나 명령 등 하위규범은 효력이 없다. 헌법은 가장 강한 효력을 갖는 최고법이므로 헌법의 개정 절차는 일반 법률의 개정보다 까다롭고 엄격한 경우가 보통이다(硬性憲法). 다만 불문헌법의 경우 그 개정절차는 일반 법률의 개정절차와 차이가 없다(軟性憲法). 영국을 제외한 거의 모든 국가는 성문헌법 수의를 재백하고 있다.

우리나라 헌법의 개정은 국회재적의원 과반수 또는 대통령의 발의로 제안되고 제안된 헌법개정안은 대통령이 20일 이상 공고하여야 하며, 공고일로부터 60일 이내에 국회재적의원 3분의 2 이상의 찬성을 얻어 국회의 의결을 거친 후 국민투표에 부쳐 국회의원선거권자 과반수의 투표와 투표자 과반수의 찬성을 얻어 확정되도록 그 절차를 규정하고 있다(헌법 제128조~제130조).

3. 법률

법률은 일반적으로 헌법의 하위 법규범으로서 형식적 의의의 법률을 말한다. 형식적 의의의 법률은 헌법이 규정하는 입법절차에 따라 국회가 심의 · 의결하고, 대통령이 서명 · 공포함으로써 효력을 발생한다. 법률은 민주적 정당성을 구비해야 하고 민주적 절차에 따라 제정되어야 하며 법치국가적 질서에도 부합하여야 한다.

국회의원과 정부는 법률안을 제출할 수 있다(헌법 제52조). 국회의원이 법률안을 제출하려면 10인 이상의 찬성이 있어야 하고(국회법 제79조), 정부가 법률안을 제출하려면 국무회의의 심의를 거쳐야 한다(헌법 제89조제3호).

제출된 법률안이 국회에서 의결되면 정부에 이송되어 15일 이내에 대통령이 공포한다(헌법 제53조제1항). 법률안에 이의가 있을 때에는 대통령은 15일 이내에 이의서를 붙여 국회로 환부하고, 그 재의를 요구할 수 있으며, 국회의 폐회중에도 또한 같다(헌법 제53조제2항). 대통령은 법률안의 일부에 대하여 또는 법률안을 수정하여 재의를 요구할 수 없다(헌법 제53조제3항). 재의의 요구가 있을 때에는 국회는 재의에 붙이고, 재적의원과반수의 출석과 출석의원 3분의 2 이상의 찬성으로 전과 같은 의결을 하면 그 법률안은 법률로서 확정된다(헌법 제53조제4항). 대통령이 15일 이내에 공포나 재의의 요구를 하지 아니한 때에도 그 법률안은 법률로서 확정된다(헌법 제53조제5항).

대통령은 제4항과 제5항의 규정에 의하여 확정된 법률을 지체없이 공포하여야 하며, 제5항에 의하여 법률이 확정된 후 또는 제4항에 의한 확정법률이 정부에 이송된 후 5일 이내에 대통령이 공포하지 아니할 때에는 국회의장이 이를 공포한다(헌법 제53조제6항). 법률은 특별한 규정이 없는 한 공포한 날로부터 20일을 경과함으로써 효력을 발생한다(헌법 제53조제7항).

4. 명령

명령은 법률의 하위규범으로 국회의 의결을 거치지 않고 행정관청이 제정하는 성문법을 말한다. 명령은 법률의 하위규범이므로 명령으로 법률을 개정하거나 폐지하지 못한다. 다만 대통령의 긴급명령과 긴급재정 · 경제처분명령은 법률의 효력을 가지며 법률을 개정 또는 폐지할 수 있다.

대통령은 국가의 안위에 관계되는 중대한 교전상태에 있어서 국가를 보위하기 위하여 긴급한 조치가 필요하고 국회의 집회가 불가능한 때에 한하여 긴급명령을 발할 수 있고(헌법 제76조제2항), 내우 · 외환 · 천재 · 지변 또는 중대한 재정 · 경제상의 위기에 있어서 국가의 안전보장 또는 공공의 안녕질서를 유지하기 위하여 긴급한 조치가 필요하고 국회의 집회를 기다릴 여유가 없을 때에 한하여 최소한으로 필요한 긴급재정 · 경제처분명령을 발할 수 있다(헌법 제76조제1항). 이것은 권력분립주의원칙의 예외가 되므로 그 발동요건이 매우 엄격하다. 즉 대통령이 위 명령을 발한 때에는 지체없이 국회에 보고하여 승인을 얻어야 하며(헌법 제76조제3항), 승인을 얻지 못한 때에는 그 명령은 효력을 상실하고, 이 경우 그 명령에 의하여 개정 또는 폐지되었던 법률은 그 명령이 승인을 얻지 못한 때부터 당연히 효력을 회복한다(헌법 제76조제4항).

명령은 제정권자를 표준으로 대통령령, 총리령 및 부령으로 나뉘어지고 그 성질에 따라 위임명령, 집행명령으로 나누어진다. 그 효력은 대통령령이 총리령과 부령의 상위에 있고 총리령과 부령은 동등하다.

대통령령에는 법률에서 구체적 범위를 정하여 위임한 사항에 관하여 발하는 위임명령과 법률을 집행하기 위하여 필요한 사항에 관하여 발하는 집행명령이 있다. 총리령과 부령에는 법률 또는 대통령령에서 위임한 사항에 관하여 발하는 위임명령, 법률 또는 대통령령을 집행하기 위하여 발하는 집행명령, 그 직무권한의 범위 내에서 당연히 발할 수 있는 이른바 행정규칙 내지 협의의 행정명령이 있다.

5. 규칙

헌법상 국회, 대법원, 헌법재판소 및 중앙선거관리위원회 등은 규칙 제정권을 가진다. 이 규칙은 행정부 이외의 특별한 독립적 국가기관이 제정하는 성문법으로서 명령과 같은 효력을 갖는 것이라는 점에서 조례와 더불어 자치법규로서 다루어지는 규칙과는 구별된다. 국회는 법률에 저촉되지 아니하는 범위 안에서 의사절차에 관한 규칙과 내부의 질서유지를 위한 내부규율에 관한 규칙을 제정할 수 있다(헌법 제64조제1항)(국회방청규칙, 국회인사규칙 등이 있다). 대법원은 법률에 저촉되지 아니하는 범위 안에서 소송에 관한 절차, 법원의 내부규율과 사무처리에 관한 규칙을 제정할 수 있다(헌법 제108조)(민사소송 등 인지규칙, 상업등기규칙 등이 있다).

헌법재판소는 법률에 저촉되지 아니하는 범위 안에서 심판에 관한 절차, 내부규율과 사무처리에 관한 규칙을 제정할 수 있다(헌법 제113조제2항). 중앙선거관리위원회는 법령의 범위 안에서 선거관리, 국민투표관리 또는 정당사무에 관한 규칙을 제정할 수 있으며, 법률에 저촉되지 아니하는 범위 안에서 내부규율에 관한 규칙을 제정할 수 있다(헌법 제114조제6항)(정당사무관리규칙 등이 있다).

6. 자치법규

자치법규는 지방자치단체가 법령의 범위 안에서 제정하는 성문법으로서 조례와 규칙이 있다. 조례는 지방자치단체가 법령의 범위 안에서 그 사무에 관하여 제정한 자치법규이며(지방자치법 제22조), 규칙은 지방자치단체의 장이 법령이나 조례가 위임한 범위에서 그 권한에 속하는 사무에 관하여 제정한 자치법규이다(지방자치법 제23조).

7. 조약

조약은 문서에 의한 국가와 국가 사이의 합의로서 협약, 협정, 의정서 등 명칭에 상관없다. 조약은 대통령이 국무회의의 심의를 거쳐 체결하고(헌법 제73조, 제89조제3호), 비준을 요하는 조약은 대통령이 비준을 한다(헌법 제73조). 다만, 국회는 상호원조 또는 안전보장에 관한 조약, 중요한 국제조직에 관한 조약, 우호통상항해조약, 주권의 제약에 관한 조약, 강화조약, 국가나 국민에게 중대한 재정적 부담을 지우는 조약 또는 입법사항에 관한 조약의 체결·비준에 대한 동의권을 가진다(헌법 제60조). 헌법에 의하여 체결·공포된 조약은 국내법과 같은 효력을 가지므로(헌법 제6조제1항) 조약은 성문법으로서 법원이 된다.

[2] 불문법

1. 불문법의 의의

불문법 또는 비제정법(非制定法)은 성문법 이외의 법으로서 성문법과 같이 일정한 법제정기관에 의한 소정의 절차를 거치지 않고 생기는 법을 말한다. 불문법은 그 발생사적(發生史的)으로 볼 때 법의 가장 원시적 형태로서 성문법에 선행하였다. 불문법에는 관습법, 판례법, 조리 등이 있다.

법의 중심적 존재형식이 불문법으로 이루어져 있는 경우에 불문법주의 취한다고 한다. 이는 영국, 미국 그리고 이들 국가의 법문화에 영향을 받은 영연방 등의 나라에서 취하고 있으므로 영미법주의라고도 한다.

불문법주의는 사회현실의 변화에 능동적으로 적응하게 되어 법이 경화되지 않는 장점이 있으나, 법의 존재가 명확하지 못하여 법적 안정성이 부족하다는 단점이 있다. 이러한 단점을 보완하기 위하여 불문법주의 국가에서는 부분적으로 성문법을 제정하고 있고 점차 그 범위를 확대하고 있다.

2. 관습법

1) 관습법의 의의

사회의 다수 구성원들에 의하여 동종의 사항에 관하여 동일한 행위가 계속 반복되는 경우 이를 관행 또는 관습이라 한다. 이러한 관습을 국민일반이 단순한 도덕적 또는 종교적 규범이 아니라 법규범이라는 인식 내지 확신을 가지고 지키는 경우 그 관습은 법으로서의 효력을 가지는 관습법으로 성립하게 된다. 그러므로 관습법은 국가의 입법기관에 의해 제정된 법률이 아니라 국민의 사회생활 속에서 자연발생적으로 성립한 불문형식의 법이다. 다만 법은 국가사회의 질서유지를 목적으로 하는 것이므로 관습법의 내용이 되는 관습은 선량한 풍속 기타 사회질서에 위반하지 않는 것이어야 한다.

관습은 국민 일반에 의하여 행하여지는 일반관습(general custom), 지방적으로 행하여지는 지방관습(local custom) 그리고 특정사회에서 행하여지는 특별관습(special custom) 등으로 구분할 수 있다.

2) 관습법과 성문법의 관계

성문법에 대해 관습법의 효력을 어디까지 인정할 것인가와 관련하여 여러 학설이 대립되고 있다. 민법 제1조에서는 "민사에 관하여 법률에 규정이 없으면 관습법에 의하"도록 규정하고 있고, 상법 제1조에서는 "상사에 관하여 본법에 규정이 없으면 상관습법에 의하"도록 규정하고 있다. 동 규정에 따르면 관습법은 성문법에 대한 보충적 효력만을 가지게 된다. 이를 근거로 다수설은 관습법은 성문법에 규정이 없는 때에 한하여 보충적으로 그 효력이 인정된다고 이해하는 "보충적 효력설"을 취하고 있다.

그러나 성문법이 제정된 후 사회의 변화에 따라 성문법과 사회현실 사이에 괴리가 발생한 때에는 성문법과 다른 내용의 사회현실을 반영한 관습법이 성립할 수 있다. 이 경우에는 신법인 관습법이 구법인 성문법을 변경 개폐하는 효력을 인정하는 것이 타당하다. 따라서 민법 제1조와 상법 제1조의 규정에도 불구하고 관습법에 대하여 성문법을 변경하는 효력을 인정하는 설이 유력하게 제기되고 있다.

3. 판례법

판례법(case law)이란 영국, 미국 등 불문법 국가에 있어서 판례의 형태로 존재하는 법을 말한다. 즉 일정한 법률문제에 관하여 같은 취지의 판결이 반복되어 판례의 방향이 대체로 확정된 경우에 그것을 성문법화하지 않고 그대로 법적 효력을 갖게 하는 것을 판례법이라 한다. 다른 말로 판사제정법이라고도 한다. 영국이나 미국에 있어서는 그 법의 대부분이 판례를 모은 보통법(common law)이며, 제정법은 보통법을 정정, 보충, 정리할 필요가 있을 때 한하여 제정될 따름이다. 그것은 판례를 주요 법원으로 적용하는 불문법 국가이기 때문이다.

불문법주의 국가에서는 먼저 내려진 법원의 판결이 그 후 유사한 사건에 관하여 구속력을 갖게 되는 "선례구속의 원칙"이 적용된다. 그러나 성문법주의 국가인 우리나라에서 판례는 단순한 법률의 적용에 그치며 법률의 정립이 아니므로 판례를 독립적 법원으로 인정하지 아니함을 원칙으로 한다. 그러나 대법원은 중대한 이유와 확실한 근거가 없으면 종래의 판례를 변경시키지 아니하고 하급심법원은 특별한 이유가 없는 한 상급 법원의 판례를 답습하므로 판례는 법률상 구속력은 없음에도 불구하고 사실상 구속력을 가진다.

4. 조리

조리(條理)란 사물의 본질 또는 자연적 도리를 말한다. 사람의 이성에 의하여 승인된 자연적 원리로서 사회통념, 선량한 풍속 기타 사회질서, 신의성실의 원칙 등으로 표현되기도 한다. 성문법이 아무리 완비되고 관습법이 발달되어도 사회는 끊임없이 변화하므로 사회에서 발생하는 모든 법률관계를 완벽하게 규율할 수는 없다. 그런데 법원은 어떤 구체적 사건이 재판의 대상이 되었을 때 적용할 성문법이나 관습법이 없다고 하여 재판을 거부할 수 없다. 그러한 경우 법원은 조리로서 법을 보충하여 판결할 수밖에 없다. 민법 제1조에서는 "민사에 관하여 법률에 규정이 없으면 관습법에 의하고 관습법이 없으면 조리에 의한다"고 규정하여 조리의 법원성을 인정하고 있다.

제3절 법의 분류

법은 그 존재형태에 따라서 성문법과 불문법으로 구분됨은 앞에서 설명하였다. 그 외에도 법은 발생, 기능, 내용, 효력 등 여러 가지 표준에 따라 분류할 수 있다.

[1] 국내법과 국제법

국내법과 국제법은 주로 법을 인용, 유지하는 주체와 그 효력의 지역적 범위를 표준으로 한 분류이다. 국내법은 한 국가의 주권이 미치는 영역 안에서 인정되고 적용되는 법으로서 국내적 법률관계를 규율하는 것을 목적으로 하고 그 효력의 범위는 해당 국가의 영역 내에 한정되는 것이 원칙이다. 국제법은 여러 국가에 의하여 인용되고 유지되는 법으로서 국가간 또는 국가와 국제기구간의 법률관계를 규율하는 것을 목적으로 하고 그 효력은 수개의 국가에 미친다.

[2] 고유법과 계수법

고유법과 계수법(繼受法)은 법률이 형성된 소재를 표준으로 한 분류이다. 고유법은 자국 내의 관습 · 도덕 등 고유의 사상을 기초로 하여 형성된 법을 말하며, 계수법은 외국으로부터 수입된 법률 또는 그것을 자료로 하여 자국 실정에 맞게 수정하여 만든 법을 말한다. 계수의 대상이 된 법을 모법이라 하고 계수법을 자법이라 한다.

법의 계수에는 입법적 계수와 관습적 계수가 있다. 전자는 입법적 형식으로 타국에 계수되는 것을 말하며 벨기에, 이탈리아 등이 프랑스의 나폴레옹법전을 계수한 것이 그 예이다. 후자는 관습법적 형식으로 타국에 계수되는 것으로 로마법이 독일에 관습법으로 계수된 것이 그 예이다.

입법적 계수에는 직접계수와 간접계수가 있다. 직접계수는 외국의 법을 그대로 수입하여 자국법으로 채용하는 것이며, 1926년 터키가 스위스 민법전을 그대로 수입하여 자국의 민법으로 한 예가 있다. 간접계수는 외국법을 자료로 하여 자국법을 제정하는 것이다. 그 예로는 우리나라가 독일 민법의 제일초안(第一草案)을 자료로 하여 민법을 제정한 것을 들 수 있다.

[3] 일반법과 특별법

일반법과 특별법은 법률의 효력의 범위를 표준으로 한 분류이다. 일반법은 법의 효력이 미치는 범위에 제한이 없는 법이고, 특별법은 일정한 사항 · 사람 · 장소에 대해서만 효력이 미치는 법이다.

1) 사항을 표준으로 한 구별

어떤 사항 전반을 규율대상으로 하는 법은 일반법이고, 이에 반하여 비교적 좁은 범위의 특정한 사항만을 규율대상으로 하는 법은 특별법이다. 예컨대, 민사에 관한 일반사항을 규율하는 민법은 일반법이고, 민사 중에서도 특히 상인들의 거래인 상사만을 규율하는 상법은 특별법이다.

2) 사람을 표준으로 한 구별

모든 국민에게 적용되는 법은 일반법이고, 이에 반하여 비교적 좁은 범위의 일부의 국민에게만 적용되는 법은 특별법이다. 예를 들면, 모든 국민에게 적용되는 헌법, 민법, 형법 등은 일반법이고, 국가공무원법, 선원법, 근로기준법 등은 특별법이다.

3) 장소를 표준으로 한 구별

국가의 모든 지역에 적용되는 법은 일반법이고, 국가의 특정 지역에 국한되어 적용되는 법은 특별법이다. 예컨대, 전국에 대하여 적용되는 지방자치법 등은 일반법이고, 서울특별시의 조례나 규칙 등은 특별법이다.

4) 구별의 실익

동일한 사안에 대해 일반법과 특별법이 병존하는 경우 특별법이 일반법에 우선하여 적용된다(특별법우선의 원칙). 여기서 유의할 점은 일반법과 특별법의 관계는 법령 상호간의 관계에서만 적용되는 것이 아니라 동일한 단행 법령의 규정 상호간에도 적용된다는 점이다. 예컨대, 채권의 소멸시효기간을 10년으로 정하고 있는 민법 제162조제1항은 일반규정이나, 이자채권의 소멸시효기간을 3년으로 정하고 있는 민법 제163조는 특별규정이다. 그리고 일반법과 특별법의 구별은 절대적인 것이 아니라 상대적인 것이다. 예컨대, 민법에 대하여 특별법인 상법은 어음, 수표법에 대해서는 일반법의 지위에 있다.

[4] 원칙법과 예외법

원칙법은 일정한 사항에 대해 원칙적으로 적용되는 법이고, 예외법은 특별한 사정이 있는 경우에만 예외적으로 적용되는 법을 말한다. 예를 들면, 민법 제3조에 따라 태아에게는 권리능력이 인정되지 않는 것이 원칙이지만, 태아에게 불법행위에 기한 손해배상청구권을 인정한 민법 제762조와 태아의 상속순위에 관하여 규정한 민법 제1000조제3항은 예외법이다. "예외법은 엄격하게 해석하여야 한다"라는 해석원칙이 있으므로 예외규정을 함부로 확장해석하여서는 아니된다.

⊙ 민법 제3조(권리능력의 존속기간) 사람은 생존한 동안 권리와 의무의 주체가 된다.
제762조(손해배상청구권에 있어서의 태아의 지위) 태아는 손해배상의 청구권에 관하여는 이미 출생한 것으로 본다.
제1000조(상속의 순위) ③ 태아는 상속순위에 관하여는 이미 출생한 것으로 본다.

[5] 실체법과 절차법

실체법과 절차법은 법률규정의 내용을 표준으로 한 분류이다. 실체법은 권리의무의 실체에 관한 사항, 즉 권리 · 의무의 주체, 성질, 내용, 변경, 소멸 등에 관한 것을 규정하는 법을 말하고, 예컨대, 민법, 상법, 형법 등이 이에 해당한다. 절차법은 권리의무의 실현절차에 관한 사항, 즉 권리 · 의무의 행사, 보전, 이행, 강제 등의 절차를 규정하는 법을 말하고, 민사소송법, 형사소송법, 비송사건절차법, 부동산등기법, 소액사건심판법, 공탁법 등이 이에 해당한다. 실체법의 내용은 절차법을 통하여 현실화함으로써 비로소 그 목적을 달성하게 된다.

[6] 강행법과 임의법

강행법과 임의법은 그 법의 적용이 절대적인가 임의적인가를 표준으로 한 분류이다. 강행법은 당사자의 의사를 불문하고 적용되어 효력을 발생하는 법을 말한다. 공익 또는 공서양속에 관한 규정으로서 당사자가 이와 다른 의사표시를 하는 것이 허용되지 아니하는 법을 지칭한다. 헌법, 형법, 행정법, 소송법 등 공법에 속하는 대부분의 법이 이에 해당한다. 이에 반하여 임의법은 적용여부가 당사자의 의사에 맡겨져 있는 법을 말한다. 반대 의사에 의하여 그 적용을 배제할 수 있는 법을 말한다. 민법, 상법 등 사법의 대부분이 이에 속한다. 다만 강행법 중에 임의규정이 있거나 임의법 중에 강행규정이 있는 경우도 있다. 예컨대, 강행법인 민사소송법 중 당사자 합의로 제1심 관할법원을 정할 수 있도록 규정한 제29조는 임의규정이고, 임의법인 민법 중 미성년자의 법률행위에 법정대리인의 동의를 얻도록 규정한 제5조제1항은 강행규정이다.

강행법(강행규정)에 반하는 내용의 의사표시 기타 행위는 무효이거나(민법 제103조) 취소할 수 있고(민법 제5조제2항) 또는 일정한 제재를 받게 되지만, 의사표시 기타 행위가 임의법(임의규정)의 내용과 상이한 때에는 유효하거나(민법 제105조) 또는 적어도 불법한 것이 되지 않는다.

[7] 공법, 사법 및 사회법

1. 공법과 사법

공법과 사법의 구별에 대해서는 그 기준에 따라 여러 학설이 대립되고 있다.

1) 이익설

이 설은 법익 즉 법이 보호하고자 하는 이익을 기준으로 하여 공법과 사법으로 구별한다. 이익설에 따르면 공공의 이익을 보호하는 것을 목적으로 하는 법은 공법, 개인의 이익을 보호하는 것을 목적으로 하는 법은 사법이다. 그러나 모든 법은 공익을 전제로 한다. 비록 사익의 보호를 목적으로 하는 법이라 하더라도 공익에 반하지 않는 한도에서 사익을 보호하며 공익과 사익의 적절한 조화를 도모하는 것이다.

2) 주체설

이 설은 법이 규율하는 법률관계의 주체를 기준으로 하여 공법과 사법으로 구별한다. 주체설에 따르면 국가와 공공단체 상호간의 관계 또는 이들과 사인과의 관계를 규율하는 법은 공법, 사인 상호간의 관계를 규율하는 법은 사법이다. 예컨대, 헌법, 형법, 행정법 등은 공법이고, 민법, 상법 등은 사법이다. 그러나 국가나 공공단체가 사인과 평등대등한 관계에서 사인과 계약을 체결하는 경우에 주체설에 따르면 사법에 해당하는 민법이나 상법에 의해 규율된다.

3) 법률관계설

이 설은 법이 규율하는 법률관계의 성질을 기준으로 하여 공법과 사법으로 구별한다. 즉 인간의 생활관계를 권력관계와 평등관계로 구분하여 상하불평등관계인 권력복종관계를 규율하는 법은 공법, 평등대등한 관계를 규율하는 법은 사법이라 한다. 그러나 이 설에 따르면 국가간의 평등대등한 관계를 규율하는 국제법이 사법이 되는 모순이 발생한다.

4) 생활관계설

이 설은 인간의 생활관계를 정치적 생활관계(또는 국가생활관계)와 민사적 생활관계(또는 사회생활관계)로 구분하여 정치적 생활관계를 규율하는 법은 공법, 민사적 생활관계를 규율하는 법은 사법이라고 한다. 이 설에 따르면 정치적 권력의 당사자로서의 국가 또는 공공단체 상호간 및 그들과 사인간의 관계를 규율하는 법은 공법, 정치적 권력의 당사자로서의 지위가 아닌 사인과 평등대등한 입장에 있는 국가 또는 공공단체 상호간 및 그들과 사인과의 관계, 그리고 사인 상호간의 관계를 규율하는 법은 사법이다. 이 견해가 종래의 다수설이다.

5) 결

공법과 사법의 구별은 이상의 학설 중 어느 하나를 절대적 기준으로 하여 판단하기 보다는 위 학설에서 다루는 복수의 기준을 같이 고려하여 구체적, 개별적으로 판단하는 것이 타당할 것이나, 대체로 권력관계, 통치관계를 핵심으로 하는 국가생활관계를 주로 규율대상으로 하는 법은 공법, 비권력관계, 평등관계를 핵심으로 하는 사회생활관계를 주로 규율대상으로 하는 법은 사법이라고 이해하는 것이 비교적 무난하다. 그리고 하나의 법전에 공법적 규정과 사법적 규정이 혼재되어 있는 경우 일반적으로 공법적 규정을 주로 하고 있는 법은 공법, 사법적 규정을 주로 하고 있는 법은 사법이라고 한다.

2. 사회법

자본주의가 고도로 발전하면서 공법과 사법의 어느 영역에도 속하지 않는 새로운 제3의 법 영역 즉 사회법이 나타나기 시작하였다. 노동법, 경제법, 사회보장법 등이 그것이다. 이 법들은 사법 영역에 국가가 개입, 통제하여 계약자유의 원칙을 제한하는 공법적 규정을 담고 있어 공법과 사법의 중간영역에 위치하고 있다. 사회법은 프랑스 혁명 후 유럽사회를 지배한 자유, 평등사상에 기초한 계약자유의 원칙, 소유권 불가침의 원칙 등 자유주의적 사법원리를 수정하고 제한함으로써 경제적 약자를 보호하고 개인의 형식적인 평등이 아닌 실질적인 평등을 보장하기 위한 법들이다.

사회법의 영역은 복지국가적 요청이 커질수록 점점 더 늘어나는 경향에 있다.

제4절 법의 효력

[1] 시(時)에 관한 효력

1. 법의 시행과 폐지

법의 시에 관한 효력이란 법이 효력을 발생하는 시간적 범위를 말한다. 법은 그 시행일부터 폐지일까지, 즉 시행기간 동안 효력을 가진다. 법은 그 시행기간 안에 발생한 사항에 대해서만 효력을 갖는 것이 원칙이다.

법은 공포일과 시행일 사이에 국민에게 주지시키기 위한 주지기간을 두는 것이 보통이다. 시행일에 대하여 법률에 특별한 규정이 없으면 공포일로부터 20일이 경과함으로써 효력을 발생한다(헌법 제53조제7항).

법의 명시적 폐지로는 첫째, 미리 시행기간을 정한 한시법의 경우 그 시행기간이 만료한 때 폐지되고, 둘째, 국회에서 폐지법안을 통과시킨 경우에는 그 법안이 공포·시행된 때에 폐지된다.

법의 묵시적 폐지로는 법의 규정이 신법에 저촉되는 경우이다. 동일한 사안에 대해 신법과 구법이 저촉되는 경우 그 저촉되는 범위 안에서 구법은 당연히 효력을 잃게 된다(신법우선의 원칙, 신법은 구법을 개폐한다). 그러나 일반적인 신법은 특별적인 구법을 개폐하지 못한다(특별법우선의 원칙).

2. 법률불소급의 원칙

1) 의의

법률불소급의 원칙은 법률은 시행기간 중에 발생한 사항에 대해서만 적용되고 시행 이전에 발생한 사항에 대해서는 적용되지 않는다는 원칙이다. 법률의 소급효를 인정하는 경우 행위 당시에는 범죄가 되지 아니하는 행위가 행위 후의 법률에 의해 범죄가 된다고 하여 처벌하는 것이 가능해지므로 국민이 안심하고 행동할 수 없게 된다. 따라서 이 원칙은 법치국가의 원칙 중 법적 안정성의 원칙, 신뢰보호의 원칙, 법적 평화의 원칙에서 나온다고 할 수 있다.

2) 죄형법정주의

「법률이 없으면 범죄가 없고, 법률이 없으면 형벌이 없다」는 원칙으로서 범죄와 형벌은 미리 법으로 정하여야 한다는 원칙이다. 헌법 제13조제1항에서 "모든 국민은 행위시의 법률에 의하여 범죄를 구성하지 아니하는 행위로 소추되지 아니하며…"라고 규정하고 있고, 형법 제1조제1항에서도 "범죄의 성립과 처벌은 행위시의 법률에 의한다"라고 규정하고 있는 것은 법률불소급의 원칙 내지 죄형법정주의 원칙을 선언한 것이다.

다만, 신법을 소급적용하는 것이 정의형평의 관념에 합치하는 경우에는 소급효를 인정할 수 있다. 형법 제1조제2항에서 "범죄 후 법률의 변경에 의하여 그 행위가 범죄를 구성하지 아니하거나 형이 구법보다 경한 때에는 신법에 의한다"라고 규정하여 소급효를 인정하고 있다.

[2] 사람에 관한 효력

1. 속지주의 우선의 원칙

한 나라의 법은 대인고권(국민에 대한 국가의 최고권력)의 발동으로 국민이 자국 안에 있거나 타국에 있거나를 불문하고 그 국민 전체에 적용되는 것이 원칙이다(속인주의). 그러나 자국민이 타국 안에 있는 경우에는 자국의 대인고권과 타국의 영토고권이 경합하게 된다. 이 경우 영토고권이 대인고권에 우선한다는 원칙 때문에 타국에 있는 자국민은 타국법이 적용된다. 마찬가지로 자국에 있는 타국민에게는 자국법이 적용되는 것이 원칙이다(속지주의).

2. 예외

첫째, 타국에 재류하는 자국민에게 자국법을 적용하는 경우이다(속인주의). 참정권,

병역의무, 신분이나 능력에 관한 사항 등은 자국법의 적용을 받는 것이 보통이다.

둘째, 재외타국민에 대해 자국법이 적용되는 경우이다. 형법 제5조에서는 내란의 죄, 외환의 죄, 국기에 관한 죄, 통화에 관한 죄, 유가증권·우표와 인지에 관한 죄 등 일정한 범죄에 대하여는 대한민국의 영역 외에서 그 죄를 범한 외국인에게도 대한민국 형법을 적용한다고 규정하고 있다. 독점규제 및 공정거래에 관한 법률 제2조의2에서도 "이 법은 국외에서 이루어진 행위라도 국내시장에 영향을 미치는 경우에는 적용한다"고 규정하여, 외국의 사업자가 국외에서 한 행위에 대해서도 적용대상으로 삼고 있다.

셋째, 치외법권을 가지는 자는 타국에 재류하고 있더라도 본국법의 적용을 받는다. 치외법권을 가지는 자는 일국의 원수나 외교사절 및 그의 가족·수행원, 군함의 승무원, 일정한 책임 있는 지휘관의 인솔하에 있는 군대 등을 말한다.

넷째, 대통령과 국회의원의 형사상 특권이다. 대통령은 내란 또는 외환의 죄를 범한 경우를 제외하고는 재직중 형사상의 소추를 받지 아니한다(헌법 제84조). 국회의원은 현행범인인 경우를 제외하고는 회기중 국회의 동의없이 체포 또는 구금되지 아니하고(헌법 제44조제1항), 국회의원이 회기전에 체포 또는 구금된 때에는 현행범인이 아닌 한 국회의 요구가 있으면 회기중 석방된다(헌법 제44조제2항). 그리고 국회의원은 국회에서 직무상 행한 발언과 표결에 관하여 국회외에서 책임을 지지 아니한다(헌법 제45조).

다섯째, 일정한 신분을 가진 사람에 관한 특별법은 그 일정한 신분의 사람에게만 적용된다. 국가공무원법은 국가공무원에게만 적용되고, 선원법은 선원에게만 적용된다.

[3] 장소에 관한 효력

1. 원칙

일국의 법은 원칙적으로 영토·영해·영공을 포함한 그 국가의 전 영역에 걸쳐 적용된다. 내국인·외국인을 불문하고 그 영역 안에 있는 모든 사람에게 적용된다(속지주의).

2. 예외

치외법권을 가지는 자에게는 타국에 있는 경우에도 자국법이 적용되고, 자국민이 타국에 있는 경우에도 참정권, 병역의무 등에 관해서는 자국법이 적용된다. 그리고 타국의 영해 내에 있는 자국의 군함·공선이나 타국의 영공 안에 있는 자국의 군용·공용의 항공기 안에서도 자국법이 적용된다.

제5절 법의 적용

법의 적용이라 함은 추상적, 일반적 법규를 구체적인 사실에 연결시킴으로써 법률적 가치 판단을 이끌어내는 과정을 말한다. 법을 적용하기 위해서는 먼저 평가되어야 할 사회생활상의 구체적 사실을 확정하고 그 다음에 그 사실에 적용되어야 할 법규의 의미를 확정하여야 한다. 전자가 사실의 문제, 즉 사실확정에 관한 문제이고, 후자가 법률문제, 즉 후술하는 법의 해석에 관한 문제이다. 그러나 실제에 있어서는 양자가 분리되어 각각 독립적 단계로서 이루어지는 것이 아니라 그것은 삼단논법적 추리과정으로서 행하여진다. 법 적용의 기초가 되는 사실의 확정은 대체로 거기에 적용될 법규를 예견케 함과 동시에 그 법규의 의미내용도 확정하게 되는 까닭이다.

[1] 사실의 확정

사실의 확정이라 함은 사실의 존부(存否)를 확정하는 것으로서 재판의 기초가 되며 재판을 좌우하는 중요한 사실이므로 가장 중요함과 동시에 어려운 문제다. 예컨대 어떤 소송당사자에게 돈을 갚지 않음(債務不履行)으로 인한 손해를 배상하도록 하기 위하여서는 먼저 소송의 대상이 되어 있는 채무를 부담하였다는 사실, 해당 채무를 이행하지 않았다는 사실, 또 그 불이행으로 인하여 채권자에게 손해가 발생하였다는 사실을 확정하여야 한다.

사실의 확정은 증거주의를 채택하고 있는 우리나라에서는 증거에 의하여 행하여 짐을 원칙으로 한다. 그러나 실제에 있어서 입증은 곤란할 뿐 아니라 경우에 따라서는 불가능한 때도 적지 않다. 그래서 여러 나라의 입법례는 입증의 어려움을 덜게 하거나 공익, 기타의 이유에서 추정과 의제의 제도를 두고 있다.

1. 추정

추정이라 함은 사실의 존부가 확실치 아니한 때 그 사실을 주위의 정세, 사물의 성질상 일단 그 존재 또는 부존재를 가정(假定)하는 것을 말한다. 그러므로 추정은 반대의 증거를 들어 그 추정을 전복시킬 수 있다. 예를 들면, 민법 제30조에서는 "2인 이상이 동일한 위난으로 사망한 경우에는 동시에 사망한 것으로 추정한다"고 규정하고 있으나, 이것은 가정에 불과하므로 동시에 사망하지 않았다는 반대의 사실을 입증함으로써 이 추정을 전복시킬 수 있다.

⊙ 남편의 친생자의 추정(민법 제844조)

① 아내가 혼인 중에 임신한 자녀는 남편의 자녀로 추정한다.
② 혼인이 성립한 날부터 200일 후에 출생한 자녀는 혼인 중에 임신한 것으로 추정한다.
③ 혼인관계가 종료된 날부터 300일 이내에 출생한 자녀는 혼인 중에 임신한 것으로 추정한다.

2. 의제

의제란 사실의 진부(眞否)를 불문하고 법에 의하여 일정한 효과를 부여하는 것이며 법문에서는 "간주"한다, "본다"고 표현하는 것이 그것이다. 예컨대 민법 제28조에서 실종선고를 받은 자는 실종기간이 만료한 때에 사망한 것으로 본다고 규정한 것이 그것이다.

의제는 추정과 달리 반증을 들어도 그 효과를 전복시키지 못한다. 실종선고를 받은 자가 생존해 있다고 해도 생존한다는 반증만으로 실종선고의 효과를 전복시키지 못하며 실종선고취소의 판결을 받아야만 한다.

[2] 재판

법의 해석과 적용은 재판에 의하여 마지막으로 결정된다. 재판을 떠난 법의 해석과 적용은 그 존재의 의미가 없는 것이다. 이러한 점을 간파한 M.R. mayer는 법규범의 본질은 그 재판의 규범성에 있다고 주장하였다.

법원은 어떤 구체적 사건이 재판의 대상이 되었을 때 법의 불비, 부존재 등 성문법의 흠결을 이유로 재판을 거부할 수 없다. 그러한 경우 법원은 관습법 또는 조리(條理)로서 성문법의 흠결을 보충하여 판결할 수밖에 없다. 민법 제1조에서는 "민사에 관하여 법률에 규정이 없으면 관습법에 의하고 관습법이 없으면 조리에 의한다"고 규정하고 있다.

제6절 법의 해석

[1] 법 해석의 의의

법의 해석이란 법규범이 가지는 의미를 명확하게 하는 것을 말한다. 법은 일반적 사항에 대해 개괄적 규정을 둔 것이므로 그 내용은 일반적이며 추상적인 것이다. 따라서 법을 구체적 사건에 적용하기 위해서는 일반적이고 추상적인 법규범의 내용을 구체화하는 해석이 필요하게 된다.

[2] 해석주체에 의한 분류

1. 유권해석

유권해석은 국가기관에 의한 해석으로서 구속력을 가진다.

1) 입법적 해석

입법적 해석은 입법자가 하는 해석으로서 법령으로써 용어를 해석하는 경우를 말한다. 법령상에 정의규정이나 해석규정을 두는 경우가 대표적이다. 민법 제98조에서 "본법에서 물건이라 함은 유체물 및 전기 기타 관리할 수 있는 자연력을 말한다"라고 규정하고 있는 것이 그 예이다.

2) 사법적 해석

사법적 해석은 법원이 하는 해석으로서 판결의 형식으로 나타난다. 사법적 해석은 원칙적으로 재판한 당해 사건에 대해서만 그리고 그 당사자에게만 효력이 미치므로 당해 사건을 제외하고는 다른 법원은 물론이고 동일한 법원이라도 당해 해석을 장래에 준수할 법적 의무는 없다. 그러나 상급법원에 의해 내려진 법의 해석은 하급법원을 구속하는 것이 사실이다.

3) 행정적 해석

행정적 해석은 행정기관이 하는 해석으로 상급관청의 하급관청에 대한 회답, 훈령 등의 형식으로 나타난다. 행정적 해석은 일반적 구속력은 없지만 행정부 내에서는 일정한 구속력을 가진다.

2. 학리해석

학리해석은 법학자가 학문적으로 행하는 해석으로서 구속력을 가지는 것은 아니지만 형식적 권위를 가지는 유권해석도 반드시 학리해석을 기초로 하게 된다.

[3] 해석방법에 의한 분류

학리해석은 해석의 방법에 따라 문리해석, 논리해석으로 나뉘고, 논리해석에는 확장해석, 축소해석, 반대해석, 물론해석, 연혁적 해석, 보정해석, 유추해석 등이 있다.

1. 문리해석

문리해석은 법조문에 나타난 문장, 문구에 따라 법규의 의미를 확정하는 해석방법으로서 법률해석의 첫 단계이다. 일상생활에서 사용되는 용어의 의미, 법률용어로서의 통상적 의미, 다른 법률에서 그 용어의 의미 등을 고려하여 해석한다.

법문의 의미를 해석할 때 제정 당시의 의미로 해석할 것인지 해석 당시의 의미로 해석할 것인지 문제되는 경우가 있다. 민법 제103조에서는 "선량한 풍속 기타 사회질서에 위반한 사항을 내용으로 하는 법률행위는 무효로 한다"고 규정하고 있는데, "선량한 풍속"은 시대에 따라 다를 수 있기 때문이다. 이에 대해 법문의 자구를 제정 당시의 의미로 해석해야 한다는 학설(연혁적 해석설)과 해석 당시의 의미로 해석해야 한다는 학설(진화적 해석설)이 있다. 후자가 오늘날의 진보적 학설로 되어 있다.

2. 논리해석

논리해석은 문리해석을 기초로 하지만, 법문의 자구에 구애받지 않고 그 법규의 법체계 전체 중에서의 지위, 입법의 목적, 사회생활의 요구 등에 적합하도록 논리적으로 법규의 의미를 확정하는 해석방법이다.

논리해석에는 법의 타당성을 확보하기 위해 입법목적을 고려하여 법문의 자구를 원래 의미보다 확장시켜 해석하는 방법(확장해석)과 법문의 자구를 원래 의미보다 축소시켜 해석하는 방법(축소해석), 법 규정에 빠져 있는 사항에 대해 법문과 반대의 취지로 해석하는 방법(반대해석), 법령에서 일정한 사항을 규정하고 있는 경우 그 성질로 보아 어떤 사항은 여기에 포함시키는 것이 당연하다고 해석하는 방법(물론해석) 등이 있다.

그 외에도 법안의 이유서, 입안자의 의견, 의사록, 정부위원의 설명자료 등을 고려하여 법규의 의미를 확정하는 방법(연혁적 해석), 법문의 용어에 명백한 착오 또는 잘못이 있어 문리해석하면 법의에 반하는 결과가 되는 경우 법문의 자구를 보정 또는 변경하여 해석하는 방법(보정해석), 법령에 규정이 없는 사항에 관하여 이와 성질이 유사한 다른 사항의 법령을 적용하도록 해석하는 방법(유추해석) 등이 있다.

CHAPTER 02

민 법

제1절 권리의 주체 및 행사

[1] 권리의 주체

〈사례 1〉 슬하에 자식이 없는 노파는 평소에 페르시아산 푸른 눈의 흰 고양이 'Aristo'를 자식처럼 생각하며 길렀다. 이 노파는 자신의 전 재산 7억원을 고양이 'Aristo'에게 상속하기 위하여 유언장을 작성해 두었다. 노파가 사망하면 고양이 'Aristo'는 7억원을 상속받을 수 있는가?

〈사례 2〉 몇 해 전 처와 사별한 나홀로는 외아들 나방탕과 그의 처인 정숙녀와 함께 생활하고 있다. 정숙녀는 현재 임신 7개월이다. 평소 방탕한 생활을 하던 아들 나방탕과 사이가 좋지 아니한 나홀로는 시가 3억원 상당의 자기 소유의 부동산을 앞으로 태어날 손자인 태아에게 증여하였다. 이 때 정숙녀가 태아의 대리인으로서 증여계약서에 기명날인하였다. 1개월 후 나홀로가 사망하였고, 그 후 태아가 출생한 경우 부동산의 소유권을 취득할 수 있는가?

1. 권리능력

권리능력이란 권리와 의무의 주체가 될 수 있는 자격을 의미한다. 권리주체는 그러한 자격(권리능력)을 가진 존재를 말한다. 민법은 권리주체로서 자연인과 법인만을 규정하고 있다. 그러므로 자연인과 법인 이외의 개나 고양이 등 동물은 권리를 취득하고 의무를 부담할 수 없다.

⊙ 법인

법인이란 법에 의하여 권리능력이 인정된 권리주체를 말한다. 법인은 크게 공법인과 사법인으로 구분할 수 있다. 공법인으로는 국가와 지방자치단체 등이 있고, 사법인으로는 사단법인과 재단법인이 있다. 이들 법인에게 권리능력을 인정함으로써 법률관계의 편의를 도모할 수 있다.

〈해설 1〉 자신의 재산 중 2억5천만원을 고양이 'Aristo'에게 상속한다는 노파의 유언은 효력이 없다. 고양이는 사람이 아니므로 권리능력이 없으며 따라서 권리의 주체가 되지 못하기 때문이다. 노파가 자신의 재산 중 일부를 고양이 'Aristo'를 위하여 사용하고 싶다면 신탁제도를 이용할 수 있다.

2. 자연인

자연인은 사람을 말한다. 사람은 생존하는 동안 즉, 출생한 때부터 사망할 때까지 권리와 의무의 주체가 된다(제3조). 태아는 그 신체가 모체로부터 완전히 분리된 때 사람이 되므로 출생 전까지는 사람으로 간주되지 않는다. 따라서 태아는 원칙적으로 권리주체가 되지 못한다. 그러나 예외 없는 원칙이 없듯이 예외적으로 태아도 사람으로 간주해 주는 경우가 있다.

첫째, 태아라 하더라도 상속순위에 관하여는 이미 출생한 것으로 보아 상속권을 인정한다(제1000조제3항). 이러한 예외가 인정되지 않는다면 아버지가 사망한 후 몇 시간 혹은 며칠 뒤에 출생한 子는 상속을 받을 수 없는 부당한 결과가 되기 때문이다. 다만 이 경우 태아는 살아서 출생하여야 한다.

둘째, 태아라 하더라도 불법행위에 의한 손해배상의 청구에 관하여는 이미 출생한 것으로 본다(제762조). 가령 아버지가 교통사고로 사망할 당시 태아는 살아서 출생한 경우에 정신적 고통에 대한 위자료청구권을 취득하며, 사망한 아버지의 모든 재산과 아버지가 가해자에 대하여 가지는 손해배상청구권을 어머니와 공동으로 상속한다.

⊙ 권리능력의 발생시기

태아가 언제 사람이 되는가와 관련하여 ① 분만의 진통이 시작되었을 때(진통설) ② 태아가 모체에서 일부 노출되었을 때(일부노출설) ③ 태아가 모체에서 완전히 분리되었을 때(전부노출설) ④ 독립하여 호흡을 시작하였을 때(독립호흡설) 등의 학설이 있다. 민사와 관련하여 통설은 전부노출설이며, 형법에서는 진통설이 통설이다.

⊙ 권리능력의 소멸시기

권리능력은 사망함으로써 소멸한다. 사망의 시기와 관련하여 호흡과 심장의 박동이 정지한 때를 사망의 시기로 보는 심장사설(다수설)과 뇌사한 때를 사망의 시기로 보는 뇌사설 등의 학설이 있다.

〈해설 2〉 민법은 태아에게 일반적으로 권리능력을 인정하지 아니하고 손해배상청구권 또는 상속 등 특별한 경우에 한하여 제한된 권리능력을 인정하고 있을 뿐이다. 증여에 관하여는 태아의 수증능력을 인정할 아무런 근거규정을 두고 있지 않다. 더욱이 증여는 증여자와 수증자 사이의 계약으로서 수증자의 승낙을 요건으로 하므로 태아에 대한 증여에 있어서도 태아의 수증행위가 필요한바, 상속 등 특별한 경우에 한하여 태아의 권리능력이 인정되는 경우에도 그 권리능력은 태아인 동안에는 없고 살아서 출생하면 문제된 사건의 시기까지 소급하여 그 때에 출생한 것과 같이 법률상 간주되는 것이므로 태아인 동안에는 법정대리인이 있을 수 없고, 따라서 법정대리인에 의한 수증행위도 불가능하다(대법원 1982. 2. 9. 선고 81다534 판결). 그러므로 나홀로가 아무런 유언 없이 사망하였다면 그의 모든 재산은 아들인 나방탕에게 상속되므로 태아는 살아서 출생하더라도 부동산의 소유권을 취득할 수 없다.

1) 의사능력

의사능력이란 자신의 행위의 결과(권리의 발생, 변경, 소멸)를 판단하고 인식할 수 있는 정신적인 능력을 말한다. 정상적인 판단능력을 가지지 못한 자, 즉 의사무능력자가 한 행위는 무효이다. 의사무능력상태에서 한 행위에 의하여 발생하는 권리의무에 구속되게 하는 것은 타당하지 않기 때문이다. 가령 5세 어린이라든가 마취상태에서의 행위, 술에 만취하여 정신을 잃은 상태에서의 행위 등은 무효로서 아무런 법률효과를 발생시키지 아니한다. 의사능력의 유무는 구체적인 법률행위와 관련하여 개별적으로 판단하여야 한다(대법원 2002. 10. 11. 선고 2001다10113 판결).

〈판례〉 의사능력을 흠결한 상태에서 체결된 근저당권설정계약은 무효

원고가 직접 금융기관을 방문하여 금 5천만원을 대출받고 금전소비대차약정서 및 근저당권설정계약서에 날인하였다고 할지라도, 원고가 어릴 때부터 지능지수가 낮아 정규교육을 받지 못한 채 가족의 도움으로 살아왔고, 위 계약일 2년 8개월 후 실시된 신체감정결과 지능지수는 73, 사회연령은 6세 수준으로서 이름을 정확하게 쓰지 못하고 간단한 셈도 불가능하며, 원고의 본래 지능수준도 이와 크게 다르지 않을 것으로 추정된다는 감정결과가 나왔다면, 원고가 위 계약 당시 결코 적지 않은 금액을 대출 받고 이에 대하여 자신 소유의 부동산을 담보

로 제공함으로써 만약 대출금을 변제하지 못할 때에는 근저당권의 실행으로 인하여 소유권을 상실할 수 있다는 일련의 법률적인 의미와 효과를 이해할 수 있는 의사능력을 갖추고 있었다고 볼 수 없고, 따라서 위 계약은 의사능력을 흠결한 상태에서 체결된 것으로서 무효라고 보아야 할 것이다(대법원 2002. 10. 11. 선고 2001다10113 판결).

2) 행위능력

행위능력이란 독자적으로 완전하고 유효한 법률행위를 할 수 있는 능력을 말한다. 의사능력의 유무는 제3자가 이를 쉽게 알 수 없으며 그 입증이 용이하지 않을 뿐만 아니라 입증여부에 따라 상대방이 예측하지 못한 손해를 입게 된다. 이에 민법은 의사능력이 없는 자를 보호하고, 다른 한편으로는 의사무능력자와 거래하는 상대방이 의사능력이 없는 자를 쉽게 구별하여 안전하고 신속하게 거래를 할 수 있도록 하기 위하여 제한능력자 제도를 마련하고 있다. 제한능력자 제도는 통상적으로 의사능력이 불완전하다고 인정되는 자를 일정한 기준에 따라 획일적으로 제한능력자로 정하는 제도로서 제한능력자의 행위능력에 일정한 제한을 두고 있다.

⊙ 법률행위

법률행위란 법률상 일정한 효과를 생기게 할 것을 목적으로 행하는 사인의 행위로써 그 행위가 행해지면 그 목적으로 한 결과가 생기게 하는 것을 법적으로 인정하는 행위를 말한다.

법률행위의 종류로는 다음의 세 가지가 있다.

① 계약 : 두 개 이상의 대립하는 의사표시(청약과 승낙)의 합치에 의하여 성립(매매나 임대차 등)

② 단독행위 : 재무면세나 유언과 같이 한사람의 한 개의 의사표시로 성립

③ 합동행위 : 방향을 같이 하는 두 개 이상의 의사표시의 합치에 의하여 성립(사단법인의 설립행위 등)

3) 제한능력자

민법상 제한능력자에는 미성년자, 피성년후견인, 피한정후견인, 피특정후견인 등이 있다.

(1) 미성년자

미성년자란 만 19세에 달하지 못한 자를 말한다(제4조). 미성년자는 법정대리인의 동의가 있어야만 혼자서 유효한 법률행위를 할 수 있다(제5조제1항). 법정대리인의 동의 없이 한 행위는 일단 유효하나, 미성년자 본인이나 법정대리인이 취소할 수 있고(제140조), 취소하면 법률행위를 한 때로 소급하여 무효가 된다(제141조).

미성년자라 하더라도 다음의 경우에는 독자적으로 완전하고 유효한 법률행위를 할 수 있는 예외가 인정된다.

① 아무런 의무를 부담하지 않고 무상증여를 받거나 채무면제를 받는 것과 같이 권리만을 얻거나 의무만을 면하는 행위는 단독으로 할 수 있다(제5조제1항 후단).

② 용돈 등 법정대리인이 범위를 정하여 처분을 허락한 재산은 미성년자가 임의로 처분할 수 있다(제6조).

③ 법정대리인으로부터 허락을 얻은 특정한 영업에 관하여는 성년자와 동일한 행위능력을 가진다(제8조제1항).

④ 미성년자가 타인의 대리인으로서 한 법률행위를 유효하다(제117조). 대리행위의 효과는 본인에게 귀속하므로 대리행위를 한 미성년자는 아무런 권리의무를 부담하지 않기 때문이다.

⑤ 미성년자라 하더라도 만 17세 이상이면 유효한 유언을 할 수 있다(제1061조, 제1062조).

⑥ 근로계약의 체결은 법정대리인이 대리할 수 없고, 미성년자 본인이 직접 체결하여야 한다(근로기준법 제67조제1항). 그리고 근로계약상의 임금청구는 미성년자가 독자적으로 할 수 있다(근로기준법 제68조).

⊙ 취소권의 소멸

취소권은 추인할 수 있는 날로부터 3년 내에 법률행위를 한 날로부터 10년 내에 행사하여야 한다(제146조).

(2) 피성년후견인

피성년후견인이란 "질병, 장애, 노령, 그 밖의 사유로 인한 정신적 제약으로 사무를 처리할 능력이 지속적으로 결여된 사람"으로서 본인, 배우자, 4촌 이내의 친족, 미성년후견인, 미성년후견감독인, 한정후견인, 한정후견감독인, 특정후견인, 특정후견감독인, 검사 또는 지방자치단체의 장의 청구에 의하여 가정법원으로부터 성년후견개시의 심판을 받은 자를 말한다(제9조). 의사능력이 전혀 없는 자라 하더라도 성년후견개시의 심판을 받지 않으면 피성년후견인에 해당하지 않는다.

피성년후견인은 의사능력이 지속적으로 결여된 상태에 있으므로 원칙적으로 혼자서 유효한 법률행위를 할 수 없다. 성년후견인의 동의가 있더라도 마찬가지이다. 따라서 피성년후견인이 한 법률행위는 본인이나 후견인이 취소할 수 있다. 다만, 예외적으로 일용품의 구입 등 일상생활에 필요하고 그 대가가 과도하지 아니한 법률행위는 본인이 단독으로 할 수 있다(제10조). 유언의 경우에는 의사능력이 회복된 때에 단독으로 할 수 있다. 이 경우 의사가 심신회복의 상태를 유언서에 부기하고 서명날인하여야 한다(제1063조).

(3) 피한정후견인

피한정후견인이란 "질병, 장애, 노령, 그 밖의 사유로 인한 정신적 제약으로 사무를 처리할 능력이 부족한 사람"으로서 본인, 배우자, 4촌 이내의 친족, 미성년후견인, 미성년후견감독인, 성년후견인, 성년후견감독인, 특정후견인, 특정후견감독인, 검사 또는 지방자치단체의 장의 청구에 의하여 가정법원으로부터 한정후견개시의 심판을 받은 자를 말한다(제12조). 사무를 처리할 능력이 부족하다는 것은 일정범위의 판단능력은 있지만 고도의 법률행위를 하는 데에는 판단능력에 문제가 있는 상태를 말한다.

기본적으로 본인의 의사가 존중되어야 하므로 피한정후견인은 원칙적으로 단독으로 법률행위를 할 수 있지만, 가정법원으로부터 특정한 법률행위에 관하여 한정후견인의 동의를 요한다는 심판을 받은 때에는 한정후견인의 동의를 요한다. 한정후견인의 동의가 필요한 법률행위를 피한정후견인이 한정후견인의 동의 없이 하였을 때에는 그 법률행위를 취소할 수 있다. 다만, 일용품의 구입 등 일상생활에 필요하고 그 대가가 과도하지 아니한 법률행위에 대하여는 그러하지 아니하다(제13조).

〈판례〉 금치산 또는 한정치산선고 이전의 법률행위를 취소할 수 있는지 여부

표의자가 법률행위 당시 심신상실이나 심신미약상태에 있어 금치산 또는 한정치산선고를 받을 만한 상태에 있었다고 하여도 그 당시 법원으로부터 금치산 또는 한정치산선고를 받은 사실이 없는 이상 그 후 금치산 또는 한정치산선고가 있어 그의 법정대리인이 된 자는 금치산 또는 한정치산자의 행위능력 규정을 들어 그 선고 이전의 법률행위를 취소할 수 없다(대법원 1992. 10. 13. 선고 92다6433 판결).

(4) 피특정후견인

피특정후견인이란 "질병, 장애, 노령, 그 밖의 사유로 인한 정신적 제약으로 일시적 후원 또는 특정한 사무에 관한 후원이 필요한 사람"으로서 본인, 배우자, 4촌 이내의 친족, 미성년후견인, 미성년후견감독인, 검사 또는 지방자치단체의 장의 청구에 의하여 가정법원으로부터 특정후견개시의 심판을 받은 자를 말한다. 특정후견은 본인의 의사에 반하여 할 수 없도록 하여 본인의 의사를 존중한다. 특정후견의 심판을 하는 경우에는 특정후견의 기간 또는 사무의 범위를 정하여야 한다(제14조의2).

(5) 제한능력자의 상대방의 보호

제한능력자가 한 법률행위는 제한능력자 본인이나 법정대리인이 취소할 수 있다. 따라서 거래상대방은 장기간 불안정한 지위에 놓이게 되며 거래의 안전도 해칠 염려가 있다. 이에 민법은 상대방에게 최고권, 철회권 및 거절권을 인정하고, 속임수를 쓴 제한능력자에게는 취소권을 인정하지 않고 있다.

최고란 제한능력자와 거래한 상대방이 제한능력자측에 대하여 취소할 것인지 추인할 것인지 여부를 묻는 것을 말한다. 제한능력자의 상대방은 제한능력자가 능력자가 된 후에는 제한능력자에게, 제한능력자가 아직 능력자가 되지 못한 때에는 그 법정대리인에게 1월 이상의 기간을 정하여 취소할 것인지 추인할 것인지 확답할 것을 최고할 수 있다. 제한능력자측에서 그 기간 내에 확답을 발하지 아니한 때에는 그 행위를 추인한 것으로 본다(제15조제1항, 제2항). 다만 법정대리인이 단독으로 추인할 수 없는 행위로서 특별한 절차를 요하는 행위에 관하여는 그 기간 내에 그 절차를 밟은 확답을 발하지 아니하면 취소한 것으로 본다(제15조제3항).

상대방의 최고에 대하여 지정기간 내에 취소의 확답을 한 때에는 그 행위는 처음부터 무효인 것으로 확정되고, 추인을 하였을 때에는 처음부터 유효인 것으로 확정

된다.

상대방은 계약 당시에 제한능력자임을 알지 못했을 때에는 제한능력자측의 추인이 있을 때까지 계약을 철회할 수 있다(제16조제1항). 그리고 채무면제와 같은 제한능력자의 단독행위는 추인이 있을 때까지 상대방이 거절할 수 있다(제16조제2항). 철회나 거절의 의사표시는 법정대리인뿐만 아니라 제한능력자에 대하여도 할 수 있다(제16조제3항).

제한능력자가 속임수로써 능력자로 믿게 한 때 또는 미성년자나 피한정후견인이 속임수로써 법정대리인의 동의가 있는 것으로 믿게 한 때에는 그 행위를 취소할 수 없다(제17조). 이러한 경우에는 미성년자 등을 특별히 보호할 필요가 없기 때문이다. 피성년후견인이 법정대리인의 동의가 있는 것으로 믿게 한 경우에는 취소권을 상실하지 않는다. 피성년후견인은 법정대리인의 동의가 있어도 단독으로 법률행위를 할 수 없기 때문이다.

〈판례〉 무능력자의 사술과 입증책임

본조에 이른바 "무능력자가 사술로써 능력자로 믿게 한 때"에 있어서의 사술을 쓴 것이라 함은 적극적으로 사기수단을 쓴 것을 말하는 것이고 단순히 자기가 능력자라 사언함은 사술을 쓴 것이라고 할 수 없다.

미성년자와 계약을 체결한 상대방이 미성년자의 취소권을 배제하기 위하여 본조 소정의 미성년자가 사술을 썼다고 주장하는 때에는 그 주장자인 상대방 측에 그에 대한 입증책임이 있다(대법원 1971. 12. 14. 선고 71다2045 판결).

[2] 권리의 행사

〈사례 1〉 김갑부는 자신 소유의 토지를 이사장이 건물을 신축하는데 사용하도록 승낙하였다. 이사장은 이에 따라 지하 1층 지상 8층 136세대의 건물을 완공하여 병 등에게 분양하였다. 그 과정에서 김갑부와 이사장 사이에 토지매매대금의 지급과 관련한 분쟁이 발생하여 토지매매계약이 해제되었다. 이에 김갑부는 토지의 소유권에 기하여 신축건물 중 각 부분을 분양받은 병 등에게 그 철거를 요구하였다. 병 등은 김갑부의 요구에 응하여야 하는가?

〈사례 2〉 건물 임대인인 김갑부는 임차인인 이다실의 차임연체액이 3기 이상의 차임액에 달한다는 이유로 이다실에게 임대차계약의 해지를 통고하였다. 이에 이다실은 임차건물을 다방시설로 개조하는데 1

천5백만원의 비용을 투입한 바 있어 김갑부에 대해 동액 상당의 유익비상환청구권을 가지고 있으므로 (이러한 경우 유익비상환청구권이 인정될 여지가 거의 없으나, 유익비상환청구권이 인정된다고 가정함) 이러한 유익비상환청구권을 가지고 있는 자신에게 3기 이상의 차임액이 연체되었음을 이유로 임대차계약을 해지하는 것은 권리의 남용이라고 주장한다. 권리남용에 해당하는가?

〈사례 3〉 갑은 경제적 가치가 희박한 임야의 소유주로서 약 40년간 임야를 방치하여 왔고, 너무해 등은 그 선대 때부터 갑의 임야에 과목을 심어 1년에 약 70만원 상당의 순수익을 올리고 있었다. 너무해 등과 한동네에 살면서 이러한 사정을 잘 알고 있던 나심해는 갑에게 임야의 매도를 권유하여 이를 70만원에 매수한 후 소유자임을 내세워 너무해 등에게 과목의 제거를 요구하였다. 현재 이 임야의 시가는 과목이 없는 상태로 120만원 정도인데 너무해 등이 소유하고 있는 과목들의 총 시가는 270만원 정도이다. 나심해와 너무해 등은 분쟁을 해결하기 위하여 수차례에 걸쳐 합의를 시도하였으나 나심해는 임야의 매수를 희망하는 너무해 등에게 터무니없이 비싼 1천2백만원을 요구하면서 너무해 등이 나심해의 제의를 수락하지 못하자 과목의 제거와 그 부지의 인도를 요구하였다. 너무해 등은 나심해의 요구에 응하여야 하는가?

1. 신의성실의 원칙

권리의 행사와 의무의 이행은 신의에 좇아 성실히 하여야 한다(제2조제1항). 개인 사이의 거래관계는 서로 상대방을 신뢰하여 성립하는 것이므로 상대방의 신뢰를 해하지 않도록 행동할 것이 요구된다. 신의성실의 원칙은 단순한 도덕상의 원칙이 아니라 모든 법의 원리를 지배하는 대원칙이다.

신의성실의 원칙을 구체화한 원칙으로서 사정변경의 원칙과 실효의 원칙이 있다.

사정변경의 원칙이란 법률관계의 발생 당시의 사회적 사정이나 법률관계를 발생시킨 기초사정이 당사자의 책임없는 사유로 현저하게 변경되었고 이를 사전에 예측할 수 없었던 경우에 법률관계의 내용을 그대로 강제하는 것이 신의 또는 공평에 어긋나는 때에는 불이익을 받는 당사자가 이를 소멸시키거나 변경할 것을 요구할 수 있다는 원칙이다.

실효의 원칙이란 권리의 행사가 상당기간 이루어지지 않아서 새삼스럽게 그 권리가 행사된다는 것을 기대할 수 없는 경우에는 그 권리가 행사되어도 그 효력을 인정할 수 없다는 원칙을 말한다.

〈판례〉 사정변경의 원칙

회사의 임원이나 직원의 지위에 있기 때문에 회사의 요구로 부득이 회사와 제3자 사이의 계속적 거래로 인한 회사의 채무에 대하여 보증인이 된 자가 그 후 회사로부터 퇴사하여 임원이나 직원의 지위를 떠난 때에는 보증계약 성립 당시의 사정에 현저한 변경이 생긴 경우에 해당하므로 사정변경을 이유로 보증계약을 해지할 수 있다고 보아야 하며, 위 계속적 보증계약에서 보증기간을 정하였다고 하더라도 그것이 특히 퇴사 후에도 보증채무를 부담키로 특약한 취지라고 인정되지 않는 한 위와 같은 해지권의 발생에 영향이 없다(대법원 1990. 2. 27. 선고 89다카1381 판결).

〈판례〉 실효의 원칙

근로자가 사직원의 작성·제출이 자신이 아닌 그의 형에 의하여 이루어졌음을 이유로 의원면직의 무효확인을 구하는 사안에서, 근로자의 형이 사직원을 제출하게 된 경위 및 근로자가 아무런 이의없이 퇴직금을 수령한 점 등 제반 사정에 비추어 볼 때, 의원면직일로부터 5년여가 경과한 후에 위와 같은 소를 제기하는 것은 신의칙 내지 금반언의 원칙에 반하는 것으로서 부적법하다(대법원 2005. 10. 28. 선고 2005다45827 판결).

〈해설 1〉 김갑부는 자신의 토지 위에 이사장으로 하여금 건물을 신축하게 한 원인을 제공하였고 이사장은 이에 따라 136세대에 이르는 규모로 견고하게 건물을 신축하였으며 병 등은 이를 신뢰하고 신축건물의 각 부분을 분양받은 것이다. 그런데 김갑부가 이사장과의 토지매매계약이 해제되었음을 이유로 하여 병 등에게 건물의 철거를 요구하는 것은 비록 그것이 토지에 대한 소유권에 기한 것이라 하더라도 신의성실의 원칙에 비추어 용인될 수 없다(대법원 1993. 7. 27. 선고 93다20986 판결 참조). 따라서 병 등은 김갑부의 철거 요구에 응하지 않아도 된다.

2. 권리남용 금지의 원칙

권리는 남용하지 못한다(제2조제2항). 외형은 권리행사로 보이나 실질적으로는 권리의 공공성, 사회성에 벗어나는 경우 법은 이를 권리의 행사라고 인정하지 않는다. 권리의 행사가 남용이 된 경우에는 권리행사에 따른 효과를 인정하지 않는다. 권리남용의 경우 남용된 권리 자체가 소멸하는 것은 아니며, 그 권리행사의 효력만 인정되지 않을 뿐이다.

권리행사가 권리의 남용에 해당한다고 할 수 있으려면, 주관적으로 그 권리행사의 목적이 오직 상대방에게 고통을 주고, 손해를 입히려는데 있을 뿐, 행사하는 사람에게 아무런 이익이 없을 경우이어야 하고, 객관적으로는 그 권리행사가 사회질서에 위반된다고 볼 수 있어야 한다. 이와 같은 경우에 해당하지 않는 한 비록 그 권리의 행사에 의하여 권리행사자가 얻는 이익보다 상대방이 입을 손해가 현저히 크다 하더라도 그러한 사정만으로는 권리남용이라 할 수 없다(대법원 1987. 10. 26. 선고 87다카1279 판결).

〈해설 2〉 건물의 임대차에서 임차인의 차임연체액이 2기의 차임액에 달하는 때에는 임대인은 계약을 해지할 수 있다(제640조). 따라서 이다실이 비록 유익비상환청구권을 가지고 있다 하더라도 그와 같은 사정만으로는 김갑부의 임대차계약의 해지통고가 권리남용이 될 수는 없다.

⊙ 상가건물 임대차보호법 제10조의8(차임연체와 해지) 임차인의 차임연체액이 3기의 차임액에 달하는 때에는 임대인은 계약을 해지할 수 있다.

〈해설 3〉 나심해가 매수한 임야에 너무해 등이 과목을 심어 수익을 얻고 있다면, 경제적 가치가 희박한 쓸모없는 땅이라 할 수 없다. 또 나심해가 모든 사정을 잘 알고 있으면서 갑에게 매도를 권유하여 임야를 매수하였다 하여 그 매수행위를 불법시 할 수도 없다. 따라서 나심해가 임야를 정당하게 매수하여 그 소유권을 취득한 이상 나심해는 그 토지를 사용·수익할 권리와 이익이 있다.

더욱이 임야에 있는 너무해 등의 과목이 모두 권원 없이 식재된 것인 이상, 비록 나심해와 너무해 등 사이에 매매의 협의가 이루어지지 아니하고 또 너무해 등이 과목을 제거당하면 상당한 수익상실의 손해를 입게 되는 사정이 있다고 하더라도, 나심해가 임야의 소유자로서 그 소유권의 방해배제를 위하여 거기에 권원 없이 식재된 과목 등의 수거를 구하는 나심해의 권리행사를 오직 상대방에게 고통과 손해를 입히려는데 그 목적이 있을 뿐 자신에게 아무런 이익이 없고 또 객관적으로도 이것이 권리의 사회성에 반하여 용인될 수 없는 것에 해당한다 할 수는 없다(대법원 1987. 10. 26. 선고 87다카1279 판결 참조). 그러므로 너무해 등은 나심해의 요구에 따라 과목을 제거할 의무가 있다고 할 것이다.

제2절 계약

[1] 계약자유의 원칙

〈사례 1〉 갑은 자신의 아파트를 을에게 1억원에 매도하기로 합의하고 1천만원의 계약금을 지급받았지만 매매계약서를 작성하지 아니하였다. 이 경우 아파트매매계약은 유효인가 무효인가?

〈사례 2〉 나로미와 너줄리는 원수지간이다. 나로미는 인터넷을 통하여 알게 된 무대보에게 너줄리를 살해하면 1억원을 주기로 하고 살인청부계약을 체결하였다. 무대보가 너줄리를 살해하고 1억원을 요구하는 경우 나로미는 계약한 대로 지급하여야 하는가?

〈사례 3〉 이한심은 노름판에서 돈을 다 잃고 이대부에게 천만원을 한 달 간 빌리면서 월 2부 이자를 지급하기로 하고 차용증을 써 주었다. 이한심은 노름판에서 빌린 돈 천만원까지 다 잃었다. 한 달 뒤 이대부가 원금과 이자를 지급할 것을 청구하는데 이한심은 갚아야 하는가?

〈사례 4〉 조강지처와 사이에 2남 1녀를 둔 사업가인 중년의 변강쇠는 우연히 알게 된 미모의 이옹녀와 동거계약을 체결하고 살림을 차리게 되었다. 그러나 몇 달 뒤 변강쇠는 처자가 있는 가정으로 돌아가려고 하자 이옹녀가 변강쇠 명의의 지금 살고 있는 아파트를 달라고 하여 증여계약을 체결하였다. 이 증여계약의 효력은?

1. 계약의 의의

계약이란 복수당사자의 서로 상대되는 둘 이상의 의사표시 즉, 청약과 승낙의 의사표시의 합치(합의)를 요소로 하여 성립하는 법률행위이다. 청약자와 승낙자가 계약의 당사자가 된다. 계약의 당사자는 강행법규나 선량한 풍속 기타 사회질서에 반하지 않는 한 자유롭게 계약을 체결할 수 있는데, 이를 계약자유의 원칙이라 한다.

2. 계약자유의 원칙

개개인이 각자의 의사에 의하여 자유롭게 계약을 체결하여 사법상의 법률관계를 스스로 규율한다는 것이 계약자유의 원칙이다. 국가는 분별없이 시민간의 재산거래나 경제활동에 개입·간섭하지 않는다는 의미에서 이를 사적자치의 원칙이라고도 한다.

계약자유의 원칙의 내용은 다음과 같다.

(1) 계약체결 여부의 자유 : 계약을 체결할 것인지 여부는 당사자가 자유롭게 결정할 수 있다.

(2) 계약상대방선택의 자유 : 누구와 계약을 체결할 것인지는 당사자가 자유롭게 결정할 수 있다.

(3) 계약내용결정의 자유 : 체결하는 계약의 내용은 각 당사자가 그들의 의사에 따

라 자유롭게 결정할 수 있으며, 이미 체결된 계약도 그 내용을 자유롭게 수정하거나 변경할 수도 있다.

(4) 계약방식의 자유 : 체결하는 계약의 방식을 각 당사자가 자유롭게 정할 수 있다. 당사자는 편의에 따라 서면이나 구두 등으로 계약을 체결할 수 있으며 그 방식에 관하여 아무런 제한을 받지 않는다. 일반적으로 계약체결시에 계약서를 작성하는 경우가 많으나 요식계약의 경우를 제외하고 계약서의 작성·교부가 없더라도 계약은 유효하게 성립한다. 다만 계약서는 나중에 당사자 간에 분쟁이 발생하는 경우 계약의 존재를 증명할 수 있는 증거물의 역할과 금전수수 후 영수증의 기능을 한다.

〈해설 1〉 계약의 방식에는 제한이 없다. 그러므로 갑과 을 사이의 매매계약은 계약서를 작성하지 않았다고 하더라도 유효하게 성립한다. 다만, 계약의 성립여부 또는 계약금의 지급여부 등에 관하여 당사자 사이에 다툼이 발생할 수 있으므로 후일의 분쟁을 예방하기 위하여 계약서를 작성해 두는 것이 안전하다.

3. 계약자유에 대한 제한

근대 초기에 있어서 계약의 자유는 자유주의와 평등주의 사상에 입각하여 무제한적으로 누릴 수 있는 것으로 인식되었다. 그러나 자본주의 경제의 발전으로 빈부의 격차 등 형식적 평등에 대한 모순이 발생하면서 실질적 평등을 보장하기 위하여 계약자유의 원칙에 대한 수정과 제한이 필요하게 되었다. 즉 국가는 경제적 약자를 보호하고 실질적 평등을 이루기 위하여 계약내용에 간섭하는 등 계약자유의 원칙을 제한하게 되었다. 그 제한의 내용은 다음과 같다.

(1) 계약체결의 자유에 대한 제한 : ① 국민의 일상생활에서 중요한 우편·통신·운송·전기 등의 재화를 공급하는 공익적 독점기업은 정당한 이유없이 급부제공을 거절하지 못하며, ② 공증인·집달관·법무사 등의 공공적 업무와 의사·약사·한의사 등의 공익적 업무에 관하여는 정당한 이유없이 직무의 집행을 거절하지 못하고, ③ 전쟁 또는 경제적 위기가 있는 경우에는 재화의 수급에 장애가 발생하므로 계약체결의 자유가 제한된다.

(2) 계약내용결정의 자유에 대한 제한 : ① 강행법규에 반하는 법률행위는 무효이다. ② 선량한 풍속 기타의 사회질서에 위반하는 사항을 내용으로 하는 계약도 무효이다(첩계약, 도박계약 등과 같이 인륜에 반하는 내용, 정의에 반하는 내용의 계약). ③ 경제적 약자를 보호하기 위하여 경제법, 노동법, 소비자법 분야에서는 계약의 내용에 관하여 법률적 규제를 하고 있다.

⊙ 강행법규(규정)

당사자의 의사에 관계없이 준수가 강제되는 법규 또는 규정. 물권법과 가족법에 강행규정이 많다.

〈판례〉 5년 내 결혼하지 않으면 2억원을 지급하겠다는 각서의 효력

A가 일본에 거주하는 B와 오랜 기간 교재하면서 B의 신용카드로 상당한 금액을 소비한 사실은 인정되지만, A가 B와 결혼하지 않을 경우 거액을 지급하기로 한 약정은 A의 신분상 의사결정을 심각하게 구속하는 내용의 의사표시이므로 사회질서에 반해 무효이다(서울지방법원 2019가합42516 판결).

(3) 계약방식의 자유에 대한 제한 : 법률관계를 명확히 하고 사후의 분쟁발생시 증거자료로 활용하거나 당사자에게 계약체결시 신중을 기하도록 하기 위하여 서면의 작성, 공정증서의 작성 등의 방식을 요구하는 경우가 있다(민법 제186조 부동산의 등기, 제555조 서면에 의하지 아니한 증여와 해제).

〈해설 2〉 나로미와 무대보 사이에 체결된 살인청부계약은 무효이다. 계약의 내용이 살인을 금지하는 형법의 규정에 반하기 때문이다. 그러므로 비록 계약을 체결했다고 하더라도 또는 나아가서 계약금을 주고받았다고 하더라도 나로미와 무대보는 그 계약에 구속되지 아니한다.

〈해설 3〉 노름에 사용되는 줄 알고 돈을 빌려 주는 경우에는 아무리 차용증이나 각서를 받아두었다고 하더라도 법으로 청구해서 받을 수 없다. 노름은 반사회적 행위인 동시에 범죄행위이기 때문이다. 따라서 이한심이 원금과 이자를 스스로 지급하지 않는 한, 이대부는 이를 받아낼 수가 없다. 다만 돈이 노름에 사용될 것을 알지 못하고 빌려 준 사람은 비록 그 돈이 반사회적인 행위에 사용되었다고 하더라도 보호받아 마땅하다.

〈해설 4〉 변강쇠와 이옹녀 사이의 동거계약은 선량한 풍속 기타 사회질서에 반하는 내용의 계약으로서 무효이다. 그러므로 만일 동거를 조건으로 하여 증여하기로 하였다면 그 증여계약은 무효로서 변강쇠는 이를 이행할 의무가 없다. 그러나 사례와 같이 반사회적인 법률관계를 종료시키는 과정에서 체결한 계약 예를 들면, 매월 일정금액의 생활비를 지급하겠다거나 그 사이에서 출생한 자녀의 양육비를 지급하겠다는 내용의 계약은 유효하다.

[2] 계약의 성립과 계약금

〈사례 1〉 이재수는 김분통 소유의 아파트를 2억원에 사기로 하고 매매계약을 체결하면서 계약금으로 5천만원을 지급하였다. 매매계약을 체결한 다음날 그 주변의 개발계획이 발표되어 아파트 가격이 오르기 시작하였다. 이에 김분통은 이재수에게 계약금 5천만원에 매매대금의 10%인 2천만원을 더하여 7천만원을 주면서 계약의 해제를 통지하였다. 이 경우 이재수의 권리는?

계약은 계약당사자의 청약과 승낙의 합치에 의하여 성립한다. 청약은 일정한 내용의 계약을 성립시킬 것을 목적으로 하는 의사표시로써 상대방에 도달한 때에 그 효력이 발생한다. 일단 청약의 효력이 발생한 때에는 청약자가 임의로 이를 철회하지 못한다(제527조). 이를 청약의 구속력이라 한다. 다만 청약의 구속력은 승낙기간을 정한 경우 그 기간이 경과하면 소멸하며, 승낙기간을 정하지 않은 경우에는 승낙 여부를 고려하여 결정하기에 필요하다고 생각되는 상당한 기간이 경과하면 소멸한다.

승낙은 계약을 성립시킬 것을 목적으로 하는 특정한 청약에 대한 의사표시이다. 승낙은 청약의 내용과 같은 내용으로 승낙기간 내에 이루어져야 한다. 승낙의 의사표시는 반드시 명시적으로 할 필요는 없고 묵시적으로 하여도 무방하다.

계약을 체결할 때 당사자 일방이 상대방에게 금전 기타의 유가물을 교부할 경우 이를 계약금이라 한다. 계약금은 일반적으로 해제권유보의 대가로 교부하는 해약금으로 추정하므로(제565조) 교부자는 계약금을 포기하고 수령자는 그 배액을 상환함으로써 계약을 해제할 수 있다. 계약금은 보통 매매대금의 10%를 주고 받지만 이것은 사회적 관행에 불과하고 계약금은 반드시 매매대금의 10%라는 법규정은 없다.

〈판례〉 묵시적 승낙

임대차계약 체결 4일 후부터 임차인이 계약해제 및 계약금 반환을 요구하였고, 임대인은 '세 나간 후에 보자'라고 하였을 뿐 별다른 의사표시나 중도금 및 잔금의 이행최고도 없이 계약을 방치하다가 잔금기일 도과 후 제3자에게 임대한 경우, 임대인이 임차인에게 한 '세 나간 후에 보자'는 말의 의미는 임대인이 임대차계약의 존속을 바라지 아니하는 임차인의 요구를 받아들이되 제3자와 새로운 임대차계약을 체결하게 되고 그로 인하여 자신에게 손해가 생길 경우 계약금에서 그 손해를 공제한 나머지를 반환하겠다는 의사를 표시한 것이라고 해석함이 상당하므로, 그 임대차계약은 그 계약성립 후 임대인, 임차인 쌍방간에 계약금에서 새로운 임대차계약 체결로 인한 손해를 공제한 나머지를 반환한다는 한도 내에서 그 계약을 실현하지 아니하기로 하는 묵시적인 합의 해제가 성립되었다고 보아야 한다(대법원 1995. 4. 28. 선고 95다7260 판결).

〈해설 1〉 계약금은 일반적으로 해약금으로 추정한다. 그러므로 계약금을 교부한 자가 계약을 해제하고자 하는 경우에는 계약금을 포기해야 하고, 계약금을 수령한 자가 계약을 해제하고자 하는 경우에는 받은 계약금의 배액을 상환하여야 한다. 그리고 계약금은 보통 매매대금의 10%를 주고받지만 이것은 사회적 관행에 불과하고 계약금은 반드시 매매대금의 10%라는 법규정은 없다. 결국 사례에서 김분통이 계약을 해제하려면 이재수에게 1억원을 상환하여야 한다.

[3] 계약의 효력요건

〈사례 1〉 김사장은 사업이 잘 되지 않아 곧 부도가 날 형편이다. 김사장은 고향에 있는 임야만이라도 강제집행을 면하기 위해서 고향친구와 짜고 그 친구 앞으로 이전등기를 해두었다. 매매계약의 형식을 빌었으나 실제로 사고판 것은 아니었다. 고향친구는 견물생심이라고 욕심이 생겨서 나몰라에게 그 임야를 매도하였다. 1개월 뒤 이 사실을 알게 된 김사장은 나몰라에게 그 임야의 진짜 소유자는 자신이라며 돌려달라고 한다. 전혀 이러한 사정을 몰랐던 나몰라는 임야를 김사장에게 돌려줘야 하는가?

〈사례 2〉 최강박은 이억울의 범죄행위를 목격하고 사직당국에 고발하겠다고 협박하였다. 최강박의 협박으로 겁을 먹은 이억울은 최강박의 요구대로 자신의 건물을 증여한다는 내용의 증여약정서를 작성하고 약정에 따라 건물을 등기이전하였다. 이 경우 최강박은 건물의 소유권을 취득하는가? 만약에 이러한 사정을 모르는 병이 최강박으로부터 건물을 매수하여 등기이전한 경우 병은 소유권을 취득하는가?

계약이 유효하게 효력을 발생하기 위해서는 당사자에게 의사능력·행위능력이 있어야 할 뿐만 아니라, 그 내용이 확정성·실현가능성·적법성·사회적 타당성·공정성 등을 갖추어야 한다. 내용을 확정할 수 없는 계약, 실현불가능한 내용의 계약, 강행법규에 반하는 내용의 계약, 선량한 풍속 기타 사회질서에 반하는 내용의 계약, 당사자의 궁박·경솔 또는 무경험으로 인하여 현저하게 공정을 잃은 계약 등은 원칙적으로 무효이다.

의사표시는 계약을 구성하는 불가결의 요소이다. 계약은 2개 이상의 대립된 의사표시가 존재하고 그 내용이 서로 합치되어야 성립한다. 그런데 의사결정과정에 하자가 있거나 내심의 의사와 외부로 표시된 의사가 일치하지 않는 경우가 있다. 이러한 경우에 표시된 대로만 효과를 부여하면 표시된 의사를 신뢰하고 거래한 상대방의 보호에는 충실하지만 표의자의 이익을 희생시키게 된다. 그렇다고 하여 내심의 의사대로 효과를 부여하면 거래 상대방의 이익을 희생시키게 된다. 따라서 당사자의 이익을 적절히 조절하기 위하여 진의와 표시가 일치하지 않는 경우에 어디까지 표시행위의 효력을 인정하고 진의에 반한 효과를 강제할 것인지, 어디까지 진의에 대해 효력을 인정하고 표시행위의 효력을 부정할 것인지가 문제된다.

1. 의사와 표시의 불일치

1) 진의 아닌 의사표시

진의 아닌 의사표시는 사직의 의사가 없으면서 사직의 의사표시를 하는 경우와 같이 표의자가 자신의 진의와 표시가 일치하지 않음을 알면서 하는 의사표시를 말한다. 진의 아닌 의사표시는 원칙적으로 유효하며 표시된 대로의 효과를 생기게 한다(제107조제1항). 진의가 없으면서 표시행위를 하였다면 거래의 안전을 위하여 상대방이나 제3자를 보호할 필요가 있기 때문이다.

그러나 상대방이 표의자의 진의 아님을 알았거나 알 수 있었을 경우에는 무효로 한다(제107조제1항 단서). 이 경우에는 상대방을 보호할 필요가 없기 때문이다. 진의 아닌 의사표시가 무효로 된 때에도 그 무효는 선의의 제3자에게 대항하지 못한다(제107조제2항). 그렇지 않으면 선의의 제3자가 예상하지 못한 손해를 입을 수 있기 때문이다.

2) 통정허위표시

통정허위표시는 상대방과 짜고 하는 진의 아닌 의사표시를 말한다. 사실은 증여인데 증여세를 면하기 위해 당사자 쌍방이 합의하여 매매계약을 맺거나 부도에 대비하여 믿을 수 있는 제3자에게 재산을 도피시키는 가장매매가 이에 해당한다. 통정허위표시는 당사자 사이에는 언제나 무효이다(제108조제1항). 표의자의 의사표시에 의사와 표시의 불일치가 존재하고 당사자가 그러한 사실을 통정하여 잘 알고 있기 때문이다. 통정허위표시의 무효는 선의의 제3자에게 대항하지 못한다(제108조제2항)(해설 1 참조).

〈해설 1〉 김사장과 고향친구 사이에 체결된 임야매매계약은 통정허위표시로서 당사자 사이에는 언제나 무효이다. 그러므로 김사장은 고향친구에게 언제든지 임야의 반환을 요구할 수 있다. 그러나 김사장은 이러한 사정을 전혀 모르고 임야를 산 나몰라에게는 그 반환을 요구할 수 없다. 나몰라는 선의의 제3자로서 보호받아 마땅하기 때문이다. 그러므로 나몰라는 임야의 소유권을 취득하게 되고, 김사장은 고향친구에게 손해배상을 청구할 수 있다.

〈판례〉 명의신탁에서 신탁부동산을 임의로 처분한 경우 횡령죄 성립여부

부동산을 매수한 명의신탁자가 자신의 명의로 소유권이전등기를 하지 아니하고 명의수탁자와 맺은 명의신탁약정에 따라 매도인에게서 바로 명의수탁자에게 중간생략의 소유권이전등기를 마친 경우, 부동산 실권리자명의 등기에 관한 법률(이하 '부동산실명법'이라 한다) 제4조제2항 본문에 의하여 명의수탁자 명의의 소유권이전등기는 무효이고, 신탁부동산의 소유권은 매도인이 그대로 보유하게 된다. 따라서 명의신탁자로서는 매도인에 대한 소유권이전등기청구권을 가질 뿐 신탁부동산의 소유권을 가지지 아니하고, 명의수탁자 역시 명의신탁자에 대하여 직접 신탁부동산의 소유권을 이전할 의무를 부담하지는 아니하므로, 신탁부동산의 소유자도 아닌 명의신탁자에 대한 관계에서 명의수탁자가 횡령죄에서 말하는 '타인의 재물을 보관하는 자'의 지위에 있다고 볼 수는 없다. 그러므로 명의수탁자가 신탁받은 부동산을 임의로 처분하여도 명의신탁자에 대한 관계에서 횡령죄가 성립하지 아니한다(대법원 2016. 5. 19. 선고 2014도6992 전원합의체 판결).

3) 착오에 의한 의사표시

법률행위의 내용의 중요부분에 착오가 있는 때에는 의사표시를 취소할 수 있다.

착오에는 표시상의 착오, 내용상의 착오, 동기의 착오 등 세 가지가 있다.

표시상의 착오는 100,000원이라고 쓴다는 것을 1,000,000원으로 잘못 표시한 경우와 같이 표시행위 자체를 잘못하여 내심의 의사와 표시행위가 합치하지 않는 경우를 말한다.

내용상의 착오는 표시행위 자체에는 착오가 없으나 표시행위가 갖는 의미를 잘못 인식하고 표시행위를 함으로써 내심의 의사와 표시행위가 합치하지 않는 경우를 말한다. 홍콩 달러와 미국 달러가 같은 가치의 것으로 잘못 알고 홍콩 달러로 표시해야 할 것을 미국 달러로 표시한 경우가 이에 해당한다.

동기의 착오는 의사표시를 하게 된 동기 또는 이유에 있어서 사실을 잘못 인식한 경우이다. 개발계획이 발표될 것으로 믿고 부동산을 매수하였으나 개발계획이 사실무근으로 밝혀진 경우가 이에 해당한다. 동기의 착오에 의한 의사표시를 취소할 수 있는가에 대해서는 견해의 대립이 있으나, 법원은 동기의 착오를 이유로 한 취소를 잘 인정하지 않는 경향에 있다.

착오가 표의자의 중대한 과실로 인한 때에는 비록 내용의 중요부분에 착오가 있더라도 취소할 수 없다(제109조제1항). 중대한 과실이란 표의자의 직업, 행위의 종류, 목적 등에 비추어 보통 요구되는 주의를 현저히 결여한 것을 의미한다(대법원 2003. 4. 11 선고 2002다70884 판결). 착오에 의한 의사표시에 의하여 성립된 계약이 취소된 경우에 그 취소는 선의의 제3자에게 대항하지 못한다(제109조제2항).

화해계약은 착오를 이유로 하여 취소하지 못한다(제733조). 분쟁이 지속될 가능성이 있기 때문이다. 그러나 화해당사자의 자격 또는 화해의 목적인 분쟁 이외의 사항에 착오가 있는 때에는 그러하지 아니하다(제733조 단서).

〈판례〉 법률행위의 중요부분에 관한 착오

기술신용보증기금의 신용보증에 있어서 기업의 신용 유무는 그 절대적인 전제사유가 되며 그 보증 의사표시의 중요부분을 구성하므로, 기술신용보증기금이 대출은행이 잘못 작성한 거래상황확인서를 믿고 대상기업에게 연체대출금이 없는 것으로 오신하여 행한 신용보증은 법률행위의 내용의 중요부분에 착오가 있는 경우에 해당한다(대법원 1996. 7. 26. 선고 94다25964 판결).

〈판례〉 불법행위 가해자와 피해자 사이의 손해배상에 관한 합의의 효력

불법행위로 인한 손해배상에 관하여 가해자와 피해자 사이에 피해자가 일정한 금액을 지급받고 그 나머지 청구를 포기하기로 합의가 이루어진 때에는 그 후 그 이상의 손해가 발생하였다 하여 다시 그 배상을 청구할 수 없는 것이지만, 그 합의가 손해의 범위를 정확히 확인하기 어려운 상황에서 이루어진 것이고, 후발손해가 합의 당시의 사정으로 보아 예상이 불가능한 것으로서, 당사자가 후발손해를 예상하였더라면 사회통념상 그 합의금액으로는 화해하지 않았을 것이라고 보는 것이 상당할 만큼 그 손해가 중대한 것일 때에는 당사자의 의사가 이러한 손해에 대해서까지 그 배상청구권을 포기한 것이라고 볼 수 없으므로 다시 그 배상을 청구할 수 있다고 보아야 한다(대법원 2001. 9. 14. 선고 99다42797 판결).

2. 하자있는 의사표시

하자있는 의사표시란 진의에 상당하는 표시를 하였지만 그 의사형성에 일정한 흠이 있는 경우를 말한다. 민법은 하자있는 의사표시 유형으로 사기·강박에 의한 의사표시를 규정하고 있다.

사기라 함은 사람을 기망하여 착오에 빠지게 하는 위법한 행위를 말하며, 강박이란 타인에게 불법으로 해악을 가할 것을 알림으로써 두려운 감정을 일으키게 하는 위법한 행위를 말한다. 사기·강박에 의한 의사표시는 취소할 수 있다(제110조제1항).

기망행위는 표의자의 착오를 유도하는 모든 행위유형을 말한다. 따라서 허위사실을 진술하는 등의 적극적 행위뿐만 아니라 진실을 고지하여야 할 자가 침묵함으로써 진실을 은폐하는 등의 소극적 행위도 기망행위가 될 수 있다. 그리고 기망행위로 인한 착오와 의사표시는 인과관계가 있어야 한다. 기망행위가 있더라도 착오를 일으키지 않은 상태에서 사기자가 원하는 의사표시를 한 경우에는 사기에 의한 의사표시가 되지 않는다.

강박에 의한 의사표시로 인정되려면 반드시 강박으로 인하여 두려운 감정에 기인한 의사표시여야 한다. 강박행위가 있더라도 현실적으로 표의자가 두려운 감정이 생기지 않은 상태에서 강박자가 원하는 의사표시를 한 경우에는 강박에 의한 의사표시가 되지 않는다.

상대방 있는 의사표시에 관하여 제3자가 사기나 강박을 행한 경우에는 상대방이

그 사실을 알았거나 알 수 있었을 경우에 한하여 그 의사표시를 취소할 수 있다(제110조제2항). 의사표시의 상대방이 사기나 강박을 행한 경우에는 언제든지 취소할 수 있지만, 상대방이 아닌 제3자의 사기 또는 강박에 의하여 의사표시를 한 때에는 상대방 보호의 문제가 발생하므로 상대방이 선의·무과실인 경우에는 취소하지 못하도록 한 것이다. 그리고 사기·강박에 의한 의사표시의 취소는 선의의 제3자에게 대항하지 못한다(제110조제3항)(해설 2 참조).

〈해설 2〉 단순히 상대방의 범죄행위를 고소 또는 고발하겠다고 위협하는 것 자체는 위법하다고 할 수 없으나 이에 의하여 부당한 이익을 얻으려고 하는 것은 위법하다. 사례의 경우 이억울의 의사표시의 성립과정에 최강박의 강박이라는 불법적 방법이 사용되었으므로 이억울은 강박에 의한 의사표시의 하자를 이유로 취소할 수 있을지언정 무효가 되는 것은 아니다. 다만 강박의 정도가 심하여 이억울이 의사결정의 자유를 완전히 잃어버린 상태에서 의사표시를 하였다면 의사무능력에 의한 무효가 될 수도 있다. 이억울이 의사무능력 상태에서 의사표시를 한 것이 아니라면, 강박에 의한 의사표시임을 이유로 건물증여의 의사표시를 취소하지 않는 한, 최강박은 건물의 소유권을 취득한다. 이억울이 취소권을 행사하여 최강박이 건물의 소유권을 취득하지 못하더라도 병이 선의·무과실인 경우에는 이억울은 그 취소로써 병에게 대항하지 못하므로 병은 건물의 소유권을 취득한다.

3. 무효와 취소

무효는 일단 성립한 법률행위가 효력요건을 갖추지 못하여 당초부터 당연히 법률행위의 효력이 발생하지 않는 것으로 확정되는 것이다. 효력을 부인하기 위하여 특정인의 적극적인 행위가 있어야 할 필요가 없다. 그러나 취소할 수 있는 행위는 일정한 취소권자의 취소의 의사표시가 있어야만 비로소 처음으로 소급하여 무효가 되며 그 취소가 있기까지는 유효한 것으로 다루어진다.

무효는 제3자에 대하여 선의·악의를 불문하고 절대적 효력을 갖는 것이 원칙이다. 다만 예외적으로 진의 아닌 의사표시, 통정허위표시의 경우와 같이 선의의 제3자에 대해 무효를 주장할 수 없는 경우가 있다. 취소할 수 있는 행위는 취소가 있기까지는 일단 유효하므로 이를 신뢰한 선의의 제3자에게 취소를 이유로 대항하지 못하는 것이 원칙이다.

무효의 원인으로는 의사능력의 결함, 강행법규 위반, 선량한 풍속 기타 사회질서의 위반, 목적의 불능·불확정, 진의 아닌 의사표시, 통정허위표시 등이 있다.

취소원인으로는 행위자의 무능력, 착오, 의사표시의 하자 등이 있다. 취소권자는 무능력자, 하자있는 의사표시를 한 자, 그 대리인 또는 승계인이며, 취소권은 추인할 수 있는 날로부터 3년, 법률행위를 한 날로부터 10년 내에 행사하여야 한다.

⊙ 취소와 해제

취소와 해제는 모두 유효한 계약의 효력을 소급적으로 소멸시키는 일방적 의사표시라는 점에 있어서는 같다. 그러나 취소는 의사표시의 효력요건상 일정한 흠이 있음을 그 원인으로 하는 데 반하여, 해제는 흠이 없는 계약에 대해 당사자의 특약이나 채무불이행 등을 원인으로 한다는 점에서 구별된다.

[4] 쌍무계약상의 특수한 효력

〈사례 1〉 마저춰로부터 대지 2필지를 3억원에 매수하기로 한 이조금은 계약금과 중도금은 지불하였으나, 잔금 1억5천만원 중 2천만원이 모자란다. 잔금지급일이 되어 마저춰와 이조금은 모자라는 2천만원은 월 2부 이자를 쳐서 한 달 뒤에 지급할 것을 합의하였다. 그리고 이조금은 대지 2필지 중 1필지를 등기이전해 줄 것을 요구하였다. 마저춰는 이조금의 요구에 따라야 하는가?

〈사례 2〉 김사장은 이원통 소유의 주택을 1억원에 매수하기로 하고 계약금 1천만원을 지급하고 매매계약서를 작성하였다. 이틀 뒤 이웃에 난 불로 이원통 소유의 목적부동산이 소실한 경우, 김사장과 이원통의 법률관계는?

1. 쌍무계약의 의의

쌍무계약이란 당사자 쌍방이 서로 대가적 의미를 가지는 채무를 부담하는 것을 내용으로 하는 계약을 말한다. 쌍무계약은 당사자 쌍방이 서로 대가적 의미를 지닌 출연 또는 출재를 하게 되므로 유상계약이며, 당사자는 서로 상대방에 대하여 채권자이면서 채무자인 지위를 갖게 된다. 그러므로 쌍무계약의 일방 당사자는 타방 당사자에 대해 급부를 받을 권리를 가지는 동시에 급부를 제공할 의무를 부담한다. 민법은 쌍무계약에서 당사자 쌍방의 채무가 서로 연계되어 있는 것을 고려하여 동시이행의 항변권과 위험부담에 관한 규정을 두고 있다.

2. 동시이행의 항변권

쌍무계약의 당사자 일방은 상대방이 그 채무이행을 제공할 때까지 자기의 채무이행을 거절할 수 있다(제536조제1항). 이를 동시이행의 항변권이라고 한다. 그러나 쌍무계약이라 하더라도 상대방의 채무가 변제기에 도래하지 않은 때에는 자기의 채무이행을 거절할 수 없다(제536조제1항 단서). 당사자 일방이 선이행의무를 부담하는 경우가 이에 해당한다. 다만 당사자 일방이 상대방에게 먼저 이행하여야 할 경우에도 상대방의 이행이 곤란할 현저한 사유가 있는 때에는 동시이행의 항변권을 행사할 수 있다(제536조제2항).

동시이행의 항변권을 가지는 채무자는 비록 이행기에 이행을 하지 않더라도 이행지체가 성립하지 않는다. 그러므로 상대방은 자기의 채무를 이행하거나 이행의 제공을 하지 않는 한 이행지체를 이유로 계약을 해제하지 못한다.

⊙ 쌍무계약 이외의 경우로서 동시이행의 항변권이 인정되는 경우

해제에 의한 원상회복의무(제549조), 매도인의 담보책임(제583조), 수급인의 담보책임(제667조) 등에 관하여 동시이행의 항변권 규정을 준용한다. 그 외에도 변제와 영수증 교부, 계약이 무효 또는 취소된 경우의 반환의무 등에 관해서도 동시이행관계로 이해하는 것이 타당할 것이다.

〈해설 1〉 부동산매매계약에서 발생하는 매도인의 소유권이전등기의무와 매수인의 매매잔대금지급의무는 동시이행관계에 있고, 동시이행의 항변권은 상대방의 채무이행이 있기까지 자신의 채무이행을 거절할 수 있는 권리이므로, 매수인이 매도인을 상대로 매매목적 부동산 중 일부에 대해서만 소유권이전등기의무의 이행을 구하고 있는 경우에도 매도인은 특별한 사정이 없는 한 그 매매잔대금 전부에 대하여 동시이행의 항변권을 행사할 수 있다(대법원 2006. 2. 23. 선고 2005다53187 판결). 따라서 마저줘는 이조금이 매매대금 2천만원과 이자를 지급할 때까지 이조금의 등기이전요청에 응할 필요가 없다. 다만 각각의 필지에 대해 매매가격을 따로 정하고 이조금이 이미 지급한 금액이 어느 한 필지의 대금을 지급한 것이라면 마저줘는 이조금의 등기이전요청에 따라야 할 것이다.

3. 채무자 위험부담주의

쌍무계약에서 당사자 일방의 채무가 당사자 쌍방의 책임없는 사유로 이행할 수

없게 된 때에는 채무자는 상대방의 이행을 청구하지 못한다(제537조). 이것을 채무자 위험부담주의라 한다. 예를 들어, 특정물의 매매계약에서 당사자 쌍방의 책임없는 사유로 물건의 인도전에 목적물이 멸실, 훼손된 경우 그 손해는 채무자가 부담한다(해설 2 참조).

그러나 쌍무계약의 당사자 일방의 채무가 채권자의 책임있는 사유로 이행할 수 없게 된 때에는 채무자는 상대방의 이행을 청구할 수 있다. 채권자의 수령지체 중에 당사자 쌍방의 책임없는 사유로 이행할 수 없게 된 때에도 채무자는 상대방의 이행을 청구할 수 있다(제538조제1항). 이 때 면책된 채무자는 자기의 채무를 면함으로써 얻은 이익을 채권자에게 상환하여야 한다(제538조제2항).

〈판례〉 부동산거래에서 동시이행관계에 있는 의무

부동산의 매매계약이 체결된 경우에는 매도인의 소유권이전등기의무, 인도의무와 매수인의 잔대금지급의무는 동시이행의 관계에 있는 것이 원칙이고, 이 경우 매도인은 특별한 사정이 없는 한 제한이나 부담이 없는 완전한 소유권이전등기의무를 지는 것이므로 매매목적 부동산에 가압류등기 등이 되어 있는 경우에는 매도인은 이와 같은 등기도 말소하여 완전한 소유권이전등기를 해 주어야 하는 것이고, 따라서 가압류등기 등이 있는 부동산의 매매계약에 있어서는 매도인의 소유권이전등기의무와 아울러 가압류등기의 말소의무도 매수인의 대금지급의무와 동시이행 관계에 있다고 할 것이다(대법원 2000. 11. 28. 선고 2000다8533 판결).

〈판례〉 임대인의 임대차보증금 반환의무와 임차인의 임차목적물반환의무

임대차계약의 종료에 의하여 발생된 임차인의 임차목적물 반환의무와 임대인의 연체차임 등을 공제한 나머지 임대차보증금의 반환의무는 동시이행관계에 있으므로, 임대인이 나머지 임대차보증금의 반환의무를 이행하거나 적법한 이행제공을 하여 임차인의 동시이행항변권을 상실시키지 아니한 이상, 임차인이 임차목적물반환의무를 이행하지 아니하고 임차목적물을 계속 점유하고 있다고 하더라도, 임차인은 임대인에 대하여 임차목적물반환의무의 이행지체로 인한 손해배상책임을 지지 아니한다(대법원 2006. 10. 13. 선고 2006다39720 판결).

〈판례〉 경락목적물의 일부 멸실과 위험부담 내지 하자담보책임

임의 경매절차가 진행되어 그 경락허가결정이 확정되었는데 그 경락대금 지급기일이 지정되기 전에 그 경락목적물에 대한 소유자 내지 채무자 또는 그 경락인의 책임으로 돌릴 수 없는 사유로 말미암아 그 경락목적물의 일부가 멸실되었고, 그 경락인이 나머지 부분이라도 매수할 의사가 있어서 경매법원에 대하여 그 경락대금의 감액신청을 하여 왔을 때에는 경매법

원으로서는 민법상의 쌍무계약에 있어서의 위험부담 내지 하자담보책임의 이론을 적용하여 그 감액결정을 허용하는 것이 상당하다(대법원 1979. 7. 24. 선고 78마248 결정).

〈해설 2〉 민법은 쌍무계약에서 채무자 위험부담주의를 채택하고 있다. 사례에서 이웃에 난 불로 주택이 소실된 것이므로 매수인인 김사장이나 매도인인 이원통 어느 누구의 잘못도 없다. 이런 경우 집을 등기이전해 줄 채무가 있는 매도인인 이원통이 그 손해를 부담한다. 이원통은 집을 등기이전해 줄 채무를 면하지만 김사장에게 대금을 청구하지 못함으로써 그 위험을 결국 자기가 부담하게 된다.

[5] 채무의 이행 - 변제공탁

〈사례 1〉 나순진은 딸 결혼자금으로 쓰기 위하여 이대부로부터 시가 1억원인 집을 담보로 제공하고 3천만원을 빌렸다. 원금과 이자는 적금만기일인 2개월 뒤에 갚기로 하였다. 나순진은 돈을 갚기로 한 날이 되어 이대부에게 갔더니 문이 잠겨 있고 아무도 없었다. 이 때 나순진이 채무를 면하기 위한 방법은?

변제공탁이란 변제자가 채권자를 위하여 변제의 목적물을 공탁소에 임치하여 채무를 면하게 하는 제도를 말한다(제487조). 채권자가 사망했으나 채권을 상속한 자가 누구인지 알 수 없는 경우와 같이 채무자의 과실 없이 채권자가 누구인지 알 수 없는 때 또는 채무자의 변제의 제공에도 불구하고 채권자가 수령하지 않거나 수령할 수 없는 때에도 채무자는 계속하여 채무에 구속당하게 된다. 물론 채무자가 변제의 제공을 하였음에도 불구하고 채권자가 수령하지 않는 경우에는 채권자지체가 성립되고 채무자는 책임이 경감되거나 증가된 비용을 청구할 수 있다. 그러나 그런 경우에도 채무자의 지위를 벗어나는 것은 아니다. 변제공탁은 이러한 경우에 채무자가 변제공탁을 함으로써 채무자의 지위 자체를 소멸시킬 수 있다는 데 그 의의가 있다.

변제의 목적물이 쉽게 부패하거나 부피가 커서 보관비용이 많이 드는 등 공탁에 적당하지 아니하거나 멸실 또는 훼손될 염려가 있거나 공탁에 과다한 비용을 요하는 경우에는 변제자는 법원의 허가를 얻어 그 물건을 경매하거나 시가로 방매하여 대금을 공탁할 수 있다(제490조). 이를 대금공탁이라 한다.

공탁을 하고자 하는 자는 채권자에게 송부할 공탁통지서 및 공탁서 2통을 작성하여 채무이행지의 공탁소 공탁관에게 제출한 후 공탁물을 지정된 은행 또는 창고업자에게 납입하여야 한다(제488조제1항, 공탁법 제4조, 공탁규칙 제19조제1항, 제22조제1항).

채권자가 공탁을 승인하거나 공탁소에 대하여 공탁물을 받기를 통고하거나 공탁유효의 판결이 확정되기까지는 변제자는 공탁물을 회수할 수 있다. 이 경우에는 공탁하지 아니한 것으로 본다(제489조제1항).

채무자가 채권자의 상대의무이행과 동시에 변제할 경우에는 채권자는 그 의무이행을 하지 아니하면 공탁물을 수령하지 못한다(제491조).

〈판례〉 채권양도 통지와 채권가압류명령이 동시에 도달된 경우

확정일자 있는 채권양도 통지와 채권가압류명령이 제3채무자에게 동시에 도달된 경우에도 제3채무자는 송달의 선후가 불명한 경우에 준하여 채권자를 알 수 없다는 이유로 변제공탁을 할 수 있다(대법원 2004. 9. 3. 선고 2003다22561 판결).

〈해설 1〉 나순진은 원금과 이자를 공탁소에 공탁하면 된다. 나순진이 공탁을 하면 이대부가 공탁금을 찾든 말든 일단 변제받은 것으로 간주되므로 나순진은 채무를 면하게 된다.

[6] 채무불이행과 손해배상

〈사례 1〉 대학을 졸업한 성형미는 면접시험에 대비하여 성형수술을 받았으나, 의사의 과실로 수술이 잘못되어 수술부위에 염증이 생기고 그 부작용으로 흉터까지 생기게 되었다. 이로 인해 성형미는 외출도 전혀 하지 못하고 큰 정신적 고통을 받게 되었다. 성형미는 어떻게 해야 하는가?

〈사례 2〉 이횡재는 김분통 소유의 아파트를 1억원에 매수하기로 하고 계약금과 중도금을 지급하였다. 그런데 아파트 주변의 개발계획이 발표되면서 아파트 가격이 오르기 시작하자 김분통은 병에게 1억5천만원에 팔고 이전등기를 해주었다. 아파트가격은 계속 올라서 현재 시세는 1억7천만원이다. 이 때 이횡재는 김분통에 대하여 어떤 조치를 취할 수 있는가?

〈사례 3〉 이갑부는 자신의 승용차를 몰고 자동차전용도로를 주행하던 중 2차선에 정차해 있는 견인차를 발견하고 브레이크를 밟았으나 도로의 결빙으로 미끄러져서 추돌하였다. 그런데 견인차는 이미 모든 사고수습이 끝나 2차선에 정차해 있을 아무런 이유가 없었다. 이갑부와 견인차의 운전자는 신체상에 아무런 이상이 없고 다만 자동차수리비용이 각각 1,000만원과 100만원이 나왔다. 이 경우 이갑부와 견인차 운전자의 과실비율이 각각 70%와 30%라고 한다면 각각의 손해배상책임은?

채무자가 채무의 내용에 좇은 이행을 하지 아니한 때에는 채권자는 손해배상을 청구할 수 있다(제390조). 손해는 금전으로 배상하는 것이 원칙이다(제394조).

채무자가 채무의 내용에 좇은 이행을 하지 아니한 때 채권자는 계약을 해제 또는 해지할 수 있으나, 채권자에게 여전히 채무자의 귀책사유에 의한 손해가 있는 경우에는 그 손해의 배상을 청구할 수 있다.

1. 손해배상의 범위

채무불이행으로 인한 손해배상은 통상의 손해를 그 한도로 한다(제393조제1항). 특별한 사정으로 인한 손해는 채무자가 그 사정을 알았거나 알 수 있었을 때에 한하여 배상의 책임이 있다(제393조제2항). 통상의 손해라 함은 채무불이행이 있으면 사회통념상 보통 그러한 손해가 발생할 것이라고 인정되는 손해를 말하며, 특별한 손해는 채무불이행이 특별한 사정과 결합하여 발생된 손해를 말한다. 예를 들면, 병든 토끼 한 마리를 매도하여 매수인의 다른 토끼 50마리에 전염시켜 모든 토끼가 죽은 경우에 통상의 손해는 토끼 한 마리이고 특별한 손해는 토끼 50마리이다. 특별한 손해는 채무자가 당연히 알았거나 알 수 있었다고 기대할 수 없으므로 채무자가 선의·무과실인 경우에는 배상책임을 지지 않는다.

채무자는 채권자의 재산적 손해뿐만 아니라 비재산적 손해(정신적 손해)가 발생한 경우에는 이에 대해서도 배상하여야 한다.

〈판례〉 토지의 매매계약이 매수인측의 귀책사유로 해제된 후 매도인이 제3자에게 그 매매목적물을 다시 매도한 경우, 매도인측이 입는 통상의 손해액의 범위

토지의 매매계약이 매수인측의 귀책사유로 해제되는 경우에 매도인측이 입는 통상의 손해액은, 그 계약이 해제되지 아니하고 이행된 경우에 매도인이 얻게 되는 경제적 이익과 계약이 해제된 경우에 매도인에게 남아 있는 경제적 이익의 차액이라고 할 것이고, 이 사건에서와 같이 매매계약이 해제된 후에 매도인이 제3자에게 그 매매목적물을 다시 매도한 경우라면, 제3자에의 매도가격이 시가에 비추어 현저히 저렴하게 책정된 것이라는 등의 특별한 사정이 없는 한, 매도인이 당초의 매매계약에 의하여 취득할 것으로 예상되었던 매매대금과 제3자와 사이의 매매계약에 의하여 취득하게 되는 매매대금과의 차액에 당초의 매매대금의 취득예정시기로부터 후의 매매대금의 취득시기까지의 기간 동안 당초의 매매대금에 대한 법정이율에 의한 이자 상당액을 합한 금액이라고 할 것이다(대법원 2004. 7. 22. 선고 2004다3543 판결).

〈판례〉 부동산 이중매매의 경우 배임죄가 성립되는지 여부

부동산 매매계약에서 계약금만 지급된 단계에서는 어느 당사자나 계약금을 포기하거나 그 배액을 상환함으로써 자유롭게 계약의 구속력에서 벗어날 수 있다. 그러나 중도금이 지급되는 등 계약이 본격적으로 이행되는 단계에 이른 때에는 계약이 취소되거나 해제되지 않는 한 매도인은 매수인에게 부동산의 소유권을 이전해 줄 의무에서 벗어날 수 없다. 따라서 이러한 단계에 이른 때에 매도인은 매수인에 대하여 매수인의 재산보전에 협력하여 재산적 이익을 보호·관리할 신임관계에 있게 된다. 그때부터 매도인은 배임죄에서 말하는 '타인의 사무를 처리하는 자'에 해당한다고 보아야 한다. 그러한 지위에 있는 매도인이 매수인에게 계약 내용에 따라 부동산의 소유권을 이전해 주기 전에 그 부동산을 제3자에게 처분하고 제3자 앞으로 그 처분에 따른 등기를 마쳐 준 행위는 매수인의 부동산 취득 또는 보전에 지장을 초래하는 행위이다. 이는 매수인과의 신임관계를 저버리는 행위로서 배임죄가 성립한다(대법원 2018. 5. 17. 선고 2017도4027 전원합의체 판결).

〈해설 1〉 의사는 성형미와의 계약에 따라 완전한 수술을 해 줄 의무가 있다. 그런데 의사의 과실로 수술을 잘못하여 부작용이 발생하였으므로 계약의 내용에 좇은 완전한 이행을 했다고 볼 수 없다. 이렇게 채무의 이행을 하였으나 그 이행이 불완전한 경우를 불완전이행이라고 한다. 채무자가 불완전이행을 한 경우 채권자는 손해배상과 함께 완전한 이행을 청구할 수 있다. 계약을 해제하는 것도 가능하다. 따라서 성형미는 의사에게 재수술을 요구할 수 있을 뿐만 아니라 정신적 고통에 대한 위자료를 청구할 수 있다.

〈해설 2〉 채무자 김분통이 병에게 목적부동산을 이중매매하여 이전등기를 하여줌으로써 채권자인 이횡재에게 목적부동산에 관한 소유권이전등기 의무를 이행하는 것이 불가능하게 되었다. 이렇게 채권이 성립한 후에 채무자의 고의나 과실로 그 이행이 불가능하게 된 경우를 이행불능이라고 한다. 채무가 이행불능으로 된 경우, 그 손해배상액은 원칙적으로 이행불능 당시의 목적물의 시가에 의한다. 그러나 이행불능이 된 후 목적물의 시가가 등귀한 경우 그로 인한 손해는 특별한 사정에 의한 손해로써 채무자가 이행불능 당시 그와 같은 특별한 사정을 알았거나 알 수 있었을 때에는 그 등귀한 가격에 의한 손해배상책임을 진다. 사례에서 개발계획의 발표로 아파트가격이 올라 김분통은 오른 가격으로 이중매매를 하였고 또 앞으로 더 오를 것을 알았거나 알 수 있었다고 할 수 있다. 따라서 이횡재는 김분통에게 현재 시세인 1억7천만원을 손해배상청구할 수 있을 것이다.

2. 손해배상액의 산정

배상액을 산정하는 기준 시점에 대해서는 채무불이행 성립시를 기준으로 해야 한다는 견해도 있으나 채권자의 손해가 확정되는 시점을 기준으로 하는 것이 타당하다.

정신적 손해는 금전으로 평가하는 것이 불가능하지만, 채권자가 청구한 범위 내

에서 사회적 지위나 정신적 고통, 당사자의 자산 및 채무불이행의 동기 등을 합리적으로 고려하여 법원이 그 배상액을 결정할 수밖에 없다.

채무자의 채무불이행으로 인하여 채권자에게 손해뿐만 아니라 이익도 발생한 경우 배상액을 산정함에 있어 채무불이행으로 인하여 발생한 손해에서 이익을 공제하여야 한다. 이를 손익상계라 한다. 손익상계를 하지 않으면 채권자가 부당한 이득을 취하는 결과가 되기 때문이다.

채무불이행의 성립이나 손해의 발생에 관하여 채권자에게도 과실이 있는 경우 법원은 손해배상의 책임 및 그 금액을 정함에 있어 이를 참작하여야 한다(제396조). 이를 과실상계라 한다. 채무자는 자신의 귀책사유로 인하여 발생한 손해에 대해서만 책임을 지면 될 것이고 채권자의 과실에 의해 발생한 손해는 책임을 질 이유가 없기 때문이다.

⊙ 금전채무불이행에 대한 특칙

금전채무불이행의 손해배상액은 법정이율에 의한다. 그러나 법령의 제한에 위반하지 아니한 약정이율이 있으면 그 이율에 의한다. 이 때 채권자는 손해의 증명을 요하지 아니하고 채무자는 과실 없음을 항변하지 못한다(제397조).

⊙ 법정이율

이자있는 채권의 이율은 다른 법률의 규정이나 당사자의 약정이 없으면 연 5푼으로 한다(민법 제379조)

⊙ 이자의 최고한도

금전대차에 관한 계약상의 최고이자율은 연 25퍼센트를 초과하지 아니하는 범위 안에서 대통령령으로 정한다(이자제한법 제2조제1항).

⊙ 이자제한법 제2조제1항의 최고이자율에 관한 규정

이자제한법 제2조제1항에 따른 금전대차에 관한 계약상의 최고이자율은 연 20퍼센트로 한다.

〈해설 3〉 과실상계는 채무불이행의 경우뿐만 아니라 불법행위의 경우에도 적용된다. 즉 불법행위의 성립이나 손해의 발생에 관하여 피해자에게도 과실이 있는 경우 손해배상책임 및 그 금액을 정함에 있어서 이를 참작하여야 한다. 따라서 이갑부와 견인차운전자는 각각의 과실비율에 따라 상대방의 손해를 배상하여야 한다. 이갑부는 견인차운전자의 수리비 100만원의 70%인 70만원을 배상해야 하고, 견인차운전자는 이갑부의 수리비 1,000만원의 30%인 300만원을 배상해야 한다.

3. 손해배상액의 예정

당사자는 채무불이행에 관한 손해배상액을 예정할 수 있다(제398조제1항). 손해배상액의 예정이라 함은 채무불이행의 경우에 채무자가 지급하여야 할 손해배상액을 미리 정하는 채권자와 채무자 사이의 계약을 말한다.

채무불이행으로 인한 손해를 배상받기 위해서는 채권자가 자신에게 손해가 발생하였다는 사실과 손해액을 입증하여야 하는데 손해배상액을 예정하는 경우에는 채무불이행 사실만을 입증하면 실제로 손해가 발생하였는지 여부와 손해액이 얼마인지를 입증하지 않더라도 예정한 배상액을 청구할 수 있다. 채권자나 채무자가 실제 손해액이 예정액보다 많다는 사실 또는 적다는 사실을 입증하더라도 증액청구 또는 감액청구를 하지 못한다. 다만 손해배상의 예정액이 부당하게 과다한 경우에는 법원은 이를 적당히 감액할 수 있다(제398조제2항). "부당하게 과다한 경우"란 일반 사회관념에 비추어 그 예정액의 지급이 경제적 약자의 지위에 있는 채무자에게 부당한 압박을 가하여 공정성을 잃는 결과를 초래한다고 인정되는 경우를 뜻하며, 그 판단을 함에 있어서는 채권자와 채무자의 지위, 계약의 목적 및 내용, 손해배상액을 예정한 동기, 채무액에 대한 예정액의 비율, 예상 손해액의 크기, 그 당시의 거래관행 등 모든 사정을 종합적으로 고려한다(대법원 2002. 12. 24. 선고 2000다54536 판결).

위약금의 약정은 손해배상액의 예정으로 추정한다(제398조제4항). 그리고 손해배상액의 예정은 이행의 청구나 계약의 해제에 영향을 미치지 아니한다(제398조제3항).

〈판례〉 지체상금의 과다 여부의 판단기준

지체상금을 계약 총액에서 지체상금률을 곱하여 산출하기로 정한 경우, 민법 제398조제2항에 의하면, 손해배상액의 예정액이 부당히 과다한 경우에는 법원은 적당히 감액할 수 있다고 규정되어 있고 여기의 손해배상의 예정액이란 문언상 그 예정한 손해배상액의 총액을 의미한다고 해석되므로, 손해배상의 예정에 해당하는 지체상금의 과다 여부는 지체상금 총액을 기준으로 하여 판단하여야 한다(대법원 2002. 12. 24. 선고 2000다54536 판결).

[7] 계약의 해제와 해지

〈사례 1〉 이횡재는 이재수의 임야를 1억원에 사기로 매매계약을 체결하고 계약금과 중도금을 치르고 잔금지급일에 500만원이 모자라서 1개월 후에 모자라는 500만원을 월 1푼의 이자를 쳐서 갚기로 하고 이전등기는 그 때 하기로 하였다. 그런데 이틀 뒤 그 지역에 아파트가 들어선다는 소문이 돌아 땅값이 폭등하였다. 이재수는 잔금 500만원을 아직 받지 않았음을 이유로 계약을 해제한다는 내용증명을 이횡재에게 발송하였다. 계약은 해제된 것인가?

해제란 유효하게 성립하고 있는 계약을 당사자의 일방적 의사표시에 의하여 소급적으로 종료시킴으로써 처음부터 계약이 없었던 것과 같은 상태로 복귀시키는 것을 말한다. 해제권은 계약이나 법률의 규정에 의하여 발생하는데, 민법은 이행지체(제544조, 제545조)와 이행불능(제546조)을 해제권의 발생원인으로 규정하고 있다.

계약이 해제되면 각 당사자는 그 상대방에 대하여 원상회복의무를 진다. 그러나 원상회복관계로 인하여 제3자의 권리를 해하지는 못한다(제548조제1항)(〈판례〉 합의해제와 제3자의 권리 참조). 원상회복을 위하여 금전을 반환할 경우에는 그 받은 날로부터 이자를 가산하여야 한다(제548조제2항). 각 당사자의 원상회복의무는 동시이행의 관계에 있다. 따라서 당사자 일방은 상대방이 의무를 이행할 때까지 자기의무의 이행을 거절할 수 있다(제549조). 계약을 해제하여도 손해배상의 청구에 영향을 미치지 아니한다(제551조). 즉 상대방의 이행지체로 손해가 발생한 경우에는 계약을 해제하고 이와 별도로 손해배상도 청구할 수 있다.

해지란 계속적 채권채무관계에서 당사자 일방의 의사표시로 계약관계를 중도에 종료시킴으로써 계약의 효력을 장래에 향하여 소멸케 하는 것을 말한다(제550조). 장래에 대하여만 계약의 효력이 소멸되므로 해지할 수 있는 계약은 신문구독계약, 정수기대여계약, 주택임대차계약과 같은 계속적 채권채무관계를 목적으로 하는 계약에 한하며, 해지 전까지 계약에 기초하여 이루어진 이행에 대한 원상회복의 문제는 발생하지 않는다. 다만 계약 종료에 따른 목적물의 반환 또는 선지급금의 청산 등의 문제가 남는 경우가 있다. 계약이 해지되더라도 해지 이전에 발생한 채무는 소멸하지 않는다. 가령 주택의 임대차에서 임차인의 차임연체액이 2기의 차임액에 달하는 때에 임대인은 계약을 해지할 수 있고(제640조), 이 경우 임대인과 임차인은 각각 임대차보증금의 환급의무와 주택의 반환의무를 지며, 임차인은 밀린 차임액을 지급하여야 한다.

⊙ 이행지체와 해제

당사자일방이 그 채무를 이행하지 아니하는 때에는 상대방은 상당한 기간을 정하여 그 이행을 최고하고 그 기간 내에 이행하지 아니한 때에는 계약을 해제할 수 있다. 그러나 채무자가 미리 이행하지 아니할 의사를 표시한 경우에는 최고를 요하지 아니한다(제544조).

⊙ 정기행위와 해제

계약의 성질 또는 당사자의 의사표시에 의하여 일정한 시일 또는 일정한 기간 내에 이행하지 아니하면 계약의 목적을 달성할 수 없을 경우에 당사자 일방이 그 시기에 이행하지 아니한 때에는 상대방은 전조의 최고를 하지 아니하고 계약을 해제할 수 있다(제545조).

⊙ 이행불능과 해제

채무자의 책임있는 사유로 이행이 불능하게 된 때에는 채권자는 계약을 해제할 수 있다(제546조).

〈판례〉 합의해제와 제3자의 권리

상속재산 분할협의는 공동상속인들 사이에 이루어지는 일종의 계약으로서, 공동상속인들은 이미 이루어진 상속재산 분할협의의 전부 또는 일부를 전원의 합의에 의하여 해제한 다음 다시 새로운 분할협의를 할 수 있다. 상속재산 분할협의가 합의해제되면 그 협의에 따른 이행으로 변동이 생겼던 물권은 당연히 그 분할협의가 없었던 원상태로 복귀하지만, 이러한 합의해제를 가지고서는, 그 해제 전의 분할협의로부터 생긴 법률효과를 기초로 하여 새로운 이해관계를 가지게 되고 등기·인도 등으로 완전한 권리(가령 근저당권)를 취득한 제3자의 권리를 해하지는 못한다(대법원 2004. 7. 8. 선고 2002다73203 판결).

〈판례〉 해제로 인한 금전 반환과 법정이자의 지급

법정해제권 행사의 경우 당사자 일방이 그 수령한 금전을 반환함에 있어 그 받은 때로부터 법정이자를 부가함을 요하는 것은 민법 제548조제2항이 규정하는 바로서, 이는 원상회복의 범위에 속하는 것이며 일종의 부당이득반환의 성질을 가지는 것이고 반환의무의 이행지체로 인한 것이 아니므로, 부동산 매매계약이 해제된 경우 매도인의 매매대금 반환의무와 매수인의 소유권이전등기말소등기 절차이행의무가 동시이행의 관계에 있는지 여부와는 관계없이 매도인이 반환하여야 할 매매대금에 대하여는 그 받은 날로부터 민법 소정의 법정이율인 연 5푼의 비율에 의한 법정이자를 부가하여 지급하여야 하고, 이와 같은 법리는 약정된 해제권을 행사하는 경우라 하여 달라지는 것은 아니다(대법원 2000. 6. 9. 2000다9123 판결).

〈해설 1〉 계약의 당사자 중 일방이 자신의 채무를 이행하지 않는 경우 상대방은 계약을 해제할 수 있다. 사례에서 부동산매매계약에 따라 이횡재는 대금을 지급할 의무를 부담하고 이재수는 등기이전의무를 부담한다. 이횡재는 대금지급의무를 완전히 이행하지 않았으므로 이재수는 계약을 해제할 권리가 있는 것처럼 보이나, 매매대금 중 극히 일부분에 지나지 않는 돈을 지급하지 않았다는 이유만으로 계약 전체를 해제하는 것은 상대방의 신뢰를 해치고 거래관계에 있어서의 신의에 어긋나는 행위라고 할 것이다. 권리의 행사와 의무의 이행은 신의에 좇아 성실히 이행하여야 한다(신의성실의 원칙). 그러므로 이재수의 계약해제 통지는 아무런 효력이 없고, 이횡재는 미지급한 대금 500만원과 월1푼의 이자를 지급함으로써 부동산의 소유권을 취득할 수 있다. 이재수가 대금의 수령을 거부한다면 공탁을 함으로써 채무를 면할 수 있다.

제3절 금전소비대차와 담보제도

[1] 금전소비대차

〈사례 1〉 김사장은 사업자금이 부족하여 김대부에게 이자는 월1할, 변제기는 1개월 뒤로 하여 1억원을 빌렸다. 변제기가 되자 김대부는 원금 1억원과 1개월 이자 1천만원을 합하여 1억1천만원을 지급할 것을 요구한다. 김사장은 김대부가 요구하는 대로 지급하여야 하는가?
〈잠깐 쉬어 가기〉 위 사례에서 김대부가 선이자로 천만원을 공제하고 9천만원을 실제로 지급하였다면 1개월 뒤 김사장이 지급하여야 할 금액은?

1. 금전소비대차의 의의

소비대차라 함은 당사자 일방이 금전 기타 대체물의 소유권을 상대방에게 이전할 것을 약정하고 상대방은 그와 같은 종류, 품질 및 수량으로 반환할 것을 약정함으로써 성립하는 불요식의 낙성계약이다(제598조). 소비대차의 목적물이 금전인 경우에 이를 금전소비대차라 한다. 금전소비대차는 당사자가 특약으로 이자를 지급하기로 약정할 수 있으나, 이자지급의 특약이 없으면 원칙적으로 무상의 편무계약이다.

2. 최고이자율의 제한

이자지급을 약정하는 경우 그 이율은 당사자가 자유로이 정할 수 있으나, 이자제한법상의 최고이자율{연 20%(이자제한법 제2조제1항의 최고이자율에 관한 규정)}을 초과하지 못한다(이자제한법 제2조제1항). 예금, 할인금, 수수료, 공제금, 체당금, 그 밖의 명칭에도 불구하고 금전의 대차와 관련하여 채권자가 받은 것은 이를 이자로 본다(이자제한법 제4조).

최고이자율을 초과하는 부분은 무효이며(이자제한법 제2조제3항), 채무자가 최고이자율을 초과하는 이자를 임의로 지급한 경우에는 초과 지급된 이자 상당금액은 원본에 충당되고, 원본이 소멸한 때에는 채무자가 그 반환을 청구할 수 있다(이자제한법 제2조제4항).

선이자를 사전 공제한 경우에는 그 공제액이 채무자가 실제 수령한 금액을 원본으로 하여 위 최고이자율에 따라 계산한 금액을 초과하는 때에는 그 초과부분은 원본에 충당한 것으로 본다(이자제한법 제3조). 이자에 대하여 다시 이자를 지급하기로 하는 복리약정의 경우에도 위 최고이자율을 초과하는 부분에 해당하는 금액은 무효이다(이자제한법 제5조).

법원은 당사자가 금전을 목적으로 한 채무의 불이행에 관하여 예정한 배상액을 부당하다고 인정한 때에는 상당한 액까지 이를 감액할 수 있다(이자제한법 제6조).

이자지급의 약정은 있으나 이자율에 대하여 정함이 없는 경우에는 법정이율인 연 5%에 의하게 된다(제379조).

⊙ 이자제한법의 적용범위

이자제한법은 다른 법률에 따라 인가·허가·등록을 마친 금융업 및 대부업에는 적용하지 아니한다(제7조).

〈해설 1〉 이자제한법은 최고이자율을 연20%로 제한하고 이를 초과하는 부분은 무효로 하고 있다. 사례에서의 이자율은 연120%이므로 이자제한법상의 최고이지율 20%를 초과하고 그 초과부분은 무효가 된다. 그러므로 김사장은 원금 1억과 연 20%(월1.666%)로 계산한 1개월 이자 166만6천원을 지급하면 된다.

[2] 담보제도

〈사례 1〉 김대부는 김사장에게 1억원을 빌려주면서 시가 1억5천만원인 김사장 소유의 주택을 담보로 잡아 채권최고액 1억3천만원으로 하여 저당권을 설정하였다. 그런데 며칠 뒤 김사장의 주택에서 전기누전으로 화재가 발생하여 주택이 전소하였다. 다행히 김사장은 자신의 주택을 화재보험에 들어두어서 1억원의 보험금이 나올 예정이다. 김대부는 이 보험금에 대해서 어떤 권리가 있는가?
〈사례 2〉 한국대학교 1학년에 재학중인 이남생은 친구들과 학교 앞 술집에서 술을 먹고 술값 10만원이 모자라서 보름 뒤에 갚기로 하고 150만원을 주고 산 노트북을 맡겼다. 그런데 사정이 생겨서 갚기로 한 날 갚지 못하고 1개월 뒤에 10만원을 갚기 위하여 갔더니 술집 주인이 노트북을 중고매매센타에 80만원에 팔았다면서 차액 70만원을 돌려주었다. 이남생의 법적 권리는?

1. 의의와 종류

담보제도란 채권의 변제기 전이나 후에 채권자가 채무자의 특정한 책임재산이나 제3자의 책임재산을 확보함으로써 채권을 용이하게 변제받을 수 있는 제도를 말한다. 담보제도는 크게 물적 담보제도와 인적 담보제도로 구분할 수 있다.

물적 담보는 부동산을 대상으로 하는 저당권, 동산이나 권리에 대한 질권 등과 같이 특정한 재산권을 채권담보의 목적으로 하는 경우를 말한다. 인적 담보는 제3자의 일반재산을 채권담보의 목적으로 하는 경우를 말한다. 보증채무, 연대보증채무, 연대채무 등이 이에 해당한다.

2. 물적 담보제도

물적 담보제도는 특정한 재산권을 채권담보의 목적으로 하는 경우를 말한다. 물적 담보권은 채권자가 특정한 재산권의 교환가치를 대세적으로 지배하여 채권을 담보하는 특징을 가진다. 물적 담보제도로는 부동산에 대한 저당권, 동산 또는 권리에 대한 질권, 유치권 등의 전형담보물권과 양도담보, 가등기담보 등의 비전형담보물권이 있다.

1) 저당권

(1) 저당권의 의의

저당권은 채무자 또는 제3자가 점유를 이전하지 아니하고 채무의 담보로 제공한 부동산에 대하여 다른 채권자보다 자기채권의 우선변제를 받을 수 있는 담보물권이다(제356조). 저당권은 저당물 제공자인 채무자나 제3자(물상보증인)가 저당물을 계속 사용·수익하므로 저당권의 존재를 공시하기 위한 방법이 필요하다. 따라서 공시제도가 갖추어져 있지 않는 목적물의 경우에는 저당권 제도를 이용할 수 없다.

(2) 저당권의 성립과 효력

저당권은 그 설정을 목적으로 하는 당사자간의 합의와 저당권설정등기에 의하여 효력이 발생한다. 저당권의 효력은 법률에 특별한 규정이 없거나 저당권 설정행위에서 다른 약정을 하지 않은 때에는 저당부동산에 부합된 물건과 종물에도 미친다(제358조). 저당권에 의해 담보되는 채권의 범위는 원본채권, 이자, 위약금, 채무불이행으로 인한 손해배상 및 저당권의 실행비용 등을 포함한다. 그러나 지연배상에 대하여는 원본의 이행기일을 경과한 후의 1년분에 한하여 저당권을 행사할 수 있다(제360조).

저당권자는 그 채권의 변제를 받기 위하여 저당물의 경매를 청구할 수 있고(제363조제1항), 저당물의 환가대금에서 다른 일반 채권자보다 우선변제를 받을 수 있다. 이것을 저당권의 우선변제적 효력이라고 한다. 동일한 목적물에 관하여 수 개의 저당권 또는 전세권 등이 설정된 경우에는 설정등기의 선후에 의한다. 주택임대차보호법상 최우선변제권이 인정되는 소액보증금의 임차인은 저당권자에 우선한다. 유치권은 우선변제적 효력이 없으므로 저당권에 대한 선후의 문제가 발생하지 않지만 유치권자는 자기 채권의 만족을 얻을 때까지 목적물을 유치할 수 있으므로 사실상 우선변제를 받게 된다.

⊙ 주물과 종물

물건 사이에 경제적 효용의 면에서 주된 의미를 갖는 물건을 주물(主物)이라고 하고, 그 효용을 돕기 위해 주물에 부속시킨 물건을 종물(從物)이라고 한다. 주유소의 주유기, 손목시계의 시계줄 등이 종물에 해당한다. 종물로 인정된 물건은 주물의 처분에 따른다(제100조제2항).

⊙ 공동저당

공동저당이란 동일한 채권을 담보하기 위하여 수개의 부동산에 저당권을 설정한 경우를 말한다. 예를 들면 하나의 채권을 담보하기 위하여 채무자 소유의 토지와 건물에 대하여 저당권을 설정한 경우가 이에 해당한다. 공동저당권의 실행으로 수개의 저당부동산 전부를 경매하여 경매대가를 동시에 배당하는 때에는 각 부동산의 경매대가에 비례하여 피담보채권을 분담하고, 수개의 저당부동산 중 일부를 먼저 경매하여 그 경매대가를 배당하는 경우에는 그 경매대가에서 채권 전부의 변제를 받을 수 있다(제368조).

⊙ 근저당

근저당이란 계속적 거래관계에서 장래 증감·변동하는 채권을 담보하기 위하여 담보할 채권의 최고액만을 정하고 채권의 확정은 장래의 일정기로 보류하여 설정되는 저당의 형태를 말한다(제357조).

〈해설 1〉 저당목적물이 소실되어 저당권설정자가 보험회사에 대하여 화재보험계약에 따른 보험금청구권을 취득한 경우, 저당권은 저당권설정자의 보험금청구권에도 그 효력이 미친다. 저당권은 저당목적물의 교환가치를 저당권자에게 부여하는 제도인데 저당권설정자가 가지는 보험금청구권은 저당목적물이 가지는 가치의 변형물이라 할 수 있기 때문이다. 그러므로 저당권자는 저당권설정자가 보험회사에 대해 가지는 보험금청구권에 대하여 물상대위권을 행사할 수 있다(대법원 2004. 12. 24. 선고 2004다52798 판결 참조). 다만 이 경우 저당권자는 보험회사가 저당권설정자에게 보험금을 지급하기 전에 압류하여야 한다. 따라서 사례에서 김대부는 보험회사가 김사장에게 화재보험금 1억원을 지급하기 전에 압류를 하고, 김사장이 변제기에 변제를 하지 않는 경우 보험회사로부터 보험금을 받을 수 있다.

2) 질권

(1) 동산질권

① 의의

동산질권은 채권의 담보로 채무자 또는 제3자가 제공한 동산을 점유하고 그 동산에 대하여 다른 채권자보다 자기채권의 우선변제를 받을 수 있는 권리이다(제329조). 예를 들면, 100만원을 빌리면서 채권자에게 오토바이를 담보로 제공한 경우 채무자가 변제기에 변제를 하지 않으면 채권자는 오토바이를 경매하여 그 대금에서 자기 채권을 우선변제 받을 수 있다.

② 성립과 효력

질권의 설정은 질권자에게 목적물을 인도함으로써 그 효력이 생긴다(제330조). 그러므로 질권은 양도할 수 없는 물건을 목적으로 하지 못하며(제331조), 질권자는 설정자로 하여금 질물을 점유하게 하지 못한다(제332조).

질권은 다른 약정이 없으면 원본, 이자, 위약금, 질권 실행비용, 질물 보존비용 및 채무불이행 또는 질물의 하자로 인한 손해배상의 채권을 담보하며(제334조), 질권자는 이러한 채권의 변제를 받을 때까지 질물을 유치할 수 있다(제335조). 그러므로 질물이 다른 권리자에 의해 경매된 경우에도 질권자의 채권이 변제되지 않는 한 경락인은 그 목적물의 인도를 청구하지 못한다. 그러나 선박우선특권 등 우선권이 있는 채권자에게는 대항하지 못한다(제335조 단서).

질권자는 채권의 변제를 받기 위하여 질물을 경매할 수 있다(제338조제1항). 정당한 이유있는 때에는 질권자는 감정자의 평가에 의하여 질물로 직접변제에 충당할 것을 법원에 청구할 수 있다. 이 경우 질권자는 미리 채무자 및 질권설정자에게 통지하여야 한다(제338조제2항).

③ 유질계약의 금지

질권설정자는 채무변제기 전의 계약으로 질권자에게 변제에 갈음하여 질물의 소유권을 취득하게 하거나 법률에 정한 방법에 의하지 아니하고 질물을 처분할 것을 약정하지 못한다(제339조). 사전유질계약을 허용하면 질권자가 채무자의 궁박을 이용하여 폭리를 취할 가능성이 있기 때문이다. 다만, 사후의 유질계약 즉, 변제기가 지나서 변제에 갈음하여 질권자에게 질물의 소유권을 취득하게 하는 계약은 허용된다. 그리고 상법상 상행위로 인하여 생긴 채권을 담보하기 위하여 질권을 설정하는 경우에는 사전유질계약이 허용된다(상법 제59조).

〈해설 2〉 이남생이 외상 술값 10만원의 담보로 제공한 노트북에 대해서 술집 주인은 질권자로서 이남생이 변제기에 변제하지 않는 경우 경매처분하여 자기 채권의 우선변제를 받을 수 있을 뿐, 임의로 처분할 수는 없다. 따라서 이남생은 술집 주인이 이미 노트북을 처분하였으므로 그 반환은 요구할 수 없을 것이고, 손해배상을 청구할 수밖에 없을 것이다.

(2) 권리질권

① 의의

질권은 부동산의 사용, 수익을 목적으로 하는 권리(지상권, 전세권, 부동산 임차권 등)를 제외하고 양도성 있는 모든 재산권을 그 목적으로 할 수 있다(제345조). 이를 권리질권이라 한다. 그러므로 채권, 주식, 지적재산권 등을 권리질권의 목적으로 할 수 있다.

② 성립과 효력

권리질권의 설정은 법률에 다른 규정이 없으면 그 권리의 양도에 관한 방법에 의한다(제346조). 채권을 질권의 목적으로 하는 경우에 채권증서가 있는 때에는 그 증서를 질권자에게 교부함으로써 질권설정의 효력이 생긴다(제347조). 지시채권을 질권의 목적으로 한 질권의 설정은 증서에 배서하여 질권자에게 교부함으로써 그 효력이 생기고(제350조), 무기명채권을 목적으로 한 질권의 설정은 증서를 질권자에게 교부함으로써 그 효력이 생긴다(제351조).

질권설정자는 질권자의 동의없이 질권의 목적된 권리를 소멸하게 하거나 질권자의 이익을 해하는 변경을 할 수 없다(제352조). 질권자는 질권의 목적이 된 채권을 직접 청구할 수 있다(제353조제1항). 채권의 목적물이 금전인 때에는 질권자는 자기채권의 한도에서 직접 청구할 수 있다(제353조제2항). 이 때 채권의 변제기가 질권자의 채권의 변제기보다 먼저 도래한 경우에는 질권자는 제3채무자에 대하여 그 변제금액의 공탁을 청구할 수 있으며, 이 경우 질권은 그 공탁금에 존재한다(제353조제3항). 채권의 목적물이 금전이외의 물건인 때에는 질권자는 그 변제를 받은 물건에 대하여 질권을 행사할 수 있다(제353조제4항).

⊙ 지시채권과 무기명채권

지시채권은 특정인 또는 그가 지시하는 자에게 변제하여야 하는 채권을 말한다. 화물상환증, 어음, 수표 등이 이에 해당한다. 지시채권은 배서하여 교부함으로써 양도된다.

무기명채권은 특정의 채권자를 지정함이 없이 증서의 소지인에게 변제하여야 하는 채권을 말한다. 상품권, 영화관람권 등이 이에 해당한다. 증서의 교부만으로 양도의 효력이 발생한다.

3) 유치권

(1) 의의

타인의 물건 또는 유가증권을 점유한 자는 그 물건이나 유가증권에 관하여 생긴 채권이 변제기에 있는 경우에는 변제를 받을 때까지 그 물건 또는 유가증권을 유치할 권리가 있다(제320조제1항). 이것을 유치권이라 한다. 유치권에 의하여 담보되는 채권은 시계 수리비에 대한 시계의 유치, 자동차 수리비에 대한 자동차의 유치, 건물 수리비에 대한 건물의 유치, 주택신축 공사비에 대한 신축주택의 유치 등과 같이 채권자가 점유한 물건 또는 유가증권 자체에 기인하여 발생된 채권이어야 한다.

(2) 성립과 효력

질권이나 저당권이 당사자의 약정에 의하여 성립하는 약정담보물권인 데 반하여 유치권은 민법이 규정하는 일정한 요건을 충족하면 발생하는 법정담보물권이다. 그러므로 부동산을 유치하는 경우에는 목적부동산을 점유하는 것으로 족하고 등기를 요하지 않는다(제187조 참조). 다만, 점유를 잃게 되면 유치권도 소멸하며(제328조), 불법행위로 인한 점유의 경우에는 비록 그 물건이나 유가증권에 관한 채권이 있다고 하여도 유치권을 취득하지 못한다(제320조제2항).

유치권자는 유치물을 점유함에 있어 선량한 관리자의 주의를 다 하여야 하며(제324조제1항), 채무자의 승낙없이 유치물을 사용·대여하거나 담보로 제공할 수 없다(제324조제2항). 그러나 유치물의 보존을 위하여 필요한 사용은 가능하다(제324조제2항 단서). 유치권자가 선량한 관리자의 주의를 다 하지 않거나 채무자의 승낙없이 유치물을 사용·대여하거나 담보로 제공한 때에는 채무자는 유치권의 소멸을 청구할 수 있다(제324조제3항).

유치권자는 채권 전부의 변제를 받을 때까지 유치물 전부에 대하여 그 권리를 행사할 수 있다(제321조). 그러므로 유치권자는 유치권에 의하여 담보되는 채권의 전부를 변제받을 때까지 유치물의 점유를 계속하고 인도를 거절할 수 있다.

유치권은 채권이 변제기에 있는 경우에만 성립하는 사후적 담보수단으로서 채무자의 변제가 있을 때까지 단순히 목적물을 유치할 수 있는 효력만 있을 뿐, 질권이나 저당권과는 달리 우선변제적 효력은 인정되지 않는다. 따라서 유치권자는 채권의 변제를 받기 위하여 유치물을 경매할 수 있으나(제322조제1항), 유치권자가 경락대금에서 우선변제를 받을 수 있는 것은 아니다. 다만 경락인이 유치물을 인도받으려면 유치권자의 채권 전액이 변제되어야 하므로 사실상 우선변제를 받는 결과를 가져온다.

정당한 이유가 있는 때에는 유치권자는 감정인의 평가에 의하여 유치물로 직접 변제에 충당할 것을 법원에 청구할 수 있다. 이 경우 유치권자는 미리 채무자에게 통지하여야 한다(제322조제2항).

⊙ 제187조(등기를 요하지 아니하는 부동산물권 취득)

상속, 공용징수, 판결, 경매 기타 법률의 규정에 의한 부동산에 관한 물권의 취득은 등기를 요하지 아니한다. 그러나 등기를 하지 아니하면 이를 처분하지 못한다.

⊙ 유치권과 동시이행의 항변권

유치권과 동시이행의 항변권은 그 기능이 서로 다르지만, 동일한 법률관계에서 성립하는 경우도 있다. 자동차를 수리하여 인도하기로 한 계약의 경우에 수리비의 지급과 자동차의 인도는 동시이행의 관계에 있으면서 수리비에 대한 자동차의 유치권이 성립하게 된다.

〈판례〉 물건에 대한 점유의 의미와 판단기준

점유라고 함은 물건이 사회통념상 그 사람의 사실적 지배에 속한다고 보여지는 객관적 관계에 있는 것을 말하고 사실상의 지배가 있다고 하기 위하여는 반드시 물건을 물리적, 현실적으로 지배하는 것만을 의미하는 것이 아니고 물건과 사람과의 시간적, 공간적 관계와 본권관계, 타인지배의 배제가능성 등을 고려하여 사회관념에 따라 합목적적으로 판단하여야 한다.

공장 신축공사 공사잔대금채권에 기한 공장 건물의 유치권자가 공장 건물의 소유 회사가 부도가 난 다음에 그 공장에 직원을 보내 그 정문 등에 유치권자가 공장을 유치·점유한다는 안내문을 게시하고 경비용역회사와 경비용역계약을 체결하여 용역경비원으로 하여금 주야 교대로 2인씩 그 공장에 대한 경비·수호를 하도록 하는 한편 공장의 건물 등에 자물쇠를 채우고 공장 출입구 정면에 대형 컨테이너로 가로막아 차량은 물론 사람들의 공장 출입을 통제하기 시작하고 그 공장이 경락된 다음에도 유치권자의 직원 10여 명을 보내 그 공장 주변을 경비·수호하게 하고 있었다면, 유치권자가 그 공장을 점유하고 있었다고 볼 여지가 충분하다(대법원 1996. 8. 23. 선고 95다8713 판결).

4) 비전형담보물권

(1) 가등기담보

① 의의

가등기담보란 채권자와 채무자가 금전 기타 차용물의 반환에 갈음하여 다른 재산권 예를 들면 부동산을 이전 또는 매매하기로 하는 예약(대물변제의 예약 또는 매매의 예약)을 하고, 채권자가 장래의 소유권이전청구권을 보전하기 위하여 가등기를 하는 담보수단을 말한다. 장차 채무자가 채무를 이행하지 않는 경우 채권자는 가등기에 기해 소유권이전의 본등기를 함으로써 변제에 갈음하게 된다.

② 가등기담보등에 관한 법률의 제정배경

가등기담보는 민법상 전형담보방식이 아니므로 그 법률관계가 불분명하여 채무자 또는 후순위권리자 등 이해관계인에게 불리한 결과를 초래하게 되는 경우가 많이 발생하였다. 판례는 이를 시정하기 위하여 민법 제607조, 제608조의 해석론을 통하여 채무자 보호를 도모하였으나, 청산금 지급과 가등기에 기한 본등기 이행 및 목적물 인도간에 동시이행관계가 인정되지 아니하여 판례이론만으로는 채무자 보호에 미흡한 실정이었다. 그리하여 가등기담보계약의 법률관계를 명확히 하여 채무자를 보호하고 후순위권리자 등 이해관계인과의 법률관계를 합리적으로 조정하기 위하여 1983년『가등기담보등에 관한 법률』을 제정하여 시행해 오고 있다.

③ 가등기담보법의 주요내용

가등기담보법의 주요내용은 다음과 같다.

첫째, 채권자는 채권의 변제기 후에 목적부동산의 가액에서 채권액을 공제한 금액(이하 "청산금"이라 한다)을 채무자에게 통지하고, 그 통지가 채무자에게 도달한 날로부터 2월이 경과한 후에 청산금을 채무자에게 지급하여야 담보계약에 의한 담보권을 실행하여 목적부동산의 소유권을 취득할 수 있다. 채무자에 대한 통지에는 통지 당시의 목적부동산의 평가액과 원본, 이자, 위약금, 채무불이행으로 인한 손해배상 등 채권액을 명시하여야 하며, 청산금이 없는 경우에는 그 뜻을 통지하여야 한다(제3조).

둘째, 채권자는 담보부동산에 관하여 이미 소유권이전등기가 경료된 경우에는 청산기간 경과 후 청산금을 채무자에게 지급한 때에 목적부동산의 소유권을 취득하며, 담보가등기가 경료된 경우에는 청산기간이 경과하여야 그 가등기에 기한 본등기를 청구할 수 있다(제4조제2항).

셋째, 채권자의 청산금의 지급 채무와 채무자의 부동산 소유권이전등기 및 인도채무는 동시이행의 관계에 있다(제4조제3항).

넷째, 채무자는 청산금 채권을 변제받을 때까지 그 채무액(반환시까지의 이자와 손해금을 포함한다)을 채권자에게 지급하고 그 채권담보의 목적으로 경료된 소유권이전등기의 말소를 청구할 수 있다. 다만, 그 채무의 변제기가 경과한 때로부터 10년이 경과하거나 또는 선의의 제3자가 소유권을 취득한 때에는 그러하지 아니하다(제11조).

다섯째, 가등기담보법은 부동산소유권 외에 선박, 자동차, 항공기, 중기 등 등기 또는 등록할 수 있는 권리(질권 · 저당권 및 전세권을 제외한다)의 취득을 목적으로 하는 담보계약에 관하여 이를 준용한다(제18조). 질권, 저당권, 전세권을 적용대상에서 제외한 것은 자체로 담보물권의 성질을 가지기 때문이다.

〈판례〉 "가등기담보 등에 관한 법률"의 적용범위

가등기담보 등에 관한 법률은 차용물의 반환에 관하여 다른 재산권을 이전할 것을 예약한 경우에 적용되므로 금전소비대차나 준소비대차에 기한 차용금반환채무 이외의 채무를 담보하기 위하여 경료된 가등기나 양도담보에는 위 법이 적용되지 아니하나, 금전소비대차나 준소비대차에 기한 차용금반환채무와 그 외의 원인으로 발생한 채무를 동시에 담보할 목적으로 경료된 가등기나 소유권이전등기라도 그 후 후자의 채무가 변제 기타의 사유로 소멸하고 금전소비대차나 준소비대차에 기한 차용금반환채무의 전부 또는 일부만이 남게 된 경우에는 그 가등기담보나 양도담보에 가등기담보 등에 관한 법률이 적용된다(대법원 2004. 4. 27. 선고 2003다29968 판결).

〈판례〉 가등기담보에 있어서 예약 당시 선순위 근저당권이 설정되어 있는 경우, "가등기담보 등에 관한 법률"의 적용 요건

가등기담보 등에 관한 법률은 재산권 이전의 예약에 의한 가등기담보에 있어서 재산의 예약 당시의 가액이 차용액 및 이에 붙인 이자의 합산액을 초과하는 경우에 적용되는 바, 재산권 이전의 예약 당시 재산에 대하여 선순위 근저당권이 설정되어 있는 경우에는 재산의 가액에서 피담보채무액을 공제한 나머지 가액이 차용액 및 이에 붙인 이자의 합산액을 초과하는 경우에만 적용된다(대법원 2006. 8. 24. 선고 2005다61140 판결).

〈판례〉 "가등기담보 등에 관한 법률" 제3조, 제4조에 위반하여 청산절차를 거치지 아니하고 이루어진 본등기의 효력

가등기담보 등에 관한 법률 제3조, 제4조의 각 규정에 비추어 볼 때 위 각 규정을 위반하여 담보가등기에 기한 본등기가 이루어진 경우에는 그 본등기는 무효라고 할 것이고, 설령 그와 같은 본등기가 가등기권리자와 채무자 사이에 이루어진 특약에 의하여 이루어졌다고 할지라도 만일 그 특약이 채무자에게 불리한 것으로서 무효라고 한다면 그 본등기는 여전히 무효일 뿐, 이른바 약한 의미의 양도담보로서 담보의 목적 내에서는 유효하다고 할 것이 아니다(대법원 1994. 1. 25. 선고 92다20132 판결).

(2) 양도담보

양도담보란 채권을 담보하기 위하여 동산, 부동산, 채권 등 담보목적물의 소유권을 채권자에게 이전하고 채권이 이행기에 변제되면 그 소유권을 다시 채무자에게 반환하고, 채권이 이행기에 변제되지 않으면 청산절차에 의하여 그 담보목적물로부터 우선변제를 받는 소유권이전형 변칙담보이다. 모든 양도담보는 가등기담보법의 적용을 받아 청산절차를 밟아야 한다(가등기담보법 제2조제1호).

3. 인적 담보제도

인적 담보제도는 제3자의 일반재산을 채권담보의 목적으로 하는 경우를 말한다. 채무자가 채무를 이행하지 않는 경우 제3자가 이행할 채무를 부담하는 것이므로 제3자의 전재산이 채권을 담보하게 된다. 인적 담보제도로는 보증채무, 연대보증채무, 연대채무, 신원보증 등이 있다.

1) 보증채무

(1) 의의 및 성질

보증채무란 주채무자가 채무를 이행하지 않을 경우 보증인이 이를 이행할 것을 내용으로 하는 채권자와 보증인 간의 보증계약에 의해 성립하는 채무로서 주채무를 담보하는 기능을 한다(제428조제1항).

보증채무는 주채무에 종된 채무이므로 주채무가 무효이거나 소멸하면 보증채무

도 무효가 되거나 소멸한다(보증채무의 부종성). 보증채무는 주채무를 담보하기 위하여 존재하는 것이므로 주채무가 이행되지 않을 때 비로소 그 채무를 이행할 의무를 부담하는 보충적 채무이다. 보증채무의 보충성으로 인하여 보증인에게는 최고·검색의 항변권이 인정된다(제437조).

보증채무의 범위는 특약이 없는 한 주채무의 이자, 위약금, 손해배상 기타 주채무에 종속된 채무를 포함한다(제429조제1항).

(2) 보증채무의 효력

① 채권자의 권리

채권자는 주채무자가 채무를 이행하지 않는 경우 보증인에게 보증채무의 이행을 청구할 수 있다. 주채무자에게 먼저 채무의 이행을 청구하지 않고 보증인에게 보증채무의 이행을 청구할 수도 있지만, 이 경우 보증인은 최고·검색의 항변권을 행사할 수 있다. 따라서 채권자는 주채무자에게 먼저 채무의 이행을 청구하여야 할 것이다.

② 채무자의 권리

㉮ 주채무자의 항변권 원용

보증인은 주채무자가 채권자에게 주장할 수 있는 항변사유로 채권자에게 대항할 수 있다(제433조제1항). 주채무자가 그 항변권을 포기한 경우에도 보증인에게는 효력이 없다(제433조제2항). 주채무자에게 주채무와 상계할 수 있는 채권이 있는 경우 보증인은 주채무자의 채권에 의한 상계로 채권자에게 대항할 수 있고(제434조), 주채무자가 채권자에 대하여 취소권 또는 해제권이나 해지권이 있는 동안은 보증인은 채권자에 대하여 보증채무의 이행을 거절할 수 있다(제435조). 이 외에 보증인이 행사할 수 있는 주채무자의 항변권에는 소멸시효 완성의 항변권, 기한유예의 항변권, 동시이행의 항변권 등이 있다.

㉯ 최고·검색의 항변권

채권자가 먼저 주채무자에게 채무이행을 청구하지 않고 보증인에게 보증채무의 이행을 청구하는 경우 보증인은 주채무자에게 변제자력이 있다는 사실 및 그 집행이 용이하다는 사실을 증명하여 주채무자에게 먼저 청구할 것을 항변할 수 있다. 이것을 최고의 항변권이라 한다.

채권자가 주채무자에게 채무이행을 청구하였으나, 주채무자가 그 이행을 하지 않아 보증인에게 보증채무의 이행을 청구하는 경우에도, 보증인은 주채무자에게 변제자력이 있다는 사실 및 그 집행이 용이하다는 사실을 증명하여 주채무자의 재산에 대하여 먼저 집행할 것을 항변할 수 있다. 이것을 검색의 항변권이라 한다.

보증인이 최고·검색의 항변권을 행사하였음에도 불구하고 채권자의 해태로 인하여 채무자로부터 전부나 일부의 변제를 받지 못한 경우에는 채권자가 해태하지 아니하였으면 변제받았을 한도에서 보증인은 그 의무를 면한다(제438조).

㈐ 보증인의 구상권

보증인이 변제 기타의 출재로 주채무를 소멸하게 한 때에는 주채무자에 대하여 구상권을 가진다(제441조제1항). 주채무자의 부탁으로 보증인이 된 자(이하 '수탁보증인'이라 한다)의 구상권은 면책된 날 이후의 법정이자 및 피할 수 없는 비용(예: 변제 등을 위한 비용) 기타 손해배상을 포함한다(제441조제2항). 주채무자의 부탁없이 보증인이 된 자는 주채무자가 그 당시에 받은 이익을 한도로 구상권을 행사할 수 있고(제444조제1항), 주채무자의 의사에 반하여 보증인이 된 자는 주채무자에게 현존하는 이익을 한도로 구상권을 행사할 수 있다(제444조제2항).

보증인이 주채무자에게 사전에 통지하지 아니하고 주채무를 소멸하게 한 경우, 주채무자가 채권자에게 대항할 수 있는 사유가 있었을 때에는 이 사유로 보증인에게 대항할 수 있다. 그 대항사유가 상계인 때에는 상계로 소멸할 채권은 보증인에게 이전된다(제445조제1항). 보증인이 변제 기타 자기의 출재로 면책되었음을 주채무자에게 사후에 통지하지 아니한 경우, 주채무자가 선의로 채권자에게 변제 기타 유상의 면책행위를 한 때에는 주채무자는 자기의 면책행위의 유효를 주장할 수 있다(제445조제2항). 이 경우 보증인은 채권자에게 부당이득반환을 청구할 수 있을 것이다.

주채무자가 자기의 행위로 면책하였음을 수탁보증인에게 통지하지 아니한 경우에 보증인이 선의로 채권자에게 변제 기타 유상의 면책행위를 한 때에는 보증인은 자기의 면책행위의 유효를 주장할 수 있다(제446조).

⊙ 근보증

근보증은 계속적 거래관계에서 발생하는 증감·변동하는 불특정채무에 대한 보증을 말한다. 근보증의 경우 보증한도액을 정하는 것이 일반적이지만 반드시 요구되는 것은 아니다. 보증한도액을 정한 경우에는 그 한도액의 범위 내에서 보증채무를 부담한다.

⊙ 공동보증

공동보증이란 동일한 주채무에 관하여 수인이 보증채무를 부담하는 것을 말한다. 공동보증인은 한 개의 계약으로 되는 것이 일반적이지만 별개의 계약에 의해 순차적으로 공동보증인이 될 수도 있다. 공동보증인은 특약이 없는 한 균등한 비율로 보증채무를 부담한다{제439조(분별의 이익)}. 그러나 주채무가 불가분인 경우, 연대보증의 경우, 보증연대의 경우에는 분별의 이익이 없다.

〈판례〉 사정변경으로 인한 보증계약의 해지

회사의 이사의 지위에서 부득이 회사와 제3자 사이의 계속적 거래로 인한 회사의 채무에 대하여 보증인이 된 자가 그 후 퇴사하여 이사의 지위를 떠난 때에는 보증계약 성립 당시의 사정에 현저한 변경이 생긴 경우에 해당하므로 이를 이유로 보증계약을 해지할 수 있는 것이다(대법원 2002. 5. 31. 선고 2002다1673 판결).

2) 연대보증

연대보증이란 보증인이 주채무자와 연대하여 채무를 부담함으로써 주채무의 이행을 담보하는 보증채무이다. 연대보증인에게는 최고·검색의 항변권이 인정되지 않는다(제437조 단서). 그러므로 채권자가 주채무자에게 먼저 청구하지 않고 연대보증인에게 청구하는 경우에도 연대보증인은 이를 이행하여야 한다. 이 점을 제외하고 주채무자의 항변권 원용, 구상관계 등은 일반의 보증과 동일하다.

⊙ 연대채무

연대채무란 채권자에 대하여 수인의 채무자가 각각 독립하여 채무 전부를 이행할 의무를 부담하고 채무자 1인의 이행으로 다른 채무자도 그 의무를 면하게 되는 채무를 말한다(제413조). 채권자는 어느 연대채무자에 대하여 또는 동시나 순차로 모든 연대채무자에 대하여 채무의 전부 또는 일부의 이행을 청구할 수 있다(제414조).

3) 신원보증

신원보증은 주로 고용계약이나 근로계약에 부수하여 체결되는 계약으로서, 피용자가 업무를 수행하는 과정에서 그의 책임있는 사유로 사용자에게 손해를 입힌 경우에 그 손해를 배상할 채무를 부담할 것을 약정하는 계약을 말한다(신원보증법 제2조). 신원보증제도는 통상 피용자와의 인간관계상 어쩔 수 없이 보증인이 된 신원보증인에게 예측가능성이 희박하면서도 광범위한 책임을 지우는 등 불합리한 측면을 가지고 있었다. 이에 국가는 1957년 신원보증인의 책임을 완화하기 위하여 신원보증법을 제정하여 시행해 오고 있다.

신원보증법의 주요내용은 다음과 같다.

① 신원보증계약의 기간은 2년을 초과하지 못한다. 2년보다 장기간으로 정한 경우에도 그 기간을 2년으로 본다(제3조제2항). 기간을 정하지 아니한 신원보증계약도 그 성립일부터 2년간 효력을 가진다(제3조제1항). 신원보증계약은 갱신할 수 있다. 다만 그 기간은 갱신한 날부터 2년을 초과하지 못한다(제3조제3항).

② 사용자는 피용자가 업무상 부적격자이거나 불성실한 행적이 있어 이로 말미암아 신원보증인의 책임을 야기할 염려가 있음을 알았거나 피용자의 업무 또는 업무수행장소를 변경함으로써 신원보증인의 책임을 가중하거나 그 감독이 곤란하게 될 때 신원보증인에게 지체없이 통지하여야 하며, 사용자가 고의 또는 중과실로 통지의무를 게을리하여 신원보증인이 해지권을 행사하지 못한 경우 신원보증인은 그로 인하여 발생한 손해의 한도에서 의무를 면한다(제4조).

③ 신원보증계약체결의 기초가 되는 사정에 중대한 변경이 있는 경우 신원보증인은 계약을 해지할 수 있다(제5조제3호).

④ 신원보증계약은 신원보증인의 사망으로 종료한다(제7조).

〈판례〉 사용자의 통지의무 해태로 신원보증인의 책임이 면제되기 위한 요건

사용자에게 구 신원보증법(2002. 1. 14. 법률 제6592호로 전문 개정되기 전의 것) 제4조의 통지의무가 있는 경우에 사용자가 그 통지를 하지 아니하였다고 하여 막바로 신원보증인의 책임이 면제되는 것은 아니지만, 신원보증인과 피보증인의 관계가 그러한 통지를 받았더라면 신원보증계약을 해지하였을 것이라는 특수한 사정이 있었음에도 불구하고 이를 통지하지 아니하여 신원보증인으로부터 계약해지의 기회를 박탈하였다고 볼 수 있는 경우에는 신원보증인의 책임이 부정된다(대법원 2003. 5. 16. 선고 2003다5344 판결).

〈판례〉 사용자와 피용자간의 합의로 계속근무를 전제한 일시퇴직, 신규입사의 처리를 하면서 그간의 퇴직금을 지급한 경우, 그 피용자에 대한 신원보증계약의 효력

사용자와 피용자간의 내부적 합의에 따라 계속근무를 전제한 일시퇴직, 신규입사의 처리를 하면서 해당의 퇴직금을 지급한 경우, 그 퇴직금은 피용자의 행위로 인한 신원보증인의 신원보증채무의 구상권에 대한 담보적 구실도 하는 것이므로 신원보증인에 대한 관계에 있어서는 위 피용자가 회사를 일단 퇴직한 효력에는 변함이 없다 할 것이고, 위 신원보증계약은 피용자의 퇴직사실로 당연해지되어 효력을 상실한다(대법원 1986. 2. 11. 선고 85다카2195 판결).

〈판례〉 신원보증채무의 상속

신원보증법 제7조에 신원보증계약은 신원보증인의 사망으로 그 효력을 상실한다고 규정하였음은 신원보증인의 사망으로 신원보증인의 신원보증계약상의 지위가 장래에 대하여 상속인에게 상속될 수 없다는 법의이고, 신원보증인이 사망하기 전에 이미 발생한 신원보증계약에 인한 보증채무도 상속인에게 상속될 수 없다는 법의가 아니다(대법원 1972. 2. 29. 선고 71다2747 판결).

제4절 불법행위 등

[1] 불법원인급여

〈사례 1〉 갑은 처와 함께 동네 술집에서 술을 마시던 중 옆자리의 손님과 시비가 붙어 다투다가 상대방에게 전치 6주의 상해를 입히고 구속되었다. 갑의 친구 을은 갑의 처에게 접근하여 잘 아는 경찰에게 300만원을 주고 부탁을 하면 잘 처리될 것이라며 돈을 요구하였고 갑의 처는 을의 말을 그대로 믿고 300만원을 마련하여 주었다. 을은 그 돈을 유흥비로 다 써버리고 갑은 결국 재판을 받게 되었다. 이 경우 갑의 처는 을에게 준 돈을 받아낼 수 있는가?

불법원인급여란 불법의 원인으로 인하여 재산을 급여하거나 노무를 제공한 것을 말한다. 『불법의 원인』이란 재산급여나 노무제공의 목적이 선량한 풍속 기타 사회질서에 위반하는 것을 말한다(제103조 참조). 도박판에서 도박자금을 대여한 경우, 첩계약이나 매춘계약의 대가로 금전을 교부한 경우, 폭력청부계약의 대가로 금전을 교부한 경우 등이 이에 해당한다.

불법원인 급부자는 상대방에 대하여 그 이익의 반환을 청구하지 못한다(제746조). 계약이 무효인 경우에는 원칙적으로 부당이득반환청구가 가능하지만, 불법원인급여의 경우에도 반환청구를 허용하면 반사회질서행위를 한 자를 법이 보호하는 결과가 되므로 급부자의 반환청구권을 제한하는 것이다. 급부자의 반환청구권이 배제됨으로써 그 반사적 효과로 불법원인으로 급부된 이익은 수령자가 보유하게 된다. 그러나 그 불법원인이 급부자에게는 없고 수익자에게만 있는 때에는 그 반환을 청구할 수 있다(제746조 단서). 예를 들어 불공정한 법률행위(민법 제104조)에 해당하는 경우에는 급부자는 수익자 즉 폭리자에 대하여 그 수익의 반환을 청구할 수 있다. 불법원인급여의 수령자가 임의로 그 불법원인의 급부를 반환하는 것은 유효하다.

⊙ 부당이득

부당이득이란 법률상 원인없이 타인의 재산이나 노무에 의해 이익을 얻고 이로 인하여 타인에게 손해가 발생한 경우를 말한다. 부당이익을 얻은 자는 그 이익을 손해가 발생한 자에게 반환하여야 한다(제741조).

⊙ 제103조(반사회질서의 법률행위)

선량한 풍속 기타 사회질서에 위반한 사항을 내용으로 하는 법률행위는 무효로 한다.

⊙ 제104조(불공정한 법률행위)

당사자의 궁박, 경솔 또는 무경험으로 인하여 현저하게 공정을 잃은 법률행위는 무효로 한다.

〈판례〉 성매매의 유인·강요의 수단으로 제공한 선불금 등이 불법원인급여에 해당하는지 여부

영리를 목적으로 윤락행위를 하도록 권유·유인·알선 또는 강요하거나 이에 협력하는 것은 선량한 풍속 기타 사회질서에 위반되므로 그러한 행위를 하는 자가 영업상 관계 있는 윤락행위를 하는 자에 대하여 가지는 채권은 계약의 형식에 관계없이 무효라고 보아야 한다.

부당이득의 반환청구가 금지되는 사유로 민법 제746조가 규정하는 불법원인이라 함은 그 원인되는 행위가 선량한 풍속 기타 사회질서에 위반하는 경우를 말하는 것인바, 윤락행위 및 그것을 유인·강요하는 행위는 선량한 풍속 기타 사회질서에 위반되므로, 윤락행위를 할 자를 고용·모집하거나 그 직업을 소개·알선한 자가 윤락행위를 할 자를 고용·모집함에 있어 성매매의 유인·강요의 수단으로 이용되는 선불금 등 명목으로 제공한 금품이나 그 밖의 재산상 이익 등은 불법원인급여에 해당하여 그 반환을 청구할 수 없다(대법원 2004. 9. 3. 선고

2004다27488, 27495 판결).

〈판례〉 수익자의 불법성의 정도가 급여자의 불법성보다 현저히 크다는 이유로 도박채무의 이행으로 대물변제한 부동산의 반환 청구를 인용한 사례

민법 제746조에 의하면 급여가 불법원인급여에 해당하고 급여자에게 불법원인이 있는 경우에는 수익자에게 불법원인이 있는지의 여부나 수익자의 불법원인의 정도 내지 불법성이 급여자의 그것보다 큰지의 여부를 막론하고 급여자는 그 불법원인급여의 반환을 구할 수 없는 것이 원칙이나, 수익자의 불법성이 급여자의 그것보다 현저히 크고 그에 비하면 급여자의 불법성은 미약한 경우에도 급여자의 반환청구가 허용되지 않는다고 하는 것은 공평에 반하고 신의성실의 원칙에도 어긋나므로 이러한 경우에는 민법 제746조 본문의 적용이 배제되어 급여자의 반환청구는 허용된다고 해석함이 상당하다.

급여자가 수익자에 대한 도박채무의 변제를 위하여 급여자의 주택을 수익자에게 양도하기로 한 것이지만 내기바둑에의 계획적인 유인, 내기바둑에서의 사기적 행태, 도박자금 대여 및 회수 과정에서의 폭리성과 갈취성 등에서 드러나는 수익자의 불법성의 정도가 내기바둑에의 수동적인 가담, 도박채무의 누증으로 인한 도박의 지속, 도박채무 변제를 위한 유일한 재산인 주택의 양도 등으로 인한 급여자의 불법성보다 훨씬 크다고 보아 급여자로서는 그 주택의 반환을 구할 수 있다고 판단한 것은 이러한 법리에 따른 것으로서 정당하다(대법원 1997. 10. 24. 선고 95다49530,49547 판결).

〈판례〉 불법원인급여로서 반환을 청구하지 못하는 "이익"의 의미

민법 제746조에서 불법의 원인으로 인하여 급여함으로써 그 반환을 청구하지 못하는 이익은 종국적인 것을 말한다.

도박자금으로 금원을 대여함으로 인하여 발생한 채권을 담보하기 위한 근저당권설정등기가 경료되었을 뿐인 경우와 같이 수령자가 그 이익을 향수하려면 경매신청을 하는 등 별도의 조치를 취하여야 하는 경우에는, 그 불법원인급여로 인한 이익이 종국적인 것이 아니므로 등기설정자는 무효인 근저당권설정등기의 말소를 구할 수 있다(대법원 1995. 8. 11. 선고 94다54108 판결).

〈판례〉 불법원인급여와 물권적 청구권의 행사

민법 제746조는 단지 부당이득제도만을 제한하는 것이 아니라 동법 제103조와 함께 사법의 기본이념으로서, 결국 사회적 타당성이 없는 행위를 한 사람은 스스로 불법한 행위를 주장하여 복구를 그 형식 여하에 불구하고 소구할 수 없다는 이상을 표현한 것이므로, 급여를 한 사람은 그 원인행위가 법률상 무효라 하여 상대방에게 부당이득반환청구를 할 수 없음은 물론 급여한 물건의 소유권은 여전히 자기에게 있다고 하여 소유권에 기한 반환청구도 할 수

없고 따라서 급여한 물건의 소유권은 급여를 받은 상대방에게 귀속된다(대법원 1979. 11. 13. 선고 79다483 전원합의체 판결).

〈해설 1〉 갑의 처가 을에게 교부한 돈은 법의 보호를 받을 수 없는 불법한 원인에 의한 재물의 교부로서 불법원인급여에 해당한다. 따라서 갑의 처는 을에게 반환을 청구할 수 없다. 다만 갑의 처는 을을 사기죄로 고소하여 형사책임을 물을 수 있다.

[2] 불법행위

〈사례 1〉 이주사는 술이 취한 상태에서 야간에 병원에 난입하여 과도로 대형 유리창문을 쳐 깨뜨리고 자신의 복부에 칼을 대고 할복 자살하겠다고 난동을 부리다가 출동한 2명의 경찰관에게 칼을 들고 저항하였다. 가스총, 경찰봉 및 칼빈소총을 소지하고 출동한 경찰관 중 1명은 주위의 환자 등이 다칠 것을 염려하여 칼빈소총을 1회 발사하여 이주사의 왼쪽 가슴 아래 부위를 관통케 함으로써 이주사를 사망에 이르게 하였다. 이러한 경찰관의 행위는 정당방위에 해당하는가?

〈사례 2〉 이산행은 아침마다 동네 뒷산을 오른다. 오늘도 역시 산을 오르기 위하여 동네골목을 벗어나려는 순간 어젯밤 동물원을 탈출한 호랑이가 앞에 나타나 쏜살같이 달려오고 있는 것이 아닌가? 기겁을 한 이산행은 골목 끝에 있는 집의 대문을 열고 피하려 하였으나 문이 잠겨 있어 발로 차 문고리를 부수고 호랑이를 피하였다. 집주인은 이산행에게 문의 수리비를 요구하는데 응하여야 하는가?

〈사례 3〉 한국대학교 체육학과에 재학 중인 박이단은 은행에서 돈을 찾아 나오던 중 2인조 날치기에게 돈이 든 가방을 날치기 당하여 이를 추적하여 격투를 벌인 끝에 돈가방을 되찾았으나, 격투 중에 상대방에게 각각 전치 2주의 상해를 입히고 말았다. 박이단은 날치기범들의 치료비를 물어주어야 하는가?

〈사례 4〉 남고생은 평소 교내에서 술을 마시고 담배를 피우며 같은 반 학생들에게 폭력을 행사하여 왔다. 이 사실을 안 담임선생이 남고생을 교단으로 불러내어 칠판에 손을 대고 엎드리게 한 후 대걸레자루로 엉덩이를 때리려고 하자, 남고생은 겁에 질려 뒤로 물러서며 이를 피하였다. 감정이 격해진 담임선생은 대걸레자루를 높이 들고 때리려고 휘두르다 피하려던 남고생의 머리를 가격하게 되있다. 남고생은 그로 인하여 평생 생명유지를 위한 주기적 검진가료를 요하는 상해를 입게 되었다. 담임선생의 체벌행위는 정당행위에 해당하는가?

1. 의의

불법행위란 고의 또는 과실로 인한 위법행위로 타인에게 손해를 주는 행위를 말한다. 불법행위자는 피해자에 대하여 그 손해를 배상할 책임이 있다(제750조).

2. 일반불법행위의 성립요건

1) 고의 또는 과실

고의는 자기의 행위의 결과를 예견한 심리상태 즉, 자기의 행위에 의하여 일정한 결과가 발생하리라는 것을 알면서 감히 이를 행하는 심리상태를 말한다. 과실은 주의를 기울이면 자기의 행위의 결과를 예견할 수 있었음에도 불구하고 주의를 게을리하여 그것을 알지 못한 심리상태를 말한다.

과실 유무의 판단기준은 행위자 개인의 일상·평상시의 주의능력(구체적 과실)을 기준으로 하지 않고, 행위자의 직업·지위·계급 등에 속하는 일반인에게 요구되는 주의능력을 표준으로 한다(추상적 과실). 그리고 과실은 부주의의 정도에 따라 경과실과 중과실로 구별된다. 경과실은 다소간의 주의를 결한 경우이고 중과실은 현저하게 주의를 결한 경우를 말한다. 일반적으로 과실이라고 하면 추상적 경과실을 의미하며, 불법행위의 성립요건으로서의 과실 역시 추상적 경과실을 의미한다. 고의 또는 과실의 입증책임은 원칙적으로 피해자가 부담한다.

2) 가해행위와 손해의 발생

(1) 가해행위

가해행위는 가해자 자신의 행위뿐만 아니라 타인을 이용하는 경우도 포함한다. 타인의 존재와 행위는 가해자가 행한 가해행위의 일부에 지나지 않기 때문이다. 부작위에 의한 가해행위도 가능하다. 다만 부작위에 의해 불법행위가 성립하기 위해서는 가해자에게 작위의무가 있어야 한다.

〈판례〉 부작위에 의한 살인

대법원은 이른바 "세월호 사건"과 관련하여 선장의 살인죄 성립 여부가 문제된 사안에서 선장은 승객 등의 안전이 종국적으로 확보될 때까지 적극적, 지속적으로 구조조치를 취할 의무가 있고, 당시 상황에서 퇴선명령으로 승객이 세월호를 탈출하지 못하여 익사하는 결과를 쉽게 방지할 수 있었음에도, 승객을 선실 내에 대기하도록 내버려 둔 채 먼저 퇴선하는 등 승객의 생명과 안전에 대해 철저히 무관심한 태도를 보임으로써 수백 명의 소중한 생명을 잃게 하였고, 이것은 사실상 적극적인 살인행위와 다를 바 없다는 점에서 살인죄를 인정하였다. 이

판결은 구조조치 또는 구조의무 위반이 문제된 사안에서 부작위에 의한 살인죄를 인정한 최초의 판결로서, 선장 등 국민의 안전을 책임지고 있는 사람에게 높은 수준의 책임감을 요구하였다는 점에서 의미가 있다(대법원 2015. 11. 12. 선고 2015도6809 판결).

(2) 손해의 발생

손해란 가해행위가 없었다면 있었을 이익상태와 가해행위로 인하여 변화된 현재의 이익상태의 차이를 말한다. 가해행위가 있더라도 손해가 현실적으로 발생하지 않으면 불법행위가 성립하지 않는다. 손해에는 재산적 손해뿐만 아니라 생명·신체·자유·명예에 대한 침해나 정신상 고통 등 비재산적 손해도 포함한다(제751조제1항). 재산적 손해에는 적극적 손해와 소극적 손해가 포함된다. 적극적 손해는 기존재산의 멸실 또는 감소를 말하며, 소극적 손해는 장래에 얻을 수 있었던 이익의 상실 또는 감소를 말한다. 정신적 손해에 대한 배상은 보통 위자료라고 한다.

손해발생에 대한 입증책임은 피해자가 부담하는 것이 원칙이다. 다만 생명침해의 경우 피해자의 직계존속, 직계비속 및 배우자는 정신적 손해의 발생에 대하여 입증책임을 부담하지 않는다(제752조). 사망한 피해자와 일정한 관계에 있는 자는 당연히 정신적 손해가 수반되는 것으로 인정되기 때문이다.

(3) 가해행위와 손해의 인과관계

가해행위와 손해는 원인과 결과의 관계가 있어야 한다. 원인과 결과의 관계가 인정될 때 가해자는 예측이 가능한 범위 내의 손해에 대해 배상책임을 진다. 그러므로 손해배상의 범위는 인과관계가 인정되는 손해 중에서 통상의 손해와 가해자가 특별히 알았거나 알 수 있었던 사정으로 인하여 발생한 특별손해에 한정된다(제763조, 제393조).

〈판례〉 공해소송에 있어서 증명책임의 분배

공해로 인한 손해배상청구소송에 있어서는 가해행위와 손해발생 사이의 인과관계의 고리를 모두 자연과학적으로 증명하는 것은 곤란 내지 불가능한 경우가 대부분이고, 가해기업은 기술적 · 경제적으로 피해자보다 원인조사가 용이할 뿐 아니라 자신이 배출하는 물질이 유해하지 않다는 것을 입증할 사회적 의무를 부담한다고 할 것이므로, 가해기업이 배출한 어떤 물질이 피해 물건에 도달하여 손해가 발생하였다면 가해자측에서 그 무해함을 입증하지 못하는 한 책임을 면할 수 없다고 봄이 사회 형평의 관념에 적합하다.

여천공단 내 공장들의 폐수 배출과 재첩 양식장에 발생한 손해 사이에 인과관계가 일응 증명되었으므로, 위 공장들이 반증으로 그 폐수 중에 재첩 양식장에 피해를 발생시킨 원인물질이 들어 있지 않거나 원인물질이 들어 있다고 하더라도 재첩 양식에 피해를 일으킬 정도의 농도가 아니라는 사실을 증명하거나, 또는 재첩 양식장의 피해가 전적으로 다른 원인에 의한 것임을 증명하지 못하는 한 그 책임을 면할 수 없다(대법원 2004. 11. 26. 선고 2003다2123 판결).

3) 위법성

가해행위는 위법성이 있는 행위이어야 한다(제750조). 위법성이란 재산권, 인격권 등 법률이 보호할 가치가 있는 이익(法益)을 침해하는 반사회적 가치판단을 받는 것을 말한다. 법익을 침해하는 행위는 일반적으로 위법성이 인정된다. 다만 법익을 침해하는 행위라 하더라도 정당방위, 긴급피난, 자력구제, 피해자의 승낙, 정당행위에 해당하는 경우에는 위법성 조각이 인정된다.

(1) 정당방위

정당방위란 타인의 불법행위에 대하여 자기 또는 제3자의 이익을 방위하기 위하여 부득이 타인에게 손해를 가하는 행위를 말한다. 상대방에 대한 반격행위가 정당방위로 인정되기 위해서는 ① 타인의 불법행위에 대해 자기 또는 제3자의 이익을 방위하기 위한 목적으로 침해행위가 막 시작되거나 행해지고 있을 때에 하여야 한다. 침해행위가 끝난 뒤에는 이를 할 수 없다. ② 방위행위는 다른 수단이 없거나 불가피하거나 부득이한 것이어야 한다. ③ 지키려는 이익과 상대방에게 주는 손해가 어느 정도 균형을 이루어야 한다. 이러한 요건을 충족하는 경우 정당방위자는 형사상 책임을 지지 않을 뿐만 아니라 피해자에게 발생한 손해에 대해서도 배상책임을 지지 않는다. 그러나 정당방위자는 불법행위자에 대하여 손해배상을 청구할 수 있다(제761조제1항).

〈판례〉 부부싸움 과정에서 남편의 팔을 할퀸 행위가 정당행위 또는 정당방위에 해당한다고 본 사례

싸움을 하는 사람 사이에서 겉으로는 서로 싸움을 하는 것처럼 보이더라도 실제로는 한쪽 당사자가 일방적으로 위법한 공격을 가하고 상대방은 이러한 공격으로부터 자신을 보호하고 이를 벗어나기 위한 저항수단으로서 유형력을 행사한 경우에는, 그 행위가 새로운 적극적 공격이라고 평가되지 아니하는 한, 이는 사회관념상 허용될 수 있는 상당성이 있는 것으로서 위법성이 조각된다(헌재 2013. 8. 29. 2011헌마743; 헌재 2017. 4. 27. 2017헌마26; 헌재 2020. 5. 27. 2019헌마1419 참조).청구인의 폭행은 피해자가 청구인에게 먼저 위법적인 유형력을 행사하자 이에 저항하는 과정에서 발생한 점, 청구인은 피해자로부터 폭행을 당하여 약 28일 간의 치료가 필요한 비교적 중한 상해를 입었음에도 이에 대항하여 행사한 유형력의 정도는 비교적 경미한 점, 여성인 청구인이 남성인 피해자에게 일방적으로 발로 차이고, 잡혀 끌려가자 이에 저항하며 피해자의 손을 떼어내려고 시도하고 그 과정에서 손톱으로 피해자의 팔을 할퀸 것은 폭행을 회피하기 위한 최소한의 방어수단이었던 것으로 보이는 점 등에 비추어 보면, 청구인의 행위는 피해자의 선제적이고 일방적인 위법한 공격으로부터 자신을 보호함과 동시에 이를 벗어나기 위한 소극적인 유형력 행사로서 사회적 상당성이 있는 정당행위 또는 정당방위에 해당할 여지가 충분하다.(헌법재판소 2023. 8. 31. 선고 2021헌마994 전원재판부 결정).

〈판례〉 강제추행범의 혀를 깨문 행위가 정당방위에 해당된다고 본 사례

갑과 을이 공동으로 인적이 드문 심야에 혼자 귀가 중인 병녀에게 뒤에서 느닷없이 달려들어 양팔을 붙잡고 어두운 골목길로 끌고 들어가 담벽에 쓰러뜨린 후 갑이 음부를 만지며 반항하는 병녀의 옆구리를 무릎으로 차고 억지로 키스를 함으로 병녀가 정조와 신체를 지키려는 일념에서 엉겁결에 갑의 혀를 깨물어 설절단상을 입혔다면 병녀의 범행은 자기의 신체에 대한 현재의 부당한 침해에서 벗어나려고 한 행위로서 그 행위에 이르게 된 경위와 그 목적 및 수단, 행위자의 의사 등 제반사정에 비추어 위법성이 결여된 행위이다(대법원 1989. 8. 8. 선고 89도358 판결).

〈판례〉 경찰관직무집행법 제11조에서 정하는 '무기 사용'의 요건과 한계

경찰관직무집행법 제11조의 규정에 비추어 보면 경찰관은 범인의 체포, 도주의 방지, 자기 또는 타인의 생명, 신체에 대한 방호, 공무집행에 대한 항거의 억제를 위하여 상당한 이유가 있을 때에는 필요한 한도 내에서 무기를 사용할 수 있으나, 형법이 정하는 정당방위와 긴급피난에 해당할 때 또는 체포, 도주의 방지나 항거의 억제를 위하여 다른 수단이 없다고 인정되는 상당한 이유가 있는 때에 한하여 필요한 한도 내에서만 무기를 사용하여 사람에게 위해를 가할 수 있음이 명백하다.

경찰관이 신호위반을 이유로 한 정지명령에 불응하고 도주하던 차량에 탑승한 동승자를 추격하던 중 몸에 지닌 각종 장비 때문에 거리가 점점 멀어져 추격이 힘들게 되자 수차례에 걸쳐 경고하고 공포탄을 발사했음에도 불구하고 계속 도주하자 실탄을 발사하여 사망케 한 경우, 위 사망자가 아무런 흉기를 휴대하지 아니한 상태에서 경찰관을 공격하거나 위협하는 등 거칠게 항거하지 않고 단지 계속하여 도주하였다면 그러한 상황은 형법에 규정된 정당방위나 긴급피난의 요건에 해당한다고 보기 어렵고, 위 사망자가 경찰관의 정지명령에 응하지 아니하고 계속 도주하였다는 사실만으로 경찰관직무집행법 제11조에서 규정하는 범죄를 범하였거나 범하였다고 의심할 충분한 이유가 있다고 보기도 어려우며, 동료 경찰관이 총기를 사용하지 않고도 함께 도주하던 다른 일행을 계속 추격하여 체포한 점에 비추어 볼 때, 경찰관이 추격에 불필요한 장비를 일단 놓아둔 채 계속 추격을 하거나 공포탄을 다시 발사하는 방법으로 충분히 위 사망자를 제압할 여지가 있었다고 보이므로, 경찰관이 그러한 방법을 택하지 아니하고 실탄을 발사한 행위는 경찰관직무집행법 제11조에 정해진 총기 사용의 허용 범위를 벗어난 위법행위이다(대법원 1999. 6. 22. 선고 98다61470 판결).

〈해설 1〉 이주사가 칼을 들고 저항하였다고 하더라도 출동한 경찰관은 공포를 발사하거나 소지한 가스총과 경찰봉을 사용하여 이주사의 항거를 억제할 시간적 여유와 보충적 수단이 있었다고 보여진다. 그리고 부득이 총을 발사할 수밖에 없었다고 하더라도 하체부위를 향하여 발사함으로써 그 위해를 최소한도로 줄일 여지가 있었다고 할 것이다. 그러므로 칼빈소총을 발사하여 이주사의 왼쪽 가슴 아래 부위를 관통하여 사망케 한 경찰관의 총기사용행위는 경찰관직무집행법 제11조 소정의 총기사용 한계를 벗어난 것으로 정당방위의 한계를 벗어난 행위로서 위법하다 할 것이다. 정당방위는 방위에 필요한 한도 내의 행위로서 사회윤리에 위배되지 않는 상당성있는 행위임을 요하기 때문이다(대법원 1991. 9. 10. 선고 91다19913 판결).

(2) 긴급피난

긴급피난이란 급박한 위난을 피하기 위하여 부득이 타인에게 손해를 가하는 행위를 말한다. 긴급피난의 요건인 급박한 위난에는 가해자의 고의 또는 과실에 의하여 조성된 위난은 포함되지 아니한다. 긴급피난자는 피해자에게 발생한 손해에 대해 배상책임을 지지 않는다(제761조제2항). 그 위난을 발생시킨 자의 행위에 위법성이 인정되는 경우에는 긴급피난자와 피해자는 손해배상을 청구할 수 있다.

〈판례〉 긴급피난의 요건 중 긴박한 위난에 가해자의 고의·과실에 의하여 조성된 위난이 포함되는지 여부

긴급피난의 요건 중 긴박한 위난에는 가해자의 고의나 과실에 의하여 조성된 것은 포함되지 아니하므로 운전병이 제한속도 25킬로미터 지점에서 시속 45킬로미터의 과속으로 달리던 중 보행인 3인과의 충돌을 피하기 위하여 방향을 바꾸다가 점포를 들이받아 화재가 발생하였다면 위 운전병의 행위가 긴급피난에 해당한다고 할 수 없다(대법원 1968. 10. 22. 선고 68다1643 판결).

〈해설 2〉 갑자기 자신의 앞에 호랑이가 나타난 상황에서 이산행이 이를 피하기 위한 다른 수단이 있는 것으로 보여지지 아니하고, 또 비록 위난을 피하기 위한 다른 수단이 있었다고 하더라도 사례와 같은 급박한 상황에서 이산행이 다른 수단을 선택할 것을 기대하는 것은 무리라고 보여진다. 그리고 피난으로 지키고자 하는 법익, 즉 생명·신체의 안전은 피난행위로 인하여 침해한 법익보다 큰 것이어서 법익의 균형성 요건도 충족한다. 그러므로 이산행이 대문을 발로 차서 문고리를 부수고 집안으로 피신한 행위는 긴급피난에 해당하고, 이로 인해 발생한 집주인의 손해에 대해서 배상책임을 지지 아니한다.

(3) 자력구제

자력구제란 법적 절차에 의한 구제를 기대할 수 없는 상황에서 권리자의 자력으로 자기의 권리를 구제하는 행위를 말한다. 오늘날 권리의 실현은 법적 절차에 따라 해결해야 하며 실력에 의한 해결은 허용되지 않는다. 그러나 법적 절차에 의해 권리를 실현하기에 시간이 촉박하고 또 실효도 거둘 수 없는 경우에는 예외적으로 실력에 의한 권리실현을 허용할 필요가 있다.

점유자는 그 점유를 부정히 침탈 또는 방해하는 행위에 대하여 자력으로써 이를 방위할 수 있다(제209조제1항). 점유물이 침탈되었을 경우에 부동산일 때에는 점유자는 침탈 후 즉시 가해자를 배제하여 이를 탈환할 수 있고, 동산일 때에는 점유자는 현장에서 또는 추적하여 가해자로부터 이를 탈환할 수 있다(제209조제2항). 민법은 점유권에 대해서만 자력구제를 인정하는 규정을 두고 있지만, 점유권 이외의 권리에 대해서도 자력구제를 인정하는 것이 타당할 것이다. 자력구제의 수단은 선량한 풍속 기타 사회질서에 반하지 않는 것이어야 하며 그 정도가 가해행위에 상응하여야 한다.

〈판례〉 병을 상대로 한 점포명도판결에 기하여 을이 점유하고 있는 점포에 대한 명도집행을 단행하자 즉시 을이 자력으로 점유를 회복한 경우 자력구제에 해당하는지 여부

갑이 병을 상대로 점포에 관한 점유이전금지가처분결정을 받아 그 집행을 한 다음 병을 상대로 하여 받은 본안판결에 기하여 을이 위 점포에 소유주들과 사이에 임대차계약을 체결하고서 인도를 받아 적법하게 점유하고 있던 위 점포에 대하여 명도집행을 단행하였다면 위 가처분이나 본안판결의 효력이 미칠 수 없는 을에 대하여 그가 점유하고 있던 위 점포에 대하여 명도집행을 단행한 것은 위법하고 이러한 위법한 강제집행에 의하여 부동산의 명도를 받는 것은 공권력을 빌려서 상대방의 점유를 침탈하는 것이 되므로 을이 위 강제집행이 일응 종료한 후 불과 2시간 이내에 자력으로 그 점유를 탈환한 것은 민법상의 점유자의 자력구제권의 행사에 해당한다(대법원 1987. 6. 9. 선고 86다카1683 판결).

〈해설 3〉 박이단은 자신의 돈가방을 날치기에 의해 부정히 침탈당했으며 또 법적 절차에 의한 구제를 기대할 수 없는 상황이다. 그리고 박이단은 날치기하여 도주하는 범인을 추적하여 탈환하였으므로 자력구제의 "현장에서 또는 추적하여"의 요건을 충족하고 있다. 따라서 박이단이 자신의 돈가방을 격투하여 되찾은 행위는 자력구제에 해당하고, 이로 인하여 날치기범에게 가한 상해는 위법성이 없으며 손해배상 책임도 지지 아니한다.

(4) 피해자의 승낙

가해행위가 피해자의 승낙에 의한 것일 때에는 원칙적으로 위법성이 조각된다(예: 의사의 수술행위). 이 때 피해자의 승낙은 그 피해의 의미를 이해할 능력이 있는 자의 자유로운 의사결정에 의한 것이어야 한다. 다만 피해자의 승낙이 있더라도 가해행위가 선량한 풍속 기타 사회질서에 반하는 때에는 위법성이 조각되지 않는다. 예를 들면, 결투를 하기로 하고 그로 인한 손해는 서로 배상청구하지 않기로 합의하였다고 하더라도 결투로 인한 손해의 배상을 청구할 수 있다.

(5) 정당행위

정당행위란 법령에 의한 행위 또는 업무로 인한 행위 기타 사회상규에 위배되지 않는 행위를 말한다. 예를 들면, 교사의 징계권에 의한 학생 체벌, 부모의 친권에 의한 자녀 체벌(민법 제915조(징계권)은 2021.1.26. 개정에서 삭제됨), 경찰의 범인체포 및 구금행위 등이 이에 해당한다. 다만 교사나 부모의 체벌 등이 정당행위에 해당하는지를 판단함에 있어서는 목적의 정당성, 행위의 수단과 방법의 상당성, 보호하려는 이익과 침해된 이익 사이의 균형성, 긴급성, 다른 수단 또는 방법이 없을 것

이라는 보충성 등을 종합적으로 고려하여 판단하여야 한다. 교사의 체벌이 그 방법과 정도가 지나쳐 징계권의 범위를 넘는 경우에는 민사상 손해배상책임을 질 뿐만 아니라 형사상 폭행이나 상해죄가 성립할 수 있다.

〈판례〉 교사의 학생에 대한 체벌이 징계권의 행사로서 정당행위에 해당하기 위한 요건

교사의 학생에 대한 체벌이 징계권의 행사로서 정당행위에 해당하려면 그 체벌이 교육상의 필요가 있고 다른 교육적 수단으로는 교정이 불가능하여 부득이 한 경우에 한하는 것이어야 할뿐만 아니라 그와 같은 경우에도 그 체벌의 방법과 정도에는 사회관념상 비난받지 아니할 객관적 타당성이 있지 않으면 안된다(대법원 1991. 5. 28. 선고 90다17972 판결).

〈해설 4〉 비록 담임선생의 체벌이 교육상 그 필요성이 인정되고, 다른 교육적 수단으로는 교정이 불가능하여 부득이한 경우에 해당한다 하더라도, 그 체벌의 방법과 정도는 사회관념상 비난받지 아니할 객관적 타당성이 있어야 한다. 그런데 사례에서 담임선생이 남고생에게 가한 체벌은 그 방법과 정도에 있어서 지나친 것으로서 일반적으로 용인되는 교육업무상의 정당한 행위를 벗어난 위법행위에 해당한다(대법원 1988. 1. 12. 선고 87다카2240 판결).

4) 책임능력

책임능력이란 자기 행위의 책임을 인식할 수 있는 정신능력을 말한다. 단순히 자기의 행위로 인한 결과를 예견하고 판단할 수 있는 능력이 아니라 그 결과가 위법한 것으로서 법률상 비난받는 것임을 인식하는 정신능력을 말한다. 책임능력의 유무는 가해행위와 행위자에 대하여 개별적·구체적으로 판단하여 결정하여야 한다. 판례의 경우 만15세 정도면 책임능력이 있는 것으로 본다.

책임능력이 없는 자(책임무능력자)는 가해행위로 인한 손해에 대해 배상책임을 지지 않는다. 그러므로 미성년자 중 자기 행위의 책임을 변식할 지능이 없는 자와 심신상실 중에 있는 자는 타인에게 손해를 가한 경우에도 배상책임을 지지 않는다(제753조, 제754조 전단). 다만 고의 또는 과실로 심신상실을 초래한 자는 심신상실 중 타인에게 가한 손해에 대해 배상책임을 진다(제754조 단서). 책임무능력자의 가해행위로 인한 손해는 그 책임무능력자의 감독자(친권자, 후견인, 유치원 교사, 정신병원 의사 등)가 배상책임을 진다(제755조). 그러나 감독의무를 해태하지 아니한 때에는 배상책임을 지지 않는다(제755조제1항 단서).

3. 불법행위의 효과

불법행위자는 타인에게 가한 손해에 대하여 배상할 책임이 있다(제750조).

1) 손해배상의 방법과 범위

손해배상의 방법은 금전배상을 원칙으로 한다(제763조, 제394조). 그러므로 정신적 손해의 배상(위자료)도 금전으로 평가하게 된다. 그러나 당사자의 다른 의사표시가 있는 경우에는 금전이 아닌 다른 방법으로 배상할 수 있다(제763조, 제394조). 명예훼손의 경우 법원은 피해자의 청구에 의하여 손해배상에 갈음하거나 손해배상과 함께 명예회복에 적당한 처분을 명할 수 있다(제764조).

손해배상의 범위는 불법행위와 상당인과관계에 있는 손해로서 통상의 손해를 그 한도로 한다. 특별한 사정으로 인한 손해는 가해자가 특별히 알았거나 알 수 있었을 때에 한하여 손해배상의 범위에 포함된다(제763조, 393조).

〈판례〉 명예회복에 적당한 처분으로서 사죄광고

민법 제764조가 사죄광고를 포함하는 취지라면 그에 의한 기본권제한에 있어서 그 선택된 수단이 목적에 적합하지 않을 뿐만 아니라 그 정도 또한 과잉하여 비례의 원칙이 정한 한계를 벗어난 것으로 헌법 제37조제2항에 의하여 정당화될 수 없는 것으로서 헌법 제19조(양심의 자유)에 위반되는 동시에 헌법상 보장되는 인격권의 침해에 이르게 된다(헌재 1991. 4. 1. 89헌마160 결정).

2) 손해배상액의 산정

손해배상액의 산정은 원칙적으로 불법행위 당시를 기준으로 하고 재산권이 침해된 경우에는 불법행위 당시의 교환가격을 기준으로 한다. 그러므로 불법행위 성립 후에 목적물의 가격상승으로 인한 추가손해는 불법행위자가 그러한 사정을 알았거나 알 수 있었던 때에 한하여 배상액에 포함된다. 불법행위로 인해 물건이 멸실되었을 때에는 멸실 당시의 시가를, 물건이 훼손되었을 때에는 수리 또는 원상회복이 가능한 경우에는 수리비 또는 원상회복에 드는 비용을, 수리 또는 원상회복이 불가능하거나 그 비용이 과다한 경우에는 훼손으로 인하여 교환가치가 감소된 부분이 배상액 산정의 기준이 된다(대법원 2006. 4. 28. 선고 2005다44633 판결). 불법행위로 영업용 물건이 멸실된 경우에는 교환가치 상당액 이외에 휴업손해도 배상할 범위에 포함된다(대법원 2004. 3. 18. 선고 2001다82507 판결).

생명침해로 인한 재산적 손해는 사망한 자가 생존추정기간 중에 얻을 수 있는 소득에서 추정생활비를 공제한 순수익에서 중간이자를 공제한 금액이 손해액이 된다. 신체침해로 인한 재산적 손해는 치료비, 입원비, 의족비 등 상해를 회복하는 비용과 치료기간 중의 소득 감소분, 치료 후 신체장애가 남은 때에는 사망에 이르기까지 얻을 수 있었던 소득의 감소분이 손해액이 된다.

정신적 손해는 생명 또는 신체의 침해 경우뿐만 아니라 재산권 침해의 경우에도 인정될 수 있다. 일반적으로 불법행위에 의하여 재산권이 침해된 경우에는 그 재산적 손해의 배상에 의하여 정신적 고통도 회복되지만, 분묘의 훼손 등 특별한 정신적 손해가 인정될 수 있다. 다만 특별한 정신적 손해는 가해자가 그러한 사정을 알았거나 알 수 있었을 경우에 한하여 배상책임을 진다. 생명침해의 경우에는 피해자의 직계존속, 직계비속 및 배우자는 재산상의 손해가 없더라도 정신적 손해의 배상을 청구할 수 있다(제752조). 정신적 손해에 대한 배상액의 산정은 당사자 쌍방의 사회적 지위·직업·자산·가해의 동기 등을 고려한 법관의 구체적 판단에 의한다.

가해자의 불법행위가 피해자에게 손해와 함께 이익도 발생시킨 경우에는 손익상계에 의하여 손해에서 그 이익을 공제한 금액이 손해액이 된다. 불법행위에 관하여 피해자에게도 과실이 있는 경우에는 법원은 가해자의 손해배상책임의 유무 및 배상액을 정함에 있어 이를 참작하여야 한다(제763조, 396조). 이를 과실상계라 한다. 과실상계는 공평 내지 신의칙의 견지에서 손해배상액을 정함에 있어 피해자의 과실을 참작하는 것으로서, 그 적용에 있어서는 가해자와 피해자의 고의·과실의 정도, 위법행위의 발생 및 손해의 확대에 관하여 어느 정도의 원인이 되어 있는가 등의 제반 사정을 고려하여 배상액의 범위를 정하는 것이며, 불법행위에 있어서의 가해자의 과실이 의무위반의 강력한 과실임에 반하여 과실상계에 있어서 과실이란 사회통념상, 신의성실의 원칙상, 공동생활상 요구되는 약한 부주의까지도 포함한다(대법원 2001. 3. 23. 선고 99다33397 판결).

불법행위에 의한 손해배상책임이 고의 또는 중대한 과실에 의한 것이 아닌 경우 손해배상의무자가 그 배상으로 인하여 생계에 중대한 영향을 미치게 될 때에는 법원에 그 배상액의 경감을 청구할 수 있다. 이 경우 법원은 채권자 및 채무자의 경제 상태와 손해의 원인 등을 참작하여 배상액을 경감할 수 있다(제765조).

〈판례〉 교통사고의 경우 피해자 본인 및 그 부모의 위자료청구권

교통사고의 경우, 피해자 본인과는 별도로 그의 부모들도 그 사고로 말미암아 그들이 입은 정신적 손해에 대하여 고유의 위자료청구권을 가진다 할 것이므로, 피해자 본인이 합의금을 수령하고 가해자측과 나머지 손해배상청구권을 포기하기로 하는 등의 약정을 맺었다 하더라도 그의 부모들이 합의 당사자인 피해자 본인과 가해자 사이에 합의가 성립되면 그들 자신은 별도로 손해배상을 청구하지 아니하고 손해배상청구권을 포기하겠다는 뜻을 명시적 혹은 묵시적으로 나타낸 바 있다는 등의 특별한 사정이 없는 한 위 포기 등 약정의 효력이 당연히 고유의 손해배상청구권을 가지는 그의 부모들에게까지 미친다고는 할 수 없다(대법원 1999. 6. 22. 선고 99다7046 판결).

〈판례〉 육체노동의 가동연한

대법원은 1989. 12. 26. 선고한 88다카16867 전원합의체 판결(이하 '종전 전원합의체 판결'이라 한다)에서 일반육체노동을 하는 사람 또는 육체노동을 주로 하는 사람(이하 '육체노동'이라 한다)의 가동연한을 경험칙상 만 55세라고 본 기존 견해를 폐기하였다. 그 후부터 현재에 이르기까지 육체노동의 가동연한을 경험칙상 만 60세로 보아야 한다는 견해를 유지하여 왔다. 그런데 우리나라의 사회적·경제적 구조와 생활여건이 급속하게 향상·발전하고 법제도가 정비·개선됨에 따라 종전 전원합의체 판결 당시 위 경험칙의 기초가 되었던 제반 사정들이 현저히 변하였기 때문에 위와 같은 견해는 더 이상 유지하기 어렵게 되었다. 이제는 특별한 사정이 없는 한 만 60세를 넘어 만 65세까지도 가동할 수 있다고 보는 것이 경험칙에 합당하다(대법원 2019. 2. 21. 선고 2018다248909 전원합의체 판결)

3) 손해배상청구권의 소멸시효

불법행위로 인한 손해배상의 청구권은 피해자나 그 법정대리인이 그 손해 및 가해자를 안 날로부터 3년간, 불법행위를 한 날로부터 10년간 이를 행사하지 아니하면 시효로 인하여 소멸한다(제766조). 두 기간 중 어느 하나만 경과해도 손해배상청구권은 소멸한다.

미성년자가 성폭력, 성추행, 성희롱 그 밖의 성적침해를 당한 경우에 이로 인한 손해배상청구권의 소멸시효는 그가 성년이 될 때까지는 진행되지 아니한다(제766조 제3항).

〈판례〉 민법 제766조제1항 소정의 '손해 및 가해자를 안 날'의 의미 및 그 판단기준

불법행위로 인한 손해배상청구권의 단기소멸시효의 기산점이 되는 민법 제766조제1항 소정의 '손해 및 가해자를 안 날'이라 함은 손해의 발생, 위법한 가해행위의 존재, 가해행위와 손해의 발생과의 사이에 상당인과관계가 있다는 사실 등 불법행위의 요건사실에 대하여 현실적이고도 구체적으로 인식하였을 때를 의미한다고 할 것이고, 피해자 등이 언제 불법행위의 요건사실을 현실적이고도 구체적으로 인식한 것으로 볼 것인지는 개별적 사건에 있어서의 여러 객관적 사정을 참작하고 손해배상청구가 사실상 가능하게 된 상황을 고려하여 합리적으로 인정하여야 한다.

검사의 불법구속으로 인한 손해배상청구권의 소멸시효는 불법구속시부터 진행하고 구속된 범죄사실에 관한 형사재판이 확정될 때까지 소멸시효가 진행하지 않는다고 볼 수 없다(대법원 2002. 6. 28. 선고 2000다22249 판결).

〈판례〉 진폐증의 경우, 노동부로부터 진폐요양급여대상자로 결정된 사실을 통지받은 때를 '손해를 안 날'이라고 본 사례

진폐증은 분진을 흡입함으로써 폐에 생기는 섬유증식성 변화를 주증상으로 하는 질병으로서, 현대의학으로도 완치가 불가능하고 분진이 발생하는 직장을 떠나더라도 그 진행을 계속하는 한편, 그 진행 정도도 예측하기 어렵다는 점을 참작하여 볼 때, 피해자가 병원의 검진결과 진폐근로자에 대한 요양 기준·폐질등급 기준 및 장해등급 기준에 따른 병형 중 2형에 해당한다는 소견을 받고 노동부에 요양신청을 한 후, 노동부로부터 진폐요양급여대상자로 결정된 사실을 통지받게 됨으로써 비로소 위와 같은 중증의 진폐증에 이환되었다는 사실을 현실적이고도 구체적으로 인식하게 되었다고 봄이 상당하다(대법원 1997. 12. 26. 선고 97다28780 판결).

〈판례〉 불법행위 당시 예견할 수 없었던 손해가 발생하거나 예상외로 손해가 확대된 경우, 손해배상청구권의 시효소멸기간의 진행시점

불법행위로 인한 손해배상청구권은 그 손해 및 가해자를 안 날로부터 3년간 행사하지 아니하면 시효로 인하여 소멸하는 것인바, 여기에서 그 손해를 안다는 것은 손해의 발생사실을 알면 되는 것이고 그 손해의 정도나 액수를 구체적으로 알아야 하는 것은 아니므로, 통상의 경우 상해의 피해자는 상해를 입었을 때 그 손해를 알았다고 보아야 할 것이지만, 그 후 후유증 등으로 인하여 불법행위 당시에는 전혀 예견할 수 없었던 새로운 손해가 발생하였다거나 예상외로 손해가 확대된 경우에 있어서는 그러한 사유가 판명된 때에 새로이 발생 또는 확대된 손해를 알았다고 보아야 할 것이고, 이와 같이 새로이 발생 또는 확대된 손해 부분에 대하여는 그러한 사유가 판명된 때로부터 민법 제766조제1항에 의한 시효소멸기간이 진행된다고 할 것이다(대법원 2001. 9. 14. 선고 99다42797 판결).

[3] 특수한 불법행위

〈사례 1〉 김초등은 한국초등학교 6학년으로서 만12세 전후의 급우들로부터 이유없는 폭행 등 괴롭힘을 당하였다. 급우들의 폭행 등은 거의 대부분 학교 내에서 휴식시간 중에, 수개월에 걸쳐 이루어졌고, 당시 학교내 집단 괴롭힘이 심각한 사회문제로 대두되어 있었다. 그러던 중 김초등에 대한 급우들의 폭행사실이 적발되어 학교측에서는 가해학생들로부터 반성문을 제출받고 가해학생들의 부모들로부터 치료비에 대한 부담과 재발방지약속을 받았으나, 가해학생들과 김초등을 격리해 달라는 김초등의 부모의 요청은 이를 거절하였다. 김초등은 계속된 급우들의 괴롭힘으로 충격 후 스트레스 장애 등의 증상에 시달리다 결국 자살하였다. 이 경우 학교측과 가해학생들의 부모의 책임은?

〈사례 2〉 한국대학교 병원에 입원한 이환자는 위암으로 인하여 수술을 받을 환자인데 의사가 다른 환자로 착각하는 바람에 편도선 수술을 받게 되었다. 그런데 수술을 집도한 의사는 한국병원에 고용된 지 며칠밖에 되지 않는 월급쟁이 의사로 이환자의 손해를 배상할 자력이 충분하지 못하다. 이 경우 이환자가 취할 수 있는 법적 조치는?

1. 책임무능력자의 감독자의 책임

가해행위자가 미성년자로서 책임변식능력이 없거나 심신상실의 상태에 있는 자로서 책임무능력자인 경우에는 면책된다. 책임능력의 유무는 가해행위와 행위자에 대하여 개별적·구체적으로 판단하여 결정하지만, 판례의 경우 만15세 정도면 책임능력이 있는 것으로 본다. 책임무능력자를 감독할 법정의무 있는 자(친권자, 후견인) 또는 감독의무자에 갈음하여 감독하는 자(유치원 또는 초등학교 교사, 정신병원의 의사 등)는 그 책임무능력자가 제3자에게 가한 손해를 배상할 책임이 있다(제755조 제1항, 제2항). 이 책임을 감독자책임이라고 한다. 감독자책임은 감독자에게 책임무능력자에 대한 주의를 요구함으로써 책임무능력자에 의한 가해행위를 방지하고 피해자보호를 강화하기 위한 것이다. 다만 감독자가 감독의무를 게을리 하지 않았음을 입증한 때에는 책임을 면한다(제755조제1항 단서). 법정의무자와 대리감독자는 병존할 수 있으며 그 책임은 부진정연대채무관계로 인정된다.

미성년자나 심신상실자에게 책임능력이 인정되는 때에는 감독자책임이 성립하지 않으므로 피해자는 충분한 손해배상을 받지 못하는 경우가 발생할 수 있다. 미성년자는 일반적으로 손해를 배상할 자력이 없는 경우가 대부분이기 때문이다. 따라서 학설과 판례는 피해자 보호를 위하여 미성년자나 심신상실자 등 피감독자에게 책임능력이 인정되는 경우 피감독자의 배상책임과 병행하여 감독자에게도 책임을 인정하고 있다. 다만 이 경우 감독자에게 인정되는 책임은 보호·감독의무 위반에 따른 불법행위책임이므로 입증책임이 전환되지 않는다. 따라서 피해자가 감독자의 보호·감독의무 위반을 입증하여 불법행위에 의한 손해배상을 청구하여야 한다.

⊙ (부진정)연대채무관계

연대채무관계란 수인의 채무자가 각각 독립하여 채무 전부를 이행할 의무를 부담하고 채무자 1인의 이행으로 다른 채무자도 그 의무를 면하는 채무관계를 말하며 당사자의 계약에 의해 성립한다. 연대채무자 상호간에는 연대채무관계라는 인식의 공동성이 있다. 수인이 연대하여 채무를 부담하지만 채무자 상호간에 연대채무의 주관적 공동성이 결여된 경우를 부진정연대채무관계라 한다.

〈판례〉 초등학교 1학년인 학원 수강생이 쉬는 시간에 학원 밖으로 나갔다가 교통사고로 사망한 사안에서 학원 운영자의 보호감독의무 위반을 인정한 사례

유치원이나 학교 교사 등의 보호·감독의무가 미치는 범위는 유치원생이나 학생의 생활관계 전반이 아니라 유치원과 학교에서의 교육활동 및 이와 밀접·불가분의 관계에 있는 생활관계로 한정되고, 또 보호·감독의무를 소홀히 하여 학생이 사고를 당한 경우에도 그 사고가 통상 발생할 수 있다고 예상할 수 있는 것에 한하여 교사 등의 책임을 인정할 수 있으며, 이때 그 예상가능성은 학생의 연령, 사회적 경험, 판단능력, 기타의 제반 사정을 고려하여 판단하여야 한다. 이러한 법리는 학원의 설립·운영자 및 교습자의 경우라고 하여 다르지 않을 것인바, 대체로 나이가 어려 책임능력과 의사능력이 없거나 부족한 유치원생 또는 초등학교 저학년생에 대하여는 보호·감독의무가 미치는 생활관계의 범위와 사고발생에 대한 예견가능성이 더욱 넓게 인정되어야 한다. 특히 유치원생이나 그와 비슷한 연령, 사회적 경험 및 판단능력을 가진 초등학교 저학년생을 통학차량으로 유송하는 방식을 취하고 있는 경우에는 그 유치원·학교 또는 학원의 운영자나 교사 등으로서는 보호자로부터 학생을 맞아 통학차량에 태운 때로부터 학교 등에서의 교육활동이 끝난 후 다시 통학차량에 태워 보호자가 미리 지정한 장소에 안전하게 내려줄 때까지 학생을 보호·감독할 의무가 있는 것으로 보아야 한다.(대법원 2008. 1. 17. 선고 2007다40437 판결).

〈판례〉 책임능력 있는 미성년자의 불법행위에 대하여 감독의무자(부모)가 손해배상책임을 지게 되는 요건과 그 입증책임

미성년자가 책임능력이 있어 그 스스로 불법행위책임을 지는 경우에도 그 손해가 당해 미성년자의 감독의무자의 의무위반과 상당인과관계가 있으면 감독의무자는 일반불법행위자로서 손해배상책임이 있다 할 것이지만, 이 경우에 그러한 감독의무위반사실 및 손해발생과의 상당인과관계의 존재는 이를 주장하는 자가 입증하여야 한다.

재수생으로서 학원에 다니면서 수학능력평가시험을 준비하고 있던 중 이 사건 사고를 일으켰다는 것일 뿐, 타인을 폭행하거나 비행을 저지르는 등 평소 행실에 문제가 있었다는 것도 아니므로 책임능력 있는 미성년자가 감독의무자인 부와 동거를 하면서 경제적인 면에서 전적으로 의존하고 있다거나 이 사건 사고를 일으켰다는 사정만으로 감독의무자에게 감독을 게을리 한 과실이 있다고 보기 어렵다(대법원 2003. 3. 28. 선고 2003다5061 판결).

〈판례〉 책임능력 있는 미성년자의 불법행위에 대한 감독의무자의 불법행위책임을 인정한 사례

경제적인 면에서 전적으로 부모에게 의존하며 부모의 보호·감독을 받고 있었고 이미 두 차례에 걸친 범죄로 집행유예기간 중에 있던 만 19세 10개월 된 전문대학 1학년 재학 중의 아들이 폭력행위로 타인에게 손해를 가한 경우, 부모로서는 아들이 다시 범죄를 저지르지 않고 정상적으로 사회에 적응할 수 있도록 일상적인 지도 및 조언을 계속하여야 할 보호·감독의무가 있음에도 불구하고 이를 게을리 한 과실이 있다(대법원 1998. 6. 9. 선고 97다49404 판결).

〈해설 1〉 가해학생들은 만12세 전후의 초등학교 6학년 학생들로서 자신의 행위로 인한 법률상 책임을 변식할 능력이 없는 책임무능력자에 해당한다. 그러므로 가해학생들의 부모는 그들을 감독할 법정의무가 있는 보호감독자로서의 주의의무를 해태하지 아니하였음을 입증하지 못하는 이상 감독자책임을 부담한다. 부모의 보호·감독책임은 미성년자의 생활 전반에 미치는 것으로서 교사 등 대리감독자가 있다는 사실만 가지고 감독책임이 면탈되는 것은 아니기 때문이다. 그리고 학교의 교장이나 담임교사는 학교에서의 교육활동 및 이와 밀접 불가분의 관계에 있는 생활관계에 대해 부모를 대신하여 보호감독책임을 부담한다. 사례에서 학교측에서는 김초등에 대한 급우들의 폭행사실을 알고 있었으므로 특별한 주의를 기울였어야 함에도 불구하고 부모의 격리요청도 거절하는 등 별다른 조치를 취하지 아니함으로써 결과적으로 김초등을 자살에 이르게 한 원인을 제공한 과실이 있다고 할 것이다. 따라서 대리감독자인 학교의 교장과 담임교사 및 법정감독의무자인 부모는 보호감독의무의 해태로 인한 공동불법행위자로서 손해배상책임을 부담한다(대법원 2007. 4. 26. 선고 2005다24318 판결).

2. 사용자의 배상책임

타인을 사용하여 어느 사무에 종사하게 한 자 또는 사용자에 갈음하여 그 사무를 감독하는 자는 피용자가 그 사무집행에 관하여 제3자에게 가한 손해를 배상할 책임이 있다(제756조제1항, 제2항). 이것을 사용자의 배상책임이라고 한다. 다만 사용자는 피용자의 선임 및 그 사무감독에 상당한 주의를 하였음을 입증하거나 또는 상당한 주의를 했음에도 손해가 발생하였음을 입증하여 배상책임을 면할 수 있다(756조제1항 단서). 그러나 판례는 사용자의 면책주장을 거의 인정하지 않고 있다.

사용자가 배상책임을 지는 피용자의 불법행위는 사무집행에 관하여 이루어진 것이어야 한다. 그러므로 피용자의 불법행위는 원칙적으로 사용자의 사무범위 내에 속하는 것이어야 하고 피용자가 담당하는 직무범위 내의 행위여야 한다. 그러나 피용자의 불법행위가 외형상 객관적으로 사용자의 사업활동 내지 사무집행행위 또는 그와 관련된 것이라고 보여질 때에는 피용자의 주관적 사정을 고려하지 않고 이를 사무집행에 관하여 한 행위로 본다(대법원 1999. 1. 26. 선고 98다39930 판결).

피용자의 불법행위가 사무집행에 관한 행위에 해당하지 않는 경우에는 사용자의 배상책임이 성립하지 않는다. 그리고 피용자의 불법행위가 외관상 사무집행의 범위 내에 속하는 것으로 보이는 경우에도 피용자의 행위가 사무집행행위에 해당하지 않음을 피해자 자신이 알았거나 중대한 과실로 인하여 알지 못한 경우에는 사용자는 배상책임을 지지 않는다(대법원 1999. 1. 26. 선고 98다39930 판결). 사용자의 배상책임이 성립하지 않는 경우에는 피용자가 단독으로 일반불법행위책임을 진다.

사용자 배상책임이 인정되는 경우 피용자가 일반불법행위책임을 면하는 것은 아니다. 이 경우 사용자의 배상책임과 피용자의 일반불법행위책임은 부진정연대채무관계로 이해된다. 사용자 또는 감독자가 피해자에게 손해를 배상한 때에는 피용자에 대해 구상권을 행사할 수 있다(제756조제3항).

〈판례〉 증권회사의 사용자책임을 인정한 사례

증권회사의 전 지점장이 회사를 퇴직한 후 같은 지점에서 투자상담사로 근무하다가 그 직을 그만두었음에도 불구하고 이를 숨기고 고객들을 상대로 투자상담사로서의 업무를 계속하였고, 증권회사에서도 그의 업무수행을 묵인하고 회사의 투자상담사로서 업무를 수행하는 것처럼 외관을 갖게 하였다면, 그가 고객들의 증권카드와 인감을 사용하여 금원을 인출한 행위에 대하

여 증권회사는 사용자책임을 면할 수 없다(대법원 2001. 3. 9. 선고 2000다66119 판결)

〈판례〉 명의대여자의 사용자책임

타인에게 어떤 사업에 관하여 자기의 명의를 사용할 것을 허용한 경우에 그 사업이 내부관계에 있어서는 타인의 사업이고 명의자의 고용인이 아니라 하더라도 외부에 대한 관계에 있어서는 그 사업이 명의자의 사업이고 또 그 타인은 명의자의 종업원임을 표명한 것과 다름이 없으므로, 명의사용을 허용받은 사람이 업무수행을 함에 있어 고의 또는 과실로 다른 사람에게 손해를 끼쳤다면 명의사용을 허용한 사람은 민법 제756조에 의하여 그 손해를 배상할 책임이 있다.

또한 명의대여관계의 경우 민법 제756조가 규정하고 있는 사용자책임의 요건으로서의 사용관계가 있느냐 여부는 실제적으로 지휘 · 감독을 하였느냐의 여부에 관계없이 객관적 · 규범적으로 보아 사용자가 그 불법행위자를 지휘 · 감독해야 할 지위에 있었느냐의 여부를 기준으로 결정하여야 한다(대법원 2001. 8. 21. 선고 2001다3658 판결).

〈해설 2〉 한국병원은 의사를 고용한 사용자로서 그 의사가 수술이나 진료 등 자신의 사무집행과 관련하여 환자에게 입힌 손해를 배상할 책임을 부담한다. 한국병원은 의사의 선임 및 그 사무감독에 상당한 주의를 하였음을 입증하면 책임을 면할 수 있으나 그 입증은 거의 불가능에 가깝고, 판례도 사용자의 면책주장을 거의 인정하지 않고 있다. 따라서 이환자는 한국병원을 상대로 사용자책임을 물어 손해배상을 받는 것이 용이하다.

3. 공작물 등의 점유자 또는 소유자의 책임

공작물의 설치 또는 보존의 하자, 수목의 식재 또는 보존의 하자로 인하여 타인에게 손해를 가한 때에는 공작물 또는 수목의 점유자가 그 손해를 배상할 책임이 있다(제758조제1항, 제2항). 그러나 공작물이나 수목의 점유자가 손해의 방지에 필요한 주의를 해태하지 아니한 때에는 그 소유자가 손해를 배상할 책임이 있다(제758조제1항 단서).

공작물이란 간판, 건물, 도로, 철도, 지하철, 지하도 등 인공적 작업에 의하여 성립된 물적·인적 설비를 말하며, 하자란 간판의 고정시설 불량, 철도 건널목의 신호등 고장, 도로의 함몰, 식재된 수목의 지주대 불량 등 공작물이나 수목이 그 용도에 따라 통상 갖추어야 할 안전성을 갖추지 못한 상태를 말한다.

점유자는 주의의무를 게을리 하지 않았음을 입증하여 책임을 면할 수 있지만, 소유자는 주의의무위반 여부와 관계없이 책임을 부담한다. 다만 소유자의 책임은 점유자가 면책된 경우에 부담하는 2차적 책임이다. 피해자에게 손해배상을 한 점유자 또는 소유자는 그 손해의 원인에 대하여 책임있는 자에 대하여 구상권을 행사할 수 있다(제758조제3항). 손해의 원인에 대하여 책임있는 자로는 공작물을 불완전하게 만든 수급인, 수목을 불완전하게 심은 원예업자 등이 있다.

〈판례〉 도로 관리상의 하자를 인정한 사례

사고도로는 편도 1차선으로서 도로교통법상 주차금지구역임에도 불구하고 이 사건 수반차량이 도로의 75% 정도를 차지한 채 그곳에 불법주차되어 차량의 통행 및 안전에 현저한 지장을 초래하고 있었으므로, 이 사건 도로의 관리자인 피고로서는 그 운전자나 관리책임 있는 자에게 그곳으로부터의 이동을 명하거나 스스로 이를 안전한 장소로 이동시키는 등으로 그로 인한 교통방해상태를 제거하여 도로의 안전성을 회복할 의무가 있고, 또 그것이 가능함에도 불구하고 그와 같은 조치를 취하지 않은 채 이를 5일간이나 방치하였으니, 피고로서는 이 사건 사고방지에 필요한 방호조치의무를 다하지 아니하였다고 할 것이고, 따라서 이 사건 도로에는 관리상의 하자가 있다(대법원 2002. 9. 27. 선고 2002다15917 판결).

〈판례〉 영조물 관리상의 하자를 부정한 사례

국가배상법 제5조제1항 소정의 영조물의 설치 또는 관리의 하자라 함은 영조물이 그 용도에 따라 통상 갖추어야 할 안전성을 갖추지 못한 상태에 있음을 말하는 것으로서, 영조물이 완전무결한 상태에 있지 아니하고 그 기능상 어떠한 결함이 있다는 것만으로 영조물의 설치 또는 관리에 하자가 있다고 할 수 없는 것이고, 위와 같은 안전성의 구비 여부를 판단함에 있어서는 당해 영조물의 용도, 그 설치장소의 현황 및 이용 상황 등 제반 사정을 종합적으로 고려하여 설치 관리자가 그 영조물의 위험성에 비례하여 사회통념상 일반적으로 요구되는 정도의 방호조치의무를 다하였는지 여부를 그 기준으로 삼아야 할 것이며, 객관적으로 보아 시간적·장소적으로 영조물의 기능상 결함으로 인한 손해발생의 예견가능성과 회피가능성이 없는 경우 즉 그 영조물의 결함이 영조물의 설치관리자의 관리행위가 미칠 수 없는 상황 아래에 있는 경우에는 영조물의 설치관리상의 하자를 인정할 수 없다.

교차로의 진행방향 신호기의 정지신호가 단선으로 소등되어 있는 상태에서 그대로 진행하다가 다른 방향의 진행신호에 따라 교차로에 진입한 차량과 충돌한 경우, 신호기의 적색신호가 소등된 기능상 결함이 있었다는 사정만으로 신호기의 설치 또는 관리상의 하자를 인정할 수 없다(대법원 2000. 2. 25. 선고 99다54004 판결).

4. 동물점유자의 책임

동물의 점유자 또는 점유자에 갈음하여 동물을 보관한 자는 그 동물이 타인에게 가한 손해를 배상할 책임이 있다(제759조제1항, 제2항). 동물점유자 책임에서 점유자는 직접점유자만을 말하고 간접점유자는 이에 포함되지 않는 것으로 이해하는 것이 타당하다. 동물의 보관은 그 동물을 사실상 지배하는 자가 타인에게 손해를 주지 않도록 상당한 주의를 하여야 하기 때문이다. 동물은 그 종류에 제한이 없다. 사람이 사주하여 동물이 타인에게 손해를 준 경우에는 동물점유자의 책임이 아니라 일반불법행위책임이 성립한다.

점유자 또는 보관자가 동물의 종류와 성질에 따라 그 보관에 상당한 주의를 해태하지 아니한 때에는 책임을 지지 않는다(제759조제1항 단서). 입증책임은 점유자 또는 보관자가 부담한다.

5. 공동불법행위자의 책임

수인이 공동의 불법행위로 타인에게 손해를 가한 때에는 연대하여 그 손해를 배상할 책임이 있다(제760조제1항). 교사자나 방조자도 공동행위자로 본다(제760조제3항). 공동불법행위는 수인의 행위가 서로 관련되어 피해자의 손해에 대한 원인을 이루고 있다는 점에서 연대책임을 인정하고 있다. 공동불법행위자 상호간에는 채무부담의 연대의사가 없으므로 부진정연대채무관계로 이해된다. 교사자나 방조자는 손해를 발생시킨 행위에 대하여 행위공동성은 없지만 그 행위의 주관적 공동성은 인정되므로 가해행위에 가담하지 않았더라도 공동의 불법행위자로 간주한다.

공동 아닌 수인의 행위 중 어느 자의 행위가 그 손해를 가한 것인지를 알 수 없는 때에도 그 수인은 연대하여 손해를 배상할 책임이 있다(제760조제2항). 『공동 아닌 수인의 행위』는 공동의 행위와는 달리 주관적 공동없이 독립적으로 행한 각각의 불법행위를 말한다. 교통사고로 상해를 입은 피해자가 치료를 받던 중 치료를 하던 의사의 과실로 인한 의료사고로 손해가 확대된 경우 확대된 손해와 교통사고 사이에도 상당인과관계가 있고, 이 경우 교통사고와 의료사고가 각기 독립하여 불법행위의 요건을 갖추고 있으면서 객관적으로 관련되고 공동하여 위법하게 피해자에게 손해를 가한 것으로 인정되면 공동불법행위가 성립한다(대법원 1998. 11. 24. 선고

98다32045 판결).

공동불법행위자 중 1인이 피해자에게 전부의 배상을 하여 공동의 면책을 얻게 하였을 때에는 다른 공동불법행위자에게 구상권을 행사할 수 있다. 공동불법행위자는 피해자에 대한 관계에서는 연대책임(부진정연대채무)을 지되, 공동불법행위자들 내부관계에서는 일정한 부담 부분이 있기 때문이다. 이 부담 부분은 공동불법행위자의 과실의 정도에 따라 결정된다(대법원 2005. 7. 8. 선고 2005다8125 판결).

6. 의사과오책임

환자가 의사에게 진료를 의뢰하고 의사가 환자를 치료하는 것은 일종의 의료계약으로서 환자와 의사는 이 의료계약에 따라 권리와 의무를 부담한다. 환자는 의사의 진료에 협조하고 치료비를 지급할 의무를 부담하고, 의사는 진료의무, 설명의무, 주의의무 등을 부담한다.

진료의무란 의사가 환자의 병을 고치기 위해 최선을 다해 의료적 조치를 취할 의무를 말하며, 설명의무란 환자가 자신의 치료에 대해 스스로 결정할 수 있도록 치료진행상황이나 치료과정 또는 수술 후 발생할 수 있는 부작용 등을 설명할 의무를 말한다. 주의의무는 의사가 환자를 치료하는 데 최선을 다해 주의를 기울일 의무로서 주의의무를 다 했는지 판단은 의료행위를 할 당시의 의료기관 등 임상의학분야에서 실천되고 있는 의료행위의 수준을 기준으로 한다.

의사과오책임은 의사가 의료행위 중 진료의무 또는 주의의무를 위반하여 환자에게 손해를 가하는 진료과오와 설명의무를 위반하여 환자에게 손해를 가하는 설명과오에 의해 발생한다.

의사에게 진료과오 또는 설명과오가 인정되는 경우 피해자는 의료계약위반을 이유로 하는 채무불이행책임 또는 생명·신체의 침해를 이유로 하는 불법행위책임을 물어 손해배상을 청구할 수 있다.

환자가 의사의 불법행위책임이나 채무불이행책임을 묻기 위해서는 의료행위상 주의의무의 위반, 손해의 발생, 주의의무의 위반과 손해발생과의 사이에 인과관계가 있음을 입증하여야 한다. 그런데 의료행위가 고도의 전문적 지식을 필요로 하는 분야이고 그 의료의 과정은 대개의 경우 환자 본인이 그 일부를 알 수 있는 외에 의사만이 알 수 있을 뿐이며, 치료의 결과를 달성하기 위한 의료기법은 의사의 재량에 달려 있기 때문에, 손해발생의 직접적인 원인이 의료상의 과실로 말미암은 것인지 여부는 전문가인 의사가 아닌 보통인으로서는 도저히 밝혀낼 수 없는 특수성이 있어서 환자측이 의사의 의료행위상의 주의의무위반과 손해발생 사이의 인과관계를 의학적으로 완벽하게 입증한다는 것은 극히 어려운 일이다. 따라서 판례는 의료사고가 발생한 경우 피해자측에서 일련의 의료행위 과정에 있어서 저질러진 일반인의 상식에 바탕을 둔 의료상의 과실이 있는 행위를 입증하고 그 결과와 사이에 일련의 의료행위 외에 다른 원인이 개재될 수 없다는 점, 이를테면 환자에게 의료행위 이전에 그러한 결과의 원인이 될 만한 건강상의 결함이 없었다는 사정을 증명한 경우에 있어서는, 의료행위를 한 측이 그 결과가 의료상의 과실로 인한 것이 아니라 전혀 다른 원인에 의한 것이라는 입증을 하지 아니하는 이상, 의료상 과실과 결과 사이의 인과관계를 추정하여 입증책임을 완화하고 있다(대법원 2005. 9. 30. 선고 2004다52576 판결).

〈판례〉 의료사고에 있어서 의사의 과실을 인정하기 위한 요건 및 판단기준

의료사고에 있어서 의사의 과실을 인정하기 위해서는 의사가 결과발생을 예견할 수 있었음에도 불구하고, 그 결과발생을 예견하지 못하였고 그 결과발생을 회피할 수 있었음에도 불구하고, 그 결과발생을 회피하지 못한 과실이 검토되어야 하고, 그 과실의 유무를 판단함에는 같은 업무와 직종에 종사하는 일반적 보통인의 주의정도를 표준으로 하여야 하며, 이에는 사고 당시의 일반적인 의학의 수준과 의료환경 및 조건, 의료행위의 특수성 등이 고려되어야 한다(대법원 2006. 12. 7. 선고 2006도1790 판결).

〈판례〉 의사의 설명의무

의사의 설명의무는 그 의료행위에 따르는 후유증이나 부작용 등의 위험발생 가능성이 희소하다는 사정만으로 면제될 수 없으며, 그 후유증이나 부작용이 치료행위에 전형적으로 발생하는 위험이거나 회복할 수 없는 중대한 것인 경우에는 발생가능성의 희소성에도 불구하고 설명의 대상이 되며, 이 경우 의사가 시술 전 환자의 상태 및 시술로 인한 합병증으로 사망할 가능성의 정도와 예방가능성 등에 관하여 구체적인 설명을 하여 주지 아니하였다면 설명의무를 다하였다고 할 수 없다(대법원 2004. 10. 28. 선고 2002다45185 판결).

〈판례〉 수술 40분 전에 수술부작용에 대해 설명, 보호자의 동의를 받고 수술한 뒤 부작용이 발생한 사안에서 설명의무 위반을 인정한 사례

의사의 설명의무는 의료행위가 행해질 때까지 적절한 시간적 여유를 두고 이행되어야 한다. 환자가 의료행위에 응할 것인지를 합리적으로 결정할 수 있기 위해서는 그 의료행위의

필요성과 위험성 등을 환자 스스로 숙고하고 필요하다면 가족 등 주변 사람과 상의하고 결정할 시간적 여유가 환자에게 주어져야 하기 때문이다. 의사가 환자에게 의사를 결정함에 충분한 시간을 주지 않고 의료행위에 관한 설명을 한 다음 곧바로 의료행위로 나아간다면 이는 환자가 의료행위에 응할 것인지 선택할 기회를 침해한 것으로서 의사의 설명의무가 이행되었다고 볼 수 없다. 이때 적절한 시간적 여유를 두고 설명의무를 이행하였는지는 의료행위의 내용과 방법, 그 의료행위의 위험성과 긴급성의 정도, 의료행위 전 환자의 상태 등 여러 가지 사정을 종합하여 개별적·구체적으로 판단하여야 한다.(대법원 2022. 1. 27. 선고 2021다265010 판결).

〈판례〉 의사의 설명의무와 설명의무 위반의 효과

의사는 반드시 병을 완치시켜야 할 의무를 부담하는 것은 아니라 할지라도 최선의 주의로써 병을 치료하기 위한 충분한 조치를 다할 의무가 있고, 환자에 대한 수술은 물론, 치료를 위한 의약품의 투여도 신체에 대한 침습을 포함하는 것이므로, 의사는 긴급한 경우 기타의 특별한 사정이 없는 한, 그 침습에 대한 승낙을 얻기 위한 전제로서 환자에 대하여 질환의 증상, 치료방법 및 내용, 그 필요성, 예후 및 예상되는 생명, 신체에 대한 위험성과 부작용 등, 환자의 의사결정을 위하여 중요한 사항에 관하여 사전에 설명함으로써 환자로 하여금 수술이나 투약에 응할 것인가의 여부를 스스로 결정할 기회를 가지도록 할 의무가 있고, 이러한 설명을 아니한 채 승낙 없이 침습한 경우에는, 설령 의사에게 치료상의 과실이 없는 경우에도 환자의 승낙권을 침해하는 위법한 행위가 된다.

환자가 의사로부터 올바른 설명을 들었더라도 위 투약에 동의하였을 것이라는 이른바 가정적 승낙에 의한 의사의 면책은 의사측의 항변사항으로서 환자의 승낙이 명백히 예상되는 경우에만 허용된다.

피해자가 의사의 치료상의 과실이 없더라도 그의 설명의무 위반으로 투약 여부에 대한 승낙권을 침해당하였다면 그 위법행위 때문에 예기치 못한 의약품의 부작용으로 인한 정신적 고통을 입었다 할 것이고, 가족들도 위 고통을 함께 입었다 할 것이므로, 이러한 경우 병원을 경영하는 법인은 위 피해자에게 신체장해 등에 의한 재산적 손해를 배상할 책임은 없다 하더라도 위 피해자와 그의 가족들에게 위 정신적 고통에 대한 위자료는 지급할 책임이 있다(대법원 1994. 4. 15. 선고 92다25885 판결).

[4] 제조물책임

〈사례 1〉 갑은 6년 전 을회사가 제조한 텔레비전(내구연한이 제품구입일로부터 5년으로 설정되어 있음)을 구입하였다. 갑은 텔레비전을 사용해오면서 지금까지 수리하거나 내부구조에 변경을 가한 바가 전혀 없었다. 어느날 텔레비전을 시청하고 있던 갑은 갑자기 텔레비전 뒤편에서 검은 연기가 피어오르자 동작스위치를 끄고 전원플러그를 뽑았으나, 곧이어 텔레비전에서 '펑'하는 폭발음과 함께 불이 솟아오르면서 커튼에 옮겨 붙어 건물의 2층 내부와 그 안의 가재도구가 전소하는 피해를 입었다. 이 사고는 텔레비전 브라운관 내의 고전압이 걸려 있는 전자총 부분이 누전으로 인하여 폭발하면서 발생한 것으로 추정될 뿐, 그 누전이 발생하게 된 경위에 관하여는 규명되지 아니하였다. 이 경우 갑은 을회사에 대해 손해배상을 청구할 수 있는가?

현대에 와서는 과학과 기술이 고도로 발전함에 따라 소비자에게 제공되는 제품도 고도화·복잡화되고 있다. 이에 따라 소비자는 상품의 성분, 성능, 제조공정 및 사용방법 등에 관한 모든 정보를 스스로 알 수 없게 되었다. 뿐만 아니라 제조업자와 소비자 사이에 분쟁이 발생하여 소송으로 해결하려고 하여도 소비자는 제조업자의 고의·과실을 입증하여야 하는 등 어려움이 적지 않았다.

이에 제조물의 결함으로 인한 피해자 보호를 위하여 우리나라는 2000년 1월 12일 제조물책임법을 공포하여 2002년 7월 1일부터 시행해 오고 있다. 제조물책임법은 제조물의 결함으로 인한 생명, 신체 또는 재산상의 손해에 대하여 제조업자등이 무과실책임의 원칙에 따라 손해배상책임을 지도록 하는 제조물책임제도를 도입함으로써 피해자의 권리구제를 도모하고 국민생활의 안전과 국민경제의 건전한 발전에 기여함을 목적으로 한다.

1. 제조물책임의 의의

제조물책임이라 함은 시장에 유통된 제조물의 결함으로 인하여 그 제조물의 이용자나 제3자가 생명·신체·재산상의 손해(당해 제조물에 대해서만 발생한 손해를 제외한다)를 입은 경우 그 제조물의 제조업자나 판매자가 고의나 과실의 존재 여부를 불문하고 그 손해에 대해 배상책임을 지는 것을 말한다.

2. 제조물의 범위

제조물이라 함은 다른 동산이나 부동산의 일부를 구성하는 경우를 포함한 제조 또는 가공된 동산을 말한다(제2조제1호).

동산의 정의에 관하여는 민법 제99조 및 제98조의 규정에 의한다. 따라서 제조물에는 전기 및 관리할 수 있는 자연력, 부동산에 부합된 동산, 완성품에 포함된 부품 및 원재료 등이 포함되며 부동산과 미가공의 1차농수축산물은 제외된다.

3. 결함

결함이라 함은 제조물에 제조 · 설계 또는 표시상의 결함이 있거나 또는 기타 통상적으로 기대할 수 있는 안전성이 결여되어 있는 것을 말한다(제2조제2호).

1) 제조상의 결함

제조상의 결함이라 함은 제조업자의 제조물에 대한 제조 또는 가공상의 주의의무의 이행여부에 불구하고 제조물이 원래 의도한 설계와 다르게 제조·가공됨으로써 안전하지 못하게 된 경우를 말한다(제2조제2호 가목). 식품의 제조과정에서 이물질이 들어간 경우, 조립을 잘못하여 안전성이 떨어진 경우 등이 이에 해당한다.

〈해설 1〉 을회사가 텔레비전의 내구연한을 제품구입일로부터 5년으로 설정하였고, 그 내구연한이 경과한 이후에 사고가 발생하였으나, 내구연한은 텔레비전이 본래의 용도에 따라 정상적으로 성능을 발휘할 수 있는 최소한의 기간을 의미하는 것일 뿐, 그 결함으로 인한 손해배상청구권의 권리행사기간 내지 제조업자의 손해배상채무의 존속기간을 정한 것이라고 볼 수는 없다. 그리고 오늘날 일반 국민에게 널리 보급된 대표적 가전제품인 텔레비전은 제조업자가 설정한 내구연한이 다소 경과되었다 하더라도 사회통념상 이를 소비자의 신체나 재산에 위해를 가할 수 있는 위험한 물건으로는 여겨지지 아니하므로 텔레비전의 제조업자는 그 내구연한이 다소 경과된 이후에도 제품의 위험한 성상에 의하여 소비자가 손해를 입지 않도록 그 설계 및 제조과정에서 안전성을 확보해야 할 고도의 주의의무를 부담한다. 그러므로 비록 텔레비전의 내구연한을 1년 정도 초과한 상태라 하더라도 그 정상적인 이용 상황 하에서 폭발한 이상, 텔레비전의 제조상에 결함이 있음을 인정할 수 있다(대법원 2000. 2. 25. 선고 98다15934 판결). 따라서 갑은 텔레비전의 제조상의 결함을 이유로 하여 을회사에 대해 제조물책임을 묻는 것이 가능하다.

2) 설계상의 결함

설계상의 결함이라 함은 제조업자가 합리적인 대체설계를 채용하였더라면 피해나 위험을 줄이거나 피할 수 있었음에도 대체설계를 채용하지 아니하여 당해 제조물이 안전하지 못하게 된 경우를 말한다(제2조제2호 나목). 녹즙기에 이용자의 손가락이 들어가서 잘릴 수 있게 설계한 경우, 설계를 잘못하여 자동차 브레이크가 제대로 작동하지 않는 경우 등이 이에 해당한다.

3) 표시상의 결함

표시상의 결함이라 함은 제조업자가 합리적인 설명 · 지시 · 경고 기타의 표시를 하였더라면 당해 제조물에 의하여 발생될 수 있는 피해나 위험을 줄이거나 피할 수 있었음에도 이를 하지 아니한 경우를 말한다(제2조제2호 다목).

〈판례〉 표시상의 결함

이 사건 비료의 발효과정에서 위 비료의 포장지 등에 명시된 암모니아 가스(이하 '가스'라고 한다) 발생기간인 15일 내지 20일을 훨씬 초과하여 40일 이상 장기간 가스가 발생한 사실, 원고들이 재배하던 판시 각 장미가 이 사건 비료의 살포 및 발효과정에서 고사하는 등의 피해를 입은 것은 위 가스에의 장기간 노출이 주요 원인 중 하나라고 볼 수 있는 사실, 발효과정에서 작물의 생육에 유해한 가스가 필연적으로 발생하는 미발효 유기질 비료는 이 사건 피해 작물의 경우처럼 이미 비닐하우스 시설 내에 정식되어 생육 중인 다년생 화훼작물에 사용하기에는 부적합한 사실 등을 인정할 수 있는 바, 이 사건 피해는 피고주식회사가 제조하여 그의 배타적 지배영역 내에 있는 이 사건 비료 자체의 결함에 기인한 것으로서, 이 사건 비료가 원고들의 경우와 같은 재배환경 하에서 이용하기에 부적절한 이상 그 용법에 관한 표시상의 결함이 존재한다고 봄이 상당하다(대법원 2006. 3. 10. 선고 2005다31361 판결).

4) 결함 등의 추정

피해자가 다음 각 호의 사실을 증명한 경우에는 제조물을 공급할 당시 해당 제조물에 결함이 있었고 그 제조물의 결함으로 인하여 손해가 발생한 것으로 추정한다. 다만, 제조업자가 제조물의 결함이 아닌 다른 원인으로 인하여 그 손해가 발생한 사실을 증명한 경우에는 그러하지 아니하다(제3조의2).

1. 해당 제조물이 정상적으로 사용되는 상태에서 피해자의 손해가 발생하였다는 사실
2. 제1호의 손해가 제조업자의 실질적인 지배영역에 속한 원인으로부터 초래하였

다는 사실

3. 제1호의 손해가 해당 제조물의 결함 없이는 통상적으로 발생하지 아니한다는 사실

4. 책임의 주체

1) 제조업자

제조물책임의 주체는 제조업자이다. 그러나 ① 제조물의 가공 또는 수입을 업으로 하는 자 ② 제조물에 성명 · 상호 · 상표 기타 식별가능한 기호 등을 사용하여 자신을 제조 · 가공 · 수입업자로 표시한 자 또는 제조 · 가공 · 수입업자로 오인시킬 수 있는 표시를 한 자도 제조업자로 본다(제2조제3호).

여기서 "업"이란 동종의 행위를 계속·반복하는 것을 말하며, 영리를 목적으로 하는지 여부는 불문한다. 따라서 1회적 제조행위 등은 이에 포함되지 않지만 일정기간 계속할 의사로서 한 최초의 제조행위 등은 이에 포함된다.

완성품의 결함이 부품이나 원재료의 결함에 기인하는 경우에는 부품·원재료의 제조업자등도 완성품의 제조업자등과 연대책임을 부담한다(제5조). 다만 부품·원재료의 제조업자등은 당해 원재료 또는 부품을 사용한 제조물 제조업자의 설계 또는 제작에 관한 지시로 인하여 결함이 발생하였다는 사실을 입증한 경우에는 책임을 면한다(제4조제1항제4호).

수입업자를 제조물책임의 주체로 인정하고 있는 것은 피해자가 외국의 제조업자등을 상대로 제조물책임을 추궁하는 것은 실질적으로 불가능하다는 현실적 이유 때문이다.

2) 제조물공급자

제조물공급자란 제조물을 영리목적으로 판매·대여 등의 방법에 의하여 공급한 자를 말한다(제3조제2항). 공급자는 제조업자와 달리 업을 요건으로 하지 아니하고 영리목적을 요건으로 하고 있다. 따라서 1회적 공급행위도 영리목적이 인정되는 경우 제조물책임을 부담한다. 다만 제조물공급자는 2차적으로 제조물책임을 부담한다. 즉, 결함제조물에 의하여 피해를 입은 자는 제조물의 제조업자를 알 수 없는 경우

에 한하여 공급자에 대하여 제조물책임을 물을 수 있다. 공급자가 책임을 면하기 위해서는 상당한 기간 내에 제조물의 제조업자 또는 제조물을 자신에게 공급한 자를 피해자 또는 그 법정대리인에게 고지하여야 한다. 제조물공급자에 대하여 2차적으로 제조물책임을 부담케 하는 것은 익명의 제조물을 사용함으로써 피해를 입는 자를 보호하기 위한 것이다.

5. 책임의 범위

제조업자는 제조물의 결함으로 인하여 생명·신체 또는 재산상에 손해(당해 제조물에 대해서만 발생한 손해를 제외한다)를 입은 자에게 손해를 배상하여야 한다. 따라서 제조물책임은 결함제조물로 인하여 확대손해가 발생한 경우에 적용된다. 확대손해는 인적 손해, 물적 손해를 불문한다. 인적 손해의 경우 치료비와 같은 재산적 손해와 정신적 고통과 같은 비재산적 손해가, 물적 손해의 경우에도 재산적 손해 이외에 비재산적 손해가 발생할 수 있으며, 제조업자는 그 손해에 대하여 배상책임을 진다. 당해 제조물에 대해서만 발생한 손해는 민법상의 하자담보책임 등 계약상의 책임이 적용된다.

제조업자가 제조물의 결함을 알면서도 그 결함에 대하여 필요한 조치를 취하지 아니한 결과로 생명 또는 신체에 중대한 손해를 입은 자가 있는 경우에는 그 자에게 발생한 손해의 3배를 넘지 아니하는 범위에서 배상책임을 진다. 이 경우 법원은 배상액을 정할 때 고의성의 정도, 해당 제조물의 결함으로 인하여 발생한 손해의 정도, 해당 제조물의 공급으로 인하여 제조업자가 취득한 경제적 이익, 해당제조물의 결함으로 인하여 제조업자가 형사처벌 또는 행정처분을 받은 경우 그 형사처벌 또는 행정처분의 정도, 해당 제조물의 공급이 지속된 기간 및 공급 규모, 제조업자의 재산상태, 제조업자가 피해구제를 위하여 노력한 정도 등을 고려하여야 한다(제3조제2항).

6. 면책사유

제조물책임을 지는 자가 다음의 사실을 입증한 경우에는 책임을 면한다.

① 제조업자가 당해 제품을 공급하지 아니한 경우(제3조제1항제1호), 즉 도난이나

유실 등 제조업자의 의사에 반하여 제조물이 유통에 놓이게 된 경우에는 책임을 면한다.

② 제조업자가 당해 제조물을 공급한 때의 과학·기술수준으로는 결함의 존재를 발견할 수 없었던 경우 제조업자는 책임을 면한다(제3조제1항제2호). 이를 이른바 개발위험의 항변이라 한다. 개발위험에 대해서 제조업자에게 책임을 지운다면 연구개발이나 기술개발이 저해되거나 소비자의 실질적 이익을 저해할 수 있다는 점에서 개발위험의 항변을 인정하고 있다.

③ 제조물의 결함이 제조업자가 당해 제조물을 공급할 당시의 법령이 정하는 기준을 준수함으로써 발생한 경우 제조업자는 책임을 면한다(제3조제1항제3호). 여기서 기준이라 함은 국가가 제조업자에 대하여 법률이나 규칙 등으로 일정한 (최고 기준인) 제조방법을 강제하고 있고 제조업자로서는 제조하는 이상 그 기준을 따를 수밖에 없고 또 국가가 정한 기준 자체가 정당한 안전에의 기대에 합치하지 않음으로 해서 필연적으로 결함제조물이 나올 수밖에 없는 그런 성격의 것을 의미한다. 다만 법령이 정하는 기준이 안전성을 확보하기 위한 최소기준인 경우 이 기준을 준수하였음을 이유로 면책되지 아니한다.

④ 원재료 또는 부품의 제조업자는 당해 원재료 또는 부품을 사용한 제조물 제조업자의 설계 또는 제작에 관한 지시로 인하여 결함이 발생한 경우 책임을 면한다(제3조제1항제4호). 원재료나 부품에 결함이 있는 경우 당해 제조업자는 완성품제조업자와 함께 연대책임을 부담하는 것이 원칙이지만 완성품제조업자의 설계·제작상의 지시에 의하여 결함이 발생한 경우에는 책임을 면한다.

위 ② 내지 ④의 면책사유에 대하여는 일정한 제한이 있다. 즉 제조물을 공급한 후에 당해 제주물에 결함이 존재한다는 사실을 알았거나 알 수 있었음에도 그 결함에 의한 손해의 발생을 방지하기 위한 적절한 조치를 하지 아니한 때에는 면책을 주장하지 못한다(제4조제2항). 따라서 제조업자는 제조물을 공급한 후에도 제조물의 결함이 발견되면 즉시 리콜 등 피해예방조치를 취하거나 설계변경 등 안전조치를 취하지 아니하면 면책되지 아니한다.

7. 소멸시효 및 제척기간

제조물책임법에 의한 손해배상청구권의 소멸시효는 3년이다(제7조제1항). 따라서 결함제조물에 의한 피해자가 손해 및 손해배상책임자를 안 날로부터 3년간 손해배상청구권을 행사하지 아니하면 시효로 인하여 청구권은 소멸한다.

그리고 손해배상청구권의 제척기간은 10년이다(제7조제2항). 즉 피해자의 손해배상청구권의 존속기간은 제조업자가 제조물을 공급한 때로부터 10년이다. 따라서 제조업자가 제조물을 공급한 날로부터 10년이 경과하면 피해자는 손해배상을 청구할 수 없다. 다만 신체에 누적되어 사람의 건강을 해하는 물질에 의하여 발생한 손해 또는 일정한 잠복기간이 경과한 후에 나타나는 손해에 대하여는 그 손해가 발생한 날로부터 제척기간을 기산한다(제7조제2항 단서). 석면, 고엽제, 살충제, 담배 등 장기간 인체에 누적되어 손해가 발생하거나 일정한 잠복기간을 거친 후에 손해가 발생하는 경우 제척기간을 제조물의 공급일로부터 기산하면 손해가 발생한 시점에 이미 제척기간이 완료하는 경우가 있을 수 있으므로 그 기간을 연장하기 위함이다.

8. 입증책임

제조물책임에 있어서도 일반불법행위소송에서와 같이 원고가 입증책임을 부담한다. 따라서 피해자가 결함, 손해발생, 결함과 손해발생 사이의 인과관계를 입증하여야 했다. 불법행위책임의 주관적 요건인 고의 또는 과실을 요하지 않고 객관적 요건인 결함으로 제조물책임의 요건이 완화되었지만 여전히 피해자가 제조물의 결함이나 인과관계를 입증하는 것은 매우 어렵다. 이러한 사실을 반영하여, 법원에서는 종래부터 제조물책임과 관련한 소송에서 결함이나 인과관계에 대하여 사실상의 추정 등에 의하여 피해자의 입증책임을 완화하는 판결을 내리고 있다(대법원 2000. 2. 25 선고 98다15934판결). 이러한 현실을 반영하여 2017년 개정에서 결함 및 인과관계 추정규정(제3조의2)을 신설하였다.

〈판례〉 제조물책임에 관한 입증책임의 분배

고도의 기술이 집약되어 대량으로 생산되는 제품의 결함을 이유로 그 제조업자에게 손해배상책임을 지우는 경우 그 제품의 생산과정은 전문가인 제조업자만이 알 수 있어서 그 제품에 어떠한 결함이 존재하였는지, 그 결함으로 인하여 손해가 발생한 것인지 여부는 일반인으로서는 밝힐 수 없는 특수성이 있어서 소비자 측이 제품의 결함 및 그 결함과 손해의 발생과의 사이의 인과관계를 과학적·기술적으로 입증한다는 것은 지극히 어려우므로 그 제품이 정상적으로 사용되는 상태에서 사고가 발생한 경우 소비자 측에서 그 사고가 제조업자의 배타적 지배하에 있는 영역에서 발생하였다는 점과 그 사고가 어떤 자의 과실 없이는 통상 발생하지 않는다고 하는 사정을 증명하면, 제조업자 측에서 그 사고가 제품의 결함이 아닌 다른 원인으로 말미암아 발생한 것임을 입증하지 못하는 이상 그 제품에 결함이 존재하며 그 결함으로 말미암아 사고가 발생하였다고 추정하여 손해배상책임을 지울 수 있도록 입증책임을 완화하는 것이 손해의 공평·타당한 부담을 그 지도원리로 하는 손해배상제도의 이상에 맞다(대법원 2004. 3. 12. 선고 2003다16771 판결).

제5절 물권과 부동산거래

[1] 물권의 의의 및 종류

물권이란 일정한 물건을 직접 지배하여 그로부터 발생되는 이익을 향유할 수 있는 권리를 말한다. 채권은 특정한 사람(채무자)에 대한 권리로서 채무자를 직접 지배하지 못하고 채무자에게 일정한 행위를 할 것을 청구할 수 있는 권리일 뿐인데 반하여, 물권은 물건에 대한 권리로서 물건을 직접 지배함으로써 이익을 향유할 수 있다. 이 점이 물권과 채권의 근본적 차이라 할 수 있다. 물권의 이러한 성질로 인하여 하나의 물건에 물권이 인정되면 그 물건에 대한 직접적 지배가 인정된 것이므로 이와 모순되는 타인의 지배는 허용되지 않는다(배타성). 즉 하나의 물건에 동일한 내용의 물권이 2개 이상 성립할 수 없다. 반면에 채권의 경우에는 동일인에 대하여 2개 이상 얼마든지 성립할 수 있다.

물권은 배타적 권리이므로 그 권리의 존재나 그 귀속주체를 공시함으로써 제3자가 이를 알 수 있도록 하고 거래의 안전을 도모할 필요가 있다. 이러한 필요성에 따라 민법은 물권에 대한 일정한 공시제도를 정하고 있다. 그 공시방법이 부동산물권은 등기이며 동산물권은 인도(점유이전)이다. 그러므로 부동산에 관한 법률행위로 인한 물권의 득실변경은 등기하여야 그 효력이 생기고(제186조), 동산에 관한 물권의 양도는 그 동산을 인도하여야 효력이 생긴다(제188조제1항). 다만 상속, 공용징수, 판결, 경매 기타 법률의 규정에 의한 부동산에 관한 물권의 취득은 등기를 요하지 아니한다. 이 경우에도 그 부동산을 처분하기 위해서는 등기를 하여야 한다(제187조).

물권은 배타적 권리이므로 그 종류와 내용이 예견가능하도록 일정하여야 할 필요가 있다. 그러므로 물권은 법률 또는 관습법에 의하는 외에는 임의로 창설하지 못하도록 하고 있다(제185조). 이를 물권법정주의라 한다.

민법이 인정하는 물권에는 점유권, 소유권, 지상권, 지역권, 전세권, 유치권, 질권, 저당권 등 8가지가 있다. 점유권은 물건에 대한 사실상의 지배 상태 그 자체를 유지하는 권리이며(제192조), 소유권은 물건을 배타적·전면적으로 지배하여 사용, 수익, 처분할 수 있는 권리이다(제211조). 지상권, 지역권, 전세권은 타인의 토지나 건물을 이용할 수 있는 권리(용익물권)이며, 유치권, 질권, 저당권은 타인의 물건(동산 또는 부동산)을 담보로써 이용할 수 있는 권리(담보물권)이다. 용익물권과 담보물권은 소유권과 달리 그 내용이 제한되어 있으므로 제한물권이라고 한다.

⊙ 용익물권

지상권 : 타인의 토지에 건물 기타 공작물이나 수목을 소유하기 위하여 그 토지를 사용할 수 있는 권리(제279조)

지역권 : 일정한 목적을 위하여 타인의 토지를 자기토지의 편익에 이용할 수 있는 권리(제291조)

전세권 : 전세금을 지급하고 타인의 부동산을 점유하여 그 부동산의 용도에 좇아 사용·수익하며, 그 부동산 전부에 대하여 후순위권리자 기타 채권자보다 전세금의 우선변제를 받을 수 있는 권리(제303조제1항)

[2] 부동산 거래와 소유권의 이전

〈사례 1〉 갑은 을로부터 아파트를 매매대금 11억원에 매수하기로 하는 매매계약을 체결하면서 계약금 1억1천만원 중 1천만원은 계약 당일에 지급하고 나머지 1억원은 그 다음날 을의 은행계좌에 송금하기로 약정하였다. 갑은 매매계약을 체결한 당일 을의 은행계좌로 계약금 중 1천만원을 송금하였고 을은 다음날 매매계약 체결을 중개하였던 공인중개사에게 매매계약을 해제하겠다고 통보하고 자신의 은행계좌를 폐쇄하였다. 갑은 이러한 사실을 모르고 같은 날 을의 은행계좌로 나머지 계약금 1억원을 송금하려 하였으나 계좌폐쇄로 송금에 실패하였다. 이 경우 을이 갑에게 지급해야 하는 해약금의 기준이 되는 금원은 실제 교부받은 계약금인가 아니면 약정한 계약금인가?

〈사례 2〉 이황당은 정년퇴직 후에 도시를 벗어나 한적한 곳에서 살기 위해 공기 맑은 시골의 땅 300평을 사기꾼으로부터 1억원에 매수하여 소유권이전등기를 하였다. 그런데 며칠 뒤 나주인이 나타나 자신이 그 땅의 소유자인데 사기꾼이 서류를 위조하여 팔아먹은 것이라며 소유권을 말소할 것을 요구한다. 이황당은 사기꾼으로부터 매수할 당시 등기부를 확인하고 산 것인데 그 땅의 소유권을 취득하지 못하는가?

1. 부동산 매매

1) 매매의 의의

매매는 당사자의 일방(매도인)이 재산권을 상대방에게 이전할 것을 약정하고 상대방(매수인)은 이에 대하여 대금을 지급할 것을 약정함으로써 성립하는 낙성, 쌍무, 불요식의 유상계약이다. 매매계약에서 매도인의 재산권 이전에 대하여 매수인이 지급하는 대가는 반드시 금전이어야 한다. 금전 이외의 물건이나 권리를 대가로 급부하는 것은 교환계약에 해당한다.

매매는 특별한 형식없이 당사자의 약정만으로 성립된다. 그러므로 구두 기타 어떠한 방법에 의하든 매도인의 재산권이전과 매수인의 대금지급에 관한 당사자의 의사표시의 합치만 있으면 매매계약은 유효하게 성립한다.

2) 계약금

계약금이란 매매 기타 계약을 체결함에 있어서 그 계약에 부수하여 당사자의 일방이 상대방에게 지급하는 금전 기타의 유가물을 말한다. 계약금의 지급은 매매 기타 계약에 부수하여 행하여지는 계약금계약에 의해 이루어지고, 계약금계약은 금전 기타의 유가물을 지급하는 것을 성립요건으로 하므로 요물계약이다.

계약금은 그 기능에 따라 증약금, 해약금, 위약금으로 구분된다.

계약금은 계약이 성립하였다는 증거가 된다는 점에서 증약금의 성질을 가진다. 그리고 계약금은 이행확보수단으로 교부되는 위약금의 성질을 가진다. 계약금을 교부한 자가 채무를 이행하지 않을 때에는 위약벌로서 상대방에게 몰수된다. 다만 위약금의 약정은 손해배상액의 예정으로 추정하므로(제398조제4항) 상대방이 채무불이행으로 인한 손해배상을 별도로 청구하기 위해서는 특약을 하여야 한다.

민법은 당사자 사이에 다른 약정이 없는 한 계약금을 해제권 유보의 대가로 지급하는 해약금으로 추정한다. 따라서 계약금을 교부한 경우 당사자 일방이 이행에 착수할 때까지 계약금(또는 보증금)의 교부자는 이를 포기하고 수령자는 그 배액을 상환하여 매매계약을 해제할 수 있다(제565조제1항). 여기서『이행에 착수할 때까지』는 중도금의 제공 등 채무이행행위의 일부를 행하거나 잔금을 준비하여 목적물의 인도를 요구하는 등 이행에 필요한 전제행위를 하는 것을 말한다. 계약을 해제하는 경우 계약금을 교부한 자는 해제의 의사표시만 하면 되지만, 계약금 수령자는 계약금의 배액 전부를 제공하여야 한다. 해약금에 기초한 계약 해제는 해약금계약이라는 특약에 의해 유보된 약정해제권의 행사로서 채무불이행에 의한 해제가 아니므로 손해배상청구권이 발생하지 않는다. 그리고 이행에 착수하기 전에 해제하는 것이므로 원상회복의 문제도 발생하지 않는다.

〈해설 1〉 매도인이 '계약금 일부만 지급된 경우 지급받은 금원의 배액을 상환하고 매매계약을 해제할 수 있다'고 주장한 사안에서 '실제 교부받은 계약금'의 배액만을 상환하여 매매계약을 해제할 수 있다면 이는 당사자가 일정한 금액을 계약금으로 정한 의사에 반하게 될 뿐 아니라, 교부받은 금원이 소액일 경우에는 사실상 계약을 자유로이 해제할 수 있어 계약의 구속력이 약화되는 결과가 되어 부당하기 때문에, 계약금 일부만 지급된 경우 수령자가 매매계약을 해제할 수 있다고 하더라도 해약금의 기준이 되는 금원은 '실제 교부받은 계약금'이 아니라 '약정 계약금'이라고 봄이 타당하므로, 매도인이 계약금의 일부로서 지급받은 금원의 배액을 상환하는 것으로는 매매계약을 해제할 수 없다(대법원 2015. 4. 23. 선고 2014다231378 판결).

3) 매매계약의 효력

(1) 매도인의 재산권이전 의무

매도인은 매매의 목적인 재산권을 이전할 의무를 부담하므로 권리 그 자체를 이전하여야 한다. 그러므로 매매의 목적인 재산권이 물권인 때에는 매도인은 매수인에게 등기 또는 인도하여야 한다. 지상권이나 전세권 등 부동산물권의 매매에서 점유를 수반한 물권을 매매한 때에는 등기 외에 부동산의 점유도 이전해야 하고, 매매목적물에 관하여 권리증서·채권증서 등 증서가 있는 경우에는 이를 매수인에게 교부하여야 한다. 종물은 주물의 처분에 따르므로(제100조제2항) 특약이 없는 한 종된 물건 또는 종된 권리도 이전해야 한다. 매매의 목적이 된 권리가 타인에게 속한 경우에는 매도인은 그 권리를 취득하여 매수인에게 이전하여야 한다(제569조).

매도인의 재산권이전 의무는 특별한 약정이나 관습이 없으면 매수인의 대금지급의무와 동시이행의 관계에 있다(제568조제2항).

매매계약이 있은 후에도 인도하지 아니한 목적물로부터 생긴 과실 예를 들면, 주택임대차로 인한 차임 등은 매도인에게 속한다(제587조전단). 변제기가 경과하여도 매수인의 대금지급이 지체되고 있는 한 매도인은 과실을 수취할 수 있다. 그러나 매수인이 이미 대금을 지급했음에도 불구하고 목적물을 인도하지 않고 점유를 계속하는 매도인은 과실을 수취하지 못한다. 매수인이 대금지급을 지체하는 경우에는 목적물의 인도를 받은 날로부터 대금의 이자를 지급하여야 한다(제587조후단). 그러나 대금의 지급에 대하여 기한이 있는 때에는 그러하지 아니하다(제587조).

(2) 매도인의 담보책임

매도인의 담보책임이란 매매의 목적인 재산권의 전부 또는 일부를 매도인이 이전할 수 없거나 이전된 재산권의 객체인 물건에 하자가 있는 경우 매도인이 매수인에게 부담하는 책임을 말한다.

매매의 목적인 권리의 전부 또는 일부가 타인에게 속하여 매수인에게 이전할 수 없는 때, 매매목적물의 수량부족 또는 일부멸실로 이전이 불가능한 때, 매매목적물에 지상권·지역권·전세권·질권·유치권 등 제한물권이 설정되어 있는 때, 매매목저인 부동산에 설정된 저당권 또는 전세권의 행사로 인하여 매수인이 소유권을 취득할 수 없게 된 때, 매매목적물에 하자가 있는 때등의 경우에는 매도인은 매수인에 대하여 담보책임을 진다. 이 경우 매수인에게는 계약해제권, 대금감액청구권, 손해배상청구권, 완전물급부청구권 등이 인정된다.

매수인이 계약해제권을 행사한 때에는 매수인은 이미 지급한 대금의 전부 또는 일부의 반환을 청구하는 동시에 매도인으로부터 수령한 것을 반환하여야 한다. 매도인의 대금반환의무와 매수인의 목적물반환의무는 동시이행의 관계에 있기 때문이다(제583조).

(3) 매수인의 대금지급의무

매수인은 매도인의 재산권이전에 대한 반대급부로서 대금을 지급할 의무를 부담한다(제568조제1항). 매수인의 대금지급의무는 특별한 약정이나 관습이 없으면 매도인의 재산권이전 의무와 동시이행의 관계에 있다(제568조제2항). 그러므로 매매의 당사자 일방에 대한 의무이행에 기한이 있는 때에는 상대방의 의무이행에 대하여도 동일한 기한이 있는 것으로 추정한다(제585조).

대금지급장소에 관하여 특약 또는 관습이 없는 때에는 매도인의 현주소에서 지급하는 것이 원칙이다(제467조제2항 본문). 그러나 매매목적물의 인도와 동시에 대금을 지급할 경우에는 그 목적물의 인도장소에서 대금을 지급하여야 한다(제586조).

매수인은 목적물을 인도받은 날부터 대금의 이자를 지급하여야 한다(제587조 후단). 그러나 대금의 지급에 대하여 기한이 있는 때에는 목적물을 인도받았다 하더라도 이자를 지급할 필요가 없다(제587조 단서).

매매의 목적물에 대하여 권리를 주장하는 자가 있어 매수인이 매수한 권리의 전부나 일부를 잃을 염려가 있는 경우, 매수인은 그 위험의 한도에서 대금의 전부나 일부의 지급을 거절할 수 있다(제588조 본문). 그러나 매도인이 상당한 담보를 제공한 때에는 매수인은 대금지급을 거절할 수 없다(제588조 단서). 매매의 목적물에 대하여 권리를 주장하는 자가 있어 매수인이 대금지급을 거절하는 경우 매도인은 매수인에게 대금의 공탁을 청구할 수 있다(제589조).

2. 물권변동과 공시제도

1) 공시제도의 필요성

물권변동이란 물권의 발생·변경·소멸을 통칭하는 말로서 물권의 득실변경이라고도 한다. 물권은 배타적인 직접지배권으로 대세적 효력을 가지므로 물권변동이 있는 경우 그 내용과 귀속주체를 제3자가 알 수 있도록 공시할 필요가 있다. 민법은 부동산물권에 대해서는 등기, 동산물권에 대해서는 인도(점유이전)를 공시방법으로 인정하고 있다.

2) 공시의 원칙과 공신의 원칙

(1) 공시의 원칙

공시의 원칙은 물권변동은 언제나 외부에서 인식할 수 있는 어떤 표시로서 공시방법을 수반하여야 한다는 원칙이다. 물권의 배타성, 대세성에 비추어 물권변동은 공시되어야 하지만, 공시에 대해 어떤 효력을 부여할 것인가에 관해서는 두 가지 입법형태가 있다.

성립요건주의를 채택하는 국가에서는 공시를 물권변동의 효력요건으로 인정하고 있다. 공시를 하지 않는 경우에는 물권변동의 효력을 인정하지 않는 것이다. 대항요건주의를 채택하는 국가에서는 공시를 제3자에게 대항할 수 있는 요건으로 인정한다. 공시를 하지 않는 경우에는 당사자 사이에서 물권변동의 효력은 인정하지만 제3자에 대해서는 물권변동의 효력을 주장할 수 없게 된다. 우리나라는 성립요건주의를 택하고 있다. 그러므로 물권변동은 등기나 인도라는 공시방법을 갖추어야 그 효력이 발생한다.

(2) 공신의 원칙

물권변동이 공시의 원칙에 따라 공시되었지만 그 공시가 실체적 권리관계와 일치하지 않을 때 이를 믿고 거래한 자가 있는 경우, 누구의 이익을 보호할 것인가가 문제된다. 거래의 안전과 공시를 믿고 거래한 자의 이익을 우선하여 진정한 권리자의 이익을 희생시킬 것인지 아니면 진정한 권리자의 이익을 우선하여 공시를 믿고 거래한 자의 권리취득을 부인할 것인지는 입법정책의 문제이다.

공신의 원칙이란 물권의 존재를 추측케 하는 공시가 있을 때 비록 그 공시가 실체적 권리관계와 일치하지 않는다고 하더라도 이를 믿고 거래한 자는 보호되어야 한다는 원칙을 말한다. 공신의 원칙은 진정한 권리자의 이익을 희생시키더라도 거래의 안전을 중시하는 근대적 법원리를 바탕으로 한다.

우리나라는 부동산 등기에 대해서는 공신의 원칙을 채택하지 않고, 동산의 점유에 대해서는 공신의 원칙을 채택하고 있다(제249조, 제251조, 제252조). 등기에 대하여 공신력을 인정하지 않는 것은 등기공무원에게 실질심사권이 없기 때문이다. 즉 등기공무원은 등기신청에 대하여 부동산등기법상 그 등기신청에 필요한 서면이 제출되었는지 여부 및 제출된 서면이 형식적으로 진정한 것인지 여부를 심사할 권한을 갖고 있으나, 그 등기신청이 실체법상의 권리관계와 일치하는지 여부를 심사할 실질적인 심사권한은 가지고 있지 않으므로 실체법상의 권리관계와 일치하지 않는 등기가 이루어질 수 있기 때문이다.

〈해설 2〉 우리나라는 부동산 등기에 대하여 공신력을 인정하지 않고 있다. 즉 등기의 내용을 믿고 거래했다고 하더라도 그 등기의 내용이 사실과 다른 경우에는 믿은 대로의 효과가 발생하지 않는다. 따라서 이황당이 사기꾼이 소유권자로 되어 있는 등기부의 내용을 믿고 샀다고 하더라도 사기꾼이 서류를 위조하여 자기 명의로 이전한 뒤 팔아먹은 것이라면 이황당은 소유권을 취득하지 못한다.

3. 부동산물권의 이전방법

1) 효력발생요건으로서의 등기

부동산 매매계약에 따라 매수인이 대금의 전부를 지급했다고 하더라도 등기를 하지 않으면 소유권을 취득하지 못한다. 매수인이 대금 전부를 지급한 경우 매도인에 대하여 소유권이전등기청구권을 가지지만 이것은 채권일 뿐이며, 부동산 물권에 대한 공시의 원칙과 관련하여 성립요건주의를 채택하고 있는 우리 민법은 "부동산에 관한 법률행위로 인한 물권의 득실변경은 등기하여야 그 효력이 생긴다"(제186조)고 규정함으로써 부동산등기를 물권변동의 효력발생요건으로 하고 있기 때문이다. 그러므로 등기를 하지 않으면 제3자에 대한 관계에서뿐만 아니라 당사자 사이에서도 물권변동의 효력이 발생하지 않는다. 다만 상속, 공용징수, 판결, 경매 기타 법률의 규정에 의한 부동산에 관한 물권의 취득은 등기를 요하지 않는다(제187조).

2) 이전등기의 효력

재산권이전에 관한 합의와 이에 부합하는 등기가 있으면 부동산물권이 이전되는 효력이 발생한다. 이것을 등기의 권리변동적 효력이라고 한다. 권리변동적 효력은 등기의 효력 중 가장 중요한 효력이다.

등기가 있으면 이에 대응하는 실체적 권리관계가 존재하는 것으로 추정된다. 이것을 등기의 추정적 효력이라고 한다. 등기의 추정적 효력으로 인하여 등기상의 기재내용을 신뢰하는 것은 무과실로 추정되며 등기내용에 관한 입증책임은 이를 부인하는 자가 부담한다.

⊙ 등기의 효력

등기의 효력으로 권리변동적 효력, 추정적 효력 외에 대항적 효력과 순위확정적 효력이 있다. 지상권·지역권·전세권·저당권 등 물권의 존속기간, 지료, 이자 등을 등기한 경우 이로써 제3자에게 대항할 수 있다. 이것을 등기의 대항적 효력이라 한다. 동일한 부동산에 관하여 설정된 수개의 권리의 순위는 법률에 다른 규정이 없으면 등기의 전후에 의해 정하여진다. 이것을 순위확정적 효력이라 한다.

⊙ 가등기

가등기의 원인에는 제한이 없지만 일반적으로 소유권이전을 위한 가등기와 담보목적을 위한 가등기가 활용되고 있다. 가등기는 종국등기를 할 수 있는 실체법적 또는 절차법적 요건을 구비하지 못한 경우에 장래 그 요건이 구비된 때에 행할 본등기를 위하여 미리 그 순위를 보전해 주는 효력을 가진다. 가등기만으로는 실체법상 아무런 효력이 없으므로 소유자는 자유롭게 부동산을 처분할 수 있다. 그러나 가등기에 기하여 본등기가 행하여지면 본등기의 순위는 가등기의 순위에 의하므로 가등기와 본등기 사이에 소유권이전 본등기를 한 자는 소유권을 취득할 수 없는 경우가 발생한다.

⊙ 중간생략등기

중간생략등기란 갑으로부터 부동산을 매입한 을이 자기의 명의로 이전등기를 하지 않은 상태에서 병에게 매각하고 갑으로부터 병에게 직접 이전등기가 이루어지도록 하는 경우와 같이 중간취득자의 등기를 생략하고 최초의 매도인으로부터 최후의 매수인에게 직접 이루어진 등기를 말한다. 중간생략등기는 등록세, 취득세, 양도소득세 등 세금의 부과를 피하기 위하여 실제 거래에서 활용되고 있다. 학설과 판례는 중간생략등기의 유효성을 인정하고 있으나, 투기 등 반사회성을 가지는 예외적인 경우에는 중간생략등기의 무효를 인정하기도 한다.

제6절 시효와 기간의 계산

[1] 소멸시효

〈사례 1〉 한국대학교 2학년에 재학 중인 이단골은 학교 정문 앞에 있는 대학로주점의 단골이어서 외상으로 술을 먹곤 하였는데, 여름방학 중에 입영통지서가 나오자 밀린 외상술값 30만원을 갚지 못하고 군에 입대를 하게 되었다. 2년간 군복무를 마치고 2학년 2학기에 복학을 한 이단골은 우연히 길에서 대학로주점의 사장을 만났는데, 사장은 외상술값을 갚을 것을 요구한다. 이단골은 외상술값 30만원을 갚아야 할 의무가 있는가?

1. 소멸시효의 의의

소멸시효란 권리가 행사되지 않는 상태가 지속되어 일정기간(소멸시효기간)을 경과한 때에는 그 권리를 소멸시키는 제도를 말한다. 소멸시효는 권리를 행사할 수 있는 때로부터 진행한다(제166조제1항). 확정기한이 있는 채권은 기한이 도래한 때, 정지조건부 채권은 조건이 성취한 때, 부작위채권은 채무자가 위반행위를 한 때부터 소멸시효가 진행한다.

소유권 이외의 재산권은 20년간 행사하지 아니하면 소멸시효가 완성하고(제162조제2항), 채권은 10년간 행사하지 아니하면 소멸시효가 완성한다(제162조제1항). 다만 일정한 채권에 대해서는 3년 또는 1년의 단기소멸시효가 적용되며(제163조, 제164조), 상행위로 인한 채권(상사채권)의 소멸시효기간은 5년이다(상법 제64조). 판결에 의하여 확정된 채권은 단기의 소멸시효에 해당하는 것이라도 그 소멸시효는 10년으로 한다(제165조제1항).

2. 단기소멸시효

3년의 단기소멸시효가 적용되는 채권은 다음과 같다(제163조).

① 이자, 부양료, 급료, 사용료 기타 1년 이내의 기간으로 정한 금전 또는 물건의 지급을 목적으로 한 채권

② 의사, 조산사, 간호사 및 약사의 치료, 근로 및 조제에 관한 채권
③ 도급받은 자, 기사 기타 공사의 설계 또는 감독에 종사하는 자의 공사에 관한 채권
④ 변호사, 변리사, 공증인, 공인회계사 및 법무사에 대한 직무상 보관한 서류의 반환을 청구하는 채권
⑤ 변호사, 변리사, 공증인, 공인회계사 및 법무사의 직무에 관한 채권
⑥ 생산자 및 상인이 판매한 생산물 및 상품의 대가
⑦ 수공업자 및 제조자의 업무에 관한 채권

1년의 단기소멸시효가 적용되는 채권은 다음과 같다(제164조).
① 여관, 음식점, 대석, 오락장의 숙박료, 음식료, 대석료, 입장료, 소비물의 대가 및 체당금의 채권
② 의복, 침구, 장구 기타 동산의 사용료의 채권
③ 노역인, 연예인의 임금 및 그에 공급한 물건의 대금채권
④ 학생 및 수업자의 교육, 의식 및 유숙에 관한 교주, 숙주, 교사의 채권

3. 소멸시효의 중단과 정지

소멸시효의 진행 중에 권리가 행사되지 않는 상태의 지속성이 깨지는 일정한 사실이 발생하면 소멸시효가 중단된다. 소멸시효의 중단사유로는 청구, 압류 또는 가압류, 가처분, 승인 등이 있다(제168조). 다만 최고의 경우에는 6개월 내에 재판상 청구, 파산절차 참가, 화해를 위한 소환, 임의출석, 압류 또는 가압류, 가처분을 하지 않으면 시효중단의 효력이 없다(제174조). 시효가 중단된 때에는 중단될 때까지 경과한 시효기간은 이를 산입하지 아니하고 중단사유가 종료된 때부터 새루이 진행한다(제178조제1항).

소멸시효의 기간만료 전 6개월 내에 제한능력자의 법정대리인이 없는 때에는 그가 능력자가 되거나 법정대리인이 취임한 때로부터 6개월 내에는 시효가 완성하지 아니한다(제179조). 재산을 관리하는 부, 모 또는 후견인에 대한 제한능력자의 권리는 그가 능력자가 되거나 후임의 법정대리인이 취임한 때로부터 6개월 내에는 소멸시효가 완성하지 아니한다(제180조제1항). 이런 경우에는 부, 모 또는 후견인과 제한능력자의 이익이 상호 충돌하기 때문이다. 부부의 일방의 타방에 대한 권리는 혼

인관계가 종료한 때로부터 6개월 내에는 소멸시효가 완성하지 아니한다(제180조제2항). 부부간에 소멸시효를 중단시키는 권리행사를 기대하기 어렵기 때문이다. 상속재산에 속한 권리나 상속재산에 대한 권리는 상속인의 확정, 관리인의 선임 또는 파산선고가 있는 때로부터 6개월 내에는 소멸시효가 완성하지 아니한다(제181조). 상속인이 확정되지 않은 경우에는 사실상 권리행사가 어렵기 때문이다. 천재 기타 사변으로 인하여 소멸시효를 중단할 수 없을 때에는 그 사유가 종료한 때부터 1개월 내에는 시효가 완성하지 아니한다(제182조).

4. 소멸시효완성의 효과

소멸시효가 완성되면 권리가 소멸한다. 소멸시효 완성의 효과는 그 기산일에 소급하여 발생한다(제167조). 시효완성의 사실을 모르고 변제를 한 경우에는 부당이득관계가 성립하지만 도의관념에 적합한 비채변제가 되어 변제자는 반환을 청구하지 못한다(제744조).

〈해설 1〉 숙박료, 음식료, 대석료, 입장료, 기타 소비물의 대가는 1년의 단기소멸시효가 적용되어 1년이 지나면 채권자가 이를 청구할 수 없다. 그러므로 대학로주점의 사장은 이단골에게 외상술값을 갚으라고 청구할 수 없다. 다만 이단골은 외상술값을 갚아야 할 법적인 의무는 없지만 자발적으로 이를 갚는 것은 무방하다. 스스로 갚은 경우에는 소멸시효가 완성되었음을 이유로 그 반환을 청구하지 못한다.

[2] 취득시효

〈사례 1〉 갑은 을로부터 1필지의 대지와 그 지상건물을 매수하여 소유권이전등기를 마쳤다. 그런데 갑이 매수한 건물은 매수 당시부터 인접토지와의 지적공부상의 경계선을 침범하여 건립되어 있었고, 인접토지와의 경계선을 정확하게 확인하여 보지 아니한 갑은 인접 토지의 일부를 그가 매수 취득한 대지에 속하는 것으로 믿고 인접 토지의 일부를 현실적으로 인도받아 20년간 계속 점유하여 왔다. 갑의 건물이 자기 토지의 일부를 침범하고 있음을 알게 된 병은 갑에게 건물의 철거를 요구하는데 갑은 병의 요구에 따라야 하는가?

1. 의의

취득시효란 권리를 행사하고 있는 것과 같은 외관(점유)이 일정기간(취득시효기간) 동안 계속되는 경우 그 권리의 취득을 인정하는 제도를 말한다. 취득시효에는 부동산의 취득시효와 동산의 취득시효가 있다.

2. 부동산의 취득시효

20년간 소유의 의사로 평온, 공연하게 부동산을 점유하는 자는 등기함으로써 그 소유권을 취득한다(제245조제1항). 이것을 점유취득시효라고 한다. 취득시효기간의 완성만으로는 소유권취득의 효력이 바로 생기는 것이 아니라, 다만 이를 원인으로 하여 소유권취득을 위한 등기청구권이 발생할 뿐이다. 점유자가 등기를 함으로써 비로소 소유권을 취득한다.

부동산의 소유자로 등기한 자가 10년간 소유의 의사로 평온, 공연하게 선의이며 과실없이 그 부동산을 점유한 때에는 소유권을 취득한다(제245조제2항). 이것을 등기부 취득시효라고 한다. 등기부 취득시효는 점유취득시효의 요건 외에 점유개시시에 선의이며 과실없는 점유를 요건으로 한다. 점유자는 소유의 의사로 선의, 평온 및 공연하게 점유한 것으로 추정된다(제197조제1항). 그러나 무과실은 추정되지 않는다. 그러므로 점유자는 자기의 소유라고 믿은 데에 과실이 없었음을 입증하여야 한다.

소유권취득의 효력은 점유를 개시한 때에 소급한다(제247조제1항).

〈판례〉 소유의 의사

처분권한이 없는 자로부터 그 사실을 알면서 부동산을 취득하거나 어떠한 법률행위가 무효임을 알면서 그 법률행위에 의하여 부동산을 취득하여 점유를 시작한 때에는 점유 시작 당시에 소유의 의사가 있다고 할 수 없다(대법원 2005. 5. 12. 선고 2004다63484 판결).

〈판례〉 시효취득자 명의로 소유권이전등기가 경료되기 전까지 원소유자가 소유자로서 적법한 권리를 행사할 수 있는지 여부

타인의 토지를 20년간 소유의 의사로 평온·공연하게 점유한 자는 등기를 함으로써 비로소 그 소유권을 취득하게 되므로 점유자가 원소유자에 대하여 점유로 인한 취득시효기간이 만료되었음을 원인으로 소유권이전등기청구를 하는 등 그 권리행사를 하거나 원소유자가 취득시

효완성 사실을 알고 점유자의 권리취득을 방해하려고 하는 등의 특별한 사정이 없는 한 원소유자는 점유자 명의로 소유권이전등기가 마쳐지기까지는 소유자로서 그 토지에 관한 적법한 권리를 행사할 수 있다.

원소유자가 취득시효의 완성 이후 그 등기가 있기 전에 그 토지를 제3자에게 처분하거나 제한물권의 설정, 토지의 현상 변경 등 소유자로서의 권리를 행사하였다 하여 시효취득자에 대한 관계에서 불법행위가 성립하는 것이 아님은 물론 위 처분행위를 통하여 그 토지의 소유권이나 제한물권 등을 취득한 제3자에 대하여 취득시효의 완성 및 그 권리취득의 소급효를 들어 대항할 수도 없다 할 것이니, 이 경우 시효취득자로서는 원소유자의 적법한 권리행사로 인한 현상의 변경이나 제한물권의 설정 등이 이루어진 그 토지의 사실상 혹은 법률상 현상 그대로의 상태에서 등기에 의하여 그 소유권을 취득하게 된다. 따라서 시효취득자가 원소유자에 의하여 그 토지에 설정된 근저당권의 피담보채무를 변제하는 것은 시효취득자가 용인하여야 할 그 토지상의 부담을 제거하여 완전한 소유권을 확보하기 위한 것으로서 그 자신의 이익을 위한 행위라 할 것이니, 위 변제액 상당에 대하여 원소유자에게 대위변제를 이유로 구상권을 행사하거나 부당이득을 이유로 그 반환청구권을 행사할 수는 없다(대법원 2006. 5. 12. 선고 2005다75910 판결).

〈해설 1〉 20년간 소유의 의사로 평온, 공연하게 부동산을 점유하는 자는 등기함으로써 그 소유권을 취득한다. 갑은 인접 토지의 일부를 자신이 매수한 대지에 속하는 것으로 믿고 현실적으로 인도받아 20년간 점유하여 왔다면 특별한 사정이 없는 한 인접 토지에 대한 점유 역시 소유의 의사가 있는 점유로 볼 수 있다. 그리고 점유의 평온 · 공연성은 추정되므로 갑은 점유 개시일로부터 20년이 경과한 때에 인접 토지의 일부를 시효취득하였다고 할 것이고, 병을 상대로 소유권이전등기를 청구할 수 있다.

3. 동산의 취득시효

10년간 소유의 의사로 평온, 공연하게 동산을 점유한 자는 그 소유권을 취득한다(제246조제1항). 동산의 점유가 선의이며 과실없이 개시된 경우에는 5년을 경과함으로써 그 소유권을 취득한다(제246조제2항). 소유권취득의 효력은 점유를 개시한 때에 소급한다(제247조제1항).

4. 취득시효의 중단

취득시효의 중단에 관하여는 소멸시효의 중단에 관한 규정을 준용한다(제247조제2항). 그러므로 점유자가 소유권자로부터 청구를 받거나 압류 또는 가압류, 가처분을 당하는 경우, 점유자가 다른 소유자가 있음을 스스로 인정한 경우(승인)에는 취득시효가 중단된다.

[3] 기간의 계산

기간이라 함은 일정한 시점부터 다른 시점까지 계속하는 시간의 간격을 말한다. 기간은 48시간·3일·4주·2월·1년 등 여러 가지 단위로 표현된다.

기간을 시, 분, 초로 정한 때에는 즉시로부터 기산한다(제156조). 오전 9시에 물건을 12시간 임대한 경우에는 오전 9시부터 기산하여 12시간이 경과한 오후 9시에 기간이 만료한다.

기간을 일, 주, 월 또는 연으로 정한 때에는 기간의 초일을 산입하지 않는다(제157조 본문). 그러므로 그 익일이 기산일이 된다. 다만 그 기간이 오전 0시부터 시작하는 때에는 초일을 산입한다(제157조 단서). 연령을 계산할 때에도 초일 즉 출생일을 산입하여 만 나이로 계산하고, 연수로 표시한다. 다만 1세에 이르지 아니한 경우에는 월수로 표시할 수 있다.(제158조).

기간을 일, 주, 월 또는 연으로 정한 때에는 기간 말일의 종료(24시)로 기간이 만료한다(제159조). 기간을 주, 월 또는 연으로 정한 때에는 력에 의하여 계산한다(제160조제1항). 주, 월 또는 연의 처음으로부터 기간을 기산하지 아니하는 때에는 최후의 주, 월 또는 연에서 그 기산일에 해당한 날의 전일로 기간이 만료한다(제160조제2항). 월 또는 연으로 정한 경우에 최종의 월에 해당일이 없는 때에는 그 월의 말일로 기간이 만료한다(제160조제3항). 기간의 말일이 토요일 또는 공휴일에 해당한 때에는 기간은 그 익일로 만료한다(제161조)

제7절 혼인과 이혼

[1] 약혼

〈사례 1〉 한국대학교에 입학하면서부터 서로 열렬히 사랑한 나로미와 너줄리는 2학년이 되어 만19세가 되자 친한 친구들과 함께 학교 앞 카페에서 5천원짜리 은반지를 주고 받으며 졸업하면 결혼하기로 하는 언약식을 하였다. 나로미는 그 후 졸업을 하고 직장에 취직을 하고도 너줄리와의 결혼을 미루고 있다. 너줄리는 나로미와 결혼할 수 있는 방법이 없는가?

1. 약혼의 의의

약혼이란 장래에 혼인할 것을 목적으로 하는 당사자 사이의 계약으로서 양당사자의 합의로써 성립하며, 그 방식에는 아무런 제한이 없다. 성년자는 자유로 약혼할 수 있고(제800조), 만18세 이상의 사람과 피성년후견인은 부모 또는 성년후견인의 동의를 얻어 약혼할 수 있다(제801조, 제802조). 부모 중 일방이 동의권을 행사할 수 없는 때에는 다른 일방의 동의를 얻어야 하고, 부모가 모두 동의권을 행사할 수 없는 때에는 미성년후견인의 동의를 얻어야 한다(제808조제1항). 그러므로 부모 중 일방이 동의하지 않는 때에는 약혼할 수 없는 것으로 이해된다.

2. 약혼의 해제

약혼의 당사자는 혼인할 의무를 부담한다. 그러나 이 의무는 강제이행을 청구하지 못한다(제803조). 약혼은 계약의 일종이지만 신분상 변화를 가져온다는 점에서 일반계약과 같이 강제이행을 인정하지 않는다. 다만 약혼의 일방 당사자에게 일정한 사유가 있는 경우 상대방은 약혼을 해제(파혼)할 수 있을 뿐이다. 약혼해제 사유는 다음과 같이 법정되어 있다(제804조).

① 약혼 후 자격정지 이상의 형의 선고를 받은 때
② 약혼 후 성년후견개시 또는 한정후견개시의 심판을 받은 때
③ 성병, 불치의 정신병 기타 불치의 악질이 있는 때
④ 약혼 후 타인과 약혼 또는 혼인을 한 때
⑤ 약혼 후 타인과 간음한 때
⑥ 약혼 후 1년 이상 그 생사가 불명한 때
⑦ 정당한 이유없이 혼인을 거절하거나 그 시기를 지연하는 때
⑧ 기타 중대한 사유가 있는 때

약혼의 해제는 상대방에 대한 의사표시로 한다. 그러나 상대방에 대하여 의사표시를 할 수 없는 때에는 그 해제의 원인이 있음을 안 때에 해제된 것으로 본다(제805조).

3. 약혼해제의 효과

약혼을 해제한 때에는 당사자 일방은 과실있는 상대방에 대하여 재산상 손해뿐만 아니라 정신상 고통에 대해서도 손해의 배상을 청구할 수 있다(제806조제1항, 제2항). 다만 정신상 고통에 대한 배상청구권은 양도 또는 승계하지 못한다(제806조제3항 본문). 그러나 당사자간에 이미 그 배상에 관한 계약이 성립되거나 소를 제기한 후에는 양도 또는 승계할 수 있다(제806조제3항 단서).

약혼예물은 혼인의 불성립을 해제조건으로 하는 증여로 이해되므로 약혼이 해제된 때에는 예물반환청구권이 인정된다. 그러나 약혼해제에 관하여 과실이 있는 유책자는 약혼예물의 반환을 적극적으로 청구할 수 없다(대법원 1976. 12. 28. 선고 76므41, 42 판결).

〈판례〉 약혼예물 수수의 법적 성질 및 혼인 해소의 경우 그 소유권의 귀속관계

약혼예물의 수수는 약혼의 성립을 증명하고 혼인이 성립한 경우 당사자 내지 양가의 정리를 두텁게 할 목적으로 수수되는 것으로 혼인의 불성립을 해제조건으로 하는 증여와 유사한 성질을 가지므로, 예물의 수령자측이 혼인 당초부터 성실히 혼인을 계속할 의사가 없고 그로 인하여 혼인의 파국을 초래하였다고 인정되는 등 특별한 사정이 있는 경우에는 신의칙 내지 형평의 원칙에 비추어 혼인 불성립의 경우에 준하여 예물반환의무를 인정함이 상당하나, 그러한 특별한 사정이 없는 한 일단 부부관계가 성립하고 그 혼인이 상당 기간 지속된 이상 후일 혼인이 해소되어도 그 반환을 구할 수는 없으므로, 비록 혼인 파탄의 원인이 며느리에게 있더라도 혼인이 상당 기간 계속된 이상 약혼예물의 소유권은 며느리에게 있다(대법원 1996. 5. 14. 선고 96다5506 판결).

〈해설 1〉 약혼은 양당사자의 합의로써 성립하고 그 방식에 제한이 없으며 성년자는 자유로이 약혼할 수 있으므로 나로미와 너줄리 사이에 이루어진 언약식은 장래에 혼인할 것을 목적으로 하는 계약 즉, 약혼에 해당한다. 그러나 나로미와 너줄리가 약혼을 했다고 하더라도 나로미가 혼인을 하지 않는 경우에는 그 이행을 강제할 수는 없다. 혼인의 본질은 남녀간의 육체적·정신적 결합이므로 혼인의 의사가 없는 나로미에 대하여 이를 강제하는 것은 의미가 없기 때문이다. 그러나 나로미가 정당한 이유없이 혼인을 하지 않는 경우 너줄리는 나로미에 대해 약혼예물의 반환 및 손해배상을 청구할 수 있다.

[2] 혼인

〈사례 1〉 초등학교 동창 사이인 이사내와 나조숙은 만 18세가 되는 해에 부모의 허락을 얻어 결혼하였다. 이사내는 결혼 후 곧바로 사업자금을 마련하기 위하여 결혼 당시 아버지가 사주신 아파트를 처분하기로 하고 김사자와 매매계약을 체결하고 중도금까지 받았다. 이 사실을 안 이사내의 부모가 김사자에게 찾아와 이사내가 미성년자임을 이유로 아파트매매계약의 취소를 통고하였다. 아파트매매계약은 취소된 것인가?

〈사례 2〉 이순진은 친구가 은행에서 사업자금으로 5천만원을 빌리는데 연대보증을 섰다. 친구는 사업이 부도나면서 은행에 이자를 지급하지 못하였고, 은행에서는 연대보증인 이순진에게 갚기를 요구하지만 이순진은 경제력이 없어 이를 갚을 능력이 되지 못한다. 그러자 은행에서는 이순진의 남편 나몰라에게 부부는 일심동체이니 대신 갚을 것을 요구한다. 나몰라는 이를 갚아야 하는가?
만약에 이순진이 36개월 할부로 자동차를 구입하고 할부금을 갚지 못하는 경우 나몰라는 이를 대신 갚을 의무가 있는가?

1. 혼인의 성립

혼인이란 공동생활을 목적으로 하는 남녀의 결합으로서 부부관계를 말한다. 따라서 동성 간의 혼인은 허용되지 아니한다. 혼인이 유효하게 성립하기 위해서는 실질적 요건과 형식적 요건을 갖추어야 한다.

〈판례〉 성전환자가 혼인 중에 있거나 미성년자인 자녀가 있는 경우 성별정정을 불허한 사례

성전환수술에 의하여 출생 시의 성과 다른 반대의 성으로 성전환이 이미 이루어졌고, 정신과 등 의학적 측면에서도 이미 전환된 성으로 인식되고 있다면, 전환된 성으로 개인적 행동과 사회적 활동을 하는 데에까지 법이 관여할 방법은 없다. 그러나 성전환자가 혼인 중에 있거나 미성년자인 자녀가 있는 경우에는, 가족관계등록부에 기재된 성별을 정정하여, 배우자나 미성년자인 자녀의 법적 지위와 그에 대한 사회적 인식에 곤란을 초래하는 것까지 허용할 수는 없으므로, 현재 혼인 중에 있거나 미성년자인 자녀를 둔 성전환자의 성별 정정은 허용되지 않는다.(대법원 2011. 9. 2. 2009스117 전원합의체 결정(대법원 2022. 11. 24. 선고 2020스616 전원합의체 결정에 의해 변경 또는 폐기된 법리를 포함하고 있음)).

〈판례〉 현재 혼인 중에 있지 아니한 성전환자에게 미성년 자녀가 있는 경우, 성별정정을 허가할 수 있는지 여부(적극)

미성년 자녀를 둔 성전환자도 부모로서 자녀를 보호하고 교양하며(민법 제913조), 친권을 행사할 때에도 자녀의 복리를 우선해야 할 의무가 있으므로(민법 제912조), 미성년 자녀가 있는 성전환자의 성별정정 허가 여부를 판단할 때에는 성전환자의 기본권의 보호와 미성년 자녀의 보호 및 복리와의 조화를 이룰 수 있도록 법익의 균형을 위한 여러 사정들을 종합적으로 고려하여 실질적으로 판단하여야 한다. 따라서 위와 같은 사정들을 고려하여 실질적으로 판단하지 아니한 채 단지 성전환자에게 미성년 자녀가 있다는 사정만을 이유로 성별정정을 불허하여서는 아니 된다.(대법원 2022. 11. 24. 선고 2020스616 전원합의체 결정).

1) 실질적 요건

① 당사자의 자유의사에 따른 혼인의사의 합치가 있어야 한다(제815조제1호). 그러므로 혼인의사의 합치가 없는 가장혼인, 일방적 혼인신고 등은 무효이다.

② 혼인적령, 즉 남녀 모두 만18세에 달하여야 한다(제807조). 미성년자가 혼인을 한 때에는 성년자로 본다(제826조의2). 이를 성년의제라 한다. 다만 미성년자 또는 피성년후견인이 혼인을 할 때에는 부모나 성년후견인의 동의를 얻어야 한다(제807조, 제808조제1항, 제2항). 부모 중 일방이 동의권을 행사할 수 없는 때에는 다른 일방의 동의를 얻어야 하고, 부모가 모두 동의권을 행사할 수 없는 때에는 미성년후견인의 동의를 얻어야 한다(제808조제1항).

③ 근친혼이 아니어야 한다. 8촌 이내의 혈족(친양자의 입양 전의 혈족을 포함한다), 6촌 이내의 혈족의 배우자·배우자의 6촌 이내의 혈족·배우자의 4촌 이내의 혈족의 배우자인 인척이거나 이러한 인척이었던 자, 6촌 이내의 양부모계의 혈족이었던 자, 4촌 이내의 양부모계의 인척이었던 자 사이에서는 혼인하지 못한다(제809조).

④ 중혼이 아니라야 한다. 즉 배우자 있는 자는 다시 혼인하지 못한다(제810조).

2) 형식적 요건

혼인이 유효하게 성립하기 위한 형식적 요건은 혼인신고를 말한다. 민법은 법률

혼주의를 채택하고 있으므로 혼인은 「가족관계의 등록 등에 관한 법률」에 정한 바에 의하여 신고함으로써 그 효력이 생긴다(제812조제1항). 혼인신고는 당사자 쌍방과 성년자인 증인 2인이 연서한 서면으로 하여야 한다(제812조제2항). 외국에 있는 한국인 사이의 혼인은 그 외국에 주재하는 대사, 공사 또는 영사에게 신고할 수 있다. 혼인신고를 수리한 대사, 공사 또는 영사는 지체없이 그 신고서류를 본국의 등록기준지를 관할하는 가족관계등록관서에 송부하여야 한다(제814조).

⊙ 사실혼

사실혼이란 혼인의 의사를 가지고 동거생활을 하면서 혼인신고를 하지 않아 법률상의 혼인으로 인정받지 못하는 사실상의 혼인관계를 말한다. 사실혼의 경우에는 법률상 혼인의 효력이 인정되지 않지만, 혼인의 효력 중 혼인신고를 전제로 하지 않는 것은 인정된다.

2. 혼인의 무효와 취소

1) 혼인의 무효

혼인이 다음에 해당하는 경우에는 무효이다(제815조).

① 당사자간에 혼인의 합의가 없는 때
② 8촌 이내의 혈족(친양자의 입양 전의 혈족을 포함한다) 사이의 혼인인 때
③ 당사자간에 직계인척관계가 있거나 있었던 때
④ 당사자간에 양부모계의 직계혈족관계가 있었던 때

혼인이 무효인 때, 책임있는 당사자는 상대방의 재산상 손해와 정신상 고통에 대해 손해배상책임을 진다(제825조).

〈판례〉 혼인의 유효 요건

민법 제812조제1항은 혼인은 호적법에 정한 바에 의하여 신고함으로써 그 효력이 생긴다고 규정하고 있고, 같은 법 제815조제1호는 혼인무효사유의 하나로 당사자 간에 혼인의 합의가 없는 때를 규정하고 있는 바, 이러한 규정들의 취지에 비추어 보면, 혼인이 유효하기 위하여는 당사자 사이에 혼인의 합의가 있어야 하고, 이러한 혼인의 합의는 혼인신고를 할 당시에도 존재하여야 한다고 할 것이다(대법원 1996. 6. 28. 선고 94므1089 판결).

〈판례〉 가장신고에 의한 혼인의 효력

단순히 피청구인으로 하여금 국민학교의 교사직으로부터 면직당하지 않게 할 수단으로 호적부상 부부가 되는 것을 가장하기 위하여 이루어졌을 뿐 당사자 사이에 혼인의 합의 즉 정신적, 육체적 결합을 생기게 할 의사로서 신고된 것이 아니면 청구인과 피청구인간의 혼인관계는 무효이다(대법원 1980. 1. 29. 선고 79므62, 63 판결).

〈판례〉 혼인신고서의 제출 전에 혼인의사의 철회와 신고된 혼인의 효력

혼인 당사자간의 혼인할 의사의 합치는 혼인신고서를 작성할 때는 물론이고 혼인신고서를 호적공무원에게 신고할 때에도 존재함을 요한다고 해석되므로 일단 의사의 합치 아래 유효하게 신고서를 작성하였더라도 그 제출 전에 일방이 타방에 대하여 또는 그 제출을 타인에게 의뢰하였다면 그 사람에게 혼인의사를 철회한 경우나 호적공무원에게 혼인의사를 철회하였으니 그 수리를 하지 말도록 말한 경우에는 혼인의 의사합치가 없다고 할 것이므로 그 신고서가 제출되었더라도 그 혼인은 무효이다(대법원 1983. 12. 27. 선고 83므28 판결).

〈판례〉 민법 제815조 제2호의 헌법불합치 결정

민법(2005. 3. 31. 법률 제7427호로 개정된 것) 제 815조 제2호는 헌법에 합치되지 아니한다. 위 법률조항은 2024. 12. 31.을 시한으로 개정될 때까지 계속 적용된다(헌법재판소 2022. 10. 27. 선고 2018헌바115 전원재판부 결정).

2) 혼인의 취소

혼인이 다음에 해당하는 경우에는 법원에 그 취소를 청구할 수 있다(제816조).

① 혼인적령에 위반한 때

② 부모 또는 성년후견인의 동의 없이 미성년자 또는 피성년후견인이 혼인한 때

③ 근친혼에 해당하는 때(제815조의 규정에 의하여 무효사유에 해당하는 경우를 제외한다)

④ 중혼인 때

⑤ 혼인 당시 당사자 일방에 부부생활을 계속할 수 없는 악질 기타 중대한 사유가 있음을 알지 못한 때

⑥ 사기 또는 강박으로 인하여 혼인의 의사표시를 한 때

부모 또는 성년후견인의 동의 없이 미성년자 또는 피성년후견인이 혼인한 경우에는 그 당사자가 19세에 달한 후 또는 성년후견종료의 심판이 있은 후 3개월이 지나거나 혼인 중 임신한 때에는 그 취소를 청구하지 못한다(제819조). 근친혼에 해당하는 경우에도 혼인 중 포태한 때에는 그 취소를 청구하지 못한다(제820조). 악질 등 사유가 있는 혼인의 경우에는 상대방이 그 사유 있음을 안 날로부터 6월, 사기 또는 강박으로 인한 혼인의 경우에는 사기를 안 날 또는 강박을 면한 날로부터 3월 이내에 그 취소를 청구하여야 한다(제822조, 제823조).

혼인취소의 효력은 소급하지 아니한다(제824조). 이미 경과된 혼인관계를 원상으로 회복하는 것은 불가능하기 때문이다. 미성년자의 혼인에 의한 성년의제의 효과도 그대로 유지된다.

혼인취소에 대해 책임있는 당사자는 상대방의 재산상 손해와 정신상 고통에 대해 손해배상책임을 진다(제825조).

〈판례〉 갑·을간의 이혼이 취소되기 전 이루어진 갑·병간의 혼인의 효력

1. 갑, 을간의 확정이혼심판이 을이 제기한 재심의 소로서 취소됨으로써 갑, 을은 당초부터 이혼하지 않은 상태로 돌아갔다면 갑, 을 사이의 혼인 후에 새로이 이루어진 갑, 병간의 혼인은 중혼에 해당하게 되어 취소를 면할 수 없다(대법원 1987. 2. 24. 선고 86므125 판결).

2. 갑남이 을녀에 대한 재판상 이혼심판청구에서 승소확정심판을 받아 이혼신고를 마치고 혼인신고를 필하였으나 을녀가 재심청구를 하여 동 확정심판을 취소하고 갑남의 위 이혼심판청구를 기각한다는 재심심판이 선고되어 확정되었다면, 을녀가 한때 갑남에게 협의이혼을 하겠다는 뜻을 표시한 사실이 있다고 하더라도 갑남과의 사이에 아직도 법률상 부부관계가 존속되고 있는 을녀로서는 중혼에 해당하는 갑남·병녀 사이의 혼인의 취소를 구할 이익이 있다(대법원 1987. 1. 20. 선고 86므74 판결).

〈판례〉 협의이혼이 취소되기 전 이루어진 새로운 혼인이 중혼에 해당하는지 여부

청구인과 피청구인(갑)이 협의이혼한 것이 피청구인(갑)의 기망에 인한 것이었음을 이유로 청구인이 제기한 협의이혼취소심판이 청구인 승소로 확정되었다면 청구인과 피청구인(갑)은 당초부터 이혼하지 않은 상태로 되돌아갔다 할 것이니 위 취소심판 계속 중 피청구인(갑), (을)사이에 이루어진 혼인은 중혼의 금지규정에 위반한 것으로 혼인의 취소사유에 해당한다(대법원 1984. 3. 27. 선고 84므9 판결).

3. 혼인의 효력

1) 혼인의 일반적 효력

(1) 친족관계의 발생

혼인의 당사자는 서로 배우자의 신분을 가지게 되며 서로 친족이 된다(제777조제3호). 또 상대방의 4촌 이내의 혈족과 혈족의 배우자와도 친족이 된다(제777조제2호, 제771조).

(2) 동거·부양·협조의무

부부는 동거하며 서로 부양하고 협조할 의무가 있다. 그러나 직업상의 필요, 정신상 또는 육체상의 일시적 장애, 자녀 교육상의 필요 등 정당한 이유로 일시적으로 동거하지 아니하는 경우에는 서로 인용하여야 한다(제826조제1항). 부부의 동거장소는 부부의 협의에 따라 정한다. 그러나 협의가 이루어지지 아니하는 경우에는 당사자의 청구에 의하여 가정법원이 이를 정한다(제826조제2항). 부부의 일방이 정당한 이유없이 부양의무를 이행하지 않아 악의의 유기에 해당하는 경우에는 이혼사유가 된다(제840조제2호).

(3) 정조의무

민법에 명문의 규정은 없으나 학설과 판례는 부부간에 정조의무를 인정하고 있다. 배우자의 부정한 행위를 이혼사유로 규정한 민법 제840조제1호를 그 근거로 든다. 부부의 일방이 정조의무를 위반한 경우에는 이혼사유가 된다.

(4) 성년의제

부모 또는 후견인의 동의를 얻어 미성년자가 혼인을 한 때에는 성년자로 본다(제826조의2). 그러므로 혼인한 미성년자는 혼자서 유효한 법률행위를 할 수 있다. 다만 성년으로 의제되는 범위는 사법관계에 한정되고 공법관계에는 미치지 않는다.

〈해설 1〉 미성년자는 혼자서 유효한 법률행위를 할 수 없고 법정대리인 즉, 부모의 동의의 얻어야 한다. 법정대리인의 동의없이 한 미성년자의 법률행위는 본인이나 법정대리인이 이를 취소할 수 있다. 그러나 미성년자라 하더라도 혼인을 한 경우에는 성년자로 취급된다. 따라서 이사내는 혼자서 유효한 법률행위를 할 수 있고, 부모라 하더라도 취소할 수 없다.

(5) 부부간 계약의 취소권

부부간의 계약은 혼인 중 언제든지 부부의 일방이 이를 취소할 수 있다(제828조 본문). 『혼인 중』이라 함은 단지 형식적으로 혼인관계가 계속되고 있는 상태를 의미하는 것이 아니라, 형식적으로는 물론 실질적으로도 원만한 혼인관계가 계속되고 있는 상태를 뜻한다. 그러므로 혼인관계가 비록 형식적으로는 계속되고 있다고 하더라도 실질적으로 파탄에 이른 경우에는 부부간 계약이라 하더라도 이를 취소할 수 없다(대법원 1993. 11. 26. 선고 93다40072 판결). 부부간 계약의 취소권은 원만한 혼인관계가 계속되는 한 취소원인을 묻지 않고 언제든지 행사할 수 있다. 부부 중 일방이 부부간 계약을 취소한 경우 그 효과는 소급한다. 그러나 그 취소로 제3자의 권리를 해하지는 못한다(제828조 단서). 제3자가 악의인 경우에도 마찬가지이다.

2) 혼인의 재산상 효력

(1) 부부재산계약

부부재산계약이란 혼인성립 전에 재산관계에 관하여 미리 약정하는 것을 내용으로 하는 계약을 말한다. 예를 들면, 아내의 재산 또는 수입을 남편이 관리·증식한다는 내용의 계약을 말한다. 장차 혼인을 하려는 자는 혼인이 성립하기 전에 그 재산관계에 관하여 자유로이 부부재산계약을 체결할 수 있다(제829조제1항). 부부재산계약은 혼인 중 이를 변경하지 못한다(제829조제2항). 그러나 정당한 사유가 있는 때에는 법원의 허가를 얻어 변경할 수 있다(제829조제2항 단서).

부부재산계약에 의하여 부부의 일방이 다른 일방의 재산을 관리하는 경우에 부적당한 관리로 인하여 그 재산을 위태하게 한 때에는 다른 일방은 자기가 관리할 것을 법원에 청구할 수 있고 그 재산이 부부의 공유인 때에는 그 분할을 청구할 수 있다(제829조제3항).

부부재산계약은 혼인성립시까지 등기를 하여야 한다. 등기를 하지 않으면 부부 사이에서는 효력이 있지만 부부의 승계인 또는 제3자에게 대항하지 못한다(제829조제4항). 법원의 허가를 얻어 부부재산계약을 변경한 때, 관리자를 변경하거나 공유재산을 분할하였을 때에도 그 등기를 하지 않으면 부부의 승계인 또는 제3자에게 대항하지 못한다(제829조제5항).

혼인성립 전에 부부재산계약을 체결하지 않은 경우에는 법정재산제에 의한다.

(2) 법정재산제

① 부부별산제

부부의 일방이 혼인 전부터 가진 고유재산과 혼인 중 자기의 명의로 취득한 재산은 특유재산으로 한다(제830조제1항). 특유재산은 각자가 관리, 사용, 수익한다(제831조). 『혼인 중 자기의 명의로 취득한 재산』은 단순히 명의가 자기에게 되어 있는 경우를 의미하는 것이 아니라, 상속재산이나 증여받은 재산 등과 같이 실질적으로 자기에게 귀속된 재산을 말한다. 부부의 누구에게 속한 것인지 분명하지 아니한 재산은 부부의 공유로 추정한다(제830조제2항).

② 일상가사대리권과 일상가사채무의 연대책임

일상가사란 부부가 공동체로서 가정생활상 항시 행하는 사무를 말한다. 부부 공동생활에 필요한 의식주에 관한 사무, 가족의 보호, 오락, 교제, 자녀의 양육, 교육 등에 관한 사무가 이에 해당한다. 부부는 가사에 대해서는 일체화된 관계에 있기 때문에 일상가사에 관하여 서로 대리권이 있다(제827조제1항). 부부 중 일방이 다른 일방의 일상가사대리권에 제한을 가할 수 있지만, 그 제한으로써 선의의 제3자에게 대항하지 못한다(제827조제2항). 일상가사대리권은 부부의 동거여부와 관계없이 인정된다.

부부의 일방이 일상가사에 관하여 제3자와 법률행위를 한 때에는 다른 일방은 이로 인한 채무에 대해 연대책임을 진다(제832조 본문). 그러나 이미 제3자에 대하여 다른 일방의 책임 없음을 명시한 때에는 그러하지 아니하다(제832조 단서).

〈해설 2〉 민법 제827조제1항에 의하면 부부는 일상의 가사에 관하여 서로 대리권이 있다고 하여 소위 일상가사대리권을 규정하고 있고, 일상가사로 인한 채무에 대해서 부부가 연대책임을 지도록 하고 있다. 그런데 일상가사는 부부가 공동체로서 가정생활상 상시 행하여지는 행위에 한하므로 처가 친구의 사업자금을 빌리는데 연대보증을 선 행위 또는 처가 자가용차를 구입하는 행위는 일상가사의 범위 내에 포함되지 않는다고 할 것이다. 따라서 나몰라는 은행의 요구에 응할 필요도 없고 자동차할부금을 대신 갚을 의무도 없다(대법원 1985. 3. 26. 선고 84다카1621 판결).

그러나 은행이나 자동차회사에서는 남편 나몰라의 재산이 아닌 이순진의 특유재산에 대해 압류를 할 수 있다. 그리고 부부의 누구에게 속한 것인지 분명하지 아니한 재산은 부부의 공유로 추정하므로 이에 대해서 처 이순진의 공유지분도 압류할 수 있다.

③ 공동생활비용의 부담

부부의 공동생활에 필요한 비용은 당사자간에 특별한 약정이 없으면 부부가 공동으로 부담한다(제833조). 공동생활에 필요한 비용이란 일상가사의 범위에 속하는 비용을 말한다. 부담비율은 원칙적으로 균분이라고 할 것이지만, 부부의 수입을 고려하여 그 비율을 정하게 될 것이다. 다만, 부부 중 일방에 수입이 없어서 비용부담이 불가능한 경우에는 다른 일방이 모든 비용을 부담하여야 할 것이다.

[3] 이혼

〈사례 1〉 부부인 김사장과 이순진은 남편 김사장의 사업이 곧 부도날 것에 대비하여 재산을 빼돌리기로 하고 처 이순진에게 모든 부동산을 명의이전하고 협의이혼을 하였다. 김사장과 이순진은 진정으로 이혼할 의사가 없었으나, 이순진은 우연히 알게 된 이제비와 사랑에 빠져 김사장에게 돌아갈 마음이 없어졌다. 김사장은 이혼 당시에 진정으로 이혼할 의사가 없었음을 이유로 이혼의 무효를 주장한다. 김사장과 이순진의 이혼은 유효한가 무효인가?

이혼이란 부부가 혼인관계를 해소하는 것을 말한다. 이혼에는 협의이혼과 재판상 이혼이 있다.

1. 협의이혼

1) 요건

부부는 협의에 의하여 이혼할 수 있다(제834조). 협의이혼이 성립하기 위해서는 실질적 요건과 형식적 요건을 갖추어야 한다.

① 실질적 요건으로서 당사자 사이에 이혼의사의 합치가 있어야 한다. 피성년후견인은 부모 또는 성년후견인의 동의를 얻어야 한다(제835조).

② 형식적 요건으로서 가정법원의 확인을 받아 「가족관계의 등록 등에 관한 법률」에 정한 바에 의하여 신고함으로써 이혼의 효력이 생긴다(제836조제1항). 신고는 당사자 쌍방과 성년자인 증인 2인이 연서한 서면으로 하여야 한다(제836조제2항).

2) 이혼숙려기간 제도

협의이혼 당사자는 자녀(포태중인 자 포함)가 있는 경우 3개월, 자녀가 없는 경우 1개월의 이혼숙려기간을 가진 후 가정법원으로부터 이혼의사의 확인을 받아야 이혼할 수 있다(제836조의2제2항). 신중하지 못한 이혼을 방지하기 위한 제도이다. 다만, 가정법원은 폭력으로 인하여 당사자 일방에게 참을 수 없는 고통이 예상되는 등 이혼을 하여야 할 급박한 사정이 있는 경우에는 이혼숙려기간을 단축 또는 면제할 수 있다(제836조의2제3항).

3) 자녀양육 및 친권자 지정

자녀양육사항 및 친권자 지정을 합의하지 않으면 이혼하지 못한다. 종래 협의이혼제도는 당사자 사이에 자녀양육과 친권자 지정 없이도 이혼이 가능하였다. 이에 대해 이혼가정의 자녀양육환경이 악화된다는 문제가 제기되어왔다. 이혼을 하려는 부부는 양육자, 양육비용, 면접교섭권 행사여부와 그 방법이 적힌 양육사항과 친권자 결정에 관한 협의서 또는 가정법원의 심판정본을 이혼확인시 의무적으로 제출하여야 한다(제836조의2제4항). 가정법원은 당사자가 협의한 양육비부담에 관한 내용을 확인하는 양육비부담조서를 작성하여야 한다. 이 경우 양육비부담조서의 효력에 대하여는 「가사소송법」 제41조를 준용한다(제836조의2제5항). 따라서 이 조서에는 확정된 심판에 준하는 집행력이 인정되므로 이 조서를 집행권원으로 하는 모든 종류의 강제집행이 가능하다.

4) 이혼의 무효와 취소

이혼신고가 수리되었으나 당사자 사이에 이혼의사의 합치가 없는 경우 그 이혼은 무효이다. 당사자 일방 또는 쌍방이 모르는 사이에 제3자가 이혼신고를 한 경우, 유효하게 이혼신고서를 작성한 후 그 수리 이전에 상대방 또는 호적공무원에게 이혼의사를 철회한 경우에는 이혼의 효력이 없다.

사기 또는 강박으로 인하여 이혼의 의사표시를 한 자는 그 취소를 가정법원에 청구할 수 있다(제838조). 이 취소청구권은 사기를 안 날 또는 강박을 면한 날로부터 3월을 경과한 때에는 소멸한다(제839조). 이혼의 취소는 혼인의 취소와 달리 소급효가 인정된다.

〈해설 1〉 진정으로 이혼할 의사가 없이 다른 목적을 위하여 하는 이혼을 가장이혼이라 한다. 당사자 사이에 이혼의사의 합치가 없는 경우에 그 이혼은 무효이지만, 일시적으로나마 그 법률상의 부부관계를 해소하려는 당사자간의 합의하에 협의이혼신고가 된 이상, 비록 그 협의이혼이 다른 목적을 위한 가장이혼이라고 하더라도 양자간에 이혼의 의사가 없다고는 말할 수 없다. 따라서 김사장과 이순진의 협의이혼은 무효로 되지 아니한다(대법원 1993. 6. 11. 선고 93므171 판결 참조).

2. 재판상 이혼

재판상 이혼은 법정이혼사유가 있는 경우에 부부의 일방이 가정법원에 청구하는 이혼을 말한다(제840조). 재판상 이혼은 법정이혼사유가 있으나 협의이혼이 이루어지지 않는 경우에 이루어진다.

1) 법정이혼원인

부부의 일방은 다음의 사유가 있는 경우에는 가정법원에 이혼을 청구할 수 있다(제840조).

① 배우자의 부정한 행위가 있었을 때(제840조제1호)

부정한 행위란 간통 등을 포함하여 넓게 부부의 정조의무에 충실하지 않은 일체의 행위를 말한다. 물론 부정한 행위는 자유로운 의사에 의한 것이어야 한다. 그러므로 강간을 당한 경우에는 부정한 행위로 인정되지 않는다. 부정한 행위는 은밀히 이루어지기 때문에 이를 증명하는 것이 매우 어렵다. 그러므로 부정한 행위는 추정에 의하는 경우가 많다. 이성과 한 방에서 밤을 지낸 경우, 숙박업소에 함께 투숙한 경우, 출산한 자식이 남편의 자식이 아님이 증명된 경우, 배우자 이외의 사람으로부터 성병에 감염된 경우에는 부정한 행위가 있었다고 추정할 수 있다.

배우자의 부정한 행위에 대하여 사전에 동의하거나 사후에 용서를 한 때에는 이혼을 청구할 수 없다(제841조). 동의나 용서는 명시적인 의사표시는 물론 묵시적인 방법으로도 할 수 있다. 첩을 얻어서라도 아들을 낳으라는 의사표시는 명시적인 사전동의라 할 수 있고, 배우자의 부정한 행위를 알고도 아무 말 없이 부부생활을 계속하는 것은 사후의 묵시적인 용서로 볼 수 있다.

배우자의 부정한 행위를 이유로 이혼을 청구하는 경우에는 배우자의 부정한 행위를 안 날로부터 6월, 그 사유가 있은 날로부터 2년 이내에 청구하여야 한다(제841조).

〈판례〉 "부정한 행위"의 의미

"부정한 행위"라 함은 배우자로서의 정조의무에 충실치 못한 일체의 행위를 포함하며 이른바 간통보다는 넓은 개념으로서 부정한 행위인지의 여부는 각 구체적 사안에 따라 그 정도와 상황을 참작하여 평가하여야 할 것이다.

고령이고 중풍으로 정교능력이 없어 실제로 정교를 갖지는 못하였다 하더라도 배우자 아닌 자와 동거한 행위는 배우자로서의 정조의무에 충실치 못한 것으로서 "부정한 행위"에 해당한다(대법원 1992. 11. 10. 선고 92므68 판결).

〈판례〉 부정한 행위에 해당되지 않는다고 본 사례

처가 남편 아닌 남자와 식사를 하거나 캬바레에 출입하고 동인이 운전하는 차에 타고 귀가한 사실이 있다 하더라도 이것이 부가 요구하는 사업자금을 마련하기 위한 것이었고 또한 처가 동인과 둘이서만 다닌 것이 아니라 친구 등 다른 사람과 함께 참여한 것이라면 이를 가리켜 처가 부정한 행위를 하였다고 보기 어렵다(대법원 1986. 6. 10. 선고 86므8 판결).

② 배우자가 악의로 다른 일방을 유기한 때(제840조제2호)

『악의』란 자기의 행위가 사회적으로 비난받을 비윤리적 행위임을 적극적으로 알고 있는 상태를 말하며, 『유기』란 정당한 이유없이 동거, 부양 또는 협조의무를 이행하지 않는 것을 말한다. 상대방을 내쫓거나 일정한 장소에 두고 나간다거나 나가게 하고 돌아오지 못하게 하는 경우 등이 유기에 해당한다. 다만 질병이나 경제적 사정으로 부득이 별거하는 경우에는 악의의 유기에 해당하지 않는다.

〈판례〉 남편이 정신이상의 증세가 있는 처를 두고 가출하여 비구승이 된 것을 악의의 유기라고 본 사례

청구인의 어머니가 며느리인 피청구인을 데리고 절에 기도드리러 가서 비정상적 행동을 하자 피청구인이 갑자기 정신이상의 증세를 보이기 시작하여 지금까지 계속 재발을 반복해 왔는데, 청구인의 노력에도 불구하고 피청구인이 청구인의 종교인 불교에 대하여 계속 적대적인 태도를 취하여 왔으며 이러한 사정으로 청구인이 이혼을 요구하였으나 피청구인이 불응하자 청구인은 집을 나와 입산하여 비구승이 됨으로써 부부가 10년 넘게 별거하게 되고 현재에 이르러서는 서로의 배타적 신앙생활로 인한 애정의 결핍과 장기간의 별거로 혼인관계가 돌이킬 수 없는 파탄에 빠져있는 것이라면, 이러한 파탄은 청구인이 정신적으로 완전하지 아니한 피청구인을 악의로 유기함에서 비롯되었다고 본 원심의 판단은 수긍된다(대법원 1990. 11. 9. 선고 90므583, 590 판결).

③ 배우자 또는 그 직계존속으로부터 심히 부당한 대우를 받았을 때(제840조제3호)

『심히 부당한 대우』란 신체적·정신적 학대 또는 명예에 대한 모욕으로 말미암아 부부공동생활을 계속할 수 없을 정도로 고통스러운 경우를 말한다. 그 판단은 사회통념에 의한다. 즉 일반인을 기준으로 하여 그 정도면 도저히 부부공동생활을 할 수 없다고 판단되는 경우에는 심히 부당한 대우로 인정된다. 배우자나 그 직계존속이 혼수가 적다는 이유로 매일 욕설과 행패를 부리는 경우 또는 매일 폭행이나 구타를 하는 경우 등이 이에 해당한다.

④ 자기의 직계존속이 배우자로부터 심히 부당한 대우를 받았을 때(제840조제4호)

며느리가 시부모에게 또는 사위가 장인·장모에게 심히 부당한 대우를 하는 경우, 예를 들면 며느리가 시부모의 경제권을 빼앗고 일체의 용돈을 주지 않으면서 욕설을 퍼부어 견디기 어려운 경우, 사위가 장인·장모에게 구타나 폭행을 하는 경우 또는 모욕적인 욕설을 하는 경우에도 이혼사유가 된다.

⑤ 배우자의 생사가 3년 이상 분명하지 아니한 때(제840조제5호)

『생사가 분명하지 아니한 때』란 생존도 사망도 확인할 수 없거나 증명할 수 없는 경우를 말한다. 생사불명인 상태가 3년 이상 계속될 것을 요하며, 그 원인은 불문한다. 3년의 기산점은 잔존배우자에게 알려져 있는 최후의 생존일자이며 전쟁 기타 위난을 당한 자는 그 위난이 사라진 때부터 기산한다.

생사불명을 이유로 한 이혼소송은 공시송달과 결석판결의 절차를 밟아 행하여지고, 이혼이 확정되면 생사불명이었던 배우자가 돌아오더라도 이혼의 효력이 소멸하지 않는다.

⑥ 기타 혼인을 계속하기 어려운 중대한 사유가 있을 때(제840조제6호)

기타 혼인을 계속하기 어려운 중대한 사유로는 육체적 파탄의 원인이 되는 이유 없는 성생활의 거부·부당한 피임으로 인한 임신거부·성적 불능·성병의 감염, 윤리적·정신적 파탄의 원인이 되는 배우자의 범죄행위·불치의 정신병·알콜이나 마약 등 약물중독·계속적인 외박과 도박행위·신앙의 차이·광적인 신앙·성격 차이·애정상실·혼인전 부정행위로 인한 심각한 갈등, 경제적 파탄의 원인이 되는 무절제한 낭비벽·지나친 사치와 방탕 등이 있다. 그러나 임신 또는 출산의 불능, 무정자증, 단순한 감정대립이나 갈등 등은 그 자체로는 혼인을 계속하기 어려운 중대한 사유에 해당하지 않는다.

기타 혼인을 계속하기 어려운 중대한 사유는 다른 일방이 이를 안 날로부터 6월, 그 사유가 있은 날로부터 2년을 경과하면 이혼을 청구하지 못한다(제842조).

〈판례〉 과도한 신앙생활로 인하여 가정 및 혼인 생활을 소홀히 한 경우, 이혼사유가 된다고 본 사례

신앙의 자유는 부부라고 하더라도 이를 침해할 수 없는 것이지만, 부부 사이에는 서로 협력하여 원만한 부부생활을 유지하여야 할 이무가 있으므로 그 신앙의 자유에는 일정한 한계가 있다 할 것인바, 처가 신앙생활에만 전념하면서 가사와 육아를 소홀히 한 탓에 혼인이 파탄에 이르게 되었다면 그 파탄의 주된 책임은 처에게 있는 것으로 보아야 할 것이다(대법원 1996. 11. 15. 선고 96므851 판결).

2) 유책배우자의 이혼청구

이혼에 관한 입법태도는 크게 유책주의와 파탄주의로 구분된다. 유책주의는 유책

배우자 즉 이혼의 원인을 야기한 배우자의 이혼청구는 허용하지 않고 그 상대방의 이혼청구만을 인정하는 입법태도를 말하고, 파탄주의는 혼인생활이 파탄이 되었으면 유책배우자의 이혼청구도 허용하는 입법태도를 말한다. 우리 민법은 유책주의를 취하고 있다. 그러므로 축출이혼이 허용되지 않는다. 다만 판례는 특별한 경우에 한하여 예외적으로 유책배우자의 이혼청구도 인정하고 있다.

〈판례〉 유책배우자의 이혼청구 인정 여부

혼인생활의 파탄에 대하여 주된 책임이 있는 배우자는 그 파탄을 사유로 하여 이혼을 청구할 수 없는 것이 원칙이고, 다만 상대방도 그 파탄 이후 혼인을 계속할 의사가 없음이 객관적으로 명백하고 다만 오기나 보복적 감정에서 이혼에 응하지 않고 있을 뿐이라는 등 특별한 사정이 있는 경우에만 예외적으로 유책배우자의 이혼청구권이 인정된다(대법원 1995. 11. 21. 선고 95므731 판결).

〈판례〉 유책배우자의 이혼청구가 허용되는 예외적 사유의 확대

대법원판례가 유책배우자의 이혼청구를 허용하지 아니하는 것은 혼인제도가 요구하는 도덕성에 배치되고 신의성실의 원칙에 반하는 결과를 방지하려는 데에 있으므로, 혼인제도가 추구하는 이상과 신의성실의 원칙에 비추어 보더라도 그 책임이 반드시 이혼청구를 배척해야 할 정도로 남아 있지 아니한 경우에는 그러한 배우자의 이혼청구는 혼인과 가족제도를 형해화할 우려가 없고 사회의 도덕관 · 윤리관에도 반하지 아니한다고 할 것이므로 허용될 수 있다고 보아야 한다.

그리하여 대법원판례에서 이미 허용하고 있는 것처럼 상대방 배우자도 혼인을 계속할 의사가 없어 일방의 의사에 의한 이혼 내지 축출이혼의 염려가 없는 경우는 물론, 나아가 이혼을 청구하는 배우자의 유책성을 상쇄할 정도로 상대방 배우자 및 자녀에 대한 보호와 배려가 이루어진 경우, 세월의 경과에 따라 혼인파탄 당시 현저하였던 유책배우자의 유책성과 상대방 배우자가 받은 정신적 고통이 점차 약화되어 쌍방의 책임의 경중을 엄밀히 따지는 것이 더 이상 무의미할 정도가 된 경우 등과 같이 혼인생활의 파탄에 대한 유책성이 그 이혼청구를 배척해야 할 정도로 남아 있지 아니한 특별한 사정이 있는 경우에는 예외적으로 유책배우자의 이혼청구를 허용할 수 있다(대법원 2015. 9. 15. 선고 2013므568 전원합의체 판결).

3. 이혼의 효과

1) 혼인관계의 종료

이혼이 된 때 혼인관계가 종료하므로 부부관계도 소멸한다. 그러므로 부부로서의 모든 권리의무, 즉 동거·부양·협조의무, 정조의무, 일상가사대리권이 소멸하고 부부재산계약도 효력을 상실한다. 혼인으로 인하여 성립하였던 인척관계도 소멸한다(제775조제1항). 그러나 이미 행하여진 일상가사대리와 일상가사채무에 대한 연대책임에는 영향을 미치지 않으며, 부모와 자녀 사이의 친족관계는 변하지 않는다.

2) 자녀의 양육권 및 친권

이혼의 당사자는 그 자의 양육에 관한 사항을 협의에 의하여 정한다(제837조제1항). 양육에 관한 사항의 협의가 되지 아니하거나 협의할 수 없는 때에는 가정법원은 당사자의 청구 또는 직권에 의하여 그 자의 연령, 부모의 재산상황 기타 사정을 참작하여 양육에 필요한 사항을 정하며 언제든지 그 사항을 변경 또는 다른 적당한 처분을 할 수 있다(제837조제2항). 가정법원에 의하여 양육에 관한 사항이 정해진 경우에도 그 사항 이외에는 부모의 권리와 의무가 변경되는 것은 아니다(제837조제3항).

자녀가 미성년자인 경우 부모가 친권자가 되고(제909조제1항), 부모가 혼인중인 때에는 부모가 공동으로 친권을 행사하지만(제909조제2항 본문), 부모가 이혼하는 경우에는 협의하여 친권자를 정하여야 하고, 협의할 수 없거나(예: 행방불명 또는 의식불명인 경우) 협의가 이루어지지 아니하는 경우에는 당사자는 가정법원에 그 지정을 청구하여야 한다(제909조제4항). 재판상 이혼의 경우에는 가정법원이 직권으로 친권자를 정한다(제909조제5항).

〈판례〉 아내가 혼인 중 남편이 아닌 제3자의 정자를 제공받아 인공수정으로 임신한 자녀를 산한 경우, 남편의 자녀로 추정되는지 여부 / 인공수정에 동의한 남편이 나중에 이를 번복하고 친생부인의 소를 제기할 수 있는지 여부

친생자와 관련된 민법 규정, 특히 민법 제844조 제1항(이하 '친생추정 규정'이라 한다)의 문언과 체계, 민법이 혼인 중 출생한 자녀의 법적 지위에 관하여 친생추정 규정을 두고 있는

기본적인 입법 취지와 연혁, 헌법이 보장하고 있는 혼인과 가족제도 등에 비추어 보면, 아내가 혼인 중 남편이 아닌 제3자의 정자를 제공받아 인공수정으로 자녀를 출산한 경우에도 친생추정 규정을 적용하여 인공수정으로 출생한 자녀가 남편의 자녀로 추정된다고 보는 것이 타당하다.

정상적으로 혼인생활을 하고 있는 부부 사이에서 인공수정 자녀가 출생하는 경우 남편은 동의의 방법으로 자녀의 임신과 출산에 참여하게 되는데, 이것이 친생추정 규정이 적용되는 근거라고 할 수 있다. 남편이 인공수정에 동의하였다가 나중에 이를 번복하고 친생부인의 소를 제기하는 것은 허용되지 않는다(대법원 2019. 10. 23. 선고 2016므2510 전원합의체 판결).

〈판례〉 혼인 중 아내가 임신하여 출산한 자녀가 남편과 혈연관계가 없다는 점이 밝혀진 경우에도 친생추정이 미치는지 여부

민법 제844조 제1항(이하 '친생추정 규정'이라 한다)의 문언과 체계, 민법이 혼인 중 출생한 자녀의 법적 지위에 관하여 친생추정 규정을 두고 있는 기본적인 입법 취지와 연혁, 헌법이 보장하고 있는 혼인과 가족제도, 사생활의 비밀과 자유, 부부와 자녀의 법적 지위와 관련된 이익의 구체적인 비교 형량 등을 종합하면, 혼인 중 아내가 임신하여 출산한 자녀가 남편과 혈연관계가 없다는 점이 밝혀졌더라도 친생추정이 미치지 않는다고 볼 수 없다. 혈연관계의 유무는 친생추정을 번복할 수 있는 사유에는 해당할 수 있지만 친생추정이 미치지 않는 범위를 정하는 사유가 될 수 없다(대법원 2019. 10. 23. 선고 2016므2510 전원합의체 판결).

3) 면접교섭권

자를 직접 양육하지 않는 부모의 일방과 자는 상호 면접교섭할 수 있는 권리를 가진다(제837조의2제1항). 면접교섭권이란 전화통화, 서신교환, 선물교환 또는 자녀 양육에 지장없는 기간 중 여행 등을 할 수 있는 권리를 말한다. 면접교섭의 방법과 시기 등은 부모가 협의하여 정한다. 협의할 수 없거나 협의가 이루어지지 않는 경우에는 당사자의 청구 또는 직권에 의하여 가정법원이 정한다(제837조의2제2항). 면접교섭권을 인정한 결과 자녀에게 나쁜 영향을 미칠 염려가 있는 경우에는 가정법원은 당사자의 청구 또는 직권에 의하여 면접교섭을 제한하거나 배제할 수 있다(제837조의2제3항).

자를 직접 양육하지 아니하는 부모 일방의 직계존속은 그 부모 일방이 사망하였거나 질병, 외국거주, 그 밖에 불가피한 사정으로 자를 면접교섭할 수 없는 경우 가

정법원에 자와의 면접교섭을 청구할 수 있다. 이 경우 가정법원은 자의 의사, 면접교섭을 청구한 사람과 자의 관계, 청구의 동기, 그 밖의 사정을 참작하여야 한다(제837조의2제2항).

4) 재산분할청구권

재산분할청구권이란 부부가 혼인 중 공동의 노력으로 이룩한 재산에 대해 이혼시 그 재산의 형식상 명의에 불구하고 청산을 청구할 수 있는 권리를 말한다. 협의이혼이든 재판상 이혼이든 이혼한 자의 일방은 다른 일방에 대하여 재산분할을 청구할 수 있다(제839조의2제1항). 재산분할은 당사자의 협의에 의한다. 재산분할에 관하여 협의가 되지 아니하거나 협의할 수 없는 때에는 가정법원은 당사자의 청구에 의하여 당사자 쌍방의 협력으로 이룩한 재산의 액수 기타 사정을 참작하여 분할의 액수와 방법을 정한다(제839조의2제2항). 재산분할청구권은 이혼한 날부터 2년을 경과한 때에는 소멸한다(제839조의2제3항).

재산분할의 대상이 되는 재산은 쌍방의 협력으로 이룩한 재산이다. 특유재산은 분할대상에서 제외되지만 그 재산의 감소방지 또는 유지를 위하여 협력한 몫은 인정되며, 가사노동도 협력으로 인정된다.

재산분할의 산정시기는 별거나 이혼 후에 재산분할을 청구한 때에는 별거 또는 이혼시를 기준으로 한다. 그러나 별거나 이혼 후 취득한 재산이라도 별거나 이혼 전에 쌍방의 협력으로 형성된 자원에 기한 것이라면 재산분할의 대상이 된다.

2007년 민법 개정시 배우자의 재산분할청구권 행사를 막기 위해 재산을 빼돌리는 등의 행위에 대처할 수 있도록 재산분할청구권 보전을 위한 사해행위취소권이 신설되었다. 사해행위를 한 때에는 상대방 배우자가 그 취소 및 원상회복을 가정법원에 청구할 수 있다. 이 경우 취소의 소는 취소원인을 안 날로부터 1년, 법률행위가 있은 날로부터 5년 내에 제기하여야 한다(제839조의3).

〈판례〉 재산분할의 대상

부부 중 일방이 상속받은 재산이거나 이미 처분한 상속재산을 기초로 형성된 부동산이더라도 이를 취득하고 유지함에 있어 상대방의 가사노동 등이 직·간접으로 기여한 것이라면 재산분할의 대상이 된다.

제3자 명의의 재산이더라도 그것이 부부 중 일방에 의하여 명의신탁된 재산 또는 부부의 일방이 실질적으로 지배하고 있는 재산으로서 부부 쌍방의 협력에 의하여 형성된 것이거나 부부 쌍방의 협력에 의하여 형성된 유형, 무형의 자원에 기한 것이라면 그와 같은 사정도 참작하여야 한다는 의미에서 재산분할의 대상이 된다(대법원 1998. 4. 10. 선고 96므1434 판결).

〈판례〉 재산분할의 대상 및 부부 일방이 혼인 중 제3자에 대하여
부담한 임대차보증금반환채무가 청산의 대상이 되는지 여부

혼인 중에 쌍방의 협력에 의하여 이룩한 부부의 실질적인 공동재산은 부동산은 물론 현금 및 예금자산 등도 포함하여 그 명의가 누구에게 있는지 그 관리를 누가 하고 있는지를 불문하고 재산분할의 대상이 되는 것이고, 부부의 일방이 별거 후에 취득한 재산이라도 그것이 별거 전에 쌍방의 협력에 의하여 형성된 유형·무형의 자원에 기한 것이라면 재산분할의 대상이 된다고 할 것이고, 한편 부부 일방이 혼인 중 제3자에 대하여 채무를 부담한 경우에 그 채무 중에서 공동재산의 형성에 수반하여 부담하게 된 채무는 청산의 대상이 되는 것인데, 부동산에 대한 임대차보증금반환채무는 특별한 사정이 없는 한 혼인 중 재산의 형성에 수반한 채무로서 청산의 대상이 되는 것이다(대법원 1999. 6. 11. 선고 96므1397 판결).

5) 손해배상청구권

재판상 이혼의 경우, 당사자 일방은 과실있는 상대방에 대하여 이로 인한 손해의 배상을 청구할 수 있다. 손해에는 재산상의 손해 외에 정신상 고통으로 인한 손해(위자료)도 포함된다. 다만 정신상 고통에 대한 배상청구권은 양도 또는 승계하지 못한다. 그러나 당사자간에 이미 그 배상에 관한 계약이 성립되거나 소를 제기한 후에는 양도 또는 승계할 수 있다(제843조, 제806조제1항).

제8절 상속과 유언

[1] 상속

〈사례 1〉 사업가인 갑은 처 을과의 사이에 딸 병, 아들 정을 두었고, 딸 병은 A와 혼인하여 그 사이에 딸과 아들이 있으며, 아들 정도 결혼하여 딸과 아들을 두고 있었다. 그런데 갑 부부, 아들 정의 가족 전부, 딸 병과 그 자녀들은 A를 제외한 가족 전원이 함께 탑승 중이던 항공기의 추락사고로 모두 사망하였다. 즉 사위 A를 제외한 갑의 모든 가족이 동일한 위난으로 사망한 것으로서 민법 제30조에 의하여 모두 동시에 사망한 것으로 추정된다. 당시 갑에게 다른 직계비속이나 직계존속은 없었고 다만 형제자매만 있었다. 이 경우 갑의 재산은 누가 상속하는가?

〈사례 2〉 갑은 을의 불법행위로 인하여 사망하였다. 갑의 유족으로는 임신 중인 처 병과 부모가 있다. 그런데 병은 태아를 출산할 경우 결손가정에서 키우기 어려우리라는 우려와 남편의 사망으로 인한 정신적 충격 및 신체적 쇠약으로 고민 끝에 낙태를 하였다. 이 경우 갑의 재산과 손해배상채권은 누가 상속하는가?

1. 상속의 의의

상속이란 사망한 자의 권리의무를 포괄적으로 승계하는 것을 말한다. 1990년 민법개정 전에는 호주상속과 재산상속의 두 가지가 인정되었으나 개정민법에서는 호주상속제도를 폐지하고 재산상속만을 인정하고 있다. 재산상속이란 피상속인의 사망으로 인하여 피상속인의 재산상의 권리의무를 상속인이 승계하는 것을 말한다. 상속은 사망으로 인하여 개시된다(제997조). 그러므로 생전상속은 인정되지 않는다. 실종선고의 경우에도 사망으로 의제되어 상속이 개시된다.

⊙ 실종선고 제도

실종선고 제도란 부재자의 생사불명 상태가 장기간 계속되어 사망의 개연성은 크지만 그 확증이 없는 경우, 일정한 요건 하에 법원이 실종선고를 함으로써 일정시기를 표준으로 하여 사망과 동일한 법률효과가 발생하도록 하는 제도를 말한다. 부재자의 생사가 5년간 분명하지 아니한 때(보통실종) 또는 전지에 임한 자, 침몰한 선박 중에 있던 자, 추락한 항공기 중에 있던 자 기타 사망의 원인이 될 위난을 당한 자의 생사가 전쟁종지 후 또는 선박의 침몰, 항공기의 추락 기타 위난이 종료한 후 1년간 분명하지 아니한 때(특별실종) 법원은 이해관계인이나 검사의 청구에 의하여 실종선고를 하여야 한다(제27조). 실종선고를 받은 자는 실종기간(5년 또는 1년)이 만료한 때에 사망한 것으로 본다(제28조).

2. 상속의 순위

상속은 피상속인의 직계비속, 직계존속, 형제자매, 4촌 이내의 방계혈족의 순위로 상속인이 된다(제1000조제1항). 상속인이 없는 경우 상속재산은 원칙적으로 국가에 귀속한다(제1058조제1항).

1) 제1순위 - 피상속인의 직계비속

아들, 딸, 손자, 손녀 등 피상속인의 직계비속이 제1순위 상속인이 된다(제1000조제1항제1호). 자녀와 손자가 있는 때에는 최근친인 자녀가 상속인이 되고, 자녀가 2인 이상 있는 때에는 공동상속인이 된다(제1000조제2항). 자녀가 없는 경우에는 손자가 상속인이 된다. 상속인이 되는 자녀는 혼인 중의 출생자이든 혼인 외의 출생자(사생아)이든, 친생자이든 양자이든, 기혼이든 미혼이든 묻지 않는다. 태아도 상속순위에 관하여는 이미 출생한 것으로 본다(제1000조제3항). 피상속인의 배우자는 직계비속과 함께 공동상속인이 된다(제1003조제1항).

2) 제2순위 - 피상속인의 직계존속

제1순위 상속인이 없는 경우에는 피상속인의 부모, 조부모 등 직계존속이 제2순위 상속인이 된다(제1000조제1항제2호). 부모와 조부모가 있는 때에는 최근친인 부모가 공동상속인이 되고, 모만 있는 때에는 모가 단독상속인이 된다. 조모만 있는 때에는 조모가 단독상속인이 된다. 친부모와 양부모가 있는 경우에는 상속순위가 동일하다. 피상속인의 배우자는 직계존속과 함께 공동상속인이 된다(제1003조제1항).

3) 제3순위 - 피상속인의 형제자매

제1순위, 제2순위 상속인이 없고 피상속인의 배우자도 없는 경우에는 피상속인의 형제자매가 제3순위 상속인이 된다(제1000조제1항제3호, 제1003조제1항). 형제자매가 수인인 경우에는 공동상속인이 된다.

4) 제4순위 - 피상속인의 4촌 이내의 방계혈족

3촌부터 4촌 이내의 방계혈족이 4순위 상속인이 된다(제1000조제1항제4호). 3촌과 4촌이 있는 때에는 최근친인 3촌이 선순위가 되고, 3촌이 수인인 경우 공동상속인이 된다(제1000조제2항).

5) 피상속인의 배우자

피상속인의 배우자는 피상속인의 직계비속 또는 직계존속이 있는 때에는 그 상속인과 동순위로 공동상속인이 되고, 피상속인의 직계비속 또는 직계존속이 없는 때에는 단독상속인이 된다(제1003조제1항). 사실혼의 배우자는 상속권이 인정되지 않는다. 다만 사실혼의 배우자는 상속인이 없는 경우에 특별연고자로서 법원에 청구하여 상속재산의 전부 또는 일부를 받을 수 있다.

⊙ 특별연고자에 대한 분여제도

사망한 자에게 상속인이 없는 경우 상속재산은 원칙적으로 국가에 귀속한다. 그러나 이 경우 상속인의 자격은 없지만 피상속인과 특별한 연고가 있던 자, 예를 들면 사실혼 관계에 있는 자, 입양신고를 하지 않은 사실상의 양자, 생계를 같이 하고 있던 자, 피상속인의 요양간호를 한 자 등에게 아무런 권리를 주지 않는 것은 가혹하다 할 것이다. 따라서 민법은 이러한 특별연고자에 대해 국가에 귀속될 상속재산을 나누어 줄 수 있는 제도를 마련하고 있다. 이것을 특별연고자에 대한 분여제도라 한다. 상속권을 주장하는 자가 없는 경우 가정법원은 특별연고자의 청구에 의하여 상속재산의 전부 또는 일부를 분여할 수 있다(제1057조의2제1항). 특별연고자 분여제도에 의해서도 분여되지 아니한 상속재산은 국가에 귀속된다(제1058조제1항).

⊙ 동시사망의 추정

2인 이상이 동일한 위난으로 사망하여 사망사실의 발생시점의 전후를 확정하기 어려운 경우에는 동시에 사망한 것으로 추정한다(제30조). 동시사망의 추정은 법률상 추정으로 이를 번복하기 위해서는 동일한 위난으로 사망하였다는 전제사실에 대한 반증 또는 다른 시점에 사망하였다는 증거가 있어야만 한다.

〈판례〉 혼인외 출생자의 인지와 상속

민법 제860조는 인지의 소급효는 제3자가 이미 취득한 권리에 의하여 제한받는다는 취지를 규정하면서 민법 제1014조는 상속개시 후의 인지 또는 재판의 확정에 의하여 공동상속인이 된 자는 그 상속분에 상응한 가액의 지급을 청구할 권리가 있다고 규정하여 제860조 소정의 제3자의 범위를 제한하고 있는 취지에 비추어 볼 때, 혼인 외의 출생자가 부의 사망 후에 인지의 소에 의하여 친생자로 인지받은 경우 피인지자보다 후순위 상속인인 피상속인의 직계존속 또는 형제자매 등은 피인지자의 출현과 함께 자신이 취득한 상속권을 소급하여 잃게 되는 것으로 보아야 하고, 그것이 민법 제860조 단서의 규정에 따라 인지의 소급효 제한에 의하여 보호받게 되는 제3자의 기득권에 포함된다고는 볼 수 없다(대법원 1993. 3. 12. 선고 92다48512 판결).

3. 대습상속

상속인이 될 직계비속 또는 형제자매가 상속개시 전에 사망하거나 결격자가 된 경우에 그 직계비속이 있는 때에는 그 직계비속이 사망하거나 결격된 자의 순위에 갈음하여 상속인이 된다(제1001조). 상속개시 전에 사망 또는 결격된 자의 배우자는 그 직계비속과 동순위로 공동상속인이 되고 그 직계비속이 없는 때에는 단독상속인이 된다(제1003조제2항). 이것을 대습상속이라고 한다.

〈해설 1〉 동시사망으로 추정되는 경우 대습상속의 가능 여부 원래 대습상속제도는 대습자의 상속에 대한 기대를 보호함으로써 공평을 꾀하고 생존 배우자의 생계를 보장하여 주려는 것이고, 또한 동시사망 추정규정도 자연과학적으로 엄밀한 의미의 동시사망은 상상하기 어려운 것이나 사망의 선후를 입증할 수 없는 경우 동시에 사망한 것으로 다루는 것이 결과에 있어 가장 공평하고 합리적이라는 데에 그 입법 취지가 있는 것인 바, 상속인이 될 직계비속이나 형제자매(피대습자)의 직계비속 또는 배우자(대습자)는 피대습자가 상속개시 전에 사망한 경우에는 대습상속을 하고, 피대습자가 상속개시 후에 사망한 경우에는 피대습자를 거쳐 피상속인의 재산을 본위상속을 하므로 두 경우 모두 상속을 하는데, 만일 피대습자가 피상속인의 사망, 즉 상속개시와 동시에 사망한 것으로 추정되는 경우에만 그 직계비속 또는 배우자가 본위상속과 대습상속의 어느 쪽도 하지 못하게 된다면 동시사망 추정 이외의 경우에 비하여 현저히 불공평하고 불합리한 것이라 할 것이고, 이는 앞서 본 대습상속제도 및 동시사망 추정규정의 입법 취지에도 반하는 것이므로, 민법 제1001조의 '상속인이 될 직계비속이 상속개시 전에 사망한 경우'에는 '상속인이 될 직계비속이 상속개시와 동시에 사망한 것으로 추정되는 경우'도 포함하는 것으로 합목적적으로 해석함이 상당하고, 따라서 A의 처인 병이 피상속인인 갑과 동시에 사망한 것으로 추정된다는 점이 A가 갑의 재산을 대습상속함에 장애가 된다고 볼 수 없다(대법원 2001. 3. 9. 선고 99다13157 판결). 그러므로 갑의 재산은 사위인 A가 대습상속한다.

4. 상속인의 결격

다음에 해당하는 자는 상속인이 되지 못한다(제1004조).

① 고의로 직계존속, 피상속인, 그 배우자 또는 상속의 선순위나 동순위에 있는 자를 살해하거나 살해하려 한 자

② 고의로 직계존속, 피상속인과 그 배우자에게 상해를 가하여 사망에 이르게 한 자

③ 사기 또는 강박으로 피상속인의 상속에 관한 유언 또는 유언의 철회를 방해한 자

④ 사기 또는 강박으로 피상속인의 상속에 관한 유언을 하게 한 자

⑤ 피상속인의 상속에 관한 유언서를 위조·변조·파기 또는 은닉한 자

위의 결격사유가 발생하면 특별한 절차를 거치지 않고 결격자는 당연히 상속인의 자격을 잃는다. 상속개시 전에 결격사유가 발생하면 결격자는 상속이 개시되더라도 상속할 수 없고, 상속개시 후에 결격사유가 발생하면 유효하게 개시한 상속도 소급하여 무효가 된다. 그러므로 결격자가 상속재산을 처분하여도 그 처분행위는 무효이며 제3자는 권리를 취득하지 못한다. 다만 선의취득에 해당하는 경우에는 제3자는 소유권을 취득한다.

결격의 효과는 법률상 당연히 발생하는 것이므로 결격사유에 대해 용서를 해도 결격의 효과를 배제할 수 없다. 그러나 피상속인이 결격자에게 생전에 증여를 함으로써 결격의 효과를 무력화시킬 수 있다.

⊙ 동산의 선의취득

평온, 공연하게 동산을 양수한 자가 선의이며 과실없이 그 동산을 점유한 경우에는 양도인이 정당한 소유자가 아닌 때에도 즉시 그 동산의 소유권을 취득한다.(제249조) 다만 그 동산이 도품이나 유실물인 때에는 피해자 또는 유실자는 도난 또는 유실한 날로부터 2년내에 그 물건의 반환을 청구할 수 있다. 그러나 도품이나 유실물이 금전인 때에는 그러하지 아니하다(제250조).양수인이 도품 또는 유실물을 경매나 공개시장에서 또는 동종류의 물건을 판매하는 상인에게서 선의로 매수한 때에는 피해자 또는 유실자는 양수인이 지급한 대가를 변상하고 그 물건의 반환을 청구할 수 있다(251조).

〈해설 2〉 태아는 원칙적으로 권리능력이 인정되지 않지만 예외적으로 상속에 있어서는 이미 출생한 것으로 보므로 태아는 병과 함께 공동상속하는 동순위자에 해당한다. 그러므로 병의 낙태행위는 상속결격사유에 해당하여 병은 상속을 받을 수 없고 갑의 부모가 갑의 모든 재산과 손해배상채권을 상속하게 된다.

5. 상속권 상실 선고(시행일 : 2026.1. 1.)

피상속인은 상속인이 될 사람이 피상속인의 직계존속으로서 다음 각 호의 어느 하나에 해당하는 경우에는 제1068조에 따른 공정증서에 의한 유언으로 상속권 상실의 의사를 표시할 수 있다. 이 경우 유언집행자는 가정법원에 그 사람의 상속권 상실을 청구하여야 한다(제1004조의2제1항).

1. 피상속인에 대한 부양의무(미성년자에 대한 부양의무로 한정한다)를 중대하게 위반한 경우
2. 피상속인 또는 그 배우자나 피상속인의 직계비속에게 중대한 범죄행위(제1004조의 경우는 제외한다)를 하거나 그 밖에 심히 부당한 대우를 한 경우

제1항에 따른 유언이 없었던 경우 공동상속인은 피상속인의 직계존속으로서 다음 각 호의 사유가 있는 사람이 상속인이 되었음을 안 날부터 6개월 이내에 가정법원에 그 사람의 상속권 상실을 청구할 수 있다(제1004조의2제3항).

1. 피상속인에 대한 부양의무(미성년자에 대한 부양의무로 한정한다)를 중대하게 위반한 경우
2. 피상속인에게 중대한 범죄행위(제1004조의 경우는 제외한다)를 하거나 그 밖에 심히 부당한 대우를 한 경우

제3항의 청구를 할 수 있는 공동상속인이 없거나 모든 공동상속인에게 제3항 각 호의 사유가 있는 경우에는 상속권 상실 선고의 확정에 의하여 상속인이 될 사람이 이를 청구할 수 있다(제1004조의2제4항).

가정법원은 상속권 상실을 청구하는 원인이 된 사유의 경위와 정도, 상속인과 피상속인의 관계, 상속재산의 규모와 형성 과정 및 그 밖의 사정을 종합적으로 고려하여 제1항, 제3항 또는 제4항에 따른 청구를 인용하거나 기각할 수 있다(제1004조의2제5항). 상속개시 후에 상속권 상실의 선고가 확정된 경우 그 선고를 받은 사람은 상속이 개시된 때에 소급하여 상속권을 상실한다. 다만, 이로써 해당 선고가 확정되기 전에 취득한 제3자의 권리를 해치지 못한다(제1004조의2제6항). 가정법원은 제1항, 제3항 또는 제4항에 따른 상속권 상실의 청구를 받은 경우 이해관계인 또는 검사의 청구에 따라 상속재산관리인을 선임하거나 그 밖에 상속재산의 보존 및 관리에 필요한 처분을 명할 수 있다(제1004조의2제7항).

6. 상속의 효과

1) 상속재산의 포괄승계

상속인은 상속이 개시된 때로부터 피상속인의 재산에 관한 포괄적 권리의무를 승계한다(제1005조 본문). 그러므로 물권, 채권, 무체재산권 등 적극적 재산뿐만 아니라, 소극적 재산 즉 채무 기타 재산적 의무도 승계된다. 그러나 근로계약과 같이 피상속인의 일신에 전속한 것은 그러하지 아니하다(제1005조 단서).

상속인이 수인인 경우 상속재산은 공동상속인의 공유로 하고(제1006조), 공동상속인은 각자의 상속분에 응하여 피상속인의 권리와 의무를 승계한다(제1007조).

2) 상속의 승인과 포기

(1) 단순승인

단순승인이란 상속인이 피상속인의 권리의무를 제한없이 승계하는 승인을 말한다(제1025조). 다만, 상속의 한정승인이나 포기의 경우에는 신고라는 특별한 절차를 거쳐야 하지만, 단순승인은 특별한 절차를 거치는 것이 아니라 일정한 사유가 있으면 단순승인한 것으로 처리된다. 즉 ① 상속인이 상속재산에 대한 처분행위를 한 때, ② 상속인이 한정승인 또는 포기를 할 수 있는 기간{상속개시 있음을 안 날로부터 3월(제1019조제1항)} 내에 한정승인 또는 포기를 하지 아니한 때, ③ 상속인이 한정승인 또는 포기를 한 후에 상속재산을 은닉하거나 부정소비하거나 고의로 재산목록에 기입하지 아니한 때에는 상속인이 단순승인을 한 것으로 본다(제1026조).

단순승인이 되면 상속인은 피상속인의 채무 등 소극재산에 대해서도 무제한의 책임을 진다. 그러므로 상속재산으로 상속채무를 다 변제하지 못하는 경우 상속인은 자기의 고유재산으로 변제하여야 한다.

(2) 한정승인

상속이 개시된 때 상속인은 상속재산을 조사할 수 있다(제1019조제2항). 조사를 하였지만 상속재산이 많은지 상속채무가 많은지 알 수 없는 경우, 상속인은 한정승인을 할 수 있다. 한정승인이란 상속인이 상속으로 인하여 취득할 재산의 한도 내에서만 피상속인의 채무와 유증을 변제할 것을 조건으로 상속을 승인하는 것을 말한다(제1028조). 공동상속의 경우에도 각 공동상속인은 그 상속분에 대하여 한정승인을 할 수 있다(제1029조).

상속인이 한정승인을 한 때에는 상속채무와 유증의 변제에 상속재산이 부족하더라도 그 부족분에 대해 이행책임을 지지 않는다. 그러나 변제하고 남는 상속재산이 있는 때에는 그 재산을 상속하게 된다.

상속인이 한정승인을 함에는, 상속개시 있음을 안 날로부터 3개월(제1019조제1항) 내에 상속재산의 목록을 첨부하여 법원에 한정승인의 신고를 하여야 한다(제1030조제1항).

다만, 상속인이 상속채무가 상속재산을 초과하는 사실을 중대한 과실 없이 알지 못하고 단순승인(제1026조제1호 및 제2호에 따라 단순승인한 것으로 보는 경우를 포함한다.)을 한 경우에는 그 사실을 안 날부터 3개월 내에 한정승인을 할 수 있다(제1019조제3항). 그리고 미성년자인 상속인이 상속채무가 상속재산을 초과하는 상속을 성년이 되기 전에 단순승인한 경우에는 성년이 된 후 그 상속의 상속채무 초과사실을 안 날부터 3개월 내에 한정승인을 할 수 있다. 미성년자인 상속인이 제3항에 따른 한정승인을 하지 아니하였거나 할 수 없었던 경우에도 또한 같다(제1019조제4항). 이 경우에는 상속재산의 목록뿐만 아니라 상속재산 중 이미 처분한 재산이 있는 때에는 그 목록과 가액을 함께 제출하여야 한다(제1030조제2항).

〈판례〉 상속의 한정승인 기간

상속개시 있음을 안 날이라 함은 상속개시의 원인이 되는 사실의 발생을 알고 이로써 자기가 상속인이 되었음을 안 날을 말한다. 피상속인의 사망으로 인하여 상속이 개시되고 상속의 순위나 자격을 인식함에 별다른 어려움이 없는 통상적인 상속의 경우에는 상속인이 상속개시의 원인사실(피상속인의 사망)을 안 경우, 즉 피상속인이 사망한 것을 안 날로부터 한정승인 기간인 3개월이 진행한다고 보지만, 선순위 상속인(피상속인의 처와 자녀)이 존재하고 선순위 상속인이 상속을 포기하는 등 상속의 순위나 자격을 파악하는 데 어려움이 있는 특별한 사정이 존재하는 때에는 자신(피상속인의 손자 등)이 구체적으로 상속인이 되었다는 사실까지 알아야 3개월의 기간이 진행한다(대법원 2005. 7. 22. 선고 2003다43681 판결).

(3) 상속의 포기

상속재산보다 상속채무가 많은 경우 상속인은 상속을 포기할 수 있다. 상속인이 상속을 포기할 때에는 상속개시 있음을 안 날로부터 3월(제1019조제1항) 내에 가정법원에 포기의 신고를 하여야 한다(제1041조). 상속의 포기는 상속이 개시된 때에 소급하여 그 효력이 있다(제1042조). 상속인이 수인인 경우에 어느 상속인이 상속을 포기한 때에는 그 상속분은 다른 상속인의 상속분의 비율로 그 상속인에게 귀속된다(제1043조). 제1순위 공동상속인이 모두 상속포기를 하는 경우에는 제2순위 상속인에게 상속이 이루어진다. 일단 상속을 포기하면 취소하지 못한다(제1024조제1항).

〈판례〉 피상속인의 배우자와 자녀 중 자녀 전부가 상속을 포기한 경우 배우자가 단독 상속인이 된다고 본 사례

공동상속인인 배우자와 자녀들 중 자녀 일부만 상속을 포기한 경우에는 민법 제1043조에 따라 상속포기자인 자녀의 상속분이 배우자와 상속을 포기하지 않은 다른 자녀에게 귀속된다. 이와 동일하게 공동상속인인 배우자와 자녀들 중 자녀 전부가 상속을 포기한 경우 민법 제1043조에 따라 상속을 포기한 자녀의 상속분은 남아 있는 '다른 상속인'인 배우자에게 귀속되고, 따라서 배우자가 단독상속인이 된다.

특히 상속의 포기는 피상속인의 상속재산 중 소극재산이 적극재산을 초과하는 경우의 상속에서 중요한 의미를 가진다. 상속을 포기한 피상속인의 자녀들은 피상속인의 채무가 자신

은 물론 자신의 자녀에게도 승계되는 효과를 원천적으로 막을 목적으로 상속을 포기한 것이라고 보는 것이 자연스럽다. 상속을 포기한 피상속인의 자녀들이 자신은 피상속인의 채무승계에서 벗어나고 그 대가로 자신의 자녀들, 즉 피상속인의 손자녀들에게 상속채무를 승계시키려는 의사가 있다고 볼 수는 없다. 그런데 피상속인의 배우자와 자녀들 중 자녀 전부가 상속을 포기하였다는 이유로 피상속인의 배우자와 손자녀 또는 직계존속이 공동상속인이 된다고 보는 것은 위와 같은 당사자들의 기대나 의사에 반하고 사회 일반의 법감정에도 반한다.(대법원 2023. 3. 23. 선고 2020그42 전원합의체 결정).

7. 상속분

상속분이란 전체 상속재산에 대한 공동상속인의 상속비율을 말한다. 상속분에는 유언에 의한 지정상속분과 민법의 규정에 의한 법정상속분이 있다.

1) 지정상속분

유언은 본질적으로 사유재산을 처분하는 사적자치에 해당하므로 피상속인은 유언으로 공동상속인의 각 상속분을 지정할 수 있는바, 이 때 공동상속인이 받는 수증재산을 지정상속분이라 한다. 다만 지정상속분에 대해서는 유증에 관한 규정(제1074조 내지 제1090조)이 적용된다.

유언의 자유에 의해 상속분을 지정하는 경우에도 유류분 제도(제1112조 내지 제1118조)에 의한 제한을 받는다. 즉 상속분지정으로 인하여 공동상속인의 유류분이 침해된 경우에는 그 침해를 받은 유류분권리자는 부족한 유류분의 한도에서 그 재산의 반환을 청구할 수 있다(제1115조제1항). 또 상속분을 지정하더라도 상속채무에 대해서는 부담비율을 지정할 수 없다. 상속채권자를 해할 염려가 있기 때문이다. 상속채무의 부담비율은 법정상속분에 의한다.

2) 법정상속분

피상속인이 공동상속인의 각 상속분을 지정하지 않은 경우 그 상속분은 민법의 규정에 따르는바, 이에 의한 공동상속인의 각 상속분을 법정상속분이라고 한다. 민법의 규정에 의한 법정상속분은 다음과 같다.

① 동순위의 상속인이 수인인 때에는 그 상속분은 균분으로 한다(제1009조제1항).

② 피상속인의 배우자의 상속분은 직계비속 또는 직계존속과 공동으로 상속하는 때에는 직계비속 또는 직계존속의 상속분에 5할을 가산한다(제1009조제2항).

③ 대습상속인의 상속분은 사망 또는 결격된 자의 상속분에 의한다(제1010조제1항). 대습상속인이 수인인 때에 그 상속분은 사망 또는 결격된 자의 상속분의 한도에서 균분으로 하며, 사망 또는 결격된 자의 배우자의 상속분은 대습상속인의 상속분에 5할을 가산한다(제1010조제2항).

공동상속인의 상속분을 산정함에 있어서는 산정의 기초가 되는 상속재산을 산정하여야 한다. 상속재산은 일반적으로 상속개시 당시의 피상속인의 재산이 될 것이다. 그러나 공동상속인 중에 기여자나 특별수익자가 있는 경우에는 상속개시 당시의 피상속인의 재산에서 기여분은 공제하고 특별수익은 가산하여 상속재산을 산정한다. 이것은 공동상속인 사이에 공평을 유지하기 위한 것이다.

공동상속인 중에 피상속인으로부터 재산의 증여 또는 유증을 받은 자(특별수익자)가 있는 경우에는 그 증여 또는 유증받은 재산(특별수익)도 상속재산에 가산한다. 특별수익자는 특별수익을 가산한 상속재산을 기준으로 상속분을 산정하여 특별수익이 자기의 상속분에 달하지 못한 때에는 그 부족한 부분의 한도에서만 상속분을 인정받는다(제1008조). 특별수익의 예로는 혼인자금, 사업자금, 고등교육을 위한 학자금 등이 있다. 특별수익의 평가는 상속개시시를 기준으로 한다.

공동상속인 중에 상당한 기간 동거·간호 그 밖의 방법으로 피상속인을 특별히 부양하거나 피상속인의 재산의 유지 또는 증가에 특별히 기여한 자가 있을 때에는 상속개시 당시의 피상속인의 재산가액에서 공동상속인의 협의로 정한 그 자의 기여분을 공제한 것을 상속재산으로 본다. 그러므로 기여자의 상속분은 기여분을 공제한 상속재산을 기준으로 산정한 법정상속분 또는 대습상속분에 기여분을 가산한 액이 된다(제1008조의2제1항). 기여분에 관하여 공동상속인 사이에 협의가 되지 아니하거나 협의할 수 없는 때에는 가정법원은 기여자의 청구에 의하여 기여의 시기·방법 및 정도와 상속재산의 액 기타의 사정을 참작하여 기여분을 정한다(제1008조의2제2항). 기여분은 상속이 개시된 때의 피상속인의 재산가액에서 유증의 가액을 공제한 액을 넘지 못한다(제1008조의2제3항).

〈판례〉 사망보험금청구권은 상속인들의 고유재산으로 보아야 하고
이를 상속재산이라고 할 수 없다고 한 사례

생명보험의 보험계약자가 스스로를 피보험자로 하면서 자신이 생존할 때의 보험수익자로 자기 자신을, 자신이 사망할 때의 보험수익자로 상속인을 지정한 후 피보험자가 사망하여 보험사고가 발생한 경우, 이에 따른 보험금청구권은 갑의 사망이라는 보험사고가 발생하여 보험수익자로 지정된 병 등이 보험계약의 효력에 따라 고유한 권리로 취득한 것이지 갑으로부터 상속한 것이 아니므로, 병 등이 위 보험계약에 따라 사망보험금을 수령한 행위는 고유재산인 자신들의 보험금청구권을 추심하여 만족을 얻은 것으로 보아야 하고, 상속재산에 대한 처분행위로 평가할 수는 없다(대법원 2023. 6. 29. 선고 2019다300934 판결).

8. 상속회복청구권

상속회복청구권이란 진정한 상속인이 그 상속권의 내용의 실현을 방해하고 있는 사람(참칭상속인)에 대하여 상속권을 주장함으로써 그 방해를 배제하고 상속재산을 회복하는 것을 목적으로 하는 청구권이다.

상속회복청구권자는 진정한 상속인 또는 그 법정대리인이며, 그 상대방은 참칭상속인이다(제999조제1항). 참칭상속인이란 상속인으로서의 외관을 갖추고 있거나 상속인이 아닌데도 상속인이라고 하여 상속재산의 전부 또는 일부를 점유하는 등의 방법에 의하여 진정한 상속인의 상속권을 침해하는 자를 말한다(대법원 1994. 11. 18. 선고 92다33701 판결 참조). 친자나 양자가 아님에도 불구하고 자로서 입적되어 있는 자, 상속순위가 잘못된 자, 자신의 상속분보다 많은 상속재산을 상속한 자 등 외관상 상속인으로 보이는 자가 이에 해당한다.

상속회복이 확정되면 진정상속인의 상속권이 확정되며 참칭상속인은 상속재산에 대해 무권리자가 된다. 상대방이 공동상속인인 경우에는 진정상속인에게 속하는 상속분에 해당되는 만큼의 상속분에 대해서는 무권리자가 된다.

상속회복청구권은 그 침해를 안 날부터 3년, 상속권의 침해행위가 있은 날부터 10년을 경과하면 소멸된다(제999조제2항).

[2] 유언

〈사례 1〉 김사장은 교통사고로 병원에 입원하여 치료를 받던 중 유언을 한다면서 자녀와 처를 모두 한 자리에 모이게 한 후 자신이 사망하면 자기 재산을 처, 장남, 차남, 장녀, 차녀가 각각 40%, 30%, 10%, 10%, 10%의 비율로 나누어 가지라고 하였다. 며칠 뒤 김사장이 사망하자 장남은 아버지의 유언에 따라 재산을 나누자고 하는데 동생들은 아버지의 말씀은 유언으로서의 효력이 없다고 주장한다. 누구의 주장이 맞는가?

1. 의의

유언은 유언자가 자신의 사망과 동시에 일정한 법률효과를 발생시킬 것을 목적으로 하는 일정한 방식에 따라 행하는 상대방 없는 단독행위이다. 유언은 사람의 마지막 의사표시라는 점에서 특별히 존중할 필요가 있다. 그러므로 비록 제한능력자라 하더라도 만17세 이상으로 의사능력만 있으면 부모 또는 후견인의 동의없이 유언을 할 수 있도록 하고 있다(제1061조, 제1062조). 피성년후견인도 그 의사능력이 회복된 때에는 유언을 할 수 있다(제1063조제1항). 다만 이 경우에는 의사가 심신회복의 상태를 유언서에 부기하고 서명날인하여야 한다(제1063조제2항).

2. 유언의 방식

유언은 유언자가 사망한 때부터 그 효력이 생긴다(제1073조). 그러므로 실제 유언이 있었는지 없었는지, 유언이 있었던 경우에 그 유언이 유언자의 진의인지 아닌지 등에 대해 유언자에게 확인할 방법이 없다. 따라서 민법은 유언의 진정성을 담보하기 위하여 유언의 방식을 자필증서, 녹음, 공정증서, 비밀증서 및 구수증서의 5종으로 엄격하게 정하고 있다(제1065조). 이 방식에 따르지 않은 유언은 무효이다.

1) 자필증서에 의한 유언

유언자가 유언의 전문과 작성 연월일, 주소, 성명을 자서하고 날인함으로써 성립하는 유언이다(제1066조제1항). 증서에 문자를 삽입, 삭제 또는 변경하는 경우에도 유언자가 이를 자서하고 날인하여야 한다(제1066조제2항).

자서란 유언자가 직접 글씨를 쓰는 것을 말한다. 날인은 인장뿐만 아니라 손도장도 허용된다. 증인의 참여없이 유언자가 간단하게 작성할 수 있고 유언을 한 사실과 내용을 비밀로 할 수 있는 장점이 있으나, 유언자가 사망한 후 유언서의 유무가 쉽게 밝혀지지 않는 단점이 있다.

〈판례〉 주소 대신 "암사동에서"라고 쓴 유언장의 효력

민법 제1065조 내지 제1070조가 유언의 방식을 엄격하게 규정한 것은 유언자의 진의를 명확히 하고 그로 인한 법적 분쟁과 혼란을 예방하기 위한 것이므로, 법정된 요건과 방식에 어긋난 유언은 그것이 유언자의 진정한 의사에 합치하더라도 무효이다. 따라서 자필증서에 의한 유언은 민법 제1066조 제1항의 규정에 따라 유언자가 전문과 연월일, 주소, 성명을 모두 자서하고 날인하여야만 효력이 있고, 유언자가 주소를 자서하지 않았다면 이는 법정된 요건과 방식에 어긋난 유언으로서 효력을 부정하지 않을 수 없으며, 유언자의 특정에 지장이 없다고 하여 달리 볼 수 없다. 여기서 자서가 필요한 주소는 반드시 주민등록법에 의하여 등록된 곳일 필요는 없으나, 적어도 민법 제18조에서 정한 생활의 근거되는 곳으로서 다른 장소와 구별되는 정도의 표시를 갖추어야 한다(대법원 2014. 9. 26. 선고 2012다71688 판결).

2) 녹음에 의한 유언

유언자가 유언의 취지, 그 성명과 연월일을 구술하고 이에 참여한 증인이 유언의 정확함과 그 성명을 구술함으로써 성립하는 유언이다(제1067조). 피성년후견인이 의사능력이 회복되어 이 방식으로 유언을 할 때에는 의사가 피성년후견인의 심신회복의 상태와 성명을 구술하여야 한다(제1063조제2항 참조). 녹음에 의한 유언은 문맹자도 할 수 있는 장점이 있으나, 유언의 내용이 누설되거나 보관소홀로 녹음내용이 멸실될 수 있는 단점이 있다.

3) 공정증서에 의한 유언

유언자가 증인 2인이 참여한 공증인의 면전에서 유언의 취지를 구수하고 공증인이 이를 필기낭독하여 유언자와 증인이 그 정확함을 승인한 후 각자 서명 또는 기명날인함으로써 성립하는 유언이다(제1068조). 공증인이 관여하므로 유언의 존재와 내용에 대한 정확성이 보장되는 장점이 있으나, 유언의 내용이 누설된다거나 공증

비용이 든다는 단점이 있다.

4) 비밀증서에 의한 유언

유언자가 필자의 성명을 기입한 증서를 엄봉날인하고 이를 2인 이상의 증인의 면전에 제출하여 자기의 유언서임을 표시한 후 그 봉서표면에 제출 연월일을 기재하고 유언자와 증인이 각자 서명 또는 기명날인함으로써 성립하는 유언이다(제1069조제1항). 이 방식에 의한 유언봉서는 그 표면에 기재된 날로부터 5일 내에 공증인 또는 법원서기에게 제출하여 그 봉인상에 확정일자인을 받아야 한다(제1069조제2항). 유언의 내용을 비밀로 할 수 있고 유언의 존재와 내용의 정확성이 보장되는 장점이 있으나, 그 방식과 절차가 복잡하다는 단점이 있다. 그 방식이 복잡하다는 점을 고려하여 비밀증서에 의한 유언은 그 방식에 흠결이 있는 경우에 그 증서가 자필증서의 방식에 적합한 때에는 자필증서에 의한 유언으로 본다(제1071조).

5) 구수증서에 의한 유언

구수증서에 의한 유언은 질병 기타 급박한 사유로 인하여 다른 방식으로 유언할 수 없는 경우에 예외적으로 인정되는 유언의 방식이다. 유언자가 2인 이상의 증인의 참여로 그 1인에게 유언의 취지를 구수하고 그 구수를 받은 자가 이를 필기낭독하여 유언자의 증인이 그 정확함을 승인한 후 각자 서명 또는 기명날인함으로써 성립하는 유언이다(제1070조제1항). 이 방식에 의한 유언은 그 증인 또는 이해관계인이 급박한 사유가 종료한 날부터 7일내에 법원에 그 검인을 신청하여야 한다(제1070조제2항). 피성년후견인이 이 방식으로 유언을 하는 경우에는 의사가 피성년후견인의 심신회복상태에 대해 확인할 필요가 없다(제1070조제3항). 급박한 사유로 인한 유언의 방식이라는 점을 고려한 것이다.

자필증서에 의한 유언을 제외하고는 모두 증인의 참여를 필요로 하는 바, ① 미성년자 ② 피성년후견인과 피한정후견인 ③ 유언에 의하여 이익을 받을 자, 그 배우자와 직계혈족 등은 증인이 될 수 없다(제1072조제1항). 이에 해당하는 자가 증인으로 참여한 유언은 원칙적으로 유언 전체가 무효가 된다.

3. 유언의 철회

유언자는 언제든지 유언 또는 생전행위로써 유언의 전부나 일부를 철회할 수 있다(제1108조제1항). 유언자는 그 유언을 철회할 권리를 포기하지 못한다(제1108조제2항). 유언자가 철회의 의사표시를 하지 않은 때에도 전후의 유언이 저촉되거나 유언후의 생전행위가 유언과 저촉되는 경우에는 그 저촉된 부분의 전유언은 이를 철회한 것으로 보며(제1109조), 유언자가 고의로 유언증서 또는 유증의 목적물을 파훼한 때에는 그 파훼한 부분에 관한 유언은 이를 철회한 것으로 본다(제1110조).

〈해설 1〉 김사장의 유언은 민법에서 정한 방식에 따른 것이 아니므로 유언으로서의 효력이 없다. 따라서 동생들이 민법 규정에 따른 상속을 주장하면 상속재산은 법정상속분에 의해 상속하게 된다.

[3] 유류분

〈사례 1〉 강심장은 교통사고로 갑작스럽게 사망하면서 9억원의 재산을 남겨두었다. 그의 유족으로는 처와 자녀 3남매가 있다. 강심장이 유언으로써 상속분을 지정하지 않은 경우 처와 3남매의 법정상속분은 각각 얼마인가? 만약 강심장이 사망하기 전 자기의 모든 재산을 처에게 증여한 경우 자녀들의 유류분은 각각 얼마인가?

〈사례 2〉 위 사례에서 강심장이 5년 전에 아파트를 비롯한 자신의 모든 부동산을 장남에게 명의이전하고 사망 당시에 다른 재산이 없다면 처와 다른 자녀는 유류분을 받을 수 있는가?

유언자가 유언을 통하여 자기 재산을 처분하는 것은 원칙적으로 자유이다. 그러나 아무런 제한없이 재산처분의 자유를 인정하는 것은 곤란하다. 가족은 혼인과 혈연으로 연결되는 공동생활체로서 가족구성원들도 상속재산의 형성에 직간접적으로 기여하기 때문이다. 그러므로 민법은 유언자가 가족의 생계나 기대를 고려하지 않고 모든 재산을 자의적으로 처분하는 데 일정한 제한을 하고 있다. 유류분제도가 바로 그것이다.

유류분제도란 유언에 의한 재산처분의 자유를 제한함으로써 상속인이 법정상속분에 대한 일정비율의 상속재산 즉, 유류분을 확보할 수 있도록 보장해 주는 제도이다. 유류분에 대한 상속인의 권리를 유류분권이라고 한다.

유류분권리자는 피상속인의 직계비속, 배우자, 직계존속, 형제자매에 한정되고, 제4순위 상속인인 4촌 이내의 방계혈족에게는 유류분이 인정되지 않는다(제1112조, 제1000조 참조). 유류분의 대습상속도 가능하다(제1118조: 제1001조, 제1010조 준용).

각 상속인의 유류분은 다음과 같다(제1112조). 다만 선순위 상속권자가 있는 경우에는 후순위 상속권자의 유류분은 인정되지 않는다.

① 피상속인의 직계비속은 그 법정상속분의 2분의 1

② 피상속인의 배우자는 그 법정상속분의 2분의 1

③ 피상속인의 직계존속은 그 법정상속분의 3분의 1

유류분산정의 기초재산 = 상속개시시 피상속인의 재산 + 증여재산 − 채무 + 공동상속인의 특별수익

유류분을 산정하기 위해서는 유류분 산정의 기초재산을 산정하여야 한다. 유류분 산정의 기초재산은 상속개시시의 피상속인의 재산의 가액에 증여재산의 가액을 가산하고 채무의 전액을 공제한 액으로 한다(제1113조제1항). 여기서 가산할 증여재산은 상속개시전의 1년간에 행한 것에 한한다(제1114조전단). 다만, 당사자 쌍방이 유류분권리자에 손해를 가할 것을 알고 증여를 한 때에는 1년 전에 한 것이라도 가산한다(제1114조후단). 기초재산에 가산되는 피상속인의 증여 및 유증으로 인하여 유류분권리자의 유류분에 부족이 생긴 경우 유류분권리자는 부족한 한도에서 그 재산의 반환을 청구할 수 있다(제1115조제1항). 이 때 증여 및 유증을 받은 자가 수인인 때에는 각자가 얻은 유증가액의 비례로 반환하여야 한다(제1115조제1항). 그러나 증여에 대하여는 유증을 반환받은 후가 아니면 반환을 청구할 수 없다(제1116조).

공동상속인 중에 피상속인으로부터 증여 등 특별수익을 받은 상속인이 있는 경우에는 증여시기와 가해인식의 유무에 관계없이 모두 기초재산에 가산한다. 따라서 공동상속인 중 특별수익자는 그 수증재산이 자기의 유류분에 달하지 못한 때에는 그 부족한 부분의 한도에서 유류분이 있고, 특별수익자의 수익으로 인하여 다른 공동상속인의 유류분이 침해된 때에는 그 초과한 부분으로 침해하는 범위 내에서 반환하여야 한다(제1118조: 제1008조 준용).

공제하는 채무에는 사법상의 채무뿐만 아니라 세금이나 벌금 등 공법상의 채무도 포함된다.

유류분반환청구권은 유류분권리자가 상속의 개시와 반환하여야 할 증여 또는 유증을 한 사실을 안 때로부터 1년 내에 행사하지 아니하면 시효에 의하여 소멸한다. 상속이 개시한 때로부터 10년을 경과한 때도 같다(제1117조).

〈해설 1〉 법정상속분은 배우자가 3억원(9억원 × 1.5/4.5), 3자녀가 각각 2억원(9억원 × 1/4.5)이며, 배우자와 직계비속의 유류분은 법정상속분의 1/2이므로 3자녀의 유류분은 각각 1억원이 된다.

〈해설 2〉 원칙적으로 상속개시 전 1년간에 행한 증여에 한하여 유류분 산정의 기초재산에 포함되므로 5년 전에 이루어진 강심장과 장남 사이의 증여는 유류분 산정의 기초재산에 포함되지 않는다. 그러므로 강심장에게 다른 재산이 없다면 처와 장남 이외의 자녀들은 유류분을 받을 수 없다. 그러나 공동상속인 중에 피상속인으로부터 증여 등 특별수익을 받은 상속인이 있는 경우에는 증여시기와 가해인식의 유무에 관계없이 모두 기초재산에 가산하므로 강심장과 장남 사이의 증여가 비록 5년 전에 이루어진 것이라고 하더라도 유류분 산정의 기초재산에 포함된다. 따라서 강심장의 처와 장남 이외의 다른 자녀들은 장남이 증여받은 아파트와 부동산을 유류분 산정의 기초재산으로 하여 각각의 유류분을 청구할 수 있다.

CHAPTER 03

주택·상가건물 임대차보호법

제1절 주택임대차보호법

[1] 총설

1. 입법목적

주택임차에 대하여는 원칙적으로 민법상의 임대차에 관한 규정이 적용된다. 그러나 민법은 양당사자가 서로 대등한 지위에 있다는 전제에서 계약자유의 원칙이 지배한다. 그런데 임대인과 임차인은 형식적으로는 평등·대등한 관계에 있지만 실질적으로는 그러하지 않은 것이 현실이다. 이에 무주택임차인에게 일방적으로 불리한 내용의 계약이 체결됨으로써 임차인이 부당한 피해를 입는 경우가 많이 발생하였다. 그리고 임차인은 채권자로서의 지위만을 가짐으로써 임대주택의 소유권의 양수인 등의 물권자에게 대항하지 못하는 등 이들의 보호가 큰 사회문제로 대두하였다. 이에 국가는 국민의 주거생활의 안정을 보장하기 위하여 1981년 주거용건물의 임대차에 관하여 민법에 대한 특례를 규정한 주택임대차보호법을 제정하여 시행하고 있다.

2. 적용범위

주택임대차보호법은 주거용건물(이하 "주택"이라 한다)의 전부 또는 일부의 임대차에 관하여 적용하며, 임차주택의 일부가 주거 외의 목적으로 사용되는 경우에도 적용된다(제2조). 따라서 상가용 건물이나 사무실의 임대차에 대하여는 동법이 적용되지 않는다. 비록 주거용으로 건물의 일부를 사용하더라도 그 건물의 주된 목적이 영업용이거나 사무실 등 비거주용 건물인 경우에는 동법의 적용대상이 되지 아니한다. 그러나 주된 용도가 주거용 건물인 경우에는 건물의 일부를 사무실, 가게, 공장 등 비주거용으로 사용하더라도 동법의 적용대상이 된다.

주택에 해당하는지 여부는 임대차목적물의 공부상의 표시만을 기준으로 할 것이 아니라 그 실제용도에 따라서 정하여야 하고 건물의 일부가 임대차의 목적이 되어 주거용과 비주거용으로 겸용되는 경우에는 구체적인 경우에 따라 그 임대차의 목적, 전체 건물과 임대차목적물의 구조와 형태 및 임차인의 임대차목적물의 이용관계 그리고 임차인이 그곳에서 일상생활을 영위하는지 여부 등을 아울러 고려하여 합목적적으로 결정하여야 한다(대법원 1996. 3. 12. 선고 95다51953 판결).

주택에 해당하는지 여부의 판단은 임대차계약 체결 당시를 기준으로 한다. 따라서 계약체결 당시에 주거용 건물 부분이 존재하지 아니하였는데 임차인이 그 후 임의로 주거용으로 개조한 경우에는 임대인이 그 개조를 승락하였다는 등의 특별한 사정이 없는 한 동법의 적용대상이 되지 않는다(대법원 1986. 1. 21. 선고 85다카1367 판결).

주택의 임대차라 하더라도 일시사용을 위한 임대차임이 명백한 경우에는 주택임대차보호법을 적용하지 아니한다(제11조). 예컨대, 해수욕장 개장기간 동안 주택의 일부를 임차하여 민박으로 사용하는 경우에는 동법의 적용대상이 되지 아니한다.

이 법은 주택의 등기하지 아니한 전세계약에 관하여 이를 준용한다. 이 경우 "전세금"은 "임대차의 보증금"으로 본다(제12조).

〈판례〉 주거용 건물로 인정한 사례

건물이 공부상으로는 단층 작업소 및 근린생활시설로 표시되어 있으나 실제로 갑은 주거 및 인쇄소 경영 목적으로, 을은 주거 및 슈퍼마켓 경영 목적으로 임차하여 가족들과 함께 입주하여 그 곳에서 일상생활을 영위하는 한편 인쇄소 또는 슈퍼마켓을 경영하고 있으며, 갑의 경우는 주거용으로 사용되는 부분이 비주거용으로 사용되는 부분보다 넓고, 을의 경우는 비주거용으로 사용되는 부분이 더 넓기는 하지만 주거용으로 사용되는 부분도 상당한 면적이고, 위 각 부분이 갑·을의 유일한 주거인 경우 주택임대차보호법 제2조후문에서 정한 주거용

건물에 해당한다(대법원 1995. 3. 10. 선고 94다52522 판결).

〈판례〉 주거용 건물로 인정하지 않은 사례

1. 임대차목적물의 그 주된 목적이 영업용 건물인 경우 건물의 일부를 주거용으로 사용하고 있다 하더라도 주거용 건물이라고 볼 수 없다(대법원 1987. 3. 24. 선고 86다카823 판결).

2. 점포의 적은 일부가 주거용으로 개조된 것과 같이 비거주용 건물의 일부가 주거목적으로 사용되는 경우에는 주거용 건물이라 볼 수 없다(대법원 1988. 12. 13. 선고87다카3097 판결).

3. 방 2개와 주방이 딸린 다방이 영업용으로서 비주거용 건물인 경우에는 비록 방과 주방을 주거목적에 사용한다고 하더라도 이는 어디까지나 다방의 영업에 부수적인 것으로서 그러한 주거목적 사용은 비주거용 건물의 일부가 주거목적으로 사용되는 것일 뿐, '주거용 건물의 일부가 주거 외의 목적으로 사용되는 경우'에 해당하지 않는다(대법원 1996. 3. 12. 선고 95다51953 판결).

[2] 주택임차권의 대항력

1. 대항력의 의의

주택임대차는 그 등기가 없는 경우에도 임차인이 주택의 인도와 주민등록을 마친 때에는 그 익일부터 제3자에 대하여 효력이 생긴다. 이 경우 전입신고를 한 때에 주민등록이 된 것으로 본다(제3조제1항).

『제3자에 대하여 효력이 생긴다』는 것은 임차인이 계약당사자인 임대인 이외의 제3자 예를 들면 매매, 증여, 교환, 경매, 공매 등에 의하여 임차주택의 소유권을 취득한 자에게 임차주택의 사용·수익권을 주장할 수 있다는 의미이다. 이를 대항력이라 한다.

2. 대항력의 취득요건

1) 주택의 인도

주택의 인도는 주택에의 입주를 의미하며, 현실의 인도뿐만 아니라 간이인도, 반환청구권의 양도에 의한 인도 등 관념상의 인도를 포함한다.

현실의 인도란 양도인의 현실적인 지배상태를 양수인에게 이전하는 것을 말한다. 현실의 인도는 사회관념상 물건이 양도인의 지배를 벗어나서 양수인의 지배하에 들어갔다고 판단되는 때에 이루어진 것으로 본다. 따라서 임차인이 임차주택에 짐을 가지고 입주하는 것뿐만 아니라, 아파트나 다세대주택의 경우 임대인이 열쇠를 넘겨주거나 번호키의 번호를 알려 줌으로써 임차인에게 점유를 이전하는 것도 모두 현실의 인도에 포함된다.

간이인도란 소유자가 거주하던 주택을 매도하면서 매수인으로부터 그 주택을 임차하는 경우처럼 현실의 인도없이 당사자의 합의만으로 인도의 효력이 인정되는 경우를 말한다. 반환청구권의 양도에 의한 인도란 임차권을 가진 임차인으로부터 제3자가 임차권을 양수한 경우에 이루어지는 인도를 말한다.

⊙ 다가구주택과 다세대주택의 구별

건물 전체가 하나로 등기되어 있는 경우 다가구주택에 해당하고, 각 가구마다 따로 등기가 되어 있는 경우에는 다세대주택에 해당한다.

2) 주민등록

주택의 인도만으로는 제3자가 임대차관계를 명백히 인식할 수 없으므로 주택임대차보호법은 주택의 인도 외에 주민등록을 대항력의 요건으로 규정하고 있다. 주민등록의 절차는 전입신고, 주민등록표의 이송, 주민등록표의 정리·작성의 순서로 진행된다. 이 때 전입신고를 한 때에 주민등록이 된 것으로 본다(제3조제1항).

주민등록은 거래의 안전을 위하여 임차권의 존재를 제3자가 명백히 인식할 수 있게 하는 공시방법으로 마련된 것이므로 주민등록이 어떤 임대차를 공시하는 효력이 있는가의 여부는 일반사회 통념상 그 주민등록으로 당해 임대차건물에 임차인이 주소 또는 거소를 가진 자로 등록되어 있다고 인식할 수 있는가의 여부에 따라 결정된다(대법원 2002. 6. 14. 선고 2002다15467 판결). 따라서 실제 임대차건물의 지번과 다른 지번으로 주민등록을 하거나 대지가 분할됨으로써 주택의 지번이 변경되었음에도 주민등록상 주소를 변경하지 않은 경우에는 제3자가 임대차의 존재를 알 수 없으므로 유효한 공시방법으로 볼 수 없다. 그러나 지번은 올바르게 등록하였지만 예를 들어 지하층 01호를 별층 101호로 등록한 경우와 같이 등기부상의 표시와 달리 주민등록이 되었다고 하더라도 통상적인 주의력을 가진 사람이라면 어렵지 않게 주민등록상의 '별층 101호'가 등기부상의 '지하층 01호'를 의미한다고 인식할 수 있을 것으로 여겨지는 경우에는 대항력을 취득한다.

〈판례〉 대항력을 인정한 사례

1. 임차인이 집합건축물대장의 작성과 소유권보존등기의 경료 전에 연립주택의 1층 101호를 임차하여 현관문상의 표시대로 호수를 101호로 전입신고를 하였고 그 후 작성된 집합건축물대장상에도 호수가 101호로 기재되었으나 등기부에는 1층 101호로 등재된 경우, 임차인의 주민등록은 임대차의 공시방법으로써 유효하다(대법원 2002. 5. 10. 선고 2002다1796 판결).

2. 주민등록상의 별층에 해당할 만한 건물 부분이 위 건물내역상 지하층 외에는 없고 그 지하층이 1개의 구분소유 부분으로 이루어져 있으므로, 이 사건 다세대 주택에 실제로 옥상층 등 별층에 해당할 만한 부분이 있지 아니하고 위 지하층을 주소지로 한 다른 주민등록자가 없는 한 통상적인 주의력을 가진 사람이라면 어렵지 않게 위 주민등록상의 '별층 101호'가 등기부상의 '지하층 01호'를 의미한다고 인식할 수 있을 것으로 여겨지는바, 그렇다면 일반사회 통념상 피고의 위 주민등록으로 이 사건 구분소유 부분에 피고가 주소 또는 거소를 가진 자로 등록되어 있다고 인식할 수 있다고 봄이 상당하다 할 것이다(대법원 2002. 6. 14. 선고 2002다15467 판결).

3. 부동산등기부상 건물의 표제부에 '에이(A)동'이라고 기재되어 있는 연립주택의 임차인이 전입신고를 함에 있어 주소지를 '가동'으로 신고하였으나 주소지 대지 위에는 2개 동의 연립주택 외에는 다른 건물이 전혀 없고, 그 2개 동도 층당 세대수가 한 동은 4세대씩, 다른 동은 6세대씩으로서 크기가 달라서 외관상 혼동의 여지가 없으며, 실제 건물 외벽에는 '가동', '나동'으로 표기되어 사회생활상 그렇게 호칭되어 온 경우, 사회통념상 '가동', '나동', '에이동', '비동'은 표시 순서에 따라 각각 같은 건물을 의미하는 것이라고 인식될 여지가 있고, 더욱이 경매기록에서 경매목적물의 표시가 '에이동'과 '가동'으로 병기되어 있었던 이상, 경매가 진행되면서 낙찰인을 포함하여 입찰에 참가하고자 한 사람들로서도 위 임대차를 대항력 있는 임대차로 인식하는 데에 아무런 어려움이 없다(대법원 2003. 6. 10. 선고 2002다59351 판결).

〈판례〉 대항력을 부정한 사례

1. 건축 중인 주택에 대한 소유권보존등기가 경료되기 전에 그 일부를 임차하여 주민등록을 마친 임차인의 주민등록상의 주소 기재가 그 당시의 주택의 현황과 일치한다고 하더라도 그 후 사정변경으로 등기부 등의 주택의 표시가 달라졌다면 특별한 사정이 없는 한 달라진

주택의 표시를 전제로 등기부상 이해관계를 가지게 된 제3자로서는 당초의 주민등록에 의하여 당해 주택에 임차인이 주소 또는 거소를 가진 자로 등록되어 있다고 인식하기 어렵다고 할 것이므로 그 주민등록은 그 제3자에 대한 관계에서 유효한 임대차의 공시방법이 될 수 없다(대법원 2003. 5. 16. 선고 2003다10940 판결).

2. 임차 주택의 부지를 비롯한 세 필의 토지가 같은 담장 안에 있고 그 지상에 임차 주택 이외에는 다른 건물이 건립되어 있지 않다 하더라도 임차인이 임차 주택의 부지가 아닌 인접한 다른 토지의 지번으로 주민등록을 마쳤다면 유효한 공시방법으로 볼 수 없다(대법원 2001. 4. 24. 선고 2000다44799 판결).

3. 실제 지번인 '산 53의 6'이나 등기부상 지번인 '산 53'과 일치하지 아니한 '53의 6'에 등재된 주민등록은 주택임대차보호법 제3조제1항 소정의 대항요건으로서 유효하지 않다(대법원 2000. 6. 9. 선고 2000다8069 판결).

4. 주택을 임차하여 적법한 전입신고를 마친 후에 그 대지가 분할됨으로써 주택의 지번이 변경되자 갱신된 임대차계약서에는 새로운 지번을 표시하였으나 주민등록상 주소는 주택에 대한 경매개시결정 기입등기가 경료된 후에야 변경한 경우, 임차인은 주택에 대한 유효한 공시방법인 주민등록을 갖추었다고 볼 수 없어 경락인에게 대항할 수 없다(대법원 2000. 4. 21. 선고 2000다1549, 1556 판결).

〈판례〉 채권의 임대차보증금 전환에 의한 임대차계약 및 가장주택임대차계약

1. 주택임차인이 대항력을 갖는지 여부는, 법 제3조제1항에서 정한 요건, 즉 임대차계약의 성립, 주택의 인도, 주민등록의 요건을 갖추었는지 여부에 의하여 결정되는 것이므로, 당해 임대차계약이 통정허위표시에 의한 계약이어서 무효라는 등의 특별한 사정이 있는 경우는 별론으로 하고 임대차계약 당사자가 기존 채권을 임대차보증금으로 전환하여 임대차계약을 체결하였다는 사정만으로 임차인이 법 제3조제1항 소정의 대항력을 갖지 못한다고 볼 수는 없다(대법원 2002. 1. 8. 선고 2001다47535 판결).

2. 임대차는 임차인으로 하여금 목적물을 사용·수익하게 하는 것이 계약의 기본 내용이므로, 채권자가 주택임대차보호법상의 대항력을 취득하는 방법으로 기존 채권을 우선변제 받을 목적으로 주택임대차계약의 형식을 빌려 기존 채권을 임대차보증금으로 하기로 하고 주택의 인도와 주민등록을 마침으로써 주택임대차로서의 대항력을 취득한 것처럼 외관을 만들었을 뿐 실제 주택을 주거용으로 사용·수익할 목적을 갖지 아니 한 계약은 주택임대차계약으로서는 통정허위표시에 해당되어 무효라고 할 것이므로 이에 주택임대차보호법이 정하고 있는 대항력을 부여할 수는 없다(대법원 2002. 3. 12. 선고 2000다24184, 24191 판결).

〈판례〉 다가구주택의 다세대주택으로의 변경과 대항력

처음에 다가구용 단독주택으로 소유권보존등기가 경료된 건물의 일부를 임차한 임차인은 이를 인도받고 임차 건물의 지번을 정확히 기재하여 전입신고를 하면 주택임대차보호법 소

정의 대항력을 적법하게 취득하고, 나중에 다가구용 단독주택이 다세대 주택으로 변경되었다는 사정만으로 임차인이 이미 취득한 대항력을 상실하게 되는 것은 아니다(대법원 2007. 2. 8. 선고 2006다70516 판결).

3. 대항력의 취득시기

대항력은 주택의 인도와 전입신고를 한 다음날부터 그 효력이 발생한다(제3조제1항). 대항력은 주택의 인도와 주민등록을 마친 다음날부터 발생하므로 임차인이 주택의 인도와 주민등록을 하기 전에 이루어진 압류·가압류나 저당권 등기 등에 따른 경매, 가등기에 기한 본등기 등에 의하여 소유권을 취득한 자에 대하여는 대항할 수 없다.

주민등록은 대항력 취득시에만 구비하면 족한 것이 아니라 그 대항력을 유지하기 위해서는 계속 존속하여야 한다(대법원 2003. 7. 25. 선고 2003다25461 판결). 그러므로 임차인이 임차주택에 입주하고 그 주택의 소재지로 전입신고를 하여 임차권의 대항력을 취득한 후 어떤 이유에서든지 그 가족과 함께 일시적으로나마 다른 곳으로 주민등록을 이전하였다가 다시 원래의 주소지로 주민등록을 재전입한 경우에는 전출한 때 대항력이 소멸하고 재전입한 때부터 새로운 대항력이 발생한다(대법원 1998. 1. 23. 선고 97다42468 판결). 그러나 임차인이 가족과 함께 생활하면서 그 가족의 주민등록은 남겨둔 채 임차인 본인만 잠시 다른 곳으로 주민등록을 이전한 경우에는 대항력을 상실하지 않는다.

〈판례〉 주민등록이 직권말소 후 재등록된 경우 대항력의 유지 여부

주택임대차보호법이 제3조제1항에서 주택임차인에게 주택의 인도와 주민등록을 요건으로 명시하여 등기된 물권에 버금가는 강력한 대항력을 부여하고 있는 취지에 비추어 볼 때 달리 공시방법이 없는 주택임대차에 있어서 주택의 인도 및 주민등록이라는 대항요건은 그 대항력 취득시에만 구비하면 족한 것이 아니고 그 대항력을 유지하기 위하여서도 계속 존속하고 있어야 하고, 주택임차인의 의사에 의하지 아니하고 주민등록법 및 같은법 시행령에 따라 시장, 군수 또는 구청장에 의하여 직권조치로 주민등록이 말소된 경우에도 원칙적으로 그 대항력은 상실된다고 할 것이지만, 직권말소 후 주민등록법 소정의 이의절차에 따라 그 말소된 주민등록이 회복되거나 같은법 시행령 제29조에 의하여 재등록이 이루어짐으로써

주택임차인에게 주민등록을 유지할 의사가 있었다는 것이 명백히 드러난 경우에는 소급하여 그 대항력이 유지된다고 할 것이고, 다만, 그 직권말소가 주민등록법 소정의 이의절차에 의하여 회복된 것이 아닌 경우에는 직권말소 후 재등록이 이루어지기 이전에 주민등록이 없는 것으로 믿고 임차주택에 관하여 새로운 이해관계를 맺은 선의의 제3자에 대하여는 임차인은 대항력의 유지를 주장할 수 없다(대법원 2003. 7. 25. 선고 2003다25461 판결).

4. 대항력의 내용

임차주택의 양수인이나 기타 임대할 권리를 승계한 자는 임대인의 지위를 승계한 것으로 본다(제3조제4항). 임차주택에 대하여 민사집행법에 의한 경매가 행하여진 경우 임차권은 그 임차주택의 경락에 의하여 소멸하지만, 대항력이 있는 임차권은 보증금이 전액 변제되지 않는 한 임차권이 소멸하지 아니하다(제3조의5). 그러므로 임차인은 임차주택의 매매, 증여, 교환, 경매, 공매 등에 의하여 임차주택의 소유권을 새로 취득한 자나 임대인으로부터 주택을 임대할 권리를 승계한 자에 대하여 종전의 임차권을 그대로 주장할 수 있고, 임대차기간이 만료한 경우 전세금 또는 보증금의 반환을 청구할 수 있다. 이 경우 전 임대인의 임차보증금반환채무는 소멸한다. 주택의 인도와 주민등록을 하기 전에 이루어진 압류·가압류나 저당권 등기 등에 따른 경매, 가등기에 기한 본등기 등에 의하여 소유권을 취득한 자에 대하여는 대항할 수 없다. 따라서 이 경우 임차인은 종전의 임대인에게 전세금 또는 보증금의 반환을 청구하여야 한다.

〈판례〉 계약해제로 소유권을 회복한 자의 임대인 지위 승계

소유권을 취득하였다가 계약해제로 인하여 소유권을 상실하게 된 임대인으로부터 그 계약이 해제되기 전에 주택을 임차받아 주택의 인도와 주민등록을 마침으로써 대항요건을 갖춘 임차인은 임대인의 임대권원의 바탕이 되는 계약의 해제에도 불구하고 자신의 임차권을 새로운 소유자에게 대항할 수 있고, 이 경우 계약해제로 소유권을 회복한 제3자는 임대인의 지위를 승계한다(대법원 2003. 8. 22. 선고 2003다12717 판결).

〈판례〉 임차인이 법인인 경우 임차보증금반환채무

법인에게 주택을 임대한 경우에는 법인은 주택임대차보호법 제3조제1항 소정의 대항요건

의 하나인 주민등록을 구비할 수 없으므로 임대인이 임대주택을 양도하더라도 그 양수인이 주택임대차보호법에 의하여 임대인의 지위를 당연히 승계하는 것이 아니고 따라서 임대인의 임차보증금반환채무를 면책시키기로 하는 당사자들 사이의 특약이 있다는 등의 특별한 사정이 없는 한 임대인의 법인에 대한 임차보증금반환채무는 소멸하지 아니한다(대법원 2003. 7. 25. 선고 2003다2918 판결).

[3] 보증금의 회수

주택임대차보호법은 임차인의 보증금 회수를 위하여 두 가지의 보증금 우선특권을 규정하고 있다. 보증금 전액에 대한 순위에 의한 우선변제권과 보증금 중 일정액에 대한 최우선변제권이 그것이다.

1. 우선변제권

대항요건(주택의 인도와 주민등록)과 임대차계약증서상의 확정일자를 갖춘 임차인은 민사집행법에 의한 경매 또는 국세징수법에 의한 공매시 임차주택(대지를 포함한다)의 환가대금에서 후순위권리자 기타 채권자보다 우선하여 보증금을 변제받을 권리가 있다(제3조의2제2항). 이를 순위에 의한 우선변제권이라 한다. 후순위권리자 기타 채권자보다 우선할 뿐이므로 선순위권리자 예를 들면, 임차인이 주택의 인도, 주민등록, 확정일자를 갖추기 전에 설정된 담보물권자보다는 우선하지 못한다. 임차인이 임차주택의 환가대금에서 후순위권리자 기타 채권자보다 우선하여 보증금을 변제받기 위해서는 임차주택의 양수인에게 임차주택을 인도하여야 한다(제3조의2제3항).

확정일자란 그 날짜 현재에 임대차계약서가 존재하고 있다는 것을 증명하기 위하여 공증인, 법원서기 또는 동사무소 서기가 임대차계약서상에 확정일자부의 번호를 써넣고 일자인을 찍는 것을 말한다.

〈판례〉 주택임대차로서의 우선변제권을 취득한 것처럼 외관을 만들었을 뿐 실제 주택을 주거용으로 사용·수익할 목적을 갖지 아니한 계약에 주택임대차보호법이 정하고 있는 우선변제권이 있는지 여부

주택과 그 대지에 관한 자기의 공유지분을 다른 공유자에게 명의신탁한 공동소유자로서 그 주택의 일부분을 사용·수익해 오던 자가 그 주택 등이 경매되는 경우 자기의 지분을 제3자에게 대항할 수 없게 되는 것에 대비하여 다른 공유자와 사이에 임대차계약서를 작성하고 확정일자를 받아두었을 뿐인 경우에는 주택임대차보호법이 정하고 있는 우선변제권이 인정되지 않는다(대법원 2003. 7. 22. 선고 2003다21445 판결).

2. 소액보증금의 최우선변제권

보증금이 일정금액 이하인 임차인이 주택에 대한 경매신청의 등기 전에 대항요건(주택의 인도와 주민등록)을 갖춘 때에는 보증금 중 일정금액을 다른 담보물권자보다 우선하여 변제받을 권리가 있다(제8조제1항). 이를 소액보증금의 최우선변제권이라 한다.

2023년 2월 21일 이후 체결된 주택임대차계약에서 최우선변제권이 인정되는 소액보증금의 범위와 최우선변제를 받을 수 있는 일정액은 다음과 같다(시행령 제10조제1항, 제11조).

① 서울특별시에서는 보증금이 1억6,500만원 이하일 때 5,500만원

② 수도권정비계획법에 따른 과밀억제권역(서울특별시는 제외), 세종특별자치시, 용인시, 화성시 및 김포시에서는 보증금이 1억4,500만원 이하일 때 4,800만원

③ 광역시(수도권정비계획법에 따른 과밀억제권역에 포함된 지역과 군지역은 제외), 안산시, 광주시, 파주시, 이천시 및 평택시에서는 보증금이 8,500만원 이하일 때 2,800만원

④ 그 밖의 지역에서는 보증금이 7,500만원 이하일 때 2,500만원

주택임대차보호법 제8조제1항에서 소액 임차인이 보증금 중 일정액을 다른 담보물권자보다 우선하여 변제받을 수 있도록 한 것은, 소액 임차인의 경우 그 임차보증금이 비록 소액이라고 하더라도 그에게는 큰 재산이므로 적어도 소액 임차인의 경우에는 다른 담보권자의 지위를 해하게 되더라도 그 보증금 중 일부의 회수를 보장하는 것이 타당하다는 사회보장적 고려에서 나온 것으로서 민법의 일반규정에 대

한 예외규정이다(대법원 2001. 5. 8. 선고 2001다14733 판결).

최우선변제권을 가진 임차인은 보증금 중 일정액을 일반채권자는 물론 선순위저당권자 등 모든 담보물권자보다도 우선하여 변제받을 수 있다. 국세기본법에 의한 국세와 가산금, 지방세법에 의한 지방자치단체의 징수금보다도 우선한다(국세기본법 제35조제1항제4호, 지방세법 제31조제2항제4호). 다만, 최종 3개월분의 임금채권, 재해보상금, 최종 3년간의 퇴직금에는 우선하지 못한다(근로기준법 제38조제2항, 근로자퇴직급여보장법 제11조제2항).

임차인의 보증금 중 일정액이 주택 가액의 2분의 1을 초과하는 경우에는 주택 가액의 2분의 1에 해당하는 금액에 한하여 우선변제권이 있다(제8조제3항단서). 여기서 '주택가액'이라 함은 낙찰대금에 입찰보증금에 대한 배당기일까지의 이자, 몰수된 입찰보증금 등을 포함한 금액에서 집행비용을 공제한 실제 배당할 금액을 말한다(대법원 2001. 4. 27. 선고 2001다8974 판결). 서울에서 2,000만원에 세든 임차인은 주택(대지 포함)의 환가대금이 3,000만원인 경우에 1,500만원을 최우선변제를 받을 수 있다.

하나의 주택에 임차인이 2인 이상이고, 그 각 보증금 중 일정액의 합산액이 주택의 가액의 2분의 1을 초과하는 경우에는 그 각 보증금 중 일정액의 합산액에 대한 각 임차인의 보증금 중 일정액의 비율로 그 주택 가액의 2분의 1에 해당하는 금액을 분할한 금액을 각 임차인의 보증금 중 일정액으로 본다(시행령 제10조제3항). 대전시에서 하나의 주택에 2인의 임차인이 각각 보증금 3,000만원(A), 2,000만원(B)에 세든 경우 주택의 환가대금이 5,000만원인 때에는 2인의 임차인 A, B가 최우선변제를 받을 수 있는 금액은 2,500만원이며 A, B는 각각 1,250만원을 최우선변제를 받을 수 있다.

하나의 주택에 임차인이 2인 이상이고 이들이 그 주택에서 가정공동생활을 하는 경우에는 이들을 1인의 임차인으로 보아 이들의 각 보증금을 합산한다(시행령 제10조제4항). 공주에 소재하는 주택에 각각 5천만원에 세든 2인의 임차인이 가정공동생활을 하는 경우에는 보증금 합산액이 1억원이 되어 최우선변제권이 인정되지 않는다.

최우선변제권은 경매신청의 등기 전에 주택의 인도와 주민등록을 마쳐야 행사할 수 있다(제8조제1항). 임대차계약서상의 확정일자인은 요구되지 않는다. 다만 확정일자인을 받은 경우에는 보증금 중 일정액을 최우선변제 받고, 나머지 보증금은 순위에 의한 우선변제를 받을 수 있다.

⊙ 과밀억제권역이란

서울특별시, 인천광역시[강화군, 옹진군, 서구 대곡동·불노동·마전동·금곡동·오류동·왕길동·당하동·원당동, 인천경제자유구역(경제자유구역에서 해제된 지역을 포함한다), 및 남동국가산업단지는 제외한다], 의정부시, 구리시, 남양주시(호평동·평내동·금곡동·일패동·이패동·삼패동·가운동·수석동·지금동 및 도농동만 해당한다), 하남시, 고양시, 수원시, 성남시, 안양시, 부천시, 광명시, 과천시, 의왕시, 군포시, 시흥시[반월특수지역(반월특수지역에서 해제된 지역을 포함한다)은 제외한다]를 말한다(수도권정비계획법시행령[별표1]).

3. 임차인의 경매신청시 경매개시요건의 완화

종래 임차인이 전세금 또는 보증금 반환청구소송에서 승소하여 임차주택의 경매를 신청하는 경우에는 민사집행법 제41조의 규정에 의하여 임차인의 반대의무의 이행 즉, 임차주택을 임대인에게 인도해야 했다. 이 경우 임차인은 대항요건을 상실하여 다른 채권자보다 우선변제를 받을 수 없는 문제가 발생하였다. 이에 1999년 개정법에서는 임차인이 임차주택에 대하여 보증금반환청구소송의 확정판결 기타 이에 준하는 집행권원에 기한 경매를 신청하는 경우에는 민사집행법 제41조의 규정에도 불구하고 임차인의 반대의무의 이행 또는 이행의 제공을 집행개시의 요건으로 하지 아니하는 것으로 하였다(제3조의2제1항). 이로써 임차인은 임차주택에 계속 살면서 즉, 대항력을 계속 유지하면서 임차주택의 경매를 신청할 수 있게 되었고 우선변제권을 실질적으로 보장받게 되었다.

4. 임차권등기명령

임대차가 종료된 후 보증금을 반환받지 못한 임차인은 임차주택의 소재지를 관할하는 지방법원·지방법원지원 또는 시·군 법원에 임차권등기명령을 신청할 수 있다(제3조의3 제1항). 이 때 임차인은 임차권등기명령의 신청 및 그에 따른 임차권등기와 관련하여 소요된 비용을 임대인에게 청구할 수 있다(제3조의3 제8항).

임차권등기명령의 집행에 의한 임차권등기가 경료되면 임차인은 대항력과 우선변제권을 취득한다(제3조의3 제5항). 다만, 임차인이 임차권등기 이전에 이미 대항력 또는 우선변제권을 취득한 경우에는 그 대항력 또는 우선변제권은 그대로 유지되며, 임차권등기 이후에는 대항요건을 상실하더라도 이미 취득한 대항력 또는 우선변제권을 상실하지 아니한다(제3조의3 제5항 단서). 이로써 임차인은 대항력과 우선변제권을 상실하지 않고도 거주이전의 자유를 보장받게 되었다.

임차권등기명령의 집행에 의한 임차권등기가 경료된 주택(임대차의 목적이 주택의 일부분인 경우에는 해당 부분에 한한다)을 그 이후에 임차한 임차인은 최우선변제를 받을 권리가 없다(제3조의3 제6항). 이 경우 소액보증금의 최우선변제권을 인정하게 되면 임차권등기를 한 임차인은 물론 저당권자를 비롯한 다른 선순위권리자의 이익을 해하게 될 우려가 있기 때문이다. 다만 이 경우에도 확정일자를 갖추면 그 순위에 따른 우선변제권은 행사할 수 있다.

〈판례〉 임차권등기와 배당요구

임차권등기명령에 의하여 임차권등기를 한 임차인은 우선변제권을 가지며, 위 임차권등기는 임차인으로 하여금 기왕의 대항력이나 우선변제권을 유지하도록 해 주는 담보적 기능을 주목적으로 하고 있으므로, 임차권등기가 첫 경매개시결정등기 전에 등기된 경우, 임차인은 별도로 배당요구를 하지 않아도 당연히 배당받을 채권자에 속한다(대법원 2005. 9. 15. 선고 2005다33039 판결).

〈판례〉 임대인의 임대차보증금 반환의무와 임차인의 임차권등기 말소의무의 동시이행 여부

임차권등기는 이미 임대차계약이 종료하였음에도 임대인이 그 보증금을 반환하지 않는 상태에서 경료되게 되므로, 이미 사실상 이행지체에 빠진 임대인의 임대차보증금의 반환의무와 그에 대응하는 임차인의 권리를 보전하기 위하여 새로이 경료하는 임차권등기에 대한 임차인의 말소의무를 동시이행관계에 있는 것으로 해석할 것은 아니고, 특히 위 임차권등기는 임차인으로 하여금 기왕의 대항력이나 우선변제권을 유지하도록 해 주는 담보적 기능만을 주목적으로 하는 점 등에 비추어 볼 때, 임대인의 임대차보증금의 반환의무가 임차인의 임차권등기 말소의무보다 먼저 이행되어야 할 의무이다(대법원 2005. 6. 9. 선고 2005다4529 판결).

[4] 임대차계약

1. 임대인의 정보제시의무와 임대차기간의 2년 보장

임대차계약을 체결할 때 임대인은 ① 해당 주택의 확정일자 부여일 , 차임 및 보증금 등 정보와 ② 「국세징수법」 및 「지방세징수법」에 따른 납세증명서를 임차인에게 제시하여야 한다. 다만, 확정일자부여기관의 임대차 정보제공에 대한 동의와 미납세액 열람에 동의함으로써 이를 갈음할 수 있다.(제3조의7)

기간의 정함이 없거나 기간을 2년 미만으로 정한 임대차는 그 기간을 2년으로 본다(제4조제1항). 다만, 임차인은 2년 미만으로 정한 기간이 유효함을 주장할 수 있다(제4조제1항 단서). 임대차기간을 1년으로 정한 경우 임차인은 자신의 선택에 따라 1년을 살 수도 있고 2년을 살 수도 있으나, 임대인은 임대차기간이 1년임을 주장할 수 없다.

임대차가 종료한 경우에도 임차인이 보증금을 반환받을 때까지는 임대차관계는 존속하는 것으로 본다(제4조제2항). 임대차가 종료한 경우 임대인의 보증금반환의무와 임차인의 목적물반환의무는 동시이행의 관계에 있기 때문이다.

2. 묵시적 계약갱신

임대인이 임대차기간이 끝나기 6개월 전부터 2개월 전까지의 기간에 임차인에게 갱신거절의 통지를 하지 아니하거나 계약조건을 변경하지 아니하면 갱신하지 아니한다는 뜻의 통지를 하지 아니한 경우에는 그 기간이 끝난 때에 전임대차와 동일한 조건으로 다시 임대차한 것으로 본다. 임차인이 임대차기간이 끝나기 2개월 전까지 통지하지 아니한 때에도 그 기간이 만료된 때에 전임대차와 동일한 조건으로 다시 임대차한 것으로 본다(제6조제1항). 이 경우에 임대차의 존속기간은 2년으로 본다(제6조제2항). 묵시적 계약갱신은 임차인이 자신의 의무를 성실하게 이행하는 경우에만 적용되며, 그렇지 않은 경우 가령 2기의 차임액에 달하도록 차임을 연체하거나 기타 임차인으로서의 의무를 현저히 위반한 때에는 적용되지 않는다(제6조제3항).

묵시적으로 계약이 갱신된 경우 제6조제2항에도 불구하고 임차인은 언제든지 임대인에 대하여 계약해지의 통지를 할 수 있고(제6조의2제1항), 임대인이 그 통지를 받은 날부터 3개월이 경과하면 해지의 효력이 발생한다(제6조의2제2항).

3. 임차인의 계약갱신요구권

임차인은 임대차기간이 끝나기 6개월 전부터 2개월 전까지의 기간에 임대인에게 계약갱신을 요구할 수 있다. 이 경우 임대인은 정당한 사유 없이 거절하지 못한다. 다만, 다음 각 호의 어느 하나에 해당하는 경우 임대인은 계약갱신을 거절할 수 있다(제6조의3제1항).

1. 임차인이 2기의 차임액에 해당하는 금액에 이르도록 차임을 연체한 사실이 있는 경우
2. 임차인이 거짓이나 그 밖의 부정한 방법으로 임차한 경우
3. 서로 합의하여 임대인이 임차인에게 상당한 보상을 제공한 경우
4. 임차인이 임대인의 동의 없이 목적 주택의 전부 또는 일부를 전대(轉貸)한 경우
5. 임차인이 임차한 주택의 전부 또는 일부를 고의나 중대한 과실로 파손한 경우
6. 임차한 주택의 전부 또는 일부가 멸실되어 임대차의 목적을 달성하지 못할 경우
7. 임대인이 다음 각 목의 어느 하나에 해당하는 사유로 목적 주택의 전부 또는 대부분을 철거하거나 재건축하기 위하여 목적 주택의 점유를 회복할 필요가 있는 경우
   가. 임대차계약 체결 당시 공사시기 및 소요기간 등을 포함한 철거 또는 재건축 계획을 임차인에게 구체적으로 고지하고 그 계획에 따르는 경우
   나. 건물이 노후·훼손 또는 일부 멸실되는 등 안전사고의 우려가 있는 경우
   다. 다른 법령에 따라 철거 또는 재건축이 이루어지는 경우
8. 임대인(임대인의 직계존속·직계비속을 포함)이 목적 주택에 실제 거주하려는 경우
9. 그 밖에 임차인이 임차인으로서의 의무를 현저히 위반하거나 임대차를 계속하기 어려운 중대한 사유가 있는 경우

임대인이 위 제8호의 사유로 갱신을 거절하였음에도 불구하고 갱신요구가 거절되

지 않았더라면 갱신되었을 기간이 만료되기 전에 정당한 사유 없이 제3자에게 목적 주택을 임대한 경우 임대인은 갱신거절로 인하여 임차인이 입은 손해를 배상하여야 한다(제6조의3제5항). 이 경우 손해배상액은 거절 당시 당사자 간에 손해배상액의 예정에 관한 합의가 이루어지지 않는 한 다음 각 호의 금액 중 큰 금액으로 한다(제6조의3제6항).

1. 갱신거절 당시 월차임(차임 외에 보증금이 있는 경우에는 그 보증금을 제7조의2 각 호 중 낮은 비율에 따라 월 단위의 차임으로 전환한 금액을 포함한다. 이하 "환산월차임"이라 한다)의 3개월분에 해당하는 금액
2. 임대인이 제3자에게 임대하여 얻은 환산월차임과 갱신거절 당시 환산월차임 간 차액의 2년분에 해당하는 금액
3. 제8호 사유로 인한 갱신거절로 인하여 임차인이 입은 손해액

임차인은 계약갱신요구권을 1회에 한하여 행사할 수 있다, 이 경우 갱신되는 임대차는 전임대차와 동일한 조건으로 다시 계약된 것으로 본다. 다만, 차임과 보증금은 제7조의 범위에서 증감할 수 있다(제6조의3제3항). 갱신되는 임대차의 존속기간은 2년으로 본다(제6조의3제2항). 갱신되는 임대차의 해지에 관하여는 묵시적으로 계약이 갱신된 경우의 해지에 관한 규정(제6조의2)을 준용한다(제6조의3제4항).

〈판례〉 임대인의 지위를 승계한 임차주택의 양수인도
실제거주를 이유로 갱신거절을 할 수 있다고 본 사례

임차인이 계약갱신을 요구하였더라도, 임대인으로서는 특별한 사정이 없는 한 같은 법 제6조 제1항 전단에서 정한 기간 내라면 제6조의3 제1항 단서 제8호에 따라 임대인이 목적 주택에 실제 거주하려고 한다는 사유를 들어 임차인의 계약갱신 요구를 거절할 수 있고, 임대인의 지위를 승계한 임차주택의 양수인도 그 주택에 실제 거주하려는 경우 위 갱신거절 기간내에 위 제8호에 따른 갱신거절 사유를 주장할 수 있다고 보아야 한다 (대법원 2022. 12. 1. 선고 2021다266631 판결).

[5] 차임 또는 보증금의 증감청구권

약정한 차임 또는 보증금이 임차주택에 관한 조세·공과금 기타 부담의 증감이나 경제사정의 변동으로 인하여 상당하지 아니하게 된 때에는 당사자는 장래에 대하여 그 증감을 청구할 수 있다. 이 경우 증액청구는 임대차계약 또는 약정한 차임과 보증금의 증액이 있은 후 1년 이내에는 하지 못한다(제7조제1항). 증액청구는 약정한 차임이나 보증금의 20분의 1의 금액을 초과하지 못한다. 다만 특별시·광역시·특별자치시·도 및 특별자치도는 관할구역 내의 지역별 임대차시장 여건 등을 고려하여 20분의 1 범위에서 증액청구의 상한을 조례로 달리 정할 수 있다(제7조제2항).

보증금의 전부 또는 일부를 월 단위의 차임으로 전환하는 경우에는 그 전환되는 금액에 ① 은행법에 따른 은행에서 적용하는 대출금리와 해당 지역의 경제여건 등을 고려하여 대통령령으로 정하는 비율, ② 한국은행에서 공시한 기준금리에 대통령령으로 정하는 이율을 더한 비율 중 낮은 비율을 곱한 월차임의 범위를 초과할 수 없다(제7조의2).

〈판례〉 주택임대차보호법 제7조의 적용범위

주택임대차보호법 제7조 규정은 임대차계약의 존속 중 당사자 일방이 약정한 차임 등의 증감을 청구한 때에 한하여 적용되고, 임대차계약이 종료된 후 재계약을 하거나 또는 임대차계약 종료 전이라도 당사자의 합의로 차임 등이 증액된 경우에는 적용되지 않는다(대법원 2002. 6. 28. 선고 2002다23482 판결).

[6] 주택임차권의 승계

임차인이 상속권자 없이 사망한 경우에 그 주택에서 가정공동생활을 하던 사실상의 혼인관계에 있는 자는 임차인의 권리와 의무를 승계한다(제9조제1항). 임차인이 사망한 경우에 사망 당시 상속권자가 그 주택에서 가정공동생활을 하고 있지 아니한 때에는 그 주택에서 가정공동생활을 하던 사실상의 혼인관계에 있는 자와 2촌 이내의 친족은 공동으로 임차인의 권리와 의무를 승계한다(제9조제2항). 사실상의 혼인관계에 있는 자 또는 임차인과 동거하던 상속권 없는 자는 상속에 관한 민법의 규정에 따르면 주거를 잃는 가혹한 결과가 발생하므로 주택임차권에 한하여 동거가족에게 임차권의 승계를 인정하기 위한 규정이다. 그러나 임차인이 사망한 후 1월 이내에 승계권자가 임대인에 대하여 임차인의 권리의무를 승계하지 않겠다는 의사를 표시한 때에는 승계되지 않는다(제9조제3항). 임대차 관계에서 생긴 채권·채무는 임차인의 권리의무를 승계한 자에게 귀속한다(제9조제4항).

[7] 소액사건심판법의 준용

일반 민사소송은 절차가 번거롭고 복잡하여 변호사나 법무사의 도움 없이는 스스로 하기가 어렵다. 뿐만 아니라 비용도 많이 들고 시일도 오래 걸리기 때문에 재판을 꺼리는 경우가 많다. 소액사건심판제도는 3,000만원을 초과하지 않는 금전 지급을 목적으로 하는 청구와 같이 비교적 단순한 사건에 대하여 일반 민사소송보다 신속간편하고 경제적으로 재판을 받을 수 있도록 만든 제도이다. 주택임대차보호법에서는 임차보증금반환청구소송의 절차를 간편하고 신속하게 진행하도록 함으로써 임차인이 신속하게 보증금을 반환받을 수 있도록 하기 위하여, 임차보증금반환청구소송의 경우에는 보증금의 액수에 관계없이 소액사건심판법의 일부 규정을 준용하도록 하고 있다(제13조).

제2절 상가건물임대차보호법

〈사례 1〉 갑은 정년퇴직 후 고향인 공주에서 음식점을 하기 위해 상가건물의 소유자인 을과 보증금 5천만원에 월차임 20만원으로 임대차계약을 체결하였다. 계약기간 2년이 만료되자 을은 보증금을 2배로 올려주든지 아니면 나가라고 한다. 갑은 초기투자금이 많이 들어서 어쩔 수 없이 올려주려고 한다. 갑은 보증금을 올려줄 수밖에 없는가?

[1] 총설

1. 입법목적

주택임대차에 있어서는 주택임대차보호법이 제정되어 주택의 임차인을 보호하고 있지만, 상가건물의 임대차에 관하여는 아무런 법이 제정되어 있지 아니하여 상가건물 임차인의 보호를 위하여 특별법 제정의 필요성이 제기되었다. 이에 국가는 2001년 12월 상가건물임대차보호법을 제정하여 2003년 1월 1일부터 시행해 오고 있다. 동법은 상가건물의 임대차에 관하여 민법에 대한 특례를 규정하여 상가건물의 임대차에 있어서 사회적·경제적 약자인 임차인을 보호함으로써 임차인들의 경제생활의 안정을 도모하고 있다.

2. 적용범위

동법은 상가건물의 임대차에 적용한다. 임대차 목적물의 일부를 영업용 이외의 목적으로 사용하더라도 임대차 목적물의 주된 부분을 영업용으로 사용하는 경우에는 동법의 적용대상이 된다(제2조제1항). 상가건물이란 부가가치세법 제8조, 소득세법 제168조 또는 법인세법 제111조의 규정에 의한 사업자등록의 대상이 되는 건물을 말한다(제2조제1항, 제3조제1항). 다만, 동법은 대통령령이 정하는 보증금액을 초과하는 임대차에 대하여는 적용하지 않는다(제2조제1항 단서).

2020년 12월 10일 이후 체결된 상가건물임대차계약의 경우 동법의 적용대상이 되는 보증금액은 다음과 같다(시행령 제2조제1항).

① 서울특별시 9억원

② 수도권정비계획법에 따른 과밀억제권역(서울특별시는 제외한다) 및 부산광역시 6억9천만원

③ 광역시(수도권정비계획법에 따른 과밀억제권역에 포함된 지역과 군지역 및 부산광역시는 제외한다), 세종특별자치시, 파주시, 화성시, 안산시, 용인시, 김포시 및 광주시 5억4천만원

④ 그 밖의 지역 3억7천만원

보증금 외에 차임이 있는 경우에는 월 단위의 차임액에 은행법에 따른 은행의 대

출금리 등을 고려하여 대통령령으로 정하는 비율{1분의 100을 말한다(시행령 제2조제3항)}을 곱하여 환산한 금액을 보증금에 합산하여야 한다(제2조제2항, 시행령 제2조제2항). 예컨대, 보증금 1억원에 월차임액이 50만원인 경우 환산한 보증금은 1억5000만원(1억원+50만원×100)이 된다.

이 법은 일시 사용을 위한 임대차임이 명백한 경우에는 적용하지 않는다(제16조). 그리고 이 법은 목적건물의 등기하지 아니한 전세계약에 관하여 이를 준용한다. 이 경우 "전세금"은 "임대차의 보증금"으로 본다(제17조).

보증금액이 위 금액을 초과하는 임대차인 경우에도 대항력, 계약갱신요구, 권리금 등에 관한 일부규정은 적용된다(제2조제3항).

[2] 대항력

상가건물의 임대차는 그 등기가 없는 경우에도 임차인이 건물의 인도와 부가가치세법 제8조, 소득세법 제168조 또는 법인세법 제111조의 규정에 의한 사업자등록을 신청한 때에는 그 다음 날부터 제3자에 대하여 효력이 생긴다(제3조제1항).

임차건물의 양수인(그 밖에 임대할 권리를 승계한 자를 포함한다)은 임대인의 지위를 승계한 것으로 본다(제3조제2항). 임차권은 임차건물에 대하여 민사집행법에 의한 경매가 행하여진 경우에는 그 임차건물의 경락에 의하여 소멸한다. 다만, 보증금이 전액 변제되지 아니한 대항력이 있는 임차권은 그러하지 아니하다(제8조).

주택임대차에서는 주택의 인도와 주민등록을 대항요건으로 하고 있는데 반하여, 상가건물 임대차에서는 상가건물의 인도와 사업자 등록신청을 대항요건으로 규정하고 있다. 이 점만 다를 뿐 대항력의 취득시기 및 취득효과는 주택임대차와 동일하다.

[3] 보증금의 회수

상가건물 임대차보호법은 주택임대차보호법과 같이 임차인의 보증금 회수를 위하여 보증금 전액에 대한 순위에 의한 우선변제권과 보증금 중 일정액에 대한 최우선변제권을 규정하고 있다.

1. 우선변제권

대항요건(건물의 인도와 사업자 등록신청)과 관할세무서장으로부터 임대차계약서상의 확정일자를 갖춘 임차인은 민사집행법에 의한 경매 또는 국세징수법에 의한 공매시 임차건물(임대인 소유의 대지를 포함한다)의 환가대금에서 후순위권리자 기타 채권자보다 우선하여 보증금을 변제받을 권리가 있다(제5조제2항). 임차인이 임차건물의 환가대금에서 후순위권리자 기타 채권자보다 우선하여 보증금을 변제받기 위해서는 임차건물의 양수인에게 임차건물을 인도하여야 한다(제5조제3항).

2. 소액보증금의 최우선변제권

보증금이 일정금액 이하인 임차인이 건물에 대한 경매신청의 등기 전에 대항요건(건물의 인도와 사업자 등록신청)을 갖춘 때에는 보증금 중 일정금액을 다른 담보물권자보다 우선하여 변제받을 권리가 있다(제14조제1항, 제3항).

2014년 1월 1일 이후 체결된 상가건물임대차계약의 경우 최우선변제권이 인정되는 소액보증금의 범위와 최우선변제를 받을 수 있는 일정액은 다음과 같다. 보증금 외에 차임이 있는 경우 법 제2조제2항의 규정에 의하여 환산한 금액의 합계를 보증금으로 본다(시행령 제6조, 제7조제1항).

① 서울특별시에서는 보증금이 6,500만원 이하일 때 2,200만원

② 수도권정비계획법에 따른 과밀억제권역(서울특별시는 제외한다)에서는 보증금이 5,500만원 이하일 때 1,900만원

③ 광역시(수도권정비계획법에 따른 과밀억제권역에 포함된 지역과 군지역은 제외한다), 안산시, 용인시, 김포시 및 광주시에서는 보증금이 3,800만원 이하일 때 1,300만원

④ 그밖의 지역에서는 보증금이 3,000만원 이하일 때 1,000만원

최우선변제권을 가진 임차인은 보증금 중 일정액을 일반채권자는 물론 선순위저당권자 등 모든 담보물권자보다도 우선하여 변제받을 수 있다. 국세기본법에 의한 국세와 가산금보다도 우선한다(국세기본법 제35조제1항제4호). 다만, 최종 3개월분의 임금채권, 재해보상금, 최종 3년간의 퇴직금에는 우선하지 못한다(근로기준법 제38조제2항, 근로자퇴직급여보장법 제11조제2항).

임차인의 보증금 중 일정액이 상가건물 가액의 2분의 1을 초과하는 경우에는 상가건물 가액의 2분의 1에 해당하는 금액에 한하여 우선변제권이 있다(시행령 제7조제2항). 하나의 상가건물에 임차인이 2인 이상이고, 그 각 보증금 중 일정액의 합산액이 상가건물 가액의 2분의 1을 초과하는 경우에는 그 각 보증금 중 일정액의 합산액에 대한 각 임차인의 보증금 중 일정액의 비율로 그 상가건물 가액의 2분의 1에 해당하는 금액을 분할한 금액을 각 임차인의 보증금 중 일정액으로 본다(시행령 제7조제3항).

3. 임차인의 경매신청시 경매개시요건의 완화

임차인이 임차건물에 대하여 보증금반환청구소송의 확정판결 기타 이에 준하는 집행권원에 기한 경매를 신청하는 경우에는 민사집행법 제41조의 규정에도 불구하고 임차인의 반대의무의 이행 또는 이행의 제공을 집행개시의 요건으로 하지 아니한다(제5조제1항).

4. 임차권등기명령

임대차가 종료된 후 보증금을 반환받지 못한 임차인은 임차건물의 소재지를 관할하는 지방법원·지방법원지원 또는 시·군 법원에 임차권등기명령을 신청할 수 있다(제6조제1항). 이 때 임차인은 임차권등기명령의 신청 및 그에 따른 임차권등기와 관련하여 소요된 비용을 임대인에게 청구할 수 있다(제6조제8항).

임차권등기명령의 집행에 의한 임차권등기가 경료되면 임차인은 대항력과 우선변제권을 취득한다(제6조제5항). 다만, 임차인이 임차권등기 이전에 이미 대항력 또는 우선변제권을 취득한 경우에는 그 대항력 또는 우선변제권은 그대로 유지되며, 임차권등기 이후에는 대항요건을 상실하더라도 이미 취득한 대항력 또는 우선변제권을 상실하지 아니한다(제6조제5항 단서).

임차권등기명령의 집행에 의한 임차권등기가 경료된 건물(임대차의 목적이 건물의 일부분인 경우에는 해당 부분에 한한다)을 그 이후에 임차한 임차인은 최우선변제를 받을 권리가 없다(제6조제6항).

[4] 임대차기간

1. 임대차기간의 1년 보장

기간의 정함이 없거나 기간을 1년 미만으로 정한 임대차는 그 기간을 1년으로 본다(제9조제1항). 다만, 임차인은 1년 미만으로 정한 기간이 유효함을 주장할 수 있다(제9조제1항 단서). 임대차가 종료한 경우에도 임차인이 보증금을 반환받을 때까지는 임대차관계는 존속하는 것으로 본다(제9조제2항).

2. 계약갱신 요구권

임대인은 임차인이 임대차기간 만료전 6월부터 1월까지 사이에 행하는 계약갱신 요구에 대하여 정당한 사유없이 이를 거절하지 못한다. 다만, 다음의 경우에는 그러하지 아니하다(제10조제1항).

① 임차인이 3기의 차임액에 달하도록 차임을 연체한 사실이 있는 경우
② 임차인이 거짓 그 밖의 부정한 방법으로 임차한 경우
③ 쌍방 합의하에 임대인이 임차인에게 상당한 보상을 제공한 경우
④ 임차인이 임대인의 동의 없이 목적 건물의 전부 또는 일부를 전대한 경우
⑤ 임차인이 임차한 건물의 전부 또는 일부를 고의 또는 중대한 과실로 파손한 경우
⑥ 임차한 건물의 전부 또는 일부가 멸실되어 임대차의 목적을 달성하지 못할 경우
⑦ 임대인이 다음 각 목의 어느 하나에 해당하는 사유로 목적 건물의 전부 또는 대부분을 철거하거나 재건축하기 위해 목적 건물의 점유 회복이 필요한 경우
  가. 임대차계약 체결 당시 공사시기 및 소요기간 등을 포함한 철거 또는 재건축 계획을 임차인에게 구체적으로 고지하고 그 계획에 따르는 경우
  나. 건물이 노후·훼손 또는 일부 멸실되는 등 안전사고의 우려가 있는 경우
  다. 다른 법령에 따라 철거 또는 재건축이 이루어지는 경우
⑧ 그 밖에 임차인이 임차인으로서의 의무를 현저히 위반하거나 임대차를 존속하기 어려운 중대한 사유가 있는 경우

임차인의 계약갱신 요구권은 최초의 임대차기간을 포함한 전체 임대차기간이 10

년을 초과하지 않는 범위 내에서만 행사할 수 있다(제10조제2항). 갱신되는 임대차는 전 임대차와 동일한 조건으로 다시 계약된 것으로 본다(제10조제3항). 다만, 차임 또는 보증금의 100분의 9의 금액을 초과하지 않는 범위 안에서 차임 또는 보증금의 증액을 청구할 수 있으며(제10조제3항 단서, 시행령 제4조), 증액 청구는 임대차계약 또는 약정한 차임 등의 증액이 있은 후 1년 이내에는 이를 하지 못한다(제11조제2항).

임차인의 차임연체액이 3기의 차임액에 달하는 때에는 임대인은 계약을 해지할 수 있다(제10조의8).

3. 묵시적 계약갱신

임대인이 임대차기간 만료 전 6월부터 1월까지 사이에 임차인에 대하여 갱신거절의 통지 또는 조건의 변경에 대한 통지를 하지 아니한 경우에는 그 기간이 만료된 때에 전임대차와 동일한 조건으로 다시 임대차한 것으로 본다. 이 경우에 임대차의 존속기간은 1년으로 본다(제10조제4항). 묵시적 계약갱신의 경우 임차인은 언제든지 임대인에 대하여 계약해지의 통고를 할 수 있고, 임대인이 그 통고를 받은 날부터 3월이 경과하면 그 효력이 발생한다(제10조제5항).

〈해설 1〉 을이 임대차기간 만료전 6월부터 1월 사이에 갑에게 보증금을 올려주지 않으면 재계약을 하지 않는다는 통지를 하지 않았다면 임대차기간이 만료된 때에 전임대차와 동일한 조건으로 다시 임대차한 것으로 본다. 이 경우 증액청구는 차임 또는 보증금의 9/100를 초과하지 못한다. 갑은 임대차기간 만료 전 6월부터 1월 사이에 계약갱신을 요구할 수 있다. 다만 전체 임대차기간이 10년을 초과할 수 없다. 이 경우에도 을은 차임 또는 보증금의 9/100를 초과하지 않는 범위 내에서만 증액청구를 할 수 있을 뿐이다.

[5] 권리금의 회수기회 보호 등

권리금이란 임대차 목적물인 상가건물에서 영업을 하는 자 또는 영업을 하려는 자가 영업시설 · 비품, 거래처, 신용, 영업상의 노하우, 상가건물의 위치에 따른 영업상의 이점 등 유형 · 무형의 재산적 가치의 양도 또는 이용대가로서 임대인, 임차인에게 보증금과 차임 이외에 지급하는 금전 등의 대가를 말한다(제10조의3제1항). 권리금 계약이란 신규임차인이 되려는 자가 임차인에게 권리금을 지급하기로 하는 계약을 말한다(제10조의3제2항).

임대인은 임대차기간이 끝나기 6개월 전부터 임대차 종료 시까지 다음 각 호의 어느 하나에 해당하는 행위를 함으로써 권리금 계약에 따라 임차인이 주선한 신규임차인이 되려는 자로부터 권리금을 지급받는 것을 방해하여서는 아니 된다. 다만, 제10조제1항 각 호의 어느 하나에 해당하는 사유가 있는 경우에는 그러하지 아니하다(제10조의4제1항).

1. 임차인이 주선한 신규임차인이 되려는 자에게 권리금을 요구하거나 임차인이 주선한 신규임차인이 되려는 자로부터 권리금을 수수하는 행위
2. 임차인이 주선한 신규임차인이 되려는 자로 하여금 임차인에게 권리금을 지급하지 못하게 하는 행위
3. 임차인이 주선한 신규임차인이 되려는 자에게 상가건물에 관한 조세, 공과금, 주변 상가건물의 차임 및 보증금, 그 밖의 부담에 따른 금액에 비추어 현저히 고액의 차임과 보증금을 요구하는 행위
4. 그 밖에 정당한 사유 없이 임대인이 임차인이 주선한 신규임차인이 되려는 자와 임대차계약의 체결을 거절하는 행위

다음의 사유들은 위 4호의 "정당한 사유"에 해당한다(제10조의4제2항).

1. 임차인이 주선한 신규임차인이 되려는 자가 보증금 또는 차임을 지급할 자력이 없는 경우
2. 임차인이 주선한 신규임차인이 되려는 자가 임차인으로서의 의무를 위반할 우려가 있거나 그 밖에 임대차를 유지하기 어려운 상당한 사유가 있는 경우
3. 임대차 목적물인 상가건물을 1년 6개월 이상 영리목적으로 사용하지 아니한 경우
4. 임대인이 선택한 신규임차인이 임차인과 권리금 계약을 체결하고 그 권리금을 지급한 경우

임대인이 제1항을 위반하여 임차인에게 손해를 발생하게 한 때에는 그 손해를 배상할 책임이 있다. 이 경우 그 손해배상액은 신규임차인이 임차인에게 지급하기로 한 권리금과 임대차 종료 당시의 권리금 중 낮은 금액을 넘지 못하고(제10의4제3

항), 임대인에게 손해배상을 청구할 권리는 임대차가 종료한 날부터 3년 이내에 행사하지 아니하면 시효의 완성으로 소멸한다(제10조의4제4항). 임차인은 임대인에게 임차인이 주선한 신규임차인이 되려는 자의 보증금 및 차임을 지급할 자력 또는 그 밖에 임차인으로서의 의무를 이행할 의사 및 능력에 관하여 자신이 알고 있는 정보를 제공하여야 한다(제10조의4제5항).

위의 권리금 회수기회 보호에 관한 규정은 다음 각 호의 어느 하나에 해당하는 상가건물 임대차의 경우에는 적용하지 아니한다(제10조의5).

1. 임대차 목적물인 상가건물이 「유통산업발전법」 제2조에 따른 대규모점포 또는 준대규모점포의 일부인 경우(다만 「전통시장 및 상점가 육성을 위한 특별법」 제2조제1호에 따른 전통시장은 제외한다)
2. 임대차 목적물인 상가건물이 「국유재산법」에 따른 국유재산 또는 「공유재산 및 물품 관리법」에 따른 공유재산인 경우

[6] 차임 또는 보증금의 증감청구권

차임 또는 보증금이 임차건물에 관한 조세·공과금 그 밖의 부담의 증감이나 감염병 등에 의한 경제사정의 변동으로 인하여 상당하지 아니하게 된 때에는 당사자는 장래에 대하여 그 증감을 청구할 수 있다(제11조).그러나 증액의 경우에는 청구당시의 차임 또는 보증금의 100분의 5의 금액을 초과하지 못한다(제11조제1항, 시행령 제4조). 다만, 감염병에 의한 경제사정의 변동으로 차임 등이 감액된 후 임대인이 차임 또는 보증금의 증액을 청구하는 경우에는 증액된 차임 등이 감액 전 차임 등의 금액에 달할 때까지는 그러하지 아니하다(제11조제3항). 임대차계약 후 1년 이내 또는 약정한 차임이나 보증금의 증액이 있은 후 1년 이내에는 증액청구를 하지 못한다(제11조제2항).

보증금의 전부 또는 일부를 월 단위의 차임으로 전환하는 경우에는 그 전환되는 금액에 ① 은행법에 따른 은행에서 적용하는 대출금리 및 해당 지역의 경제여건 등을 고려하여 대통령령으로 정하는 비율{연 1할2푼을 말한다(시행령 제5조)}, ② 한국은행에서 공시한 기준금리에 대통령령으로 정하는 배수를 곱한 비율 중 낮은 비율을 곱한 월차임의 범위를 초과할 수 없다(제12조).

[7] 폐업으로 인한 임차인의 계약해지권

임차인은 「감염병의 예방 및 관리에 관한 법률」 제49조제1항제2호에 따른 집합 제한 또는 금지 조치(같은 항 제2호의2에 따라 운영시간을 제한한 조치를 포함한다)를 총 3개월 이상 받음으로써 발생한 경제사정의 중대한 변동으로 폐업한 경우에는 임대차계약을 해지할 수 있다(제11조의2제1항). 이 경우 임대인이 계약해지의 통고를 받은 날부터 3개월이 지나면 효력이 발생한다(제11조의2제2항)

[8] 전대차관계에의 적용 등

제10조 내지 제12조의 일부 규정(권리금관련 규정 제외)은 전대인과 전차인의 전대차관계에 적용한다(제13조제1항). 임대인의 동의를 받고 전대차계약을 체결한 전차인은 임차인의 계약갱신요구권 행사기간 범위 내에서 임차인을 대위하여 임대인에게 계약갱신요구권을 행사할 수 있다(제13조제2항).

[9] 소액사건심판법의 준용

소액사건심판법의 일부 규정은 임차인이 임대인에 대하여 제기하는 보증금반환청구소송에 관하여 이를 준용한다(제18조).

[10] 등록사항 등의 열람 · 제공

건물임대차계약의 당사자나 건물의 임대차에 이해관계가 있는 자는 건물의 소재지 관할 세무서장에게 다음 사항의 열람 또는 교부를 요청할 수 있다. 이때 관할 세무서장은 정당한 사유없이 이를 거부할 수 없다(제4조제3항).

① 임대인·임차인의 인적사항

② 건물의 소재지, 임대차 목적물 및 면적

③ 사업자등록 신청일

④ 보증금 및 차임, 임대차기간

⑤ 확정일자를 받은 날

⑥ 임대차계약이 변경 또는 갱신된 경우에는 변경 · 갱신된 날자, 새로운 확정일자 부여일, 변경된 보증금 및 차임, 임대차기간

⑦ 그 밖에 법무부령으로 정하는 사항

CHAPTER

04 소송관계법

[1] 소액심판 제도

〈사례 1〉 건축자재를 판매하는 김사장은 건물을 다 지어 공사대금을 받으면 바로 갚겠다는 건축업자 노가다의 말을 믿고 1천500만원 상당의 건축자재를 외상으로 주었다. 그런데 노가다는 건물이 완공되었음에도 차일피일 미루며 외상값을 갚지 아니한다. 김사장이 노가다에게 외상값을 받기 위한 간편한 방법은 없는가?

일반 민사소송은 절차가 번거롭고 복잡하여 변호사나 법무사의 도움 없이는 스스로 하기가 어렵다. 뿐만 아니라 비용도 많이 들고 시일도 오래 걸리기 때문에 영세한 소액채권자는 재판을 꺼리는 경우가 많다. 이에 소액사건심판법은 민사사건 중 소송물 가액이 3,000만원 이하인 소액사건을 공정성을 해하지 아니하는 범위 안에서 간이한 절차에 따라 신속히 처리하기 위하여 민사소송법에 대한 특례를 규정함으로써 민사분쟁의 신속한 해결과 영세한 소액채권자의 보호를 도모하고 있다.

1. 소액사건의 범위

소액사건이란 소송물 가액이 3,000만원을 초과하지 아니하는 금전(대여금, 물품대금, 손해배상청구), 기타 대체물이나 유가증권의 일정한 수량의 지급을 목적으로 하는 제1심의 민사사건을 말한다(제2조제1항, 규칙 제1조의2). 따라서 부동산과 같이 대체성이 없는 특정물에 관한 청구는 소송물 가액이 3,000만원 이하인 경우에도 소액사건심판제도를 이용할 수 없다.

2. 제소방법

지방법원 및 지방법원지원의 접수창구에 비치된 정형적인 소장양식에 해당 사항을 기재하여 제출함으로써 소를 제기할 수 있다. 구술로써 소를 제기할 수도 있다. 이 경우 법원서기관 · 법원사무관 · 법원주사 또는 법원주사보의 면전에서 진술하면 된다(제4조제1항, 제2항). 당사자 쌍방이 임의로 법원에 출석하여 소송에 관하여 변론함으로써 제소할 수도 있다(제5조).

3. 소액사건심판절차상의 특례

① 법원은 소가 제기된 경우에 결정으로 피고에게 원고의 청구취지대로 이행할 것을 권고할 수 있다(제5조의3 제1항). 피고는 이행권고결정서를 송달받은 날부터 2주일 내에 서면으로 이의신청을 할 수 있다(제5조의4 제1항). 그런데 이 기간 내에 이의신청을 하지 아니하면 이행권고결정은 확정판결과 같은 효력을 가진다(제5조의7 제1항제1호). 이행권고결정이 확정판결과 같은 효력을 가지게 된 때 법원은 이행권고결정서를 원고에게 송달하고(제5조의7 제3항), 원고는 집행문을 부여받을 필요없이 이행권고결정서에 의하여 강제집행을 할 수 있다(제5조의8 제1항). 종래에는 피고가 원고의 청구를 다투지 아니하는 사건에 있어서도 원고가 변론기일에 출석하여야 했으나, 이행권고결정제도가 도입되면서 피고가 다투지 아니하는 사건의 경우에는 원고가 법정에 출석할 필요가 없게 되었다.

② 소가 제기된 경우 법원은 소장이나 제소조서를 지체없이 피고에게 송달하고(제6조), 판사는 되도록 1회의 변론기일로 심리를 마친다(제7조제2항). 그러므로 당사자는 모든 증거를 첫 변론기일에 제출할 수 있도록 준비하여야 한다. 피고가 재판에 불출석하고 답변서도 내지 않으면 즉석에서 원고에게 승소 판결이 선고되고, 원고가 두 번 불출석하고 그 후 1월내에 기일지정의 신청을 하지 아니하면 소송은 취하된 것으로 간주될 수 있다.

③ 판사는 필요한 경우 근무시간외 또는 공휴일에도 개정할 수 있다(제7조의2).

④ 당사자의 배우자 · 직계혈족 또는 형제자매는 법원의 허가없이 소송대리인이 될 수 있다. 이 경우 소송대리인은 당사자와의 신분관계 및 수권관계를 서면

으로 증명하여야 한다(제8조제1항, 제2항).

⑤ 판사는 필요한 경우 직권으로 증거조사를 할 수 있으며, 증인은 판사가 신문한다. 당사자는 판사에게 고하고 보충신문을 할 수 있다(제10조제1항, 제2항).

⑥ 판결의 선고는 변론종결 후 즉시 할 수 있으며, 판결을 선고함에는 주문을 낭독하고 주문이 정당함을 인정할 수 있는 범위 안에서 그 이유의 요지를 구술로 설명하여야 한다. 다만, 판결서에는 이유를 기재하지 아니할 수 있다(제11조의2제1항 내지 제3항).

⑦ 법원은 원고의 청구가 이유 없음이 명백한 때에는 변론 없이 청구를 기각할 수 있다(제9조제1항).

⑧ 소액사건에 대한 지방법원 본원 합의부의 제2심판결이나 결정 · 명령은 법률 · 명령 · 규칙 또는 처분의 헌법위반여부와 명령 · 규칙 또는 처분의 법률위반여부에 대한 판단이 부당하거나 대법원의 판례에 상반되는 때에 한하여 대법원에 상고 또는 재항고를 할 수 있다(제3조).

〈해설 1〉 김사장은 노가다로부터 받을 물품대금이 3천만원을 초과하지 않으므로 소액심판을 청구할 수 있다. 소액심판의 소는 지방법원 또는 지방법원지원의 접수창구에 비치된 소장양식에 해당 사항을 기재하여 제출함으로써 제기한다. 소액심판은 가능하면 1회의 변론기일로 심리를 마치므로 김사장은 모든 증거를 첫 변론기일에 제출할 수 있도록 준비하여야 한다.

[2] 강제집행

1. 강제집행의 의의

채무자가 자신의 채무를 이행하지 않는 경우 채권자는 법절차에 따라 채권의 만족을 얻을 수밖에 없다. 이러한 경우 채권자가 국가기관의 도움을 받아 강제로 채권을 이행받을 수 있는 권리실현수단이 강제집행이며 그 절차를 강제집행절차라 한다.

2. 집행권원

강제집행을 하기 위해서는 그 권리를 인정하는 공적 문서가 필요한 바, 그 문서를 채무명의 또는 집행권원이라고 한다. 집행권원으로는 확정된 종국판결, 가집행선고 있는 종국판결, 인낙조서, 화해조서, 조정조서, 지급명령, 공정증서 등이 있다(민사집행법 제24조, 제56조).

3. 집행문 부여

강제집행을 신청하기 위해서는 집행권원에 집행문을 부여받아야 한다. 집행문이란 강제집행을 할 수 있다는 일종의 증명서로서, 집행권원을 가지고 제1심 법원 또는 공증인 사무소에 가서 신청하면 법원직원 또는 공증인이 집행문을 부여한다. 다만 공증인은 공정증서에 대해서만 집행문을 부여한다(민사집행법 제28조제2항, 제59조제1항).

4. 경매 및 배당

유체동산이나 부동산에 대하여 강제집행을 하는 경우, 목적물을 경매하여 그 환가대금에서 채권자가 배당을 받게 된다. 환가대금이 충분하여 모든 채권자를 만족시킬 수 있다면 문제가 없겠지만, 그렇지 못한 경우에는 우선변제권이 있는 채권자가 다른 채권자보다 우선적으로 지급받고, 그 후 일반채권자들이 남은 환가대금에서 그 채권액에 비례하여 분배·지급받는다.

채권에 대해 강제집행을 하는 경우 채권자는 법원으로부터 압류명령과 추심명령 또는 압류명령과 전부명령을 받아서 채무자 내신 은행 또는 제3자로부터 돈을 받거나 채권 자체를 이전받을 수 있다.

[3] 보전처분

1. 보전처분의 필요성

채무자가 자신의 채무를 이행하지 않는 경우 채권자는 소송을 통하여 강제집행을 할 수밖에 없다. 그러나 이 경우 채권자가 소송을 제기하여 승소한 뒤에 그 판결의 확정을 기다려 강제집행을 하기까지는 많은 시간이 걸린다. 채권자가 소송을 제기하기 전이나 소송을 진행하는 중에 채무자가 재산을 모두 처분하거나 은닉하는 때에는 채권자가 재판에 이기고도 강제집행을 하지 못하는 경우가 발생한다. 따라서 채권자는 자기의 채권을 확보하기 위하여 소송을 제기하기 전이나 소송을 진행하는 중에 채무자가 재산을 처분하지 못하도록 임시로 채무자의 재산을 묶어둘 필요가 있다. 이 때 이용할 수 있는 것이 보전처분으로서 가압류와 가처분이 있다.

2. 보전처분의 종류

1) 가압류

가압류란 매매대금, 어음금, 대여금 등 금전채권이나 장차 금전채권으로 될 수 있는 청구권에 관하여 장래 그 집행을 보전하기 위하여 채무자의 재산을 처분하지 못하도록 하는 임시적인 조치를 말한다.

가압류의 종류로는 ① 채무자의 특정부동산(토지, 건물)을 함부로 처분할 수 없도록 하는 부동산 가압류, ② 채무자의 유체동산(냉장고, 텔레비전 등)을 함부로 처분할 수 없도록 하는 유체동산 가압류, ③ 채무자가 다른 사람으로부터 받을 돈을 받지 못하도록 하는 채권 가압류 등이 있다.

2) 가처분

가처분은 계쟁물에 관한 가처분과 임시의 지위를 정하는 가처분으로 나뉜다.

계쟁물에 관한 가처분은 분쟁의 대상이 되고 있는 물건에 대하여 그 특정물의 현상을 유지하여 후일의 강제집행을 보전하기 위하여 행하는 임시조치를 말한다. 계쟁물에 관한 가처분으로는 채무자가 분쟁의 대상이 된 부동산의 점유를 다른 사람에게 이전하지 못하도록 하는 부동산점유이전금지 가처분과 채무자가 분쟁의 대상이 된 부동산을 매매, 양도 등 처분을 하지 못하도록 하는 부동산처분금지 가처분 등이 있다.

임시의 지위를 정하는 가처분은 확정판결로 권리관계가 분명해질 때까지 임시지위를 정하기 위해 필요한 조치를 취하는 보전제도이다. 해고무효를 주장하는 근로자에게 근로자로서의 임시지위를 인정하여 임금을 계속 지급하라고 명하는 것이 이에 해당한다.

3. 보전처분의 절차 및 효과

가압류·가처분은 종국적인 판결이 날 때까지의 임시조치로서, 채권자가 제출한 신청서 및 소명자료만을 가지고 법원이 단시일 내에 결정을 내리는 것이 보통이다. 다만, 신청인은 법원의 담보제공명령에 따라 담보를 제공하여야 한다. 이 때 신청인은 법원의 허가를 받아 보증보험회사와 지급보증위탁계약을 체결한 문서를 담보로 제공할 수 있다.

채권자의 보전처분신청에 흠결이 없고 요건을 충족하면 법원은 가압류·가처분 명령을 발한다. 채무자에 대한 고지는 등기소에 가압류·가처분등기를 촉탁한 후 이를 송달한다. 법원의 보전처분명령에 따라 채무자는 재산을 매매·양도 등 처분하지 못하거나 담보로 제공할 수 없는 등 제약을 받게 된다.

⊙ 공무상표시무효죄

형법은 공무원이 그 직무에 관하여 실시한 압류 기타 강제처분의 표시를 손상 또는 은닉하거나 기타 방법으로 그 효용을 해한 자에 대하여 5년 이하의 징역 또는 700만원 이하의 벌금에 처하도록 규정하고 있다(형법 제140조제1항). 이를 공무상표시무효죄라 한다. 따라서 집행관이 가압류한 물건을 처분하는 행위, 물건에 부착된 가압류표시를 훼손하는 행위 등은 공무상표시무효죄로 처벌받는다.

CHAPTER 05 소비자법

제1절 소비자기본법

[1] 총설

1. 입법목적

현대경제사회에서는 생산과 소비가 분리되어 있어서 일반적으로 사람들은 사업자가 제공하는 상품이나 용역을 구입하여 소비하고 있다. 시장경제의 초기단계에서는 상품의 종류나 내용이 단순하여 소비자가 필요한 물건을 스스로 판단하여 구입하는 것이 가능하였다. 그러나 과학기술의 발전과 산업화에 따라 상품의 대량생산, 대량판매 및 대량소비의 시대가 도래하면서 대부분의 거래에서 사업자는 일방적으로 물건의 가격이나 거래조건을 결정하고 소비자는 그 물건의 구입 여부만을 결정할 수밖에 없는 입장에 놓이게 되었다. 또한 허위·과장 광고 등으로 인하여 소비자는 종속적이고 수동적인 지위에서 부당한 가격, 결함상품 및 허위·과장 광고 등으로 피해를 입는 경우가 많게 되었다. 특히 독과점기업은 상품의 물량조절이나 가격조작에 의하여 폭리를 취함으로써 소비자의 이익을 침해하고 일부 기업의 결함상품은 소비자의 안전·건강 및 생명을 위협하는 경우도 있다.

이와 같이 소비자는 상품이나 용역의 구매에서 거래주체로서 상대방과 대등한 지위를 확보하지 못하게 되었으며, '사적 자치의 원칙'과 '과실책임의 원칙'을 기초로 하는 일반사법 규정만으로는 소비자의 이익을 보호할 수 없게 되었다. 특히 거래과정에서 발생되는 소비자의 피해는 심각한 사회문제로 대두되었고, 이를 해결하기 위해서는 실효성 있는 피해구제수단의 정비가 요구되었다. 이에 따라 소비자의 기본권익을 보호하기 위하여 국가·지방자치단체 및 사업자의 의무와 소비자 및 소비자단체의 역할을 규정함과 아울러 소비자보호시책의 종합적 추진을 위한 기본적 사항을 규정함으로써 소비생활의 향상과 합리화를 기하기 위하여 1980년에 법률 제3921호로 소비자보호법을 제정하였다. 그 후 수차례의 개정을 거치고 2006년 소비자기본법으로 법명을 변경하였다.

소비자기본법은 소비자의 8대 기본적 권리와 책무를 명시하고(제2장), 국가·지방자치단체 및 사업자의 책무(제3장), 소비자정책의 추진체계(제4장), 소비자단체(제5장), 한국소비자원(제6장), 소비자안전(제7장), 소비자분쟁의 해결(제8장), 조사절차(제9장), 벌칙(제11장) 등을 규정하고 있다.

2. 소비자의 개념

일반적으로 소비자는 사업자가 제공하는 물품 또는 용역을 소비생활을 위하여 사용 또는 이용하는 자를 말하며, 이는 사업자에 대응하는 개념이다.

소비자기본법 제2조제1호에서는 "소비자라 함은 사업자가 제공하는 물품 또는 용역(시설물을 포함한다. 이하 같다. 이하 "물품등"이라 한다)을 소비생활을 위하여 사용(이용을 포함한다. 이하 같다)하는 자 또는 생산활동을 위하여 사용하는 자로서 대통령령이 정하는 자"로 규정하고 있다. 이 규정에 따르면 소비자란 ① 사업자가 제공하는 물품등을 사용하거나 이용하는 자이어야 하며, 물품등의 사용이나 이용이 소비생활을 위한 것이어야 한다. 따라서 생산활동을 위하여 물품등을 사용하거나 이용하는 자는 원칙적으로 소비자의 개념에 포함되지 않는다. ② 다만 사업자가 제공하는 물품등을 생산활동을 위하여 사용하거나 이용하는 자라고 하더라도 첫째, 제공된 물품등을 최종적으로 사용하거나 이용하는 자와 둘째, 제공된 물품등을 농업(축산업을 포함한다. 이하 같다) 및 어업활동을 위하여 사용하는 자는 소비자의 범위에 포함된다(시행령 제2조). 이와 같이 생산활동을 하는 자라고 하더라도 구입한 물품이나 용역을 원재료(중간재를 포함한다), 자본재 또는 이에 준하는 용도로 생산활동에 사용하지 않고 최종적으로 사용하거나 이용하는 경우에는 소비자로 취급하는 것이 그 물품과 관련된 분쟁의 해결에 도움이 되기 때문이다. 그리고 농어

민과 축산업자는 원양어업자를 제외하고는 다른 사업자에 비하여 경제적 약자이므로 소비자로 취급하여 정책적인 보호를 하기 위함이다. 그러므로 소비자기본법의 보호대상이 되는 소비자는 최종 소비자만을 의미하는 것은 아니다.

[2] 소비자의 기본적 권리와 책무

1. 소비자의 기본적 권리

소비자는 안전할 권리, 알 권리, 선택의 권리, 의견반영 권리, 피해보상을 받을 권리, 교육을 받을 권리, 단체조직 및 활동의 권리, 안전하고 쾌적한 소비생활환경에서 소비할 권리 등을 가진다(제4조).

소비자의 권리는 원칙적으로 모든 국가권력을 구속한다. 따라서 국가 및 지방자치단체는 소비자의 기본적인 권리가 실현될 수 있도록 ① 관계법령 및 조례를 제정·개정하고, ② 필요한 행정조직을 정비하고 그 운영을 개선하여, ③ 필요한 시책을 수립하고 실시하여야 할 뿐만 아니라 ④ 소비자의 건전하고 자주적인 조직활동을 지원·육성할 책무를 지게 된다(제6조). 또한 소비자의 권리는 사인간에도 직접 적용되므로 사업자는 그 공급하는 물품등에 대하여 소비자보호를 위하여 필요한 조치를 강구하여야 하고(제19조제1항), 국가와 지방자치단체의 소비자권익증진시책에 적극 협력하여야 한다(제18조제1항).

소비자의 권리가 입법·행정·사법작용 등에 의하여 침해된 경우에는 청원권의 행사, 행정소송의 제기, 국가배상, 헌법소원의 제기 등으로 그 구제를 청구할 수 있고, 사업자 등에 의해 침해된 경우에는 그 피해의 구제를 한국소비자원 등에 청구할 수 있다.

2. 기본적 권리의 내용

1) 안전할 권리

소비자는 모든 물품등으로 인한 생명·신체 및 재산상의 위해로부터 보호받을 권리를 가진다(제4조제1호). 이 권리는 사업자가 제공하는 물품이나 용역으로 인하여 인간의 생존권적 기본권이 침해되어서는 아니 된다는 것을 말한다. 인간의 생명, 신체의 안전 및 생존을 위한 필수적 수단으로서의 재산의 안전 등을 확보할 권리는 기업권익에 우선하여 보호되어야 할 것이기 때문이다. 소비자의 안전권을 보장하기 위하여 국가와 사업자는 위해방지의무를 진다(제8조, 제19조제1항).

2) 알 권리

소비자는 물품등을 선택함에 있어서 필요한 지식 및 정보를 제공받을 권리를 가진다(제4조제2호). 소비자는 생활을 위하여 사용 또는 이용할 물품이나 용역을 합리적으로 선택할 수 있어야 하며 사업자나 정부는 이에 필요한 지식이나 정보를 성실히 제공하여야 한다. 안전할 권리를 확보하기 위해서도 소비자는 상품의 내용과 사용방법 등을 정확하게 알 수 있어야 한다. 이를 위하여 소비자는 상품표시의 정확성과 상품에 관한 자세한 정보를 요구할 수 있어야 한다. 법은 소비자가 알 권리를 확보할 수 있도록 국가에 대하여 표시기준의 제정의무(제10조)를, 국가 및 지방자치단체에 대하여는 소비자에 대한 정보제공의무(제13조)를, 사업자에 대하여는 적정표시 의무(제19조제3항)를 부과하고 있다.

3) 선택의 권리

소비자는 물품등을 사용 또는 이용함에 있어서 거래의 상대방·구입장소·가격·거래조건 등을 자유로이 선택할 권리를 가진다(제4조제3호). 계약자유의 원칙상 당연한 권리이다. 소비자가 상품을 선택할 경우에 어떤 장소에서도 왜곡되지 않은 공정한 가격으로 구입할 수 있어야 하고, 정부정책에 의하여 가격이 규제되는 경우에는 적정가격으로 적절한 품질과 서비스를 보장받아야 한다. 또한 상품공급자의 경쟁적 출현이 자유롭게 이루어져야 하고, 소비자는 합리적인 거래조건으로 상품을 자유롭게 선택할 수 있어야 한다. 법은 소비자의 선택권을 확보하기 위하여 국가에 대하여 거래의 적정화(제12조)에 관한 의무를 부과하고 있고, 사업자에 대하여는 부당거래행위의 금지의무(제19조제2항)를 부과하고 있다.

4) 의견을 반영할 권리

소비자는 소비생활에 영향을 주는 국가 및 지방자치단체의 정책과 사업자의 사업활동 등에 대하여 의견을 반영시킬 권리를 가진다(제4조제4호). 소비자는 시장이라는 유통경로를 통하여 자유로운 선택권을 행사함으로써 그들의 의사를 표시할 수 있으나, 왜곡된 시장질서 아래에서는 그러한 소극적인 의사표시만으로는 그 의사를 제대로 반영할 수 없다. 그러므로 소비자는 적극적인 방법으로 자신의 의견을 반영할 수 있어야 하며, 정부나 사업자는 이를 적극 수용하여야 한다. 법에서는 소비자의 의견을 반영할 수 있도록 소비자대표를 소비자정책위원회의 구성원으로 규정하고 있다(제24조제3항).

5) 피해보상을 받을 권리

소비자는 물품등의 사용 또는 이용으로 인하여 입은 피해에 대하여 신속·공정한 절차에 따라 적절한 보상을 받을 권리를 가진다(제4조제5호). 소비자의 안전권 등이 침해된 경우, 소비자는 그 피해를 보상받을 권리가 있으며, 그 절차는 신속하고 공정하게 이루어져야 한다. 법은 소비자의 피해보상을 받을 권리를 확보하기 위하여 국가 및 지방자치단체에 대하여 소비자의 불만이나 피해가 신속·공정하게 처리될 수 있도록 관련기구의 설치등 필요한 조치를 강구할 의무(제16조제1항)를 부과하고 있다.

6) 교육받을 권리

소비자는 합리적인 소비생활을 영위하기 위하여 필요한 교육을 받을 권리를 가진다(제4조제6호). 소비자가 자신의 권리를 주장하기 위해서는 권리의 내용을 정확하게 알아야 하며, 권리를 보장받을 수 있는 방법도 알아야 한다. 소비자는 일반적으로 경제적 약자이기 때문에 소비자 스스로의 노력만으로 그러한 권리를 확보하기가 어렵다. 따라서 소비자는 자신의 권리를 확보하기 위하여 필요한 교육을 받을 권리가 있다. 법에서는 국가 및 지방자치단체로 하여금 소비자교육을 실시할 의무(제14조)를 부과하고 있으며, 소비자단체가 소비자교육을 실시할 수 있도록 필요한 지원을 할 수 있도록 하고 있다(제28조제1항제4호, 제32조).

7) 단체조직 및 활동권

소비자는 스스로의 권익을 증진하기 위하여 단체를 조직하고 이를 통하여 활동할 수 있는 권리를 가진다(제4조제7호). 사회적·경제적으로 약자인 소비자는 자신의 권익을 증진하기 위하여 단체를 조직하고, 그 단결된 힘으로써 사업자 또는 국가를 상대로 자신의 권리를 실현하기 위하여 활동할 수 있어야 한다. 이를 위하여 국가 및 지방자치단체는 등록소비자단체에 보조금을 지급하는 등 소비자의 단체조직 및 활동권을 보장하여야 한다(제32조).

8) 안전하고 쾌적한 소비생활환경에서 소비할 권리

소비자는 안전하고 쾌적한 소비생활환경에서 소비할 권리를 가진다(제4조제8호). 소비자 안전이 위협받고 환경의 중요성이 더해지고 있는 상황에서 2001년 3월 개정시 신설된 권리이다.

[3] 국가, 지방자치단체 및 사업자의 책무

1. 국가 및 지방자치단체의 책무

1) 소비자보호시책의 추진

국가 및 지방자치단체는 소비자의 기본적 권리가 실현되도록 하기 위하여 관계 법령 및 조례의 제정 및 개정·폐지, 필요한 행정조직의 정비 및 운영개선, 필요한 시책의 수립 및 실시, 소비자의 건전하고 자주적인 조직활동의 지원·육성 등의 책무를 진다(제6조). 국가는 지방자치단체의 소비자권익과 관련된 행정조직의 설치·운영 등에 관하여 대통령령이 정하는 바에 따라 필요한 지원을 할 수 있다(제7조).

2) 위해의 방지

국가는 사업자가 소비자에게 제공하는 물품 또는 용역으로 인한 소비자의 생명, 신체 및 재산에 대한 위해를 방지하기 위하여 ① 물품 및 용역의 성분, 함량, 구조 등 안전에 관한 중요한 내용, ② 물품등을 사용할 때의 지시사항이나 경고 등 표시할 내용과 방법, ③ 그 밖에 위해방지를 위하여 필요하다고 인정되는 사항 등에 관하여 사업자가 지켜야 할 기준을 정하여야 한다(제8조제1항). 그리고 중앙행정기관의 장은 국가가 정한 위 기준을 사업자가 준수하는지 여부를 정기적으로 시험, 검사 또는 조사하여야 한다(제8조제2항).

국가 및 지방자치단체는 물품등의 규격 · 품질 및 안전성 등에 관하여 시험 · 검사 또는 조사를 실시할 수 있는 기구와 시설을 갖추어야 한다(제17조제1항). 국가 · 지방자치단체는 필요하다고 인정되는 때 또는 소비자의 요청이 있는 때에는 위 규정에 따라 설치된 시험 · 검사기관이나 한국소비자원에 시험 · 검사 또는 조사를 의뢰하여 시험 등을 실시할 수 있으며, 시험 등을 실시한 경우에는 그 결과를 공표하고 소비자의 권익을 위하여 필요한 조치를 취하여야 한다(제17조제2항, 제3항). 국가 및 지방자치단체는 소비자단체가 물품등의 규격 · 품질 또는 안전성 등에 관하여 시험 · 검사를 실시할 수 있는 시설을 갖출 수 있도록 지원할 수 있다(제17조제4항).

국가 및 지방자치단체는 어린이 · 노약자 및 장애인 등 안전취약계층에 대하여 우선적으로 보호시책을 강구하여야 한다(제45조제1항). 중앙행정기관의 장은 사업자가 제공한 물품 및 용역의 결함으로 인하여 소비자의 생명, 신체 또는 재산에 위해를 끼치거나 끼칠 우려가 있다고 인정되는 경우에는 그 사업자에 대하여 당해 물품등의 수거, 파기, 수리, 교환, 환급 또는 제조·수입·판매·제공의 금지 그 밖의 필요한 조치를 권고하거나 명할 수 있다(제49조제1항, 제50조제1항). 사업자가 수거·파기명령등에 따르지 아니하는 경우 중앙행정기관의 장은 대통령령이 정하는 바에 따라 직접 그 물품등의 수거·파기 또는 제공금지 등 필요한 조치를 취할 수 있다(제50조제2항).

사업자는 제8조제1항에 따라 국가가 정한 기준에 위반되는 물품등을 제조·수입·판매하거나 제공하여서는 아니되며(제20조제1항), 사업자가 이에 위반하는 행위를 한 경우 중앙행정기관의 장은 당해 행위의 중지 등 시정에 필요한 조치를 명하고, 사업자가 시정명령을 받은 사실을 공표하도록 명할 수 있다(제80조).

3) 계량 및 규격의 적정화

국가 및 지방자치단체는 소비자가 사업자와의 거래에 있어서 계량으로 인하여 손해를 입지 아니하도록 물품등의 계량에 관하여 필요한 시책을 강구하여야 하며, 물품등의 품질개선 및 소비생활의 향상을 위하여 물품등의 규격을 정하고 이를 보급하기 위한 시책을 강구하여야 한다(제9조).

계량의 적정화를 위하여 계량에 관한 법률이 제정되어 있는데, 동법은 계량의 실시를 위한 여러 가지 조치를 강구하고 있다. 규격의 적정화를 실현하기 위한 법률로는 산업표준화법이 있으며 동법에서는 품질고도화, 생산효율의 향상, 생산기술혁신을 기하며 거래의 단순·공정화 및 소비의 합리화를 위한 여러 가지 조치를 마련하고 있다.

4) 표시기준의 제정

국가는 소비자가 사업자와의 거래에 있어서 표시나 포장 등으로 인하여 물품등을 잘못 선택하거나 사용하지 아니하도록 물품등에 대하여 다음 사항에 관한 표시기준을 정하여야 한다(제10조).

① 상품명·용도·성분·재질·성능·규격·가격·용량·허가번호 및 용역의 내용
② 물품등을 제조·수입 또는 판매하거나 제공한 사업자의 명칭(주소 및 전화번호를 포함한다) 및 물품의 원산지
③ 사용방법, 사용·보관할 때의 주의사항 및 경고사항
④ 제조년월일, 부품보유기간, 품질보증기간 또는 식품이나 의약품 등 유통과정에서 변질되기 쉬운 물품은 그 유효기간
⑤ 표시의 크기·위치 및 방법
⑥ 물품등에 따른 불만이나 소비자피해가 있는 경우의 처리기구(주소 및 전화번호를 포함한다) 및 처리방법
⑦ 「장애인차별금지 및 권리구제 등에 관한 법률」 제20조에 따른 시각장애인을 위한 표시방법

사업자는 국가가 정한 위 표시기준을 위반하여서는 아니되며(제20조제2항), 사업자가 이에 위반하는 행위를 한 경우 중앙행정기관의 장은 당해 행위의 중지 등 시정에 필요한 조치를 명하고, 사업자가 시정명령을 받은 사실을 공표하도록 명할 수 있다(제80조).

표시에 관한 규제법으로는 표시·광고의 공정화에 관한 법률, 물가안정에 관한 법률, 식품위생법 등이 있다.

5) 광고기준의 제정

국가는 물품등의 잘못된 소비 또는 과다한 소비로 인하여 발생할 수 있는 소비자의 생명·신체 또는 재산에 대한 위해를 방지하기 위하여 다음의 어느 하나에 해당하는 경우에는 광고의 내용 및 방법에 관한 기준을 정하여야 한다(제11조).

① 용도·성분·성능·규격 또는 원산지등을 광고하는 때에 허가 또는 공인된 내용만으로 광고를 제한할 필요가 있거나 특정내용을 소비자에게 반드시 알릴 필요가 있는 경우

② 소비자가 오해할 우려가 있는 특정용어 또는 특정표현의 사용을 제한할 필요가 있는 경우

③ 광고의 매체 또는 시간대에 대하여 제한이 필요한 경우

사업자는 위 광고기준을 위반하여서는 아니된다(제20조제3항). 사업자가 이에 위반하는 행위를 한 경우 중앙행정기관의 장은 당해 행위의 중지 등 시정에 필요한 조치를 명하고, 사업자가 시정명령을 받은 사실을 공표하도록 명할 수 있다(제80조).

광고에 대한 현행법상의 규제로서는 표시·광고의 공정화에 관한 법률에 의한 부당광고행위의 금지(제3조), 식품 등의 표시·광고에 관한 법률에 의한 부당광고행위의 금지(제8조), 약사법에 의한 과대광고의 금지(제68조) 등이 있다.

6) 거래의 적정화

국가는 사업자의 불공정한 거래조건이나 거래방법으로 인하여 소비자가 부당한 피해를 입지 아니하도록 필요한 시책을 수립·실시하여야 하며(제12조제1항), 소비자의 합리적인 선택을 방해하고 소비자에게 손해를 끼칠 우려가 있다고 인정되는 사업자의 부당한 행위를 지정·고시할 수 있다(제12조제1항).

국가 및 지방자치단체는 약관에 따른 거래 및 방문판매·다단계판매·할부판매·통신판매·전자거래 등 특수한 형태의 거래에 대하여는 소비자의 권익을 위하여 필요한 시책을 강구하여야 한다(제12조제3항). 이를 위하여 국가는 약관의 규제에 관한 법률, 할부거래에 관한 법률, 방문판매등에 관한 법률, 전자상거래등에서의 소비자보호에 관한 법률 등 특별법을 제정하여 특수한 형태의 거래에 있어서 사업자와 소비자의 거래관계를 적정화하도록 힘쓰고 있다.

사업자는 제12조제2항의 규정에 따라 국가가 지정·고시한 행위를 하여서는 아니되며(제20조제4항), 사업자가 이에 위반하는 행위를 한 경우 중앙행정기관의 장은 당해 행위의 중지 등 시정에 필요한 조치를 명하고, 사업자가 시정명령을 받은 사실을 공표하도록 명할 수 있다(제80조).

7) 소비자에의 정보제공

국가 및 지방자치단체는 소비자의 기본적인 권리가 실현될 수 있도록 소비자의 권익과 관련된 주요시책 및 주요결정사항을 소비자에게 알려야 하며, 소비자가 물품등을 합리적으로 선택할 수 있도록 하기 위하여 물품등의 거래조건·거래방법·품질·안전성 및 환경성 등에 관련되는 사업자의 정보가 소비자에게 제공될 수 있도록 필요한 시책을 강구하여야 한다(제13조).

8) 소비자의 능력향상

국가 및 지방자치단체는 소비자의 올바른 권리행사를 이끌고, 물품등과 관련된 판단능력을 높이며, 소비자가 자신의 선택에 책임을 지는 소비생활을 할 수 있도록 필요한 교육을 하여야 한다(제14조제1항).

국가 및 지방자치단체는 경제 및 사회의 발전에 따라 소비자의 능력 향상을 위한 프로그램을 개발하여야 하고, 소비자교육과 학교교육 · 평생교육을 연계하여 교육적 효과를 높이기 위한 시책을 수립 · 시행하여야 한다(제14조제2항, 제3항). 국가 및 지방자치단체는 소비자의 능력을 효과적으로 향상시키기 위한 방법으로 「방송법」에 따른 방송사업을 할 수 있다(제14조제4항).

9) 개인정보의 보호

국가 및 지방자치단체는 소비자가 사업자와의 거래에서 개인정보의 분실 · 도난 · 누출 · 변조 또는 훼손으로 인하여 부당한 피해를 입지 아니하도록 필요한 시책을 강구하여야 하며, 국가는 소비자의 개인정보를 보호하기 위한 기준을 정하여야 한다(제15조).

10) 소비자분쟁의 해결

국가 및 지방자치단체는 소비자의 불만이나 피해가 신속·공정하게 처리될 수 있도록 관련기구의 설치 등 필요한 조치를 강구하여야 한다(제16조제1항). 이를 위하여 국가는 한국소비자원을 설립하여 소비자분쟁의 해결을 위하여 힘쓰고 있다. 그리고 국가는 소비자와 사업자 사이에 발생하는 분쟁을 원활하게 해결하기 위하여 대통령령이 정하는 바에 따라 소비자분쟁해결기준을 제정할 수 있다(제16조제2항). 소비자분쟁해결기준은 분쟁당사자 사이에 분쟁해결방법에 관한 별도의 의사표시가 없는 경우에 한하여 분쟁해결을 위한 합의 또는 권고의 기준이 된다(제16조제3항).

11) 시험 · 검사시설의 설치

국가 및 지방자치단체는 물품등의 규격·품질 및 안전성 등에 관하여 시험·검사 또는 조사를 실시할 수 있는 기구와 시설을 갖추어야 하며, 국가·지방자치단체 또는 소비자나 소비자단체는 필요하다고 인정되는 때 또는 소비자의 요청이 있는 때에는 위 시험·검사기관이나 한국소비자원에 시험·검사 또는 조사를 의뢰하여 시험 등을 실시할 수 있다. 국가 및 지방자치단체는 시험 등을 실시한 경우에는 그 결과를 공표하고 소비자의 권익을 위하여 필요한 조치를 취하여야 한다. 그리고 국가 및 지방자치단체는 소비자단체가 물품등의 규격·품질 또는 안전성 등에 관하여 시험·검사를 실시할 수 있는 시설을 갖출 수 있도록 지원할 수 있다(제17조).

2. 사업자의 책무

1) 소비자권익 증진 시책에 대한 협력 등

사업자는 국가 및 지방자치단체의 소비자권익 증진시책에 적극 협력하고, 소비자단체 및 한국소비자원의 소비자 권익증진과 관련된 업무의 추진에 필요한 자료 및 정보제공 요청에 적극 협력하여야 한다. 아울러 사업자는 안전하고 쾌적한 소비생활 환경을 조성하기 위하여 물품등을 제공함에 있어서 환경친화적인 기술의 개발과 자원의 재활용을 위하여 노력하여야 한다(제18조).

사업자는 물품등으로 인하여 소비자에게 생명 · 신체 또는 재산에 대한 위해가 발생하지 아니하도록 필요한 조치를 강구하고, 물품등을 공급함에 있어서 소비자의 합리적인 선택이나 이익을 침해할 우려가 있는 거래조건이나 거래방법을 사용하여서는 아니된다. 그리고 소비자에게 물품등에 대한 정보를 성실하고 정확하게 제공하여야 하며, 소비자의 개인정보가 분실 · 도난 · 누출 · 변조 또는 훼손되지 아니하도록 그 개인정보를 성실하게 취급하여야 한다. 사업자는 물품등의 하자로 인한 소비자의 불만이나 피해를 해결하거나 보상하여야 하며, 채무불이행 등으로 인한 소비자의 손해를 배상하여야 한다(제19조).

사업자는 제8조제1항의 규정에 따라 국가가 정한 안전기준에 위반되는 물품등을 제조 · 수입 · 판매하거나 제공하여서는 아니되며, 국가가 정한 표시기준, 광고기준, 개인정보의 보호기준을 위반하여서는 아니된다. 그리고 제12조제2항의 규정에 따라 국가가 지정 · 고시한 행위를 하여서는 아니된다(제20조).

2) 결함정보의 보고

사업자는 다음 각 호의 어느 하나에 해당하는 경우에는 제조 · 수입 · 판매 또는 제공한 물품 등의 결함을 소관 중앙행정기관의 장에게 보고(전자적 보고를 포함한다. 이하 같다)하여아 한다(제47조)

1. 제조 · 수입 · 판매 또는 제공한 물품 등에 소비자의 생명 · 신체 또는 재산에 위해를 끼치거나 끼칠 우려가 있는 제조 · 설계 · 표시 등의 중대한 결함이 있다는 사실을 알게 된 경우
2. 제조 · 수입 · 판매 또는 제공한 물품 등과 동일한 물품 등에 대하여 외국에서 결함이 발견되어 사업자가 다음 각 목의 어느 하나에 해당하는 조치를 한 경우 또는 외국의 다른 사업자가 해당 조치를 한 사실을 알게 된 경우
   가. 외국 정부로부터 수거 · 파기 등의 권고 또는 명령을 받고 한 수거 · 파기 등
   나. 자발적으로 한 수거 · 파기 등

보고를 받은 중앙행정기관의 장은 사업자가 보고한 결함의 내용에 관하여 시험·검사기관 또는 한국소비자원 등에 시험·검사를 의뢰하고, 시험·검사의 결과 그 물품등이 법 제49조(수거·파기 등의 권고 등) 또는 제50조(수거·파기 등의 명령 등)의 요건에 해당하는 경우에는 사업자에게 각각에 해당하는 규정에 따른 필요한 조치를 취하여 한다(제47조제2항).

결함의 내용을 보고하여야 할 사업자는 다음과 같다(제47조제3항).

① 물품등을 제조 · 수입 또는 제공하는 자

② 물품에 성명 · 상호 그 밖에 식별 가능한 기호 등을 부착함으로써 자신을 제조자로 표시한 자

③ 「유통산업발전법」 제2조제3호의 규정에 따른 대규모점포 중 대통령령이 정하는 대규모점포를 설치하여 운영하는 자

④ 그 밖에 소비자의 생명 · 신체 및 재산에 위해를 끼치거나 끼칠 우려가 있는 물품등을 제조 · 수입 · 판매 또는 제공하는 자로서 대통령령이 정하는 자

3) 물품 등의 자진수거

사업자는 소비자에게 제공한 물품등의 결함으로 인하여 소비자의 생명·신체 또는 재산에 위해를 끼치거나 끼칠 우려가 있는 경우에는 대통령령이 정하는 바에 따라 당해 물품등의 수거·파기·수리·교환·환급 또는 제조·수입·판매·제공의 금지 그 밖에 필요한 조치를 취하여야 한다(제48조).

[4] 소비자단체, 소비자정책위원회 및 한국소비자원

1. 소비자단체

소비자는 스스로의 권익을 옹호하기 위하여 단체를 조직하고 이를 통하여 활동할 수 있는 권리가 있다(제4조제7호).

소비자단체는 ① 국가 및 지방자치단체의 소비자권익과 관련된 시책에 대한 건의, ② 물품등의 규격·품질·안전성·환경성에 관한 시험·검사 및 가격 등을 포함한 거래조건이나 거래방법에 관한 조사·분석, ③ 소비자문제에 관한 조사·연구, ④ 소비자의 교육, ⑤ 소비자의 불만 및 피해를 처리하기 위한 상담·정보제공 및 당사자 사이의 합의의 권고 등의 업무를 행한다(제28조제1항).

그리고 소비자단체는 물품등의 규격·품질·안전성·환경성에 관한 시험·검사 및 가격 등을 포함한 거래조건이나 거래방법에 관한 조사·분석 등의 결과를 공표할 수 있다. 다만 공표되는 사항 중 물품등의 품질·성능 및 성분 등에 관한 시험·검사로서 전문

적인 인력과 설비를 필요로 하는 시험·검사인 경우에는 대통령령이 정하는 시험·검사기관의 시험·검사를 거친 후 공표하여야 한다(제28조제2항).

소비자단체는 그 업무를 추진함에 있어서 필요한 자료 및 정보의 제공을 사업자 또는 사업자단체에 요청할 수 있다. 이 경우 그 사업자 또는 사업자단체는 정당한 사유가 없는 한 이에 응하여야 한다(제78조제1항). 소비자단체가 자료 및 정보의 제공을 요청하였음에도 사업자 또는 사업자단체가 정당한 사유 없이 이를 거부·방해·기피하거나 거짓으로 제출한 경우에는 그 사업자 또는 사업자단체의 이름(상호 그 밖의 명칭을 포함한다), 거부 등의 사실과 사유를 「신문 등의 진흥에 관한 법률」에 따른 일반일간신문에 게재할 수 있다(제28조제3항). 소비자단체는 업무상 알게 된 정보를 소비자의 권익을 증진하기 위한 목적이 아닌 용도에 사용할 수 없으며, 사업자 또는 사업자단체로부터 제공받은 자료 및 정보를 소비자의 권익을 증진하기 위한 목적이 아닌 용도로 사용함으로써 사업자 또는 사업자단체에 손해를 끼친 때에는 그 손해에 대하여 배상할 책임을 진다(제28조제4항, 제5항).

일정한 요건을 갖춘 소비자단체는 대통령령이 정하는 바에 따라 공정거래위원회 또는 지방자치단체에 등록할 수 있다(제29조). 공정거래위원회에 등록한 소비자단체의 협의체는 소비자불만 및 피해를 처리하기 위하여 자율적 분쟁조정을 할 수 있다. 다만, 다른 법률의 규정에 따라 설치된 전문성이 요구되는 분야의 분쟁조정기구로서 대통령령이 정하는 기구에서 관장하는 사항에 대하여는 그러하지 아니하다(제31조제1항). 자율적 분쟁조정은 당사자가 이를 수락한 경우에는 당사자 사이에 자율적 분쟁조정의 내용과 동일한 합의가 성립된 것으로 본다(제32조제2항).

국가 또는 지방자치단체는 등록소비자단체의 건전한 육성·발전을 위하여 필요하다고 인정될 때에는 보조금을 지급할 수 있다(제32조).

2. 소비자정책위원회

소비자의 권익증진 및 소비생활의 향상에 관한 기본적인 정책을 종합·조정하고 심의·의결하기 위하여 국무총리 소속으로 소비자정책위원회(이하 “정책위원회”라 한다)를 둔다(제23조). 정책위원회는 위원장 2인을 포함한 25인 이내의 위원으로 구성하며, 위원장은 국무총리와 소비자문제에 관하여 학식과 경험이 풍부한 자 중에서 대통령이 위촉하는 자가 되고, 위원은 관계 중앙행정기관의 장 및 한국소비자원장과 소비자문제에 관한 학식과 경험이 풍부한 자, 등록한 소비자단체 및 대통령령이 정하는 경제단체에서 추천하는 소비자대표 및 경제계대표 중에서 재정경제부장관이 위촉하는 자가 된다. 위촉위원장과 위촉위원의 임기는 3년으로 한다(제24조).

정책위원회는 ① 기본계획 및 종합시행계획의 수립·평가와 그 결과의 공표, ② 소비자정책의 종합적 추진 및 조정에 관한 사항, ③ 소비자보호 및 안전확보를 위하여 필요한 조치에 관한 사항 ④ 소비자정책의 평가 및 제도개선 권고 등에 관한 사항, ⑤ 그 밖에 위원장이 소비자의 권익증진 및 소비생활의 향상을 위하여 토의에 부치는 사항을 심의·의결한다(제25조제1항). 정책위원회는 업무를 효율적으로 수행하기 위하여 실무위원회와 분야별 전문위원회를 둘 수 있으며(제25조제6항), 정책위원회는 필요한 경우에 소비자문제에 관하여 전문지식이 있는 자, 소비자 또는 관계사업자의 의견을 들을 수 있다(제26조제1항).

3. 한국소비자원

한국소비자원은 소비자권익 증진시책의 효과적인 추진을 위하여 설립된 법인이다(제33조).

한국소비자원의 업무는 다음과 같다(제35조제1항).

① 소비자의 권익과 관련된 제도와 정책의 연구 및 건의
② 소비자의 권익증진을 위하여 필요한 경우 물품등의 규격 · 품질 · 안전성 · 환경성에 관한 시험 · 검사 및 가격 등을 포함한 거래조건이나 거래방법에 대한 조사 · 분석
③ 소비자의 권익증진 · 안전 및 소비생활의 향상을 위한 정보의 수집 · 제공 및 국제협력
④ 소비자의 권익증진 · 안전 및 능력개발과 관련된 교육 · 홍보 및 방송사업
⑤ 소비자의 불만처리 및 피해구제
⑥ 소비자의 권익증진 및 소비생활의 합리화를 위한 종합적인 조사 · 연구
⑦ 국가 또는 지방자치단체가 소비자의 권익증진과 관련하여 의뢰한 조사 등의 업무
⑧ 공정거래위원회로부터 위탁받은 동의의결의 이행관리

⑨ 그 밖에 소비자의 권익증진 및 안전에 관한 업무

한국소비자원이 위 ⑤의 업무를 수행함에 있어서 다음 사항은 그 처리대상에서 제외한다(제35조제2항).

① 국가 또는 지방자치단체가 제공한 물품등으로 인하여 발생한 피해구제. 다만, 대통령령으로 정하는 물품등에 관하여는 그러하지 아니하다.

② 그 밖에 다른 법률의 규정에 따라 설치된 전문성이 요구되는 분야의 분쟁조정기구에 신청된 피해구제 등으로서 대통령령이 정하는 피해구제

한국소비자원은 업무수행 과정에서 취득한 사실 중 소비자의 권익증진, 소비자피해의 확산 방지, 물품등의 품질향상 그 밖에 소비생활의 향상을 위하여 필요하다고 인정되는 사실은 이를 공표하여야 한다. 다만, 사업자 또는 사업자단체의 영업비밀을 보호할 필요가 있다고 인정되거나 공익상 필요하다고 인정되는 때에는 그러하지 아니하다(제35조제3항).

원장은 위의 ② 및 ⑤의 업무를 수행함에 있어서 다수의 피해가 우려되는 등 긴급하다고 인정되는 때에는 사업자로부터 필요한 최소한의 시료를 수거할 수 있고(제35조제4항), 필요하다고 인정되는 때에는 국립 또는 공립의 시험·검사기관에 물품등에 대한 시험·검사를 의뢰할 수 있다(제36조제1항). 이 경우 사업자는 정당한 사유가 없는 한 이에 따라야 하고(제35조제4항), 시험·검사의 의뢰를 받은 기관은 특별한 사유가 없는 한 우선하여 이에 응하여야 한다(제36조제2항).

한국소비자원에는 소비자와 사업자 사이에 발생한 분쟁을 조정하기 위하여 소비자분쟁조정위원회를 둔다. 소비자분쟁조정위원회는 소비자분쟁에 대한 조정결정, 소비자분쟁조정위원회의 의사에 관한 규칙의 제정 및 개폐·폐지, 그 밖에 조정위원회의 위원장이 토의에 부치는 사항을 심의·의결한다(제60조).

[5] 소비자분쟁의 해결

1. 소비자피해의 구제방법

오늘날 소비자의 피해는 과학기술의 발달에 따라 점차 복잡화, 다양화되고 있기 때문에 재산상의 불이익에 그치는 것이 아니라 생명이나 신체의 안전에 중대한 위해가 되기도 한다. 더욱이 피해의 원인규명이 곤란하기 때문에 종래의 민사소송절

차만으로는 그 피해를 제대로 구제할 수 없는 경우도 많게 되었다. 따라서 정부는 앞에서 살펴본 것처럼 각종 위해방지를 위한 조치, 물품의 안전기준의 제정 및 불공정행위의 지정·고시 등 소비자의 피해를 사전에 예방하기 위한 조치를 취하고 있으며, 소비자의 피해가 발생한 경우에 사후적인 구제를 위해서도 다양한 수단을 강구하고 있다. 현행법상 사업자가 제공하는 상품이나 용역으로부터 피해를 받은 소비자가 그 피해를 구제 받기 위한 방법으로는 당사자의 상호교섭에 의한 구제, 소비자단체에 의한 구제, 한국소비자원에 의한 구제 및 법원에 의한 구제가 있다.

2. 당사자의 상호교섭에 의한 구제

소비자가 상품이나 용역으로부터 피해를 받은 경우에는 사업자에게 직접 피해구제를 청구할 수 있는데, 이 때에 사업자가 성실하게 협조하면 소비자의 피해는 가장 신속하게 구제된다.

한편 소비자기본법 제16조제2항에 의하여 제정된 '품목별소비자분쟁해결기준'에서는 상품이나 용역의 품질, 가격조건 또는 표시상의 불일치로 인하여 피해가 발생한 경우에 소비자와 사업자가 쉽게 합의할 수 있도록 하기 위하여 일정한 보상기준을 마련하고 있다. 이 기준에 따르면 물품의 제조업자, 수입업자, 판매업자 및 용역을 제공한 자는 품질보증기간 또는 유효기간 내에 발생한 소비자의 피해에 대하여 수리, 교환, 환불, 배상, 해약 또는 이행을 하여야 한다. 이 기준에 의한 보상합의가 이루어지지 않을 경우 당사자는 중앙행정기관의 장이나 시·도지사 또는 소비자보호원에 그 피해구제를 신청할 수 있다.

3. 소비자단체에 의한 구제

소비자단체는 소비자불만 및 피해처리를 위한 상담, 정보제공 및 당사자간 합의의 권고 등의 업무를 할 수 있다. 그리고 소비자단체는 소비자피해 및 불만처리를 함에 있어서 소비자와 사업자간에 합의가 이루어지지 아니한 때에는 소비자를 대리하여 소비자분쟁조정위원회에 분쟁조정을 신청할 수 있다(제65조).

4. 한국소비자원에 의한 구제

소비자기본법은 한국소비자원에 소비자의 피해구제를 할 수 있는 권한을 부여하고(제35조), 소비자와 사업자 사이에 발생한 분쟁을 조정하기 위하여 소비자분쟁조정위원회를 두도록 규정하고 있다(제60조). 따라서 소비자는 물품등의 사용으로 인한 피해를 입은 경우에 한국소비자원에 그 구제를 신청할 수 있고(제55조제1항), 국가·지방자치단체·소비자단체 또는 사업자가 소비자로부터 피해구제신청을 받은 때에도 한국소비자원에 그 처리를 의뢰할 수 있다(제55조제2항, 제3항).

한국소비자원이 피해구제의 신청을 받은 때에는 원장이 당사자에 대하여 피해보상에 관한 합의를 권고할 수 있으며(제57조), 피해구제의 신청을 받은 날부터 30일 이내에 합의가 이루어지지 아니하는 때에는 원장은 지체없이 소비자분쟁조정위원회에 분쟁조정을 신청하여야 한다. 다만, 피해의 원인규명 등에 상당한 시일이 요구되는 피해구제신청사건으로서 대통령령이 정하는 사건에 대하여는 60일 이내의 범위에서 처리기간을 연장할 수 있다(제58조). 피해구제 처리절차 중에 법원에 소를 제기한 당사자는 그 사실을 한국소비자원에 통보하여야 하며, 한국소비자원은 당사자의 소제기 사실을 알게 된 때에는 지체 없이 피해구제절차를 중지하고, 당사자에게 이를 통지하여야 한다(제59조).

5. 분쟁조정위원회에 의한 구제

소비자와 사업자 사이에 발생한 분쟁이 해결되지 않거나 합의가 이루어지지 않는 경우 당사자 등은 분쟁조정위원회에 분쟁조정을 신청할 수 있다(제65조제1항)

분쟁조정위원회가 조정신청을 받은 때에는 30일 이내에 분쟁조정을 마쳐야 하고, 정당한 사유가 있는 경우로서 30일 이내에 그 분쟁조정을 마칠 수 없는 경우에는 그 기간을 연장할 수 있다. 이 경우 그 사유와 기한을 명시하여 당사자 및 그 대리인에게 통지하여야 한다(제66조). 분쟁조정위원회의 위원장은 분쟁조정을 마친 때에는 지체없이 당사자에게 그 분쟁조정의 내용을 통지하여야 한다. 통지를 받은 당사자는 그 통지를 받은 날부터 15일 이내에 분쟁조정의 내용에 대한 수락 여부를 조정위원회에 통보하여야 한다. 이 경우 15일 이내에 의사표시가 없는 때에는 수락한 것으로 본다. 당사자가 분쟁조정의 내용을 수락하거나 수락한 것으로 보는 경우

조정위원회는 조정조서를 작성하고, 조정위원회의 위원장 및 각 당사자가 기명·날인하거나 서명하여야 한다. 다만, 수락한 것으로 보는 경우에는 각 당사자의 기명·날인 또는 서명을 생략할 수 있다. 당사자가 분쟁조정의 내용을 수락하거나 수락한 것으로 보는 때에는 그 분쟁조정의 내용은 재판상 화해와 동일한 효력을 갖는다(제67조).

소비자의 피해가 다수의 소비자에게 같거나 비슷한 유형으로 발생하는 경우로서 대통령령이 정하는 사건의 경우, 국가·지방자치단체·한국소비자원·소비자단체·소비자 또는 사업자는 조정위원회에 일괄적인 분쟁조정(이하 "집단분쟁조정"이라 한다)을 의뢰 또는 신청할 수 있다(제68조제1항). 집단분쟁조정을 의뢰받거나 신청받은 조정위원회는 제외 사건이 아닌 경우에는 조정위원회의 의결로써 의뢰받거나 신청받은 날부터 60일 이내에 집단분쟁조정절차를 개시하여야 한다. 이 경우 조정위원회는 대통령령이 정하는 기간 동안 그 절차의 개시를 공고하여야 한다(제68조제2항). 다만, 피해의 원인규명에 시험, 검사 또는 조사가 필요한 사건 등의 경우에는 조정위원회의 의결로써 집단분쟁조정 절차개시의 결정을 보류할 수 있다. 이 경우 그 사유와 기한을 명시하여 의뢰 또는 신청한 자에게 통지하여야 하고, 그 보류기간은 제2항에 따른 개시결정기간이 경과한 날부터 60일을 넘을 수 없다(제68조제3항).

조정위원회는 집단분쟁조정의 당사자가 아닌 소비자 또는 사업자로부터 그 분쟁조정의 당사자에 추가로 포함될 수 있도록 하는 신청을 받을 수 있다(제68조제4항). 조정위원회는 사업자가 조정위원회의 집단분쟁조정의 내용을 수락한 경우에는 집단분쟁조정의 당사자가 아닌 자로서 피해를 입은 소비자에 대한 보상계획서를 작성하여 조정위원회에 제출하도록 권고할 수 있다(68조제5항). 집단분쟁조정은 제2항에 따른 공고가 종료된 날의 다음 날부터 30일 이내에 마쳐야 한다. 다만, 정당한 사유가 있는 경우로서 해당 기간 내에 분쟁조정을 마칠 수 없는 경우에는 2회에 한하여 각각 30일의 범위에서 그 기간을 연장할 수 있으며, 이 경우 그 사유와 기한을 구체적으로 밝혀 당사자 및 그 대리인에게 통지하여야 한다(제68조제7항).

6. 법원에 의한 구제

상호교섭이나 소비자단체 또는 한국소비자원의 피해구제로 만족할만한 구제를 받지 못한 경우에 소비자는 법원에 피해구제를 위한 소송을 제기할 수 있다. 물론 다른 구제절차를 거치지 않고 직접 법원에 피해구제를 청구할 수도 있다. 그런데 일반적으로 소송절차는 복잡하고 까다로우며, 소비자에게 소송비용의 과중한 부담을 주기 때문에 소송에 의한 피해구제를 꺼리는 경우가 많다. 특히 오늘날 전형적인 소비자의 피해는 소액·다수의 피해를 특징으로 하기 때문에 전통적인 민사소송은 소비자피해의 구제수단으로서는 효과적인 것이 되지 못한다. 따라서 2006년 개정법에서는 소비자단체소송제도를 도입하였다. 다만 단체소송의 남발을 방지하기 위하여 단체소송의 대상과 요건을 정하고 있다.

사업자가 제20조의 규정을 위반하여 소비자의 생명 · 신체 또는 재산에 대한 권익을 직접적으로 침해하고 그 침해가 계속되는 경우 일정한 요건을 갖춘 소비자단체와 비영리민간단체 등은 법원에 소비자권익침해행위의 금지 · 중지를 구하는 소송(이하 "단체소송"이라 한다)을 제기할 수 있다(제70조). 다만 이 경우 사업자에게 소비자권익 침해행위를 금지 · 중지할 것을 서면으로 요청한 후 14일이 경과하여야 한다(제74조제1항). 단체소송의 원고는 변호사를 소송대리인으로 선임하고(제72조), 단체소송을 제기하는 단체는 소장과 함께 원고 및 그 소송대리인, 피고, 금지 · 중지를 구하는 사업자의 소비자권익 침해행위의 범위 등의 사항을 기재한 소송허가신청서를 법원에 제출하여야 한다(제73조). 법원은 일정한 요건을 갖춘 경우에 한하여 결정으로 단체소송을 허가한다.

단체소송을 허가하거나 불허가하는 결정에 대하여는 즉시항고할 수 있다(제74조제2항). 원고의 청구를 기각하는 판결이 확정된 경우 이와 동일한 사안에 관하여는 다른 단체는 단체소송을 제기할 수 없다. 다만, 판결이 확정된 후 그 사안과 관련하여 국가 또는 지방자치단체가 설립한 기관에 의하여 새로운 연구결과나 증거가 나타난 경우 또는 기각판결이 원고의 고의로 인한 것임이 밝혀진 경우에는 그러하지 아니하다(제75조).

제2절 약관규제에 관한 법률

[1] 입법목적

약관이란 사업자가 다수의 고객과 동종의 거래를 하기 위하여 미리 작성해 놓은 계약조건을 의미한다. 약관은 어떤 종류의 계약내용을 표준화, 정형화함으로써 대량적·집단적·반복적 거래에 있어서 계약을 신속하고 원활하게 체결할 수 있게 해준다. 따라서 오늘날 운송·보험·금융·전기·가스의 공급 등에 관한 계약은 대부분 약관에 의하여 체결되고 있다. 그러나 약관은 사업자가 일방적으로 작성하는 것이므로 사업자의 이익을 반영할 가능성이 높고, 거래상의 비용과 위험을 소비자에게 전가하는 경우가 많다. 따라서 사업자와 고객 사이에 약관의 공정성을 확보할 필요가 있다.

이에 따라 1986년 12월에 약관규제에관한법률(이하 '약관규제법'이라 한다)을 제정하여 1987년 7월부터 시행하고 있다. 이 법에서는 "약관이란 그 명칭이나 형태 또는 범위에 상관없이 계약의 한쪽 당사자가 여러 명의 상대방과 계약을 체결하기 위하여 일정한 형식으로 미리 마련한 계약의 내용을 말한다"고 정의하고(제2조제1항), 동법의 목적을 사업자가 그 거래상의 지위를 남용하여 불공정한 내용의 약관을 작성하여 거래에 사용하는 것을 방지하고 불공정한 내용의 약관을 규제함으로써 건전한 거래질서를 확립하고 이를 통하여 소비자를 보호하고 국민생활을 균형있게 향상시키는 것을 목적으로 한다고 밝히고 있다(제1조).

[2] 약관의 계약편입

약관을 사용하는 사업자와 고객이 계약을 체결한 경우에 그 약관이 당연히 계약의 내용으로 되는 것은 아니다. 약관을 계약의 내용으로 하기 위해서는 사업자가 계약체결에 있어서 고객에게 약관의 내용을 계약의 종류에 따라 일반적으로 예상되는 방법으로 분명하게 밝히고, 고객이 요구할 때에는 그 약관의 사본을 고객에게 내주어 고객이 약관의 내용을 알 수 있게 하여야 한다. 다만, 여객운송업, 전기·가스 및 수도사업, 우편업, 공중전화 서비스 제공 통신업에 해당하는 업종의 약관에 대하여는 이러한 명시·교부의무가 면제된다(제3조제2항). 명시·교부의무가 면제되는 업종의 약관인 경우에도 사업자는 영업소에 해당 약관을 비치하여 고객이 볼 수 있도록 하여야 한다(시행령 제2조제2항). 그리고 사업자는 약관에 정해져 있는 중요한 내용을 고객이 이해할 수 있도록 설명하여야 한다. 다만 계약의 성질상 설명이 현저하게 곤란한 경우에는 설명의무가 면제된다(제3조제3항). 사업자가 명시·교부 및 설명의무를 위반하여 계약을 체결한 때에는 당해 약관을 계약의 내용으로 주장할 수 없다(제3조제4항).

약관을 계약의 내용으로 한 경우에도 사업자와 고객이 약관의 내용과 다르게 합의한 사항이 있을 때에는 당해 합의사항은 약관에 우선한다. 이를 개별약정우선의 원칙이라고 한다. 이 원칙은 어떤 법률문제에 관하여 약관조항과 개별약정이 각각 다르게 정하고 있는 경우에 개별약정을 우선적으로 계약의 내용으로 하고 이에 상반되지 않는 부분에 한하여 약관을 계약의 내용으로 채용한다는 의미이다. 이것은 사업자가 일방적으로 작성한 약관보다 양당사자가 합의한 개별약정이 당사자간의 이익조정을 더 잘할 수 있을 것이기 때문이다.

〈판례〉 보험약관의 명시 · 설명의무 위반

상법 제638조의3 제1항 및 약관의 규제에 관한 법률 제3조의 규정에 의하여 보험자는 보험계약을 체결할 때에 보험계약자에게 보험약관에 기재되어 있는 보험상품의 내용, 보험료율의 체계, 보험청약서상 기재사항의 변동 및 보험자의 면책사유 등 보험계약의 중요한 내용에 대하여 구체적이고 상세한 명시 · 설명의무를 지고 있다고 할 것이어서, 만일 보험자가 이러한 보험약관의 명시 · 설명의무에 위반하여 보험계약을 체결한 때에는 그 약관의 내용을 보험계약의 내용으로 주장할 수 없다.

통신판매 방식으로 체결된 상해보험계약에서 보험자가 약관 내용의 개요를 소개한 것이라는 내용과 면책사고에 해당하는 경우를 확인하라는 내용이 기재된 안내문과 청약서를 보험계약자에게 우송한 것만으로는 보험자의 면책약관에 관한 설명의무를 다한 것으로 볼 수 없다(대법원 1999. 3. 9. 선고 98다43342, 43359 판결).

〈판례〉 '피보험자 소유의 자가용승용차'의 범위에 타인에게 명의신탁한 승용차도 포함되는지 여부 및 그것이 '약관의 중요한 내용'에 해당하는지 여부

안전설계보험 약관 소정의 '자동차 소유자'에는 자동차를 매수하여 인도받아 자기를 위하여 자동차를 운행하는 자는 물론이고, 부득이한 사유로 자동차의 소유명의를 제3자에게 신탁한 채 운행하는 명의신탁자도 포함된다고 해석함이 상당하다. 만약 자동차의 소유자가 자동차등록원부상의 소유자만을 뜻한다고 해석된다면, 자동차등록원부상의 등록명의자가 아닌 자동차의 실질적인 소유자인 보험가입자가 그 보험계약을 체결하였을 리가 없을 것이므로, 그 약관 소정의 자동차 소유자에 자동차의 등록명의자만이 포함된다는 사실은 약관의 규제에 관한 법률 제3조제2항 소정의 약관의 중요한 내용에 해당하게 되어, 보험자가 이를 보험가입자에게 설명하지 않았다면 보험자는 그 내용을 보험계약의 내용으로 주장할 수 없다(대법원 1996. 6. 25. 선고 96다12009 판결).

〈판례〉 약관조항에 대한 개별약정 우선의 원칙

금융기관의 여신거래기본약관에서 금융사정의 변화 등을 이유로 사업자에게 일방적 이율 변경권을 부여하는 규정을 두고 있으나, 개별약정서에서는 약정 당시 정해진 이율은 당해 거래기간 동안 일방 당사자가 임의로 변경하지 않는다는 조항이 있는 경우, 위 약관조항과 약정서의 내용은 서로 상충된다 할 것이고, 약관의 규제에 관한 법률 제4조의 개별약정우선의 원칙 및 위 약정서에서 정한 개별약정 우선적용 조항에 따라 개별약정은 약관조항에 우선하므로 대출 이후 당해 거래기간이 지나기 전에 금융기관이 한 일방적 이율 인상은 그 효력이 없다(대법원 2001. 3. 9. 선고 2000다67235 판결).

[3] 약관의 해석원칙

1. 서설

약관을 어떠한 원칙에 따라 해석할 것인가 하는 문제는 약관의 법적 성질과 직접 관련이 있고, 그 성질을 어떻게 이해하느냐에 따라 약관의 구속력이 달라진다. 약관을 법규범으로 이해한다면 법규해석의 원칙이 적용되어야 할 것이다. 그러나 약관의 구속력의 근거를 당사자의 합의에 있다고 본다면 계약의 해석원칙, 즉 의사표시에 관한 해석원칙이 적용되어야 할 것이다. 후설이 다수설과 판례의 입장이며, 약관법도 이러한 입장을 취하고 있다.

그러나 약관의 구속력의 근거를 당사자의 합의에 있다고 보더라도 약관은 사업자가 다수의 상대방과 계약을 체결하기 위하여 일방적으로 작성한 계약조항으로서 그 상대방은 그 약관조항에 관하여 아무런 교섭도 없이 계약을 체결하기 때문에 약관의 해석에는 그 특수성을 고려해서 해석하는 것이 타당할 것이다.

약관규제법에서는 약관의 해석원칙으로서 신의성실의 원칙, 객관적 해석의 원칙 및 불명확조항해석의 원칙 등을 규정하고 있다.

2. 신의성실의 원칙

신의성실의 원칙은 거래상 상대방의 정당한 이익을 고려하고 또한 자기의 이익을 취하기 위해 거래상의 신의에 어긋나는 행동을 하지 않아야 한다는 것이다. 즉 이

원칙은 약관거래의 고객들이 약관의 구체적 조항내용을 검토하거나 확인할 충분한 기회가 없이 계약을 체결하게 되는 과정에 비추어 약관작성자는 계약상대방의 공정한 이익과 합리적인 기대에 반하지 않고 형평에 맞게 약관조항을 작성하여야 한다는 행위원칙이다(대법원 1991. 12. 24. 선고 90다카23899 판결). 그러므로 신의성실의 원칙은 단순한 원칙규정이 아니라 그 자체로서 법률관계의 내용을 정하거나 구체적인 청구를 할 수 있는 권리를 발생시키는 등의 법적 효력을 지니고 있다.

3. 객관적·통일적 해석의 원칙

1) 객관적 해석의 원칙

약관조항은 객관적으로 그 문언에 제한되어 해석되어야 한다. 이 원칙은 당사자의 주관적인 의사나 의도와는 무관하게 해석되어야 하며 조항의 문구를 벗어난 사정을 고려해서는 아니된다. 약관은 거래상대방과의 협의 없이 이미 계약체결전에 만들어져 있는 것이므로 보통의 계약에서 당사자간의 협상을 전제로 한 계약해석원칙은 약관해석에서는 적용될 수 없다.

2) 통일적 해석의 원칙

통일적 해석의 원칙은 객관적 해석의 원칙의 파생원칙으로서 약관은 각 고객에 따라 각각 다르게 해석되어서는 아니되고 모든 고객에게 통일적으로 해석되어야 한다는 원칙이다. 즉 약관은 개별약정과는 달리 다수인을 위하여 이용되므로 약관조항의 해석에 있어서도 모든 고객에게 동일하게 해석함으로써 차별적 취급을 방지하자는 것이다.

4. 작성자불이익의 원칙

1) 불명확조항해석의 원칙

약관의 조항 중 의미가 불명확한 점이 있는 때에는 그 불이익은 약관의 작성자가 감수하여야 하고, 또한 동일한 조항에 관하여 복수의 해석이 가능한 경우에는 상대방에게 유리한 방향으로 해석하여야 한다. 이러한 해석은 약관작성자가 약관조항을 명백하게 또한 오해가 없도록 표현하여야 한다는 뜻이며 그렇지 못한 경우에 그 위험은 작성자가 부담하게 된다. 약관규제법 제5조2항에서는 "약관의 뜻이 명백하지 아니한 경우에는 고객에게 유리하게 해석되어야 한다"고 함으로써 불명확조항에 대하여 작성자불이익의 원칙을 규정하고 있다.

2) 축소해석의 원칙(엄격해석의 원칙)

축소해석의 원칙은 작성자가 약관에 정한 책임의 조항을 좁게 해석하는 것으로, 특히 사업자의 면책조항, 하자담보책임제한조항, 보험계약상의 제한조항 등을 엄격하게 해석하여야 한다는 원칙이다. 약관의 해석에 있어서 작성자인 사업자의 의도는 문언에서 알 수 있는 때에만 고려된다. 특히 면책조항의 경우 이를 일반적 면책조항으로 보아서는 아니되고 문언에서 명백히 열거한 사유 이외에 확장해석을 하여서는 아니된다.

[4] 불공정약관의 무효와 심사

1. 불공정약관의 판단기준과 사용금지

약관규제법은 신의성실의 원칙을 불공정성을 판단하는 기준으로 하고 있다. 따라서 신의성실의 원칙을 위반하여 공정성을 잃은 약관조항은 무효이다(제6조제1항). 약관에 ① 고객에 대하여 부당하게 불리한 조항, ② 고객이 계약의 거래형태 등 관련된 모든 사정에 비추어 예상하기 어려운 조항, ③ 계약의 목적을 달성할 수 없을 정도로 계약에 따르는 본질적 권리를 제한하는 조항 등을 정하고 있는 경우에는 당해 약관조항은 공정을 잃은 것으로 추정된다(제6조제2항). 그리고 약관규제법 제7조 내지 제14조에 규정된 무효사유는 신의성실의 원칙을 구체화한 것이다.

사업자는 제6조부터 제14조까지의 규정에 해당하는 불공정한 약관조항을 계약의 내용으로 하여서는 아니되며(제17조), 사업자가 이에 위반한 경우 공정거래위원회는 사업자에게 당해 약관조항의 삭제·수정 등 시정에 필요한 조치를 권고 또는 명할 수 있다(제17조의2제1항, 제2항). 공정거래위원회는 위반사업자에게 시정권고를 하거나 시정명령을 함에 있어서 필요한 때에는 당해 사업자와 동종사업을 영위하는 다른 사업자에게 같은 내용의 불공정약관조항을 사용하지 말 것을 권고할 수 있다(제17조의2제3항).

2. 무효약관의 유형

1) 부당한 면책조항

계약당사자의 책임에 관하여 정하고 있는 약관의 내용 중 ① 사업자, 이행보조자 또는 피고용자의 고의 또는 중대한 과실로 인한 법률상의 책임을 배제하거나 ② 상당한 이유 없이 사업자의 손해배상범위를 제한하거나 사업자가 부담하여야 할 위험을 고객에게 떠넘기거나 ③ 상당한 이유 없이 사업자의 담보책임을 배제 또는 제한하거나 그 담보책임에 따르는 고객의 권리행사의 요건을 가중하거나 ④ 상당한 이유없이 계약목적물에 관하여 견본이 제시되거나 품질 · 성능 등에 관한 표시가 있는 경우 그 보장된 내용에 대한 책임을 배제 또는 제한하는 내용의 약관 조항은 무효이다(제7조).

〈판례〉 부당한 면책조항과 신의성실의 원칙에 반하는 약관조항의 해석방법(수정해석)

"자동차의 운전자가 무면허운전을 하였을 때에 생긴 사고로 인한 손해를 보상하지 아니한다"는 무면허운전면책조항을 문언 그대로 무면허운전의 모든 경우를 아무런 제한 없이 보험의 보상대상에서 제외한 것으로 해석하게 되면 절취운전이나 무단운전의 경우와 같이 자동차 보유자는 피해자에게 손해배상책임을 부담하면서도 자기의 지배관리가 미치지 못하는 무단운전자의 운전면허소지 여부에 따라 보험의 보호를 전혀 받지 못하는 불합리한 결과가 생기는 바, 이러한 경우는 보험계약자의 정당한 이익과 합리적인 기대에 어긋나는 것으로서 고객에게 부당하게 불리하고 보험자가 부담하여야 할 담보책임을 상당한 이유 없이 배제하는 것이어서 현저하게 형평을 잃은 것이라고 하지 않을 수 없으며, 무면허운전면책조항이 보험계약자나 피보험자의 지배 또는 관리가능성이 없는 무면허운전의 경우에까지 적용된다고 보는 경우에는 그 조항은 신의성실의 원칙에 반하는 공정을 잃은 조항으로서 무효라고 볼 수밖에 없기 때문에 위 무면허운전면책조항은 위와 같은 무효의 경우를 제외하고 무면허운전이 보험계약자나 피보험자의 지배 또는 관리가능한 상황에서 이루어진 경우에 한하여 적용되는 조항으로 수정해석을 할 필요가 있다(대법원 1991. 12. 24. 선고 90다카23899 전원합의체 판결).

2) 부당한 손해배상액의 예정

고객에 대하여 부당하게 과중한 지연손해금 등의 손해배상의무를 부담시키는 약관조항은 무효이다(제8조). 손해배상의 예정에는 채무불이행에 따른 지연손해의 배상, 불법행위에 기한 손해배상, 위약벌 기타 어떠한 명목에 의한 손해배상금도 모두 포함된다.

〈판례〉 부당한 손해배상액의 예정

액화석유가스(LPG) 공급자가 자신의 부담으로 가스시설 및 부대시설을 설치한 경우, 가스사용자가 가스공급기간을 지키지 않은 때에 가스공급자가 부담한 시설비의 2배에 해당하는 금액을 가스공급자에게 배상하여야 한다고 정한 LPG 공급 및 사용계약서의 손해배상액 예정조항은 약관의 규제에 관한 법률 제8조 '고객에 대하여 부당하게 과중한 손해배상의무를 부담시키는 약관조항'에 해당하여 무효이다(대법원 2006. 11. 9. 선고 2006다27000 판결).

3) 부당한 계약해제 및 해지에 관한 조항

계약의 해제·해지에 관하여 정하고 있는 약관의 내용 중 다음과 같은 내용을 정하고 있는 조항은 무효이다(제9조).

① 법률에 따른 고객의 해제권 또는 해지권을 배제하거나 그 행사를 제한하는 조항
② 사업자에게 법률에서 규정하고 있지 아니하는 해제권·해지권을 부여하거나 법률에 따른 사업자의 해제권·해지권의 행사요건을 완화하여 고객에게 부당하게 불이익을 줄 우려가 있는 조항
③ 계약의 해제 또는 해지로 인한 원상회복의무를 상당한 이유없이 고객에게 과중하게 부담시키거나 고객의 원상회복청구권을 부당하게 포기하도록 하는 조항
④ 계약의 해제·해지로 인한 사업자의 원상회복의무나 손해배상의무를 부당하게 경감하는 조항
⑤ 계속적인 채권관계의 발생을 목적으로 하는 계약에서 그 존속기간을 부당하게 단기 또는 장기로 하거나 묵시적인 기간의 연장 또는 갱신이 가능하도록 정하여 고객에게 부당하게 불이익을 줄 우려가 있는 조항

〈판례〉 계약해제시 고객의 원상회복청구권을 부당하게 포기하도록 하는 약관조항

한국토지공사가 토지를 분양하면서 토지분양계약이 해제되었을 때 귀책사유의 유무를 불문하고 수분양자가 지급한 매매대금의 10%에 상당하는 계약보증금이 분양자인 한국토지공사에게 귀속되도록 정한 경우, 그 계약금 몰취 규정은 고객인 분양자에 대하여 일방적으로 부당하게 불리한 조항으로서 공정을 잃은 것으로 추정되어 신의성실의 원칙에 반하거나 또는 계약 해제시 고객의 원상회복청구권을 부당하게 포기하도록 하는 조항으로서 약관의 규제에 관한 법률에 위반하여 무효라고 보아야 할 것이다(대법원 1999. 3. 26. 선고 98다33260 판결).

〈판례〉 묵시의 기간연장 또는 갱신이 가능하도록 정하여
고객에게부당하게 불이익을 줄 우려가 있는 조항

약관의 규제에 관한 법률 제9조제5호의 규정 취지에 비추어, 연대보증기간 자동연장 조항에 계약기간 종료시 이의 통지 등에 의해 보증인의 지위에서 벗어날 수 있다는 규정이 없고, 새로운 계약기간을 정하여 계약 갱신의 통지를 하거나, 그것이 없으면 자동적으로 1년 단위로 계약기간이 연장되도록 규정하고 있다면, 이는 계속적인 채권관계의 발생을 목적으로 하는 계약에서 묵시의 기간 연장 또는 갱신이 가능하도록 규정하여 고객인 연대보증인에게 부당하게 불이익을 줄 우려가 있다고 보여지므로 연대보증기간 자동연장 조항은 약관의 규제에 관한 법률 제9조제5호에 위반되어 무효라고 봄이 상당하다(대법원 1998. 1. 23. 선고 96다19413 판결).

4) 채무이행에 관한 부당한 조항

채무의 이행에 관하여 정하고 있는 약관 조항 중 ① 상당한 이유없이 급부의 내용을 사업자가 일방적으로 결정하거나 변경할 수 있도록 권한을 부여하는 조항, ② 상당한 이유없이 사업자가 이행하여야 할 급부를 일방적으로 중지할 수 있게 하거나 제3자에게 대행할 수 있게 하는 조항은 무효이다(제10조).

5) 고객의 권익에 대한 부당한 침해

고객의 권익에 관하여 정하고 있는 약관 조항 중 ① 법률에 따른 고객의 항변권, 상계권 등의 권리를 상당한 이유없이 배제하거나 제한하는 조항, ② 고객에게 주어진 기한의 이익을 상당한 이유없이 박탈하는 조항, ③ 고객이 제3자와 계약을 체결하는 것을 부당하게 제한하는 조항, ④ 사업자가 업무상 알게된 고객의 비밀을 정

당한 이유없이 누설하는 것을 허용하는 조항은 무효이다(제11조).

6) 의사표시의 부당한 의제

의사표시에 관하여 정하고 있는 약관내용 중 다음과 같은 내용을 정하고 있는 조항은 무효로 한다(제12조).

① 일정한 작위 또는 부작위가 있을 때 고객의 의사표시가 표명되거나 표명되지 아니한 것으로 보는 조항. 다만 고객에게 상당한 기한내에 의사표시를 하지 아니하면 의사표시가 표명되거나 표명되지 아니한 것으로 본다는 뜻을 명확하게 따로 고지하거나 부득이한 사유로 그러한 고지를 할 수 없는 경우에는 그러하지 아니하다.

② 고객의 의사표시의 형식이나 요건에 대하여 부당하게 엄격한 제한을 두는 조항

③ 고객의 이익에 중대한 영향을 미치는 사업자의 의사표시가 상당한 이유 없이 고객에게 도달된 것으로 보는 조항

④ 고객의 이익에 중대한 영향을 미치는 사업자의 의사표시기한을 부당하게 길게 정하거나 불확정하게 정하는 조항

7) 대리인의 책임에 대한 부당한 가중

고객의 대리인에 의하여 계약이 체결된 경우에 고객이 그 의무를 이행하지 아니하는 때에는 대리인에게 그 의무의 전부 또는 일부를 이행할 책임을 지우는 내용의 약관조항은 무효이다(제13조). 대리인이 본인을 위하여 법률행위를 한 경우 그 법률행위는 본인과 상대방 사이에서 효력이 발생하고 대리인 자신은 그 법률행위에 대하여 아무런 책임을 지지 않는 것이 원칙이다.

〈판례〉 외국회사의 국내대리점으로서 계약을 체결한 자에게 그 외국회사와 동일한 내용의 손해배상책임을 지우는 약관조항의 효력

외국회사를 대리하여 입찰에 참가한 국내대리점이 그 외국회사의 이름으로 공급계약을 체결하는 대리인에 불과함에도, 입찰안내서(약관)는 공급계약으로 인한 규격 상이품이 발생한 경우에 국내대리점에게 공급자와 동일한 내용의 손해배상책임을 부담시킴으로써 그 공

급계약으로 인한 대리인의 책임범위를 가중시켰다면, 그 조항은 약관의 규제에 관한 법률 제13조에 위반되어 무효이다(서울지법 남부지원 1995. 9. 28. 선고 95가합1218 판결).

8) 소제기의 부당한 금지 등

고객에게 부당하게 불리한 소송제기 금지조항 또는 재판관할의 합의조항이나 상당한 이유없이 고객에게 입증책임을 부담시키는 약관조항은 무효이다(제14조). 여기서 소송제기라고 함은 본안의 제소는 물론이고 보전소송 등 강제집행에 있어서의 신청까지를 포함한 소송절차상의 일체의 신청행위를 뜻한다.

〈판례〉 보증의뢰인이 보증은행의 보증금지급을 저지하는 가처분신청 등을 배제시키는 부제소특약조항의 효력

소제기의 금지조항에서 소제기라고 함은 본안의 제소는 물론이고 보전소송 등 강제집행에 있어서의 신청까지를 포함한 소송절차상의 일체의 신청행위를 뜻한다고 할 것인바, 독립적 은행보증에 있어서 보증의뢰인과 보증은행 사이에 체결된 보증의뢰계약에서 보증의뢰인이 보증은행의 보증금지급을 저지시키기 위하여 행사할 수 있는 가처분신청권을 포함한 일체 소송절차에 있어서의 신청을 배제시키는 의미의 부제소특약조항을 두고 있는 것은, 가처분 신청권 자체를 부정하여 그 직접적인 이해당사자인 보증의뢰인으로 하여금 사법상의 권리구제조치를 취할 수 없도록 하는 것으로써 그에게 일방적인 희생을 강요하는 결과가 되어 매우 부당하다고 하지 않을 수 없으므로, 그 부제소특약의 약관조항은 같은 법 제14조의 규정에 따라 무효라고 해석함이 옳을 것이다(대법원 1994. 12. 9. 선고 93다43873 판결).

3. 일부무효의 특칙

민법에 의하면 법률행위의 일부분이 무효인 때에는 그 전부를 무효로 하고, 그 무효부분이 없더라도 법률행위를 하였을 것이라고 인정될 때에는 나머지 부분은 무효가 되지 아니한다(민법 제137조). 그러나 약관에 의한 계약의 경우에는 약관의 전부 또는 일부의 조항이 약관규제법에 위반하여 계약의 내용이 되지 못하거나 무효가 되더라도 계약은 나머지 부분만으로 유효하게 존속한다. 다만 유효한 부분만으로는 계약의 목적달성이 불가능하거나 그 유효한 부분이 한쪽 당사자에게 부당하게 불리

한 경우에는 그 계약을 무효로 한다(제16조).

4. 불공정약관의 심사청구와 시정조치

약관조항과 관련하여 법률상의 이익이 있는 자, 소비자기본법에 따라 등록된 소비자단체, 한국소비자원 및 사업자단체는 약관조항이 이 법에 위반되는지 여부에 관한 심사를 공정거래위원회에 청구할 수 있다. 심사청구는 공정거래위원회에 서면 또는 전자문서로 제출하여야 한다(제19조).

공정거래위원회는 약관의 심사청구를 받은 경우에는 약관이 이 법에 위반된 사실이 있는지 여부를 확인하기 위하여 필요한 조사를 할 수 있다(제20조제1항). 공정거래위원회는 불공정한 약관조항을 사용한 사업자에게 당해 약관조항의 삭제·수정, 시정명령을 받은 사실의 공표, 그 밖에 약관을 시정하기 위하여 필요한 조치를 명할 수 있다. 공정거래위원회는 시정에 필요한 조치를 명하거나 권고함에 있어서 필요한 때에는 당해 사업자와 동종사업을 영위하는 다른 사업자에게 같은 내용의 불공정약관조항을 사용하지 말 것을 권고할 수 있다(제17조의2).

제3절 할부거래에 관한 법률

[1] 총설

1. 입법목적

할부거래의 경우 소비자는 매매대금을 분할지급함으로써 용이하게 대금채무를 이행할 수 있고, 대금을 완납하기 전에 목적물을 사용·수익함으로써 실질적인 효용을 누릴 수 있다. 그러나 할부거래는 소비자에게 충동구매를 일으키거나 불리한 약관조항으로 인한 피해를 야기하기도 한다. 이에 국가는 할부계약에 의한 거래를 공정하게 함으로써 소비자 등의 이익을 보호하기 위하여 『할부거래에 관한 법률(이하 '할부거래법'이라 한다)』을 제정 · 시행하고 있다.

2. 용어의 정의

할부거래법에 의하면 『할부계약』이란 계약의 명칭·형식이 어떠하든 ① 소비자가 사업자에게 재화의 대금이나 용역의 대가를 2개월 이상의 기간에 걸쳐 3회 이상 나누어 지급하고, 재화등의 대금을 완납하기 전에 재화의 공급이나 용역의 제공을 받기로 하는 계약(직접할부계약)과 ② 소비자가 신용제공자에게 재화등의 대금을 2개월 이상의 기간에 걸쳐 3회 이상 나누어 지급하고 재화등의 대금을 완납하기 전에 사업자로부터 재화등의 공급을 받기로 하는 계약(간접할부계약)을 말한다(제2조제1호).

『선불식 할부계약』 이란 계약의 명칭 · 형식이 어떠하든 소비자가 사업자로부터 ① 장례 또는 혼례를 위한 용역(제공시기가 확정된 경우는 제외한다) 및 이에 부수한 재화나 ② ①에 준하는 소비자피해가 발생하는 재화등으로서 소비자의 피해를 방지하기 위하여 대통령령으로 정하는 재화등의 대금을 2개월 이상의 기간에 걸쳐 2회 이상 나누어 지급하고 재화등의 공급은 대금의 전부 또는 일부를 지급한 후에 받기로 하는 계약을 말한다(제2조제2호).

여기에서 『소비자』 란 다음 각 목의 어느 하나에 해당하는 자를 말한다.

① 할부계약 또는 선불식 할부계약에 의하여 제공되는 재화등을 소비생활을 위하여 사용하거나 이용하는 자, ② 재화등을 최종적으로 사용하거나 이용하는 자(다만, 재화등을 원재료, 중간재 및 자본재로 사용하는 자는 제외한다), ③ 법 제3조제1호 단서에 해당하는 사업자(사업자가 사실상 소비자와 같은 지위에서 다른 소비자와 같은 거래조건으로 거래하는 경우)로서 재화등을 구매하는 자(해당 재화등에 대한 거래관계에 한정한다), ④ 농업 · 축산업 · 어업 또는 양식업 활동을 위해 재화등을 구입한 자로서 「원양산업발전법」 제6조제1항에 따라 해양수산부장관의 허가를 받은 원양어업자 외의 자를 말한다(제2조제5호).

3. 적용제외 등

이 법은 사업자가 상행위를 위하여 재화등의 공급을 받는 거래에는 적용하지 아니한다(제3조제1호). “상행위를 위하여”라 함은 사업자가 매수한 물건을 다른 소비자에게 판매할 목적으로 물건을 할부로 구입한 경우만을 의미하는 것이 아니라, 자신의 소비만을 목적으로 한 경우가 아닌 영리를 목적으로 할부계약을 체결하는 경우를 의미한다(대법원 2001. 8. 21. 선고 2000다8397 판결). 다만, 사업자가 사실상 소비자와 같은 지위에서 다른 소비자와 같은 거래조건으로 거래하는 경우에는 이 법을 적용한다(제3조제1호 단서).

이 법은 성질상 이 법을 적용하는 것이 적합하지 아니한 것으로서 대통령령으로 정하는 재화등의 거래, 즉 농산물 · 수산물 · 축산물 · 임산물 · 광산물로서 제조업에 의하여 생산되지 아니한 것, 「약사법」에 따른 의약품, 「보험업법」에 따른 보험, 「자본시장과 금융투자업에 관한 법률」에 따른 증권 및 어음, 부동산 등의 거래에는 적용하지 아니한다(제3조제2호, 시행령 제4조).

할부거래 및 선불식 할부거래에서의 소비자보호와 관련하여 이 법과 다른 법률이 경합하여 적용되는 경우에는 이 법을 우선하여 적용한다. 다만, 다른 법률을 적용하는 것이 소비자에게 유리한 경우에는 그 법률을 적용한다(제4조).

[2] 할부거래

1. 계약체결 전의 정보제공

할부거래업자는 할부계약을 체결하기 전에 소비자가 할부계약의 내용을 이해할 수 있도록 다음 사항을 표시하여야 한다. 다만 신용카드 가맹점과 신용카드 회원간의 간접할부계약의 경우에는 ③, ④, ⑥, ⑦의 사항을 표시하지 아니할 수 있다(제5조).

① 재화등의 종류 및 내용
② 현금가격
③ 할부가격
④ 각 할부금의 금액·지급회수 및 지급시기
⑤ 할부수수료의 실제연간요율
⑥ 계약금(최초지급금·선수금 등 명칭이 무엇이든 할부계약을 체결할 때에 소비자가 할부거래업자에게 지급하는 금액을 말한다)
⑦ 지연손해금 산정시 적용하는 비율

2. 할부계약의 서면주의

할부계약은 다음 사항을 기재한 서면으로 체결하여야 한다. 다만 신용카드가맹점과 신용카드회원간의 간접할부계약의 경우에는 ④, ⑤의 지급시기, ⑪의 사항을 적지 아니할 수 있다(제6조제1항).

① 할부거래업자·소비자 및 신용제공자의 성명 및 주소
② 재화등의 종류·내용 및 공급시기
③ 현금가격
④ 할부가격
⑤ 각 할부금의 금액·지급회수·지급기간 및 시기
⑥ 할부수수료의 실제연간요율
⑦ 계약금
⑧ 재화의 소유권 유보에 관한 사항
⑨ 청약철회의 기한·행사방법·효과에 관한 사항
⑩ 할부거래업자의 할부계약의 해제에 관한 사항
⑪ 지연손해금 산정시 적용하는 비율
⑫ 소비자의 기한의 이익 상실에 관한 사항
⑬ 소비자의 항변권과 행사방법에 관한 사항

할부거래업자는 할부계약을 체결할 경우에는 위의 계약서를 소비자에게 발급하여야 한다. 다만, 신용카드회원과 신용카드가맹점 간의 간접할부계약의 경우 소비자의 동의를 받아 해당 계약의 내용을 팩스나 전자문서로 보내는 것으로 대신할 수 있으며, 팩스나 전자문서로 보낸 계약서의 내용이나 도달에 다툼이 있으면 할부거래업자가 이를 증명하여야 한다(제6조제2항). 할부계약이 위에 기재한 요건을 갖추지 못하거나 그 내용이 불확실한 경우에는 소비자와 할부거래업자 간의 특약이 없으면 그 계약내용은 어떠한 경우에도 소비자에게 불리하게 해석되어서는 아니된다(제6조제4항).

〈판례〉 할부계약의 서면주의의 취지

할부거래에 관한 법률 제4조제1항에서 할부계약의 주요 내용을 서면으로 하도록 한 취지는 할부거래에 있어서는 대금의 지급이 장기간에 걸쳐 계속되기 때문에 계약 내용이 복잡하고 소비자의 충동구매가 이루어지는 경우가 많은 현실을 감안하여, 매수인으로 하여금 할부계약의 내용을 이해할 수 있도록 함과 동시에 계약체결을 신중하게 하도록 함으로써 부당하게 불리한 특약으로부터 매수인을 보호하고, 분쟁을 사전에 예방하고자 함에 있다(대법원 2006. 7. 28. 선고 2004다54633 판결).

3. 소비자의 청약철회권

1) 철회권 행사기간 및 방법

소비자는 ① 계약서를 받은 날부터 7일, 다만 계약서를 받은 날보다 재화등의 공급이 늦게 이루어진 경우에는 재화등을 공급받은 날부터 7일, ② 계약서를 받지 아니한 경우, 할부거래업자의 주소 등이 적혀 있지 아니한 계약서를 받은 경우 또는 할부거래업자의 주소 변경 등의 사유로 철회권 행사기간 이내에 청약을 철회할 수 없는 경우에는 그 주소를 안 날 또는 알 수 있었던 날 등 청약을 철회할 수 있는 날부터 7일, ③ 계약서에 청약의 철회에 관한 사항이 적혀 있지 아니한 경우에는 청약을 철회할 수 있음을 안 날 또는 알 수 있었던 날부터 7일, ④ 할부거래업자가 청약의 철회를 방해한 경우에는 그 방해 행위가 종료한 날부터 7일 이내에 할부거래업자에게 청약을 철회하는 의사표시가 적힌 서면을 발송함으로써 할부계약에 관한 청약을 철회할 수 있다(제8조제1항, 제3항). 소비자와 할부거래업자가 위의 기간보다 긴 기간을 약정한 경우에는 그 약정한 기간 이내에 할부계약에 관한 청약을 철회할 수 있다.

청약철회와 관련하여 계약서의 발급사실과 그 시기, 재화등의 공급사실과 그 시기 및 청약을 철회할 수 없는 재화등에 해당하는지 여부에 관하여 다툼이 있는 경우에는 할부거래업자가 이를 입증하여야 한다(제8조제5항). 청약의 철회는 서면을 발송한 날에 그 효력이 발생한다(제8조제4항: 발신주의).

신용카드를 이용하여 할부계약을 체결한 경우 소비자는 할부거래업자 이외에 신용제공자에게도 철회권 행사기간 내에 철회의 의사표시가 적힌 서면을 발송하여야 한다(제9조제1항). 소비자가 신용제공자에게 청약철회의 서면을 발송하지 아니한 경우 신용제공자의 할부금지급청구를 거절할 수 없다. 다만, ① 신용제공자가 철회권 행사기간 이내에 할부거래업자에게 재화등의 대금을 지급한 경우와 ② 신용제공자가 할부거래업자로부터 할부금청구의 중지 또는 취소를 요청받은 경우에는 소비자가 그 서면을 발송하지 아니한 경우라도 신용제공자의 할부금지급청구를 거절할 수 있다(제9조제2항).

2) 소비자가 철회권을 행사할 수 없는 경우

소비자는 다음 중 어느 하나에 해당하는 경우에는 청약의 철회를 할 수 없다. 다만, 할부거래업자가 청약의 철회를 승낙한 경우에는 청약을 철회할 수 있다(제8조제2항).

① 소비자에게 책임있는 사유로 재화등이 멸실되거나 훼손된 경우(다만, 재화등의 내용을 확인하기 위하여 포장 등을 훼손한 경우는 제외한다)

② 사용 또는 소비에 의하여 그 가치가 현저히 낮아질 우려가 있는 것으로서 대통령령으로 정하는 재화등을 사용 또는 소비한 경우, 즉 선박, 항공기, 궤도를 운행하는 차량, 건설기계, 자동차, 설치에 전문인력 및 부속자재 등이 요구되는 것으로서 그 재화를 설치한 경우[냉동기, 전기냉방기(난방 겸용인 것을 포함), 보일러] 등이 이에 해당한다.

③ 시간이 지남으로써 다시 판매하기 어려울 정도로 재화등의 가치가 현저히 낮아진 경우

④ 복제할 수 있는 재화등의 포장을 훼손한 경우

⑤ 그 밖에 거래의 안전을 위하여 대통령령으로 정하는 경우, 즉 할부가격이 10만원 미만인 할부계약(다만, 신용카드를 사용하여 할부거래를 하는 경우에는 할부가격이 20만원 미만인 할부계약)과 소비자의 주문에 따라 개별적으로 제조되는 재화등의 공급을 목적으로 하는 할부계약을 말한다.

할부거래업자는 위의 ②부터 ④까지에 해당하여 소비자가 청약을 철회할 수 없는 재화등에 대하여는 그 사실을 재화등의 포장이나 그 밖에 소비자가 쉽게 알 수 있는 곳에 분명하게 표시하거나 시용상품을 제공하는 등의 방법으로 소비자가 청약을 철회하는 것이 방해받지 아니하도록 조치하여야 한다(제8조제6항). 할부거래업자가 이러한 조치를 하지 아니한 경우에는 위의 ②부터 ④까지에 해당하는 경우에도 소비자는 청약을 철회할 수 있다(제8조제2항 단서).

3) 철회권 행사의 효과

소비자는 청약을 철회한 경우 이미 공급받은 재화등을 반환하여야 한다(제10조제1항). 소비자가 청약을 철회한 경우 할부거래업자(소비자로부터 재화등의 계약금 또는 할부금을 지급받은 자 또는 소비자와 할부계약을 체결한 자를 포함한다. 이하 「철회권행사의 효과」에서 같다)는 ① 재화를 공급한 경우에는 소비자로부터 재화를 반환받은 날부터 3영업일 또는 ② 용역을 제공한 경우에는 청약을 철회하는 서면을 수령한 날부터 3영업일 이내에 이미 지급받은 계약금 및 할부금을 환급하여야 한다. 할부거래업자가 소비자에게 재화등의 계약금 및 할부금의 환급을 지연한 때에는 그 지연기간에 따라 「이자제한법」에서 정한 이자의 최고한도의 범위에서 대통령령으로 정하는 이율을 곱하여 산정한 지연이자(이하 "지연배상금"이라 한다)를 함께 환급하여야 한다(제10조제2항). 할부거래업자는 이미 용역(일정한 시설을 이용하거나 용역을 제공받을 권리는 제외한다)이 제공된 때에는 이미 제공된 용역과 동일한 용역의 반환을 청구할 수 없다(제10조제3항).

할부거래업자는 간접할부계약의 경우 청약을 철회하는 서면을 수령한 때에는 지체 없이 해당 신용제공자에게 재화등에 대한 할부금의 청구를 중지 또는 취소하도록 요청하여야 한다. 이 경우 할부거래업자가 신용제공자로부터 해당 재화등의 대금을 이미 지급받은 때에는 지체 없이 이를 신용제공자에게 환급하여야 한다(제10조제4항).

신용제공자는 할부거래업자로부터 할부금의 청구를 중지 또는 취소하도록 요청받은 경우 지체 없이 이에 필요한 조치를 취하여야 한다. 이 경우 소비자가 이미 지불한 할부금이 있는 때에는 지체 없이 이를 환급하여야 한다(제10조제5항). 할부거래업자가 제4항에 따른 요청을 지연하여 소비자로 하여금 신용제공자에게 할부금을 지불하게 한 경우 소비자가 지불한 금액에 대하여 소비자가 환급받는 날까지의 기간에 대한 지연배상금을 소비자에게 지급하여야 한다(제10조제6항). 신용제공자가 제5항에 따른 환급을 지연한 경우 그 지연기간에 따른 지연배상금을 소비자에게 지급하여야 한다. 다만, 할부거래업자가 제4항에 따른 요청을 지연하여 신용제공자로 하여금 소비자에 대한 할부금의 환급을 지연하게 한 경우에는 그 할부거래업자가 지연배상금을 지급하여야 한다(제10조제7항).

할부거래업자 또는 신용제공자는 소비자가 청약을 철회함에 따라 소비자와 분쟁이 발생한 경우 분쟁이 해결될 때까지 할부금 지급거절을 이유로 해당 소비자를 약정한 기일 이내에 채무를 변제하지 아니한 자로 처리하는 등 소비자에게 불이익을 주는 행위를 하여서는 아니된다(제10조제8항).

할부거래업자는 소비자가 청약을 철회한 경우 이미 재화등이 사용되었거나 일부 소비된 경우에는 그 재화등을 사용하거나 일부 소비하여 소비자가 얻은 이익 또는 그 재화등의 공급에 든 비용에 상당하는 금액으로서 대통령령으로 정하는 범위의 금액(재화등의 사용으로 소모성 부품을 재판매하기 곤란하거나 재판매가격이 현저히 하락하는 경우에는 해당 소모성 부품을 공급하는 데에 든 금액 또는 여러 개의 가분물로 구성된 재화등의 경우에는 소비자의 일부소비로 소비된 부분을 공급하는 데에 든 금액)을 초과하여 소비자에게 청구할 수 없다(제10조제9항, 시행령 제8조).

할부거래업자는 소비자가 청약을 철회한 경우 공급받은 재화등의 반환에 필요한 비용을 부담하며, 소비자에게 청약의 철회를 이유로 위약금 또는 손해배상을 청구할 수 없다(제10조제10항).

4) 휴업기간 등에서의 청약철회에 관한 업무처리

할부거래업자 또는 신용제공자는 그 휴업기간 또는 영업정지기간 중에도 청약의 철회에 관한 업무를 계속하여야 한다(제17조).

4. 할부계약의 해제

1) 할부거래업자의 할부계약의 해제 제한

할부거래업자는 소비자가 할부금지급의무를 이행하지 아니한 경우 할부계약을 해제할 수 있다. 그러나 소비자의 할부금지급지체를 이유로 할부거래업자가 즉시 할부계약을 해제한다면 소비자에게 너무 가혹하게 될 우려가 있으므로 할부거래법에서는 할부거래업자의 계약 해제권 행사를 제한하고 있다. 즉 할부거래업자는 그 계약을 해제하기 전에 14일 이상의 기간을 정하여 소비자에게 이행할 것을 서면으로 최고하여야 한다(제11조제1항).

할부계약이 해제된 경우에 각 당사자는 그 상대방에 대하여 원상회복의 의무를 지는데, 이 경우 상대방이 원상회복할 때까지 자기의 의무이행을 거절할 수 있다(제11조제2항). 따라서 소비자는 할부거래업자가 그 대금을 반환할 때까지 재화등의 반환을 거절할 수 있다. 재화등의 소유권이 할부거래업자에게 유보되어 있는 경우라도 할부거래업자는 그 계약을 해제하지 아니하고는 그 반환을 청구할 수 없다(제11조제3항).

2) 할부거래업자 등의 손해배상청구금액의 제한

할부거래업자 또는 신용제공자가 할부금지급의무의 불이행을 이유로 소비자에게 청구하는 손해배상액은 지연된 할부금에 「이자제한법」에서 정한 이자의 최고한도의 범위에서 대통령령으로 정하는 이율(할부거래업자 또는 신용제공자가 소비자와 약정한 이율)을 곱하여 산정한 금액에 상당하는 지연손해금을 초과하지 못한다(제12조제1항, 시행령 제9조).

소비자의 할부금지급의무 불이행을 이유로 할부거래업자가 할부계약을 해제한 경우에 소비자에게 청구하는 손해배상액은 다음의 금액과 위 지연손해금의 합계액을 초과하지 못한다(제12조제2항).

① 재화등의 반환 등 원상회복이 된 경우에는 통상적인 사용료와 계약체결 및 그 이행을 위하여 통상 필요한 비용액의 합계액. 다만, 할부가격에서 재화등이 반환된 당시의 가액을 공제한 금액이 그 사용료와 비용의 합계액을 초과하는 경우에는 그 공제한 금액.

② 재화등의 반환 등 원상회복이 되지 아니한 경우에는 할부가격에 상당한 금액. 다만, 용역이 제공된 경우에는 이미 제공된 용역의 대가 또는 그 용역에 의하여 얻어진 이익에 상당하는 금액.

③ 재화등의 공급이 되기 전인 경우에는 계약체결 및 그 이행을 위하여 통상 필요한 금액

할부거래업자 또는 신용제공자는 손해배상액의 예정·위약금, 그밖에 명칭·형식이 어떠하든 위의 금액을 초과하여 손해배상을 청구할 수 없으며, 손해배상을 청구함에 있어 입은 소비자의 손해가 최소화되도록 신의에 따라 성실히 하여야 한다(제12조제3항, 제4항).

5. 소비자의 기한이익의 상실

〈사례 1〉 갑은 을자동차회사로부터 36개월 할부로 자동차를 구입하여 타던 중 경제사정이 좋지 않아 4회, 5회, 6회분 할부금을 연체하였다. 이에 을자동차회사에서는 "할부금을 3회 이상 연체하는 경우 매도인은 즉시 할부계약을 해제할 수 있다"는 약관조항을 근거로 갑에게 할부금 잔액을 일시에 납부할 것을 요구한다. 갑은 을의 요구에 따라야 하는가?

소비자는 ① 할부금을 다음 지급기일까지 연속하여 2회 이상 지급하지 아니하고 그 지급하지 아니한 금액이 할부가격의 1/10을 초과하는 경우, ② 생업에 종사하기 위하여 외국에 이주하는 경우와 외국인과의 혼인 및 연고관계로 인하여 외국에 이주하는 경우에는 할부금의 지급에 대한 기한의 이익을 주장하지 못한다. 소비자가 기한의 이익을 상실하여 할부거래업자 또는 신용제공자가 소비자로부터 한꺼번에 지급받을 금액은 나머지 할부금에서 나머지 기간에 대한 할부수수료를 공제한 금액이다. 이 경우 할부수수료는 일단위로 계산한다(제13조).

〈해설 1〉 매도인은 매수인이 할부금 지급을 연체하는 등 할부계약에 따른 의무를 이행하지 아니한 경우에는 할부계약을 해제할 수 있다. 그러나 이러한 경우에도 매도인은 계약을 해제하기 전에 14일 이상의 기간을 정하여 매수인에게 그 이행을 서면으로 최고하여야 한다. 그리고 매수인은 할부금을 연속하여 2회 이상 연체하고 그 금액이 할부가격의 1/10을 초과하는 경우에 기한의 이익을 상실한다. 따라서 사례에서 갑은 할부금 지급을 3회 연체했지만 그 금액이 할부가격의 1/10을 초과하지 않는다면 기한의 이익을 상실하지 아니한다. 더욱이 을자동차회사에서는 서면으로 최고도 하지 않았으므로 그 계약해제의 통지는 무효이다.

6. 소비자의 기한전 지급 및 할부대금채권의 소멸시효

소비자는 기한이 되기 전이라도 나머지 할부금을 한꺼번에 지급할 수 있으며, 이 경우 소비자가 할부거래업자 또는 신용제공자에게 지급하는 금액은 나머지 할부금에서 나머지 기간에 대한 할부수수료를 공제한 금액이다(제14조).

할부계약에 의한 할부대금채권은 3년간 행사하지 아니하면 소멸시효가 완성한다(제15조).

7. 소비자의 항변권

소비자는 다음의 경우에는 할부거래업자에게 할부금의 지급을 거절할 수 있다(제16조제1항).

① 할부계약이 불성립·무효인 경우
② 할부계약이 취소·해제 또는 해지된 경우
③ 재화등의 전부 또는 일부가 재화등의 공급시기까지 소비자에게 공급되지 아니한 경우
④ 할부거래업자가 하자담보책임을 이행하지 아니한 경우
⑤ 그 밖에 할부거래업자의 채무불이행으로 인하여 할부계약의 목적을 달성할 수 없는 경우
⑥ 다른 법률에 따라 정당하게 청약을 철회한 경우

소비자는 간접할부계약인 경우 위의 어느 하나에 해당하는 사유가 있으면 할부가격이 대통령령으로 정한 금액(10만원을 말한다. 다만, 신용카드를 사용하여 할부거래를 하는 경우에는 20만원을 말한다) 이상인 경우에만 신용제공자에게 할부금의 지급을 거절하는 의사를 통지한 후 할부금의 지급을 거절할 수 있다(제16조제2항, 시행령 제11조). 이 경우 소비자가 신용제공자에게 지급을 거절할 수 있는 금액은 할부금의 지급을 거절한 당시에 소비자가 신용제공자에게 지급하지 아니한 나머지 할부금이다(제16조제3항).

소비자가 항변권의 행사를 서면으로 하는 경우 그 효력은 서면을 발송한 날에 발생한다(제16조제4항). 할부거래업자 또는 신용제공자는 소비자의 항변을 서면으로 수령한 경우 지체 없이 그 항변권의 행사가 위 ①부터 ⑥의 어느 하나에 해당하는지를 확인하여야 한다. 위 ①부터 ⑥의 어느 하나에 해당하지 아니하는 경우 소비자의 항변을 수령한 날부터 할부거래업자는 5영업일, 신용제공자는 7영업일 이내에 서면으로 소비자의 항변을 수용할 수 없다는 의사와 항변권의 행사가 위 ①부터 ⑥의 어느 하나에 해당하지 아니한다는 사실을 소비자에게 서면으로 통지하여야 한다(제16조제5항). 할부거래업자 또는 신용제공자가 통지를 하지 아니한 경우에는 소비자의 할부금 지급 거절의사를 수용한 것으로 본다(제16조제6항).

할부거래업자 또는 신용제공자는 소비자가 항변권을 행사하여 할부금의 지급을 거절한 경우 소비자와 분쟁이 발생하면 분쟁이 해결될 때까지 할부금 지급 거절을

이유로 해당 소비자를 약정한 기일 이내에 채무를 변제하지 아니한 자로 처리하는 등 소비자에게 불이익을 주는 행위를 하여서는 아니된다(제16조제7항).

〈판례〉 매도인에 대한 항변사유로 신용제공자에게 할부금지급을 거절할 수 있는지 여부

할부거래에 관한 법률 제12조제2항에서 매수인의 신용제공자에 대한 할부금의 지급거절권을 인정한 취지는, 할부거래에서 할부금융약정이 물품매매계약의 자금조달에 기여하고 두 계약이 경제적으로 일체를 이루는 경우에 그 물품매매계약이 해제되어 더 이상 매매대금채무가 존재하지 아니하는데도 할부거래의 일방 당사자인 매수인에게 그 할부금의 지급을 강제하는 것이 형평의 이념에 반하므로, 매수인으로 하여금 매도인에 대한 항변사유를 들어 신용제공자에 대하여 할부금의 지급을 거절할 수 있는 권능을 부여한 것이라고 볼 것이다. 그러므로 이른바 간접할부계약에서 신용제공자가 물품매매계약상의 해제의 원인이 된 약정 내용을 알지 못하였다고 하더라도, 매수인은 매도인과 체결한 물품매매계약을 해제하면서 신용제공자에게도 할부거래에 관한 법률 제12조제2항에 따라 지급거절의사를 통지한 후 그 할부금의 지급을 거절할 수 있다(대법원 2006. 7. 28. 선고 2004다54633 판결).

[3] 선불식 할부거래

1. 계약체결 전의 정보제공 및 계약체결에 따른 계약서 발급

선불식 할부거래업자 또는 모집인(이하 "선불식 할부거래업자등"이라 한다)은 선불식 할부계약을 체결하기 전에 소비자가 계약의 내용을 이해할 수 있도록 다음 각 호의 사항을 설명하여야 하고(제23조제1항), 설명한 내용일 소비자가 이해하였다는 사실을 서명, 기명날인, 녹취 또는 그 밖에 대통령령으로 정하는 방법으로 소비자에게 확인받아야 한다(제23조제2항).

1. 선불식 할부거래업자 및 모집인의 상호(모집인이 자연인인 경우는 성명을 말한다) · 주소 · 전화번호 · 전자우편주소 · 대표자의 이름
2. 재화등의 종류 및 내용
3. 재화등의 가격과 그 지급의 방법 및 시기
4. 재화등을 공급하는 방법 및 시기
5. 계약금

6. 청약의 철회 및 계약 해제의 기한 · 행사방법 · 효과에 관한 사항 및 청약의 철회 및 계약 해제의 권리 행사에 필요한 서식으로서 총리령으로 정하는 것
7. 재화등에 대한 불만 및 소비자와 사업자 사이의 분쟁 처리에 관한 사항
8. 소비자피해보상에 관한 사항으로 제27조제1항에 따른 소비자피해보상보험계약등의 계약기간, 소비자피해보상금 및 같은 조 제4항에 따른 지급의무자 등 대통령령으로 정하는 사항
9. 선불식 할부계약을 체결한 날이 속하는 달의 전월 말일까지 선불식 할부거래업자가 받은 총선수금 중 제27조제2항에 따라 보전하고 있는 총보전금액 비율
10. 선불식 할부거래에 관한 약관
11. 그 밖에 소비자의 구매여부 판단에 영향을 주는 거래조건 또는 소비자의 피해구제에 필요한 사항으로서 대통령령으로 정하는 사항

선불식 할부거래업자는 선불식 할부계약을 체결할 경우에는 제1항 각 호의 사항을 적은 계약서를 소비자에게 발급하여야 한다(제23조제3항).

2. 소비자의 청약의 철회

소비자는 다음 각 호의 기간(거래당사자가 다음 각 호의 기간보다 긴 기간으로 약정한 경우에는 그 기간을 말한다) 이내에 선불식 할부계약에 관한 청약을 철회할 수 있다(제24조제1항).

1. 계약서를 받은 날부터 14일
2. 다음 각 목의 어느 하나에 해당하는 경우에는 그 주소를 안 날 또는 알 수 있었던 날 등 청약을 철회할 수 있는 날부터 14일
   가. 선불식 할부거래업자의 주소 등이 적혀 있지 아니한 계약서를 받은 경우
   나. 선불식 할부거래업자의 주소 변경 등의 사유로 제1호의 기간 이내에 청약을 철회할 수 없는 경우
3. 계약서에 청약의 철회에 관한 사항이 적혀 있지 아니한 경우에는 청약을 철회할 수 있음을 안 날 또는 알 수 있었던 날부터 14일
4. 선불식 할부거래업자가 청약의 철회를 방해한 경우에는 그 방해행위가 종료한 날부터 14일
5. 계약서를 받지 아니한 경우에는 계약일부터 3개월

소비자가 청약을 철회할 경우 철회 기간 이내에 선불식 할부거래업자에게 청약을 철회하는 의사표시가 적힌 서면을 발송하여야 한다(제24조제2항). 청약의 철회는 서면을 발송한 날에 그 효력이 발생한다.(제24조제3항). 계약서의 발급사실과 그 시기 등에 관하여 다툼이 있는 경우에는 선불식 할부거래업자가 이를 입증하여야 한다(제24조제4항).

소비자가 청약을 철회한 경우 선불식 할부거래업자는 청약철회의 서면을 접수한 날부터 3영업일 이내에 이미 지급받은 계약금 및 할부금을 환급하여야 한다. 이 경우 선불식 할부거래업자가 환급을 지연한 때에는 그 지연기간에 따라 지연배상금을 함께 환급하여야 한다(제24조제5항).

3. 선불식 할부계약의 해제

소비자가 선불식 할부계약을 체결하고 그 계약에 의한 재화등의 공급을 받지 아니한 경우에는 그 계약을 해제할 수 있다(제25조제1항). 선불식 할부거래업자는 계약이 해제된 경우 소비자에게 해제로 인한 손실을 초과하는 위약금을 청구하여서는 아니 된다(제25조제2항).

선불식 할부거래업자는 소비자가 다음 각 호의 어느 하나에 해당하는 사유로 계약을 해제하는 경우에는 위약금을 청구하여서는 아니 된다(제25조제3항).

1. 휴업 또는 폐업신고를 한 때
2. 영업정지 처분을 받은 때
3. 등록이 취소되거나 말소된 때
4. 「은행법」에 따른 은행으로부터 당좌거래의 정지처분을 받은 때
5. 파산 또는 화의(和議) 개시의 신청이 있는 때
6. 소비자가 선불식 할부계약의 이전계약에 동의하지 아니한 때

선불식 할부거래업자는 선불식 할부계약이 해제된 경우에는 해제된 날부터 3영업일 이내에 이미 지급받은 대금에서 위약금을 뺀 금액을 소비자에게 환급하여야 한다. 이 경우 선불식 할부거래업자가 환급을 지연한 때에는 그 지연기간에 따라 지연배상금을 함께 환급하여야 한다(제25조제4항).

선불식 할부거래업자는 소비자가 대금 지급의무를 이행하지 아니하면 선불식 할부계약을 해제할 수 있다. 이 경우 선불식 할부거래업자는 그 계약을 해제하기 전

에 14일 이상의 기간을 정하여 소비자에게 이행할 것을 서면으로 최고하여야 한다(제26조).

제4절 방문판매 등에 관한 법률

[1] 총설

1. 입법목적

최근에 상품이나 용역의 판매경쟁이 치열해짐에 따라 종래의 점포판매에 그치지 않고 적극적으로 점포 외에서 고객을 찾아 판매하는 새로운 형태의 판매방식이 나타나게 되었다. 특히 교통, 운송 및 통신수단의 비약적인 발달로 이러한 특수한 판매가 더욱 활발히 이루어지고 있다. 중요한 특수판매의 유형으로는 방문판매, 전화권유판매, 다단계판매 및 통신판매 등을 들 수 있다.

그러나 방문판매 등 특수판매의 경우에는 판매원의 기만적인 화법과 과대선전 등에 현혹되어 충동적 구매를 하거나 선전용 견본 또는 팸플릿의 내용과는 다른 물건을 인도함으로써 소비자들이 피해를 입게 되는 사례가 많이 발생하였다. 특히 피라미드식 다단계판매는 사행성 판매방식으로서 다수의 소비자에게 피해를 입혀 사회적인 문제를 야기하였다.

이에 따라 국가는 방문판매·통신판매·다단계판매 등에 의한 상품의 판매 및 용역의 제공에 관한 거래를 공정하게 하여 소비자의 권익을 보호하고 시장의 신뢰도를 제고함으로써 국민경제의 건전한 발전에 이바지하기 위하여 1991년 『방문판매 등에 관한 법률(이하 '방문판매법'이라 한다)』을 제정하여 1992년 7월부터 시행하여 오다가, 2002년 동법을 개정하여 동법에서는 방문판매, 전화권유판매, 다단계판매, 후원방문판매, 계속거래 및 사업권유거래 등에 의한 상품이나 용역의 거래만을 규율하고, 전자상거래와 통신판매는 "전자상거래 등에서의 소비자보호에 관한 법률"에서 별도로 규율하게 되었다.

2. 소비자의 개념

방문판매법에서 『소비자』라 함은 사업자가 제공하는 재화 또는 용역(이하 "재화등"이라 한다)을 소비생활을 위하여 사용하거나 이용하는 자 또는 대통령령이 정하는 자를 말한다(제2조제10호).

"대통령령이 정하는 자"라 함은 사업자가 제공하는 재화등을 소비생활외의 목적에 사용하거나 이용하는 자로서 다음 각호의 1에 해당하는 자를 말한다(시행령 제4조).

① 재화등을 최종적으로 사용하거나 이용하는 자. 다만, 재화등을 원재료(중간재를 포함한다) 및 자본재로 사용하는 자를 제외한다.

② 법 제3조제1항 단서의 규정에 해당하는 사업자로서 재화등을 구매하는 자(당해 재화등을 판매한 자에 대한 관계에 한한다)

③ 다단계판매원 또는후원방문판매원이 되고자 다단계판매업자 또는 후원방문판매업자로부터 재화등을 최초로 구매하는 자

④ 방문판매업자 또는 전화권유판매업자(이하 "방문판매업자등"이라 한다)와 거래하는 경우의 방문판매원 또는 전화권유판매원(이하 "방문판매원등"이라 한다)

⑤ 재화등을 농업(축산업을 포함한다) 및 어업활동을 위하여 구입한 자(「원양산업발전법」 제6조제1항에 따라 해양수산부장관의 허가를 받은 원양어업자는 제외한다)

3. 적용제외

방문판매법은 사업자가 상행위를 목적으로 재화 등을 구입하는 거래에 대하여는 이를 적용하지 아니한다. 다만 사업자라 하더라도 사실상 소비자와 같은 지위에서 다른 소비자와 같은 거래조건으로 거래하는 경우에는 그러하지 아니하다(제3조제1호). 이 법의 1차적인 목적이 소비자권익의 보호에 있다는 점에 비추어 보면 사업자가 상행위를 목적으로 재화를 구입하는 거래에 이 법의 적용을 제외하는 것은 당연한 것이라 할 수 있다.

방문판매법은 재화의 성질상 이 법의 적용이 적당하지 않은 거래에 대해서도 이를 적용하지 아니한다. ① 「금융소비자 보호에 관한 법률」 제2조제3호에 따른 금융상품판매업자와 같은 법 제3조에 따른 예금성 상품, 대출성 상품, 투자성 상품 및

보장성 상품에 관한 계약을 체결하기 위한 거래, ② 개인이 독립된 자격으로 공급하는 재화 등의 거래로서, 방문판매원을 두지 아니하는 방문판매업자가 가공되지 아니한 농·수·축·임산물 및 방문판매자가 직접 생산한 재화 등을 방문판매하는 거래가 이에 해당한다(제3조제3항, 시행령 제5조).

4. 다른 법률과의 관계

방문판매·전화권유판매·다단계판매·후원방문판매·계속거래 및 사업권유거래에서의 소비자보호와 관련하여 이 법과 다른 법률의 적용이 경합하는 경우에는 이 법을 우선 적용하되, 다른 법률을 적용하는 것이 소비자에게 유리한 경우에는 그 법을 적용한다(제4조).

[2] 방문판매 및 전화권유판매에 관한 규제

〈사례 1〉 A는 2007년 5월 25일 오후 5시경 사무실로 방문한 B음반판매회사의 방문판매원 C로부터 클래식음악CD 1질을 30만원에 구입하기로 하고 D사의 신용카드를 이용하여 3개월 할부로 결재를 하였다. A는 회사업무로 바빠서 그동안 CD를 들어볼 시간이 없었으나 2007년 6월 8일 일찍 퇴근하여 포장을 뜯고 CD를 들어보니 음질도 좋지 않고 가격도 비싼 것 같아 B음반판매회사에 전화로 반품의사를 밝혔으나 B음반판매회사는 D사로부터 이미 매매대금 30만원을 지급받았음을 이유로 반품을 거절하였다. A는 2007년 6월 5일 1회분 할부금을 D사에 지급한 상태이다. 이 경우 A는 CD를 반품하고 1회분 할부금을 반환받을 수 있는가?

1. 철회권의 행사기간과 방법은?
2. 철회권 행사기간 내에 철회의 의사표시가 상대방에게 도달하여야 하는가 아니면 발신만 하면 되는가?
3. 철회권을 행사할 수 없는 경우에 해당하지 않는가(복제가 가능한 재화등의 포장을 훼손한 경우에 해당하는지 여부 및 사업자의 조치 여부 검토)?
4. 신용카드사와의 관계는?

〈사례 2〉 위 〈사례 1〉에서 A가 B사의 전화번호와 주소로 연락을 하였으나 연락이 되지 않는 경우 A는 CD를 구입할 수밖에 없는가?

1. 방문판매 및 전화권유판매 등의 의의

"방문판매"란 재화 또는 용역(일정한 시설을 이용하거나 용역을 제공받을 수 있는 권리를 포함한다)의 판매(위탁 및 중개를 포함한다)를 업(業)으로 하는 자가 방문을 하는 방법으로 그의 영업소, 대리점, 그 밖에 총리령으로 정하는 영업 장소 외의 장소에서 소비자에게 권유하여 계약의 청약을 받거나 계약을 체결(사업장 외의 장소에서 권유 등 총리령으로 정하는 방법으로 소비자를 유인하여 사업장에서 계약의 청약을 받거나 계약을 체결하는 경우를 포함한다)하여 재화 또는 용역을 판매하는 것을 말하며(제2조제1호), "전화권유판매"란 전화를 이용하여 소비자에게 권유를 하거나 전화회신을 유도하는 방법으로 재화등을 판매하는 것을 말한다(제2조제3호).

"방문판매자"는 방문판매를 업으로 하기 위하여 방문판매조직을 개설 또는 관리 · 운영하는 "방문판매업자"와 방문판매업자를 대신하여 방문판매업무를 수행하는 "방문판매원"을 말하고(제2조제2호), "전화권유판매자"는 전화권유판매를 업으로 하기 위하여 전화권유판매조직을 개설 또는 관리 · 운영하는 "전화권유판매업자"와 전화권유판매업자를 대신하여 전화권유판매업무를 수행하는 "전화권유판매원"을 말한다(제2조제4호).

2. 방문판매업자등의 신고

방문판매업자 또는 전화권유판매업자(이하 "방문판매업자등"이라 한다)는 상호·주소·전화번호·전자우편주소 등 일정한 사항을 공정거래위원회 또는 시장 · 군수 · 구청장에게 신고하여야 한다. 다만 방문판매원 또는 전화권유판매원(이하 "방문판매원등"이라 한다)을 두지 아니하는 소규모 방문판매업자등과 이 법에 의하여 등록한 다단계판매업자는 그러하지 아니하나(제5조제1항).

방문판매업자등은 신고한 사항에 변경이 있거나 휴업 또는 폐업하거나 휴업한 후 영업을 다시 시작할 때에는 이를 신고하여야 한다(제5조제2항, 제3항). 방문판매업자등이 폐업신고를 하지 아니한 상태에서 파산선고를 받는 등 실질적으로 영업을 할 수 없는 것으로 판단되는 경우에는 공정거래위원회 또는 시장 · 군수 · 구청장은 직권으로 방문판매업등의 신고사항을 말소할 수 있다(제12조제2항).

공정거래위원회는 신고한 방문판매업자등의 정보를 공개할 수 있는데(제5조제4

항), 이 경우 당해 방문판매업자등에게 정보공개의 내용 및 방법을 미리 통지하여야 하고 사실과 다른 내용을 정정할 수 있는 기회를 주어야 한다(시행령 제10조).

3. 방문판매원등의 명부비치 등

방문판매업자등은 총리령이 정하는 바에 따라 방문판매원등의 명부를 작성하여 사업장에 비치하고(제6조제1항), 소비자 피해의 방지 또는 구제를 위하여 필요한 경우 소비자로 하여금 방문판매원등의 신원을 확인할 수 있도록 하여야 한다(제6조제2항). 방문판매자등이 재화등을 판매하고자 하는 경우에는 소비자에게 미리 해당 방문 또는 전화가 판매의 권유를 위한 것임과 방문판매자등의 성명 또는 명칭, 판매하는 재화등의 종류 및 내용을 밝혀야 한다(제6조제3항).

4. 계약체결전 정보제공과 계약체결시 계약서 교부의무

방문판매자등은 재화등의 판매에 관한 계약을 체결하기 전에 소비자가 계약의 내용을 이해할 수 있도록 다음 사항을 설명하여야 한다(제7조제1항).

① 방문판매업자등의 성명(법인인 경우에는 대표자의 성명)·상호·주소·전화번호·전자우편주소
② 방문판매원의 성명·주소·전화번호·전자우편주소(방문판매업자등이 소비자와 직접 계약을 체결하는 경우를 제외한다)
③ 재화등의 명칭·종류 및 내용
④ 재화등의 가격과 그 지급방법 및 시기
⑤ 재화등의 공급방법 및 시기
⑥ 청약의 철회 및 계약의 해제(이하 "청약철회등"이라 한다)의 기한·행사방법·효과에 관한 사항 및 청약철회등의 권리행사등에 필요한 서식
⑦ 재화등의 교환·반품·수리보증 및 그 대금환불의 조건과 절차
⑧ 전자매체로 공급이 가능한 재화등의 설치·전송 등과 관련하여 요구되는 기술적 사항
⑨ 소비자피해보상·재화등에 대한 불만 및 소비자와 사업자 사이의 분쟁처리에 관한 사항

⑩ 거래에 관한 약관

⑪ 재화등의 가격 외에 소비자가 추가로 부담하여야 할 사항이 있는 경우 그 내용과 금액, 판매일시·판매지역·판매수량·인도지역 등 판매조건과 관련하여 제한이 있는 경우 그 내용(시행령 제11조)

방문판매자등은 재화등의 판매에 관한 계약을 체결할 때에는 위의 사항을 기재한 계약서를 소비자에게 발급하여야 하고(제7조제2항), 계약을 체결한 때에는 소비자에게 설명하거나 표시한 거래조건을 신의에 좇아 성실하게 이행하여야 한다(제7조제5항).

방문판매자등은 재화등의 계약을 미성년자와 체결하고자 하는 경우에는 법정대리인의 동의를 얻어야 한다. 이 경우 법정대리인의 동의를 얻지 못하는 경우에는 미성년자 본인 또는 법정대리인이 계약을 취소할 수 있다는 내용을 고지하여야 한다(제7조제3항).

전화권유판매에 관한 계약서인 경우에는 소비자의 동의를 얻어 당해 계약의 내용을 팩스나 전자문서로 송부하는 것으로 갈음할 수 있으며, 팩스나 전자문서에 의하여 송부한 계약의 내용이나 도달에 관하여 다툼이 있는 경우에는 전화권유판매자가 이를 증명하여야 한다(제7조제4항).

5. 소비자의 청약철회권

1) 철회권 행사의 기간 및 방법

방문판매등의 방법으로 재화등의 구매에 관한 계약을 체결한 소비자는 다음 기간 이내에 당해 계약에 관한 청약의 철회등을 할 수 있다(제8조제1항).

① 계약서를 교부받은 날부터 14일, 나반 계약서를 교부받은 때보다 재화등의 공급이 늦게 이루어진 경우에는 재화등을 공급받거나 공급이 개시된 날부터 14일

② 계약서를 교부받지 아니하였거나 방문판매자등의 주소등이 기재되지 아니한 계약서를 교부받은 경우 또는 방문판매자등의 주소변경 등의 사유로 위 기간 이내에 청약철회 등을 할 수 없는 경우에는 그 주소를 안 날 또는 알 수 있었던 날로부터 14일

③ 계약서에 청약철회등에 관한 사항이 적혀 있지 아니한 경우에는 청약철회등을

할 수 있음을 안 날 또는 알 수 있었던 날부터 14일

다만 재화등의 내용이 표시·광고의 내용과 다르거나 계약내용과 다르게 이행된 경우에는 소비자는 당해 재화등을 공급받은 날부터 3월 이내, 그 사실을 안 날 또는 알 수 있었던 날부터 30일 이내에 청약철회등을 할 수 있다(제8조제3항).

청약철회의 방법에는 제한이 없으며, 청약철회등을 서면으로 하는 경우에는 청약철회등의 의사표시가 기재된 서면을 발송한 날에 그 효력이 발생한다(제8조제4항). 재화등의 훼손에 대한 소비자의 책임 유무, 계약이 체결된 사실 및 그 시기, 재화등의 공급 사실 및 그 시기, 계약서의 발급 사실 및 그 시기, 입증책임에 관한 별도의 약정이 없는 그 밖의 거래 사실 등에 관하여 다툼이 있는 경우에는 방문판매업자등이 증명하여야 한다(제36조제1항).

2) 철회권을 행사할 수 없는 경우

다음의 경우에는 소비자가 방문판매자등의 의사에 반하여 청약의 철회등을 할 수 없다(제8조제2항).

① 소비자에게 책임있는 사유로 재화등이 멸실 또는 훼손된 경우. 다만 재화등의 내용을 확인하기 위하여 포장등을 훼손한 경우는 제외한다.

② 소비자가 재화등을 사용 또는 일부 소비함으로써 그 가치가 현저히 감소한 경우

③ 시간의 경과에 의하여 재판매가 곤란할 정도로 재화등의 가치가 현저히 감소한 경우

④ 복제가 가능한 재화등의 포장을 훼손한 경우

⑤ 소비자의 주문에 의하여 개별적으로 생산되는 재화등에 대한 것으로서 청약철회등을 인정하면 방문판매자등에게 회복할 수 없는 중대한 피해가 예상되는 경우로서 사전에 당해 거래에 대하여 별도로 그 사실을 고지하고 소비자로부터 서면이나 전자문서에 의한 동의를 받은 경우(시행령 제12조)

방문판매자등은 위 ②~④의 경우 청약철회등이 불가능하다는 사실을 재화등의 포장 기타 소비자가 쉽게 알 수 있는 곳에 명기하거나 시용상품을 제공하는 등의 방법으로 청약철회등의 권리의 행사가 방해받지 아니하도록 조치하여야 한다(제8조제5항). 방문판매자등이 이러한 조치를 취하지 아니한 때에는 위 ②~④에 해당하는 경우에도 소비자는 청약철회등을 할 수 있다(제8조제2항 단서).

3) 철회권 행사의 효과

소비자가 청약철회등을 한 경우에는 이미 공급받은 재화등을 반환하여야 하며, 방문판매자등은 재화등을 반환받은 날부터 3영업일 이내에 이미 지급받은 재화등의 대금을 환급하여야 한다(제9조제1항, 제2항). 이 때 재화등의 반환에 필요한 비용은 방문판매자등이 부담하며 방문판매자등은 소비자에게 청약철회등을 이유로 위약금 또는 손해배상을 청구할 수 없다(제9조제9항). 방문판매자등이 소비자에게 대금의 환급을 지연한 때에는 지연배상금을 지급하여야 한다(제9조제2항).

이미 재화등이 사용 또는 일부 소비된 경우 방문판매자등은 그 재화등의 사용 또는 일부 소비에 의하여 소비자가 얻은 이익 또는 그 재화등의 공급에 소요된 비용에 상당하는 금액으로써 대통령령이 정하는 범위의 금액의 지급을 소비자에게 청구할 수 있다((제9조제8항). 대통령령이 정하는 범위의 금액이라 함은 ① 재화등의 사용으로 인하여 소모성 부품의 재판매가 곤란하거나 재판매가격이 현저히 하락하는 경우에는 당해 소모성 부품의 공급에 소요된 비용 ② 여러개의 동일한 가분물로 구성된 재화등의 경우에는 소비자의 일부소비로 인하여 소비된 부분의 공급에 든 비용을 말한다(시행령 제16조제1항).

소비자가 신용카드 등으로 대금을 지급한 때에는 방문판매자등은 지체없이 당해 결제업자에게 대금청구를 정지 또는 취소하도록 요청하여야 한다(제9조제3항). 방문판매자등이 결제업자로부터 대금을 이미 지급받은 때에는 지체없이 이를 결제업자에게 환급하고 그 사실을 소비자에게 통지해야 하며(제9조제3항 단서), 방문판매자등으로부터 대금을 환급받은 결제업자는 지체없이 소비자에게 이를 환급하거나 환급에 필요한 조치를 취해야 한다(제9조제4항). 결제업자에게 환급을 지연함으로써 소비자로 하여금 대금을 결제하게 한 방문판매자등은 그 지연기간에 대한 지연배상금을 소비자에게 지급하여야 한다(제9조제5항).

소비자는 방문판매자등이 정당한 사유없이 결제업자에게 대금을 환급하지 아니하는 경우에는 환급받을 금액에 대하여 결제업자에게 당해 방문판매자등에 대한 다른 채무와 상계할 것을 요청할 수 있다(제9조제6항). 결제업자가 상계를 정당한 사유없이 게을리한 경우 소비자는 결제업자에 대해 대금결제를 거부할 수 있다. 이 경우 방문판매자등과 결제업자는 그 결제의 거부를 이유로 당해 소비자를 약정한 기일 이내에 채무를 변제하지 아니한 자로 처리하는 등 소비자에게 불이익을 주는 행위를 해서는 아니된다(제9조제7항).

방문판매자등, 재화등의 대금을 지급 받은 자 또는 소비자와 방문판매등에 관한 계약을 체결한 자가 동일인이 아닌 경우, 각자는 청약철회등에 따른 대금환급과 관련한 의무의 이행에 있어서 연대하여 책임을 진다(제9조제10항).

4) 휴업기간 등에 있어서의 업무처리

방문판매업자등은 그 휴업기간 또는 영업정지기간 중에도 청약철회등의 업무와 청약철회등에 따른 업무를 계속하여야 한다(제12조제1항).

〈해설 1〉 방문판매와 청약철회

1. 철회권의 행사기간과 방법은? A의 CD구매행위와 관련해서는 방문판매법과 할부거래법이 적용될 수 있으나, 철회권의 행사기간과 관련하여 방문판매법을 적용하는 것이 유리하다. 방문판매법상 철회권 행사기간은 14일이며, 행사방법에는 제한이 없으므로 전화나 내용증명 등의 방법으로 청약을 철회할 수 있다.
2. 철회권 행사기간 내에 철회의 의사표시가 상대방에게 도달하여야 하는가 아니면 발신만 하면 되는가? 방문판매법은 청약철회의 의사표시에 대해 발신주의를 채택하고 있다. 그러므로 6월 8일 24시 철회권 행사기간의 만료시점까지 상대방에게 철회의 의사표시를 발송하면 된다.
3. 철회권을 행사할 수 없는 경우에 해당하지 않는가(복제가 가능한 재화등의 포장을 훼손한 경우에 해당하는지 여부 및 사업자의 조치 여부 검토)? A는 포장을 뜯어 구입한 CD를 이용하였으므로 복제가 가능한 재화등의 포장을 훼손한 경우에 해당하여 철회권을 행사할 수 없는 경우에 해당할 수 있다. 그러나 방문판매자등은 이러한 경우에 청약철회등이 불가능하다는 사실을 재화등의 포장 기타 소비자가 쉽게 알 수 있는 곳에 명기하거나 하여 소비자의 청약철회권 행사가 방해받지 아니하도록 조치하여야 한다. 방문판매자등이 이러한 조치를 취하지 아니한 때에는 소비자는 청약철회등을 할 수 있다.
4. 신용카드사와의 관계는? A가 청약을 철회한 경우 B음반판매회사는 D신용카드회사로부터 받은 매매대금 30만원을 환급해야 하며, D신용카드회사는 A에게 받은 1회분 할부금을 지체없이 환급하여야 한다. B음반판매회사가 D신용카드회사에 환급하지 않는 경우 A는 D신용카드회사에 대해 D신용카드회사의 B음반판매회사에 대한 다른 채무와 상계할 것을 요청하고 대금결제를 거부할 수 있다. 이때 B신용카드회사 또는 D음반판매회사는 A를 약정한 기일 이내에 채무를 변제하지 아니한 자로 처리하는 등 불이익을 주는 행위를 하여서는 아니된다.

〈해설 2〉 이 경우 소비자는 B음반판매회사의 주소를 안 날 또는 알 수 있었던 날로부터 14일 이내 청약철회를 하는 것이 가능하다. 일단 현재의 주소로 청약철회를 내용으로 하는 서신을 내용증명으로 발송해 두면 후일 법적 분쟁시 유력한 증거로 사용할 수 있다.

6. 손해배상청구금액의 제한

소비자에게 책임있는 사유로 인하여 재화등의 판매에 관한 계약이 해제된 경우 방문판매자등이 소비자에게 청구하는 손해배상액은 다음 금액에 대금미납에 따른 지연배상금을 더한 금액을 초과할 수 없다(제10조).

① 공급받은 재화등이 반환된 경우에는 다음 금액 중 큰 금액

가. 반환된 재화등의 통상 사용료액 또는 그 사용으로 통상 얻을 수 있는 이익에 상당하는 금액

나. 반환된 재화등의 판매가액에서 그 재화등이 반환된 당시의 가액을 뺀 금액

② 공급받은 재화등이 반환되지 아니한 경우에는 그 재화등의 판매가액에 상당하는 금액

7. 금지행위

방문판매자등은 다음 행위를 하여서는 아니된다(제11조제1항).

① 재화등의 판매에 관한 계약의 체결을 강요하거나 청약철회등 또는 계약의 해지를 방해할 목적으로 소비자를 위협하는 행위

② 거짓 또는 과장된 사실을 알리거나 기만적 방법을 사용하여 소비자를 유인 또는 거래하거나 청약철회등 또는 계약의 해지를 방해하는 행위

③ 방문판매원등이 되기 위한 조건 또는 방문판매원등의 자격을 유지하기 위한 조건으로서 방문판매원등 또는 방문판매원등이 되려는 자에게 가입비, 판매 보조 물품, 개인 할당 판매액, 교육비 등 그 명칭이나 형태와 상관없이 대통령령으로 정하는 수준{방문판매원등이 되려는 자 또는 방문판매원등 1인당 연간 2만원(시행령 제17조)}을 초과한 비용 또는 그 밖의 금품을 징수하거나 재화등을 구매하게 하는 등 의무를 지게 하는 행위

④ 방문판매원등에게 다른 방문판매원등을 모집할 의무를 지게 하는 행위

⑤ 청약철회등이나 계약의 해지를 방해할 목적으로 주소·전화번호 등을 변경하는 행위

⑥ 분쟁이나 불만처리에 필요한 인력 또는 설비가 부족한 상태를 상당기간 방치하여 소비자에게 피해를 주는 행위

⑦ 소비자의 청약없이 일방적으로 재화등을 공급하고 재화 등의 대금을 청구하는 행위

⑧ 소비자가 재화를 구매하거나 용역을 제공받을 의사가 없음을 밝혔음에도 불구하고 전화, 팩스, 컴퓨터통신 등을 통하여 재화를 구매하거나 용역을 제공받도록 강요하는 행위

⑨ 본인의 허락을 받지 아니하거나 허락 받은 범위를 넘어 소비자에 관한 정보를 이용(제3자에게 제공하는 경우를 포함한다)하는 행위. 다만, 다음 각목의 1에 해당하는 경우를 제외한다.

가. 재화등의 배송 등 소비자와의 계약의 이행에 불가피한 경우로서 대통령령이 정하는 경우

나. 재화등의 거래에 따른 대금정산을 위하여 필요한 경우

다. 도용방지를 위하여 본인임을 확인할 때 필요한 경우로서 대통령령이 정하는 경우

라. 법률의 규정 또는 법률에 따라 필요한 불가피한 사유가 있는 경우

[3] 다단계판매 및 후원방문판매에 관한 규제

〈사례 1〉 A는 부업으로 자석요를 판매하면 큰 돈을 벌 수 있다는 B다단계판매회사의 다단계판매원 D(D는 다단계판매원인 C의 하위판매원이다)말을 듣고 D의 하위판매원으로 가입하고, 2007년 5월 25일 오후 2시경 D로부터 자석요 3개를 3백만원에 구입하고 대금은 B회사의 계좌로 입금하였다. A는 자석요 2개는 팔았으나 나머지 1개는 팔지 못하여 2007년 7월 25일 오후 5시에 D에게 청약철회의 의사표시가 기재된 서면을 내용증명으로 발송하였으나, D는 전화번호, 주소가 변경되어 연락이 되지 아니하였다. A는 나머지 자석요 1개를 반품할 수 있는가?

1. 다단계판매 및 후원방문판매 등의 의의

"다단계판매"란 다음 각 목의 요건을 모두 충족하는 판매조직(이하 "다단계판매조직"이라 한다)을 통하여 재화등을 판매하는 것을 말한다(제2조제5호).

가. 판매업자에 속한 판매원이 특정인을 해당 판매원의 하위 판매원으로 가입하도록 권유하는 모집방식이 있을 것

나. 가목에 따른 판매원의 가입이 3단계(다른 판매원의 권유를 통하지 아니하고 가입한 판매원을 1단계 판매원으로 한다. 이하 같다) 이상 단계적으로 이루어질 것. 다만, 판매원의 단계가 2단계 이하라고 하더라도 사실상 3단계 이상으로 관리 · 운영되는 경우로서 대통령령으로 정하는 경우를 포함한다.

다. 판매업자가 판매원에게 제9호 나목 또는 다목에 해당하는 후원수당을 지급하는 방식을 가지고 있을 것

"후원방문판매"란 방문판매(재화등을 생산하는 후원방문판매업자 또는 후원방문판매업자가 판매하는 재화등의 주된 공급자가 개설 · 운영하는 사이버몰에서 「전자문서 및 전자거래 기본법」 제2조제5호에 따른 전자거래의 방법으로 소비자에게 판매하는 경우를 포함한다) 및 다단계판매의 요건에 해당하되, 대통령령으로 정하는 바에 따라 특정 판매원의 구매 · 판매 등의 실적이 그 직근 상위판매원 1인의 후원수당에만 영향을 미치는 후원수당 지급방식을 가진 경우를 말한다. 이 경우 방문판매 및 다단계판매에는 해당하지 아니하는 것으로 한다(제2조제7호).

"다단계판매자"란 다단계판매를 업으로 하기 위하여 다단계판매조직을 개설하거나 관리 · 운영하는 다단계판매업자와 다단계판매조직에 판매원으로 가입한 다단계판매원을 말하고(제2조제6호), "후원방문판매자"란 후원방문판매를 업으로 하기 위한 후원방문판매조직을 개설하거나 관리 · 운영하는 후원방문판매업자와 후원방문판매조직에 판매원으로 가입한 후원방문판매원을 말한다(제2조제8호).

⊙ 후원수당의 의의(제2조제9호)

"후원수당"이란 판매수당, 알선 수수료, 장려금, 후원금 등 그 명칭 및 지급 형태와 상관없이 판매업자가 다음 각 목의 사항과 관련하여 소속 판매원에게 지급하는 경제적 이익을 말한다.

가. 판매원 자신의 재화등의 거래실적

나. 판매원의 수당에 영향을 미치는 다른 판매원들의 재화등의 거래실적

다. 판매원의 수당에 영향을 미치는 다른 판매원들의 조직관리 및 교육훈련 실적

라. 그 밖에 가목부터 다목까지의 규정 외에 판매원들의 판매활동을 장려하거나 보상하기 위하여 지급되는 일체의 경제적 이익

2. 다단계판매업자의 등록 및 정보공개

1) 등록

다단계판매업자는 다음 서류를 갖추어 주된 사무소의 소재지를 관할하는 시·도지사에게 등록하여야 한다. 다만 주된 사무소의 소재지가 외국인 경우에는 공정거래위원회에 등록하여야 한다(제13조제1항, 시행령 제20조제1항).

① 상호 및 주소·전화번호·전자우편주소(법인인 경우에는 대표자의 성명·주민등록번호 및 주소를 포함한다)등을 적은 신청서

② 자본금이 3억원 이상으로서 대통령령이 정하는 규모{5억원(자본잠식이 있는 경우에는 그 금액을 제외하고, 법정준비금이 있는 경우에는 그 금액을 더한다)을 말한다(시행령 제21조)} 이상임을 증명하는 서류

③ 제37조의 규정에 의한 소비자피해보상보험계약등의 체결 증명서류

④ 후원수당의 산정 및 지급기준에 관한 서류

⑤ 재고관리·후원수당 지급 등 판매의 방법에 관한 사항을 적은 서류

⑥ 그 밖에 다단계판매자의 신원확인을 위하여 필요한 사항으로서 총리령으로 정하는 서류

다단계판매업자는 등록한 사항에 변경이 있는 때에는 변경사항이 발생한 날(자본금 규모의 변동에 관한 사항은 결산이 확정된 날)부터 15일 이내에 신고해야 하며(제13조제2항, 시행령 제20조제3항), 신고를 받은 공정거래위원회 또는 시·도지사는 변경사항을 확인하고 변경사항이 기재된 신고증을 다시 발급해야 한다(시행령 제20조제3항). 다단계판매업자는 휴업 또는 폐업하거나 휴업 후 영업을 다시 시작할 때에도 신고해야 한다(제13조제3항).

다음에 해당하는 개인 또는 법인은 등록을 할 수 없다(제14조).

① 다음에 해당하는 개인 또는 그 개인이 임원으로 있는 법인

가. 미성년자·피한정후견인 또는 피성년후견인

나. 파산선고를 받고 복권되지 아니한 자

다. 이 법을 위반하여 징역형을 선고받고 그 집행이 끝나거나(집행이 끝난 것으로 보는 경우를 포함한다) 집행이 면제된 날부터 5년이 경과되지 아니한 자

라. 이 법을 위반하여 징역형의 집행유예를 선고받고 그 유예기간 중에 있는 자

② 다음에 해당하는 자가 지배주주로 있는 법인

가. 이 법을 위반하여 징역의 실형을 선고받고 그 집행이 끝나거나(집행이 끝난 것으로 보는 경우를 포함한다) 집행이 면제된 날부터 5년이 지나지 아니한 자

나. 이 법을 위반하여 징역형의 집행유예를 선고받고 그 유예기간 중에 있는 자

③ 제49조에 따라 등록이 취소된 후 5년이 경과되지 아니한 개인 또는 법인

④ 위 ③의 개인 또는 법인의 등록취소 당시 임원 또는 지배주주였던 자가 임원 또는 지배주주로 있는 법인

공정거래위원회에 등록하거나 시 · 도지사에게 등록한 다단계판매업자가 파산선고를 받거나 관할 세무서에 폐업신고를 한 경우 또는 6개월을 초과하여 영업을 하지 아니하는 등 실질적으로 영업을 할 수 없다고 판단되는 경우에는 등록을 받은 행정기관의 장은 그 등록을 직권으로 말소할 수 있다(제26조제3항).

2) 정보공개

공정거래위원회는 다단계판매업자에 대한 일정한 정보를 대통령령으로 정하는 바에 따라 공개하여야 한다. 다만, 다단계판매업자의 경영상 · 영업상 비밀에 관한 사항으로서 공개될 경우 다단계판매업자의 정당한 이익을 현저히 해칠 우려가 있다고 인정되는 정보 및 개인에 관한 사항으로서 공개될 경우 사생활의 비밀 또는 자유를 침해할 우려가 있다고 인정되는 정보의 경우에는 그러하지 아니하다(제13조제6항). 공정거래위원회는 정보공개를 위하여 필요한 경우에는 다단계판매업자에게 관련 자료의 제출을 요구할 수 있다. 이 경우 다단계판매업자는 정당한 사유가 없으면 이에 따라야 한다(제13조제7항).

공정거래위원회는 정보를 공개하는 경우 해당 사업자에게 정보 공개의 내용 및 방법을 미리 통지하여야 하고, 공개될 내용 중 사실과 다른 내용이 있는 경우에는 정정할 수 있는 기회를 주어야 한다(시행령 제22조제2항).

3. 다단계판매원의 등록 및 탈퇴

다단계판매조직에 다단계판매원으로 가입하고자 하는 자는 다단계판매업자에게 등록해야 한다(제15조제1항). 국가공무원·지방공무원 또는 교육공무원 및 사립학교

법에 의한 교원, 미성년자, 법인, 다단계판매업자의 지배주주 또는 임직원, 이 법 제49조에 의해 시정조치를 2회 이상 받은 자(다만, 마지막 시정조치에 대한 이행을 완료한 날부터 3년이 지난 자는 제외), 이 법을 위반하여 징역의 실형을 선고받고 그 집행이 종료되거나 면제된 날로부터 5년이 지나지 아니한 자, 이 법을 위반하여 징역형의 집행유예를 선고받고 그 유예기간 중에 있는 자 등은 다단계판매원으로 등록할 수 없다(제15조제2항).

다단계판매업자는 다단계판매원에게 다단계판매원등록증을 교부해야 한다(제15조제3항). 다단계판매업자는 다단계판매원 등록부를 작성하고, 소비자피해의 방지 또는 구제를 위하여 필요한 경우 소비자로 하여금 등록된 다단계판매원의 신원을 확인할 수 있도록 해야 한다(제15조제4항). 다단계판매업자는 등록한 다단계판매원에게 ① 후원수당의 산정 및 지급기준, ② 하위판매원의 모집 및 후원에 관한 사항, ③ 재화등의 반환 및 다단계판매원의 탈퇴에 관한 사항, ④ 다단계판매원이 지켜야 할 사항, ⑤ 그밖에 총리령이 정하는 사항에 대하여 확인이 가능한 다단계판매원수첩을 교부해야 한다(제15조제5항).

다단계판매업자는 다단계판매원 등록 또는 자격유지의 조건으로 과다한 재화등의 구입 등 대통령령이 정하는 수준{연간 5만원(시행령 제29조)} 이상의 부담을 지울 수 없고(제22조제1항), 다단계판매원에게 일정 수의 하위판매원을 모집하도록 의무를 지게 하거나, 특정인을 그 특정인의 동의없이 자신의 하위판매원으로 등록할 수 없다(제22조제2항). 다단계판매원은 언제든지 다단계판매업자에게 탈퇴의사를 표시하고 탈퇴할 수 있으며, 다단계판매업자는 다단계판매원의 탈퇴에 조건을 부과하여서는 아니된다(제22조제4항). 다단계판매업자는 탈퇴한 다단계판매원의 판매행위 등으로 인하여 소비자피해가 발생하지 않도록 판매원수첩의 회수 등 필요한 조치를 취해야 한다(제22조제5항).

4. 계약체결전 정보제공과 계약체결시 계약서 교부의무

다단계판매의 방법으로 재화등의 판매에 관한 계약을 체결하는 경우에 방문판매등에 있어서의 계약체결전 정보제공과 계약체결시 계약서 교부의무를 정한 법 제7조의 규정을 준용한다(제16조).

5. 청약철회권

1) 철회권 행사 기간, 방법 및 제한

다단계판매의 방법으로 재화등의 구매에 관한 계약을 체결한 소비자의 청약철회권의 행사 기간, 방법 및 제한에 대해서는 방문판매등에 있어서의 청약철회권을 규정한 법 제8조의 규정을 준용한다(제17조제1항).

다만, 소비자가 다단계판매원과 재화등의 구매에 관한 계약을 체결한 경우에는 다단계판매원에게 우선적으로 청약철회등을 하고, 다단계판매원의 소재불명 등의 사유로 인하여 다단계판매원에게 청약철회등을 하는 것이 어려운 경우에만 그 재화등을 공급한 다단계판매업자에게 청약철회등을 할 수 있다(제17조제1항 단서).

다단계판매의 방법으로 재화등의 구매에 관한 계약을 체결한 다단계판매원은 재고보유에 관하여 다단계판매업자에게 거짓으로 보고하는 등의 방법으로 과다하게 재화등의 재고를 보유한 경우, 다시 판매하기 어려울 정도로 재화등을 훼손한 경우 그 밖에 대통령령이 정하는 경우(시행령 제25조 참조)를 제외하고는 계약을 체결한 날부터 3월 이내에 서면(전자문서 포함)으로 당해 계약에 관한 청약철회등을 할 수 있다(제17조제2항).

재화등의 훼손에 대한 소비자의 책임 유무, 계약이 체결된 사실 및 그 시기, 재화등의 공급 사실 및 그 시기, 계약서의 발급 사실 및 그 시기, 입증책임에 관한 별도의 약정이 없는 그 밖의 거래 사실 등에 관하여 다툼이 있는 경우에는 다단계판매업자가 이를 증명하여야 한다(제36조제1항).

⊙ 시행령 제25조(다단계판매원 및 후원방문판매원이 청약철회등을 할 수 없는 경우)

법 제17조제2항에서 “대통령령이 정하는 경우”라 함은 다음 각 호의 어느 하나에 해당하는 경우를 말한다.

1. 다단계판매원 또는 후원방문판매원에게 책임이 있는 사유로 재화등이 멸실 또는 훼손된 경우. 다만, 재화등의 내용을 확인하기 위하여 포장등을 훼손한 경우는 제외한다.
2. 재화등의 일부 사용 또는 소비에 의하여 그 가치가 현저히 낮아진 경우. 다만, 청약철회등이 불가능하다는 사실을 재화등의 포장 그 밖에 쉽게 알 수 있는 곳에 분명하게 표시하거나 시용상품을 제공하는 등의 방법으로 재화등의 일부 사용 등에 의하여 청약철회등의 권

리행사가 방해받지 아니하도록 조치한 경우에 한정한다.
3. 복제할 수 있는 재화등의 포장을 훼손한 경우
4. 소비자 또는 다단계판매원·후원방문판매원의 주문에 의하여 개별적으로 생산되는 재화등등에 대한 것으로 청약철회등을 인정하면 다단계판매업자·후원방문판매업자에게 회복할 수 없는 중대한 피해가 예상되는 경우로서 사전에 해당 거래에 대하여 별도로 그 사실을 고지하고 소비자 또는 다단계판매원·후원방문판매원의 서면(전자문서를 포함한다)동의를 받은 경우

2) 철회권 행사의 효과

다단계판매의 상대방(다단계판매자가 다단계판매원 또는 소비자에게 판매한 때에는 다단계판매원 또는 소비자를, 다단계판매원이 소비자에게 판매한 때에는 소비자를 말한다)이 계약에 관한 청약철회등을 한 경우 그 효과는 방문판매에 있어서 소비자가 청약을 철회한 경우의 효과와 동일하다. 다만, 다른 점은 다음과 같다.

① 다단계판매업자가 다단계판매원에게 재화등의 대금을 환급할 때에는 대통령령이 정하는 범위의 비용(시행령 제26조 참조)을 공제할 수 있다(제18조제2항 단서).

② 다단계판매자(상대방으로부터 재화등의 대금을 지급 받은 자 또는 상대방과 다단계판매에 관한 계약을 체결한 자를 포함한다)는 청약철회등에 따라 재화 등의 대금을 환급한 경우 그 환급한 금액이 자신이 다단계판매원에게 공급한 금액을 초과할 때에는 그 차액을 다단계판매원에게 청구할 수 있다(제18조제6항).

③ 재화등의 일부가 이미 사용 또는 소비된 경우에는 그 재화등의 사용 또는 일부 소비에 의하여 상대방이 얻은 이익 또는 그 재화 등의 공급에 소요된 비용에 상당하는 금액의 지급을 당해 상대방에게 청구할 수 있다(제18조제7항).

⊙ 시행령 제26조(재화등의 대금 환급시 비용공제)

법 제18조제2항 단서 및 제29조제3항에 따라 다단계판매업자 또는 후원방문판매업자가 재화등의 대금을 환급할 때 비용을 공제할 수 있는 경우는 다단계판매원 또는 후원방문판매원이 재화등을 공급받은 날부터 1개월이 지난 후에 반환한 경우로 한정하되, 공제할 수 있는 비용의 한도는 다음 각 호의 구분에 따른다. 다만, 다단계판매업자 또는 후원방문판매업자의

등록이 취소되어 반환하는 경우에는 다음 각 호의 구분에 따른 금액의 2분의 1에 해당하는 금액을 한도로 한다.

1. 공급일부터 1개월이 지난 후 2개월 이내에 반환하는 경우 : 그 재화등의 대금의 5퍼센트 이내로서 당사자간에 약정한 금액
2. 공급일부터 2개월이 지난 후 3개월 이내에 반환하는 경우 : 그 재화등의 대금의 7퍼센트 이내로서 당사자간에 약정한 금액

〈해설 1〉 A는 D의 하위판매원을 가입하였으므로 법 제17조제2항과 시행령 제23조에서 정한 다단계판매원이 청약철회등을 할 수 없는 경우에 해당하지 않으면 3월 이내, 즉 8월 25일 24시까지 D뿐만 아니라 B다단계판매회사에 대해서도 청약철회를 할 수 있다. 다만 이 경우 서면으로 청약철회를 하여야 한다. 따라서 A는 B다단계판매회사에 서면으로 청약철회를 하고, 시행령 제24조에서 정한 일정한 비용을 공제한 대금을 환급받을 수 있다.

6. 손해배상청구금액의 제한

상대방에게 책임있는 사유로 인하여 재화등의 판매에 관한 계약이 해제된 경우 다단계판매자가 상대방에게 청구하는 손해배상액에 대하여는 방문판매에 있어서 손해배상청구금액의 제한을 정한 법 제10조의 규정을 준용한다(제19조).

7. 후원수당의 지급기준 등

다단계판매업자는 다단계판매원에게 고지한 후원수당의 산정 및 지급기준과 다르게 후원수당을 산정·지급하거나 그 밖의 부당한 방법으로 다단계판매원을 차별대우해서는 아니된다(제20조제1항). 다단계판매업자는 후원수당의 산정 및 지급기준을 객관적이고 명확하게 정하여야 하며, 후원수당의 산정 및 지급기준을 변경하려는 경우에는 변경할 기준, 변경사유 및 적용일을 명시하여 현행 후원수당의 산정 및 지급기준과 함께 그 적용일 3개월 이전에 다단계판매원 또는 후원방문판매원에게 통지하여야 한다. 다만, 후원수당의 산정 및 지급기준의 변경이 다단계판매원 또는 후원방문판매원 모두에게 이익이 되거나 다단계판매원 또는 후원방문판매원 전원의 동의를 받은 경우에는 즉시 변경할 수 있다(제20조제2항, 시행령 제28조제1항).

다단계판매업자가 다단계판매원에게 후원수당으로 지급할 수 있는 총액은 다단계판매업자가 다단계판매원에게 공급한 재화등의 가격(부가가치세를 포함한다)의

합계액의 35퍼센트에 해당하는 금액 이내이어야 한다(제20조제3항).

다단계판매업자는 다단계판매원이 요구하는 경우 후원수당의 산정·지급명세 등의 열람을 허용하여야 하며(제20조제4항), 일정수의 하위판매원을 모집 또는 후원하는 것을 조건으로 하위판매원 또는 그 하위판매원의 판매실적에 관계없이 후원수당을 차등하여 지급하여서 아니된다(제20조제5항).

다단계판매업자는 다단계판매원이 되려는 사람 또는 다단계판매원에게 다단계판매원이 받게 될 후원수당이나 소매이익에 관하여 거짓 또는 과장된 정보를 제공하여서는 아니되고(제21조제1항), 전체 다단계판매원에 대한 평균 후원수당 등 후원수당의 지급현황에 관한 정보를 총리령이 정하는 기준에 따라 고지하여야 한다(제21조제2항). 그리고 다단계판매업자는 다단계조직의 운영방식 또는 활동내용에 관하여 거짓 또는 과장된 사실을 유포해서는 아니된다(제21조제3항).

8. 금지행위

1) 금지행위

다단계판매자는 다음의 금지행위를 하여서는 아니되며(제23조제1항), 다단계판매업자는 다단계판매원으로 하여금 다음의 금지행위를 하도록 교사하거나 방조하여서는 아니된다(제23조제3항).

① 재화등의 판매에 관한 계약의 체결을 강요하거나 청약철회등 또는 계약 해지를 방해할 목적으로 상대방을 위협하는 행위

② 거짓 또는 과장된 사실을 알리거나 기만적 방법을 사용하여 상대방과의 거래를 유도하거나 청약철회등 또는 계약 해지를 방해하는 행위 또는 재화등의 가격 · 품질 등에 대하여 거짓 사실을 알리거나 실제보다도 현저히 우량하거나 유리한 것으로 오인시킬 수 있는 행위

③ 청약철회등이나 계약 해지를 방해할 목적으로 주소 · 전화번호 등을 변경하는 행위

④ 분쟁이나 불만 처리에 필요한 인력 또는 설비가 부족한 상태를 상당 기간 방치하여 상대방에게 피해를 주는 행위

⑤ 상대방의 청약이 없는데도 일방적으로 재화등을 공급하고 재화등의 대금을 청

구하는 등 상대방에게 재화등을 강제로 판매하거나 하위판매원에게 재화등을 판매하는 행위

⑥ 소비자가 재화를 구매하거나 용역을 제공받을 의사가 없음을 밝혔는데도 전화, 팩스, 컴퓨터통신 등을 통하여 재화를 구매하거나 용역을 제공받도록 강요하는 행위

⑦ 다단계판매업자에게 고용되지 아니한 다단계판매원을 다단계판매업자에게 고용된 사람으로 오인하게 하거나 다단계판매원으로 등록하지 아니한 사람을 다단계판매원으로 활동하게 하는 행위

⑧ 제37조에 따른 소비자피해보상보험계약등을 체결하지 아니하고 영업하는 행위

⑨ 상대방에게 판매하는 개별 재화등의 가격을 대통령령으로 정하는 금액 {200만원(부가가치세가 포함된 금액)(시행령 제30조)}을 초과하도록 정하여 판매하는 행위

⑩ 본인의 허락을 받지 아니하거나 허락받은 범위를 넘어 소비자에 관한 정보를 이용하는 행위. 다만, 다음 각 목의 어느 하나에 해당하는 경우는 제외한다.

가. 재화등의 배송 등 소비자와의 계약을 이행하기 위하여 불가피한 경우로서 대통령령으로 정하는 경우

나. 재화등의 거래에 따른 대금을 정산하기 위하여 필요한 경우

다. 도용을 방지하기 위하여 본인임을 확인할 때 필요한 경우로서 대통령령으로 정하는 경우

라. 법률의 규정 또는 법률에 따라 필요한 불가피한 사유가 있는 경우

⑪ 다단계판매조직 및 다단계판매원의 지위를 양도·양수하는 행위. 다만, 다단계판매원의 지위를 상속하는 경우 또는 사업의 양도·양수·합병의 경우에는 그러하지 아니하다

공정거래위원회는 이 법 위반행위의 방지 및 소비자피해의 예방을 위하여 다단계판매자가 준수하여야 할 기준을 정하여 고시할 수 있다(제23조제4항).

2) 사행적 판매원 확장행위 등의 금지

누구든지 다단계판매조직 또는 이와 비슷하게 단계적으로 가입한 자로 구성된 조직을 이용하여 다음의 금지행위를 하여서는 아니되고(제24조제1항), 다단계판매업

자는 다단계판매원으로 하여금 금지행위를 하도록 교사하거나 방조하여서는 아니 된다(제24조제2항).

① 재화등의 거래 없이 금전거래를 하거나 재화등의 거래를 가장하여 사실상 금전거래만을 하는 행위로서 다음 각 목의 어느 하나에 해당하는 행위

가. 판매원에게 재화등을 그 취득가격이나 시장가격보다 10배 이상과 같이 현저히 높은 가격으로 판매하면서 후원수당을 지급하는 행위

나. 판매원과 재화등의 판매계약을 체결한 후 그에 상당하는 재화등을 정당한 사유 없이 공급하지 아니하면서 후원수당을 지급하는 행위

다. 그 밖에 판매업자의 재화등의 공급능력, 소비자에 대한 재화등의 공급실적, 판매업자와 소비자 사이의 재화등의 공급계약이나 판매계약, 후원수당의 지급조건 등에 비추어 그 거래의 실질이 사실상 금전거래인 행위

② 판매원 또는 판매원이 되려는 자에게 하위판매원 모집 자체에 대하여 경제적 이익을 지급하거나 정당한 사유 없이 후원수당 외의 경제적 이익을 지급하는 행위

③ 제20조제3항(제29조제3항에 따라 준용되는 경우를 포함한다)에 위반되는 후원수당의 지급을 약속하여 판매원을 모집하거나 가입을 권유하는 행위

④ 판매원 또는 판매원이 되려는 자에게 가입비, 판매 보조 물품, 개인 할당 판매액, 교육비 등 그 명칭이나 형태와 상관없이 10만원 이하로서 대통령령으로 정하는 수준을 초과한 비용 또는 그 밖의 금품을 징수하는 등 의무를 부과하는 행위

⑤ 판매원에 대하여 상품권[그 명칭이나 형태와 상관없이 발행자가 일정한 금액이나 재화등의 수량이 기재된 무기명증표를 발행하고 그 소지자가 발행자 또는 발행자가 지정하는 자(이하 이 조에서 "발행자등"이라 한다)에게 이를 제시 또는 교부하거나 그 밖의 방법으로 사용함으로써 그 증표에 기재된 내용에 따라 발행자등으로부터 재화등을 제공받을 수 있는 유가증권을 말한다. 이하 이 조에서 같다]을 판매하는 행위로서 다음 각 목의 어느 하나에 해당하는 행위

가. 판매업자가 소비자에게 판매한 상품권을 다시 매입하거나 다른 자로 하여금 매입하도록 하는 행위

나. 발행자등의 재화등의 공급능력, 소비자에 대한 재화등의 공급실적, 상품권의 발행규모 등에 비추어 그 실질이 재화등의 거래를 위한 것으로 볼 수

없는 수준의 후원수당을 지급하는 행위

⑥ 사회적인 관계 등을 이용하여 다른 사람에게 판매원으로 등록하도록 강요하거나 재화등을 구매하도록 강요하는 행위

⑦ 판매원 또는 판매원이 되려는 사람에게 본인의 의사에 반하여 교육 · 합숙 등을 강요하는 행위

⑧ 판매원을 모집하기 위한 것이라는 목적을 명확하게 밝히지 아니하고 취업 · 부업 알선, 설명회, 교육회 등을 거짓 명목으로 내세워 유인하는 행위

3) 소비자 등의 침해정지 요청

위 금지행위에 해당하는 다단계판매업자의 행위로 인하여 이익을 침해받거나 침해받을 우려가 있는 자 또는 대통령령이 정하는 소비자단체 등은 당해 행위가 현저한 손해를 주거나 줄 우려가 있는 경우에는 그 행위에 대하여 대통령령이 정하는 바에 따라 공정거래위원회에 침해의 정지에 필요한 조치를 요청할 수 있다(제25조).

9. 휴업기간등에 있어서의 업무처리

다단계판매업자는 그 휴업기간 또는 영업정지기간 중에도 청약철회등의 업무와 청약철회등에 따른 업무를 계속하여야 한다(제26조제1항). 다단계판매원은 다단계판매업자가 폐업하거나 그 등록이 취소된 경우 그 폐업 또는 등록취소 당시 판매하지 못한 재화등을 다른 사람에게 판매한 때에는 그 다단계판매원이 청약의 철회등에 따라 반환되는 재화등을 반환 받고, 재화등을 반환받은 날부터 3영업일 이내에 재화등의 대금을 환급하여야 한다(제26조제2항).

10. 주소변경 등의 공고

공정거래위원회 또는 시·도지사는 다단계판매업자가 상호 또는 주된 사업장의 주소·전화번호를 변경한 경우, 휴업 또는 폐업신고를 한 경우 및 영업정지처분을 받거나 등록이 취소된 경우에는 그 사실을 공고하여야 한다(제27조).

11. 다단계판매업자의 책임

다단계판매업자는 다단계판매원이 그의 하위판매원을 모집하거나 다단계판매업자의 재화등을 소비자에게 판매함에 있어서 당해 다단계판매원이 제23조의 금지행위에 관한 규정을 위반하지 아니하도록 다단계판매원에게 당해 규정의 내용을 서면이나 전자우편으로 고지하여야 한다(제28조제1항). 다단계판매업자가 고지의무를 게을리한 경우에는 금지행위에 관한 규정을 위반한 다단계판매원의 행위에 의하여 다른 다단계판매원 또는 소비자에게 가한 재산상 손해에 대하여 이를 배상할 책임을 진다(제28조제2항). 이 경우 다단계판매업자의 배상책임의 기준은 다단계판매원의 위반행위와 상당인과관계가 있는 손해액을 그 기준으로 하되, 위반행위 관련매출액을 한도로 하고(시행령 제35조), 다단계판매업자는 다단계판매원에 대해 구상권을 행사할 수 있다(제27조제2항).

12. 후원방문판매자의 의무

후원방문판매는 하위판매원의 실적이 직근 상위판매원의 후원수당에만 영향을 미치는 판매조직이므로, 후원방문판매자는 후원방문판매원에게 판매원 자신의 직근 하위판매원이 아닌 다른 후원방문판매원의 구매 · 판매 등의 실적과 관련하여 후원수당을 지급하거나 이러한 지급을 약속하여 후원방문판매원을 모집하는 행위를 하여서는 아니 된다(제29조제1항).

후원방문판매자에 대해서는 방문판매와 다단계판매에 관한 다음 규정들이 대거 준용된다(제29조제3항).

방문판매원의 명부작성(제6조), 다단계판매업자의 등록(제13조), 다단계판매업자의 등록결격사유(제14조), 다단계판매원의 등록결격사유(제15조제2항). 다만, 최저자본금 조항(제13조제1항제2호)는 준용하지 아니하며, 제13조제1항제3호는 "제37조에 따른 소비자피해보상보험계약등의 체결 증명서류 또는 제29조제2항에 해당함을 증명하는 서류"로 본다.

소비자에 대한 정보제공(제16조), 청약철회와 그 효과(제17조, 제18조), 손해배상청구금액의 제한(제19조), 후원수당의 지급기준(제20조, 다만 후원수당 총액 규제 비율은 100분의 38로 함), 후원수당 관련 표시 광고(제21조), 다단계판매원의 등록과

탈퇴(제22조), 금지행위(제23조), 사행적 판매원 확장행위 금지(제24조), 소비자의 침해정지 요청(제25조), 휴업기간 중 업무처리(제26조), 주소변경 등의 공고(제27조), 다단계판매업자의 책임(제28조) 등도 준용한다.

다만, 후원방문판매업자가 후원방문판매원에게 공급한 재화등의 100분의 70 이상을 판매원이 아닌 소비자에게 판매한 경우에는 후원수당에 대한 총액규제(제20조제3항), 소비자피해보상보험 가입강제와 취급제품 가격상한 규제(제23조제1항제8호 · 제9호) 및 소비자피해보상보험계약 등에 관한 제37조의 적용이 면제된다(제29조제2항). 판매원의 재고가 낮아 사재기 피해의 우려가 적은 건전한 후원방문판매업체를 고려하여 일부 사전규제의 적용을 배제한 것이다.

[4] 계속거래 및 사업권유거래의 규제

1. 의의

"계속거래"란 1개월 이상에 걸쳐 계속적으로 또는 부정기적으로 재화등을 공급하는 계약으로서 중도에 해지할 경우 대금 환급의 제한 또는 위약금에 관한 약정이 있는 거래를 말하며(제2조제10호), "사업권유거래"란 사업자가 소득 기회를 알선、제공하는 방법으로 거래 상대방을 유인하여 금품을 수수하거나 재화등을 구입하게 하는 거래를 말한다(제2조제11호).

2. 정보제공 및 계약서 교부의무

계속거래업자는 금액 10만원·기간 3월, 사업권유거래업자는 기간에 관계없이 금액 30만원(시행령 세37조) 이상을 거래조건으로 하는 계약을 체결하는 경우에는 계약을 체결하기 전에 소비자(사업권유거래에서는 재화등을 구매하는 자)가 계약의 내용을 이해할 수 있도록 다음 사항을 설명하고 계약을 체결하는 때에는 다음 사항을 적은 계약서를 소비자에게 발급하여야 한다(제30조제1항, 제2항).

① 계속거래업자등의 성명(법인인 경우에는 대표자의 성명을 말한다)·상호·주소·전화번호·전자우편주소

② 계속거래를 통하여 판매하는 재화등(계속거래와 관련하여 따로 구입할 필요가

있는 다른 재화등이 있는 경우에는 그 재화등을 포함한다)이나 사업권유거래를 통하여 판매하는 재화등의 명칭, 종류 및 내용

③ 재화등의 대금(가입비, 설치비 등 명칭에 상관없이 재화등의 거래와 관련하여 지급하는 모든 금액을 포함한다)과 그 지급시기 및 방법

④ 재화등의 거래 방법과 거래기간 및 시기

⑤ 사업권유거래의 경우에는 제공되는 사업에 관한 거래조건으로 대통령령으로 정하는 사항

⑥ 계약의 해지와 그 행사방법·효과에 관한 사항 및 해지권의 행사에 필요한 서식

⑦ 소비자 피해보상·재화등에 대한 불만 및 소비자와 사업자 사이의 분쟁처리에 관한 사항

⑧ 거래에 관한 약관

⑨ 그 밖에 거래 여부 판단에 영향을 주는 거래조건 또는 소비자피해 구제에 필요한 사항으로서 대통령령으로 정하는 사항

계속거래를 업으로 하는 자는 소비자에게 용역을 공급하는 계약으로서 소비자의 별도 의사표시가 없는 한 자동으로 갱신되는 계약을 체결한 경우에는 그 계약 종료일의 50일 전부터 20일 전까지의 기간에 소비자에게 종료일이 다가오고 있음을 서면이나 전자우편으로 통지하여야 한다. 다만, 거래기간이 2개월 이내의 계약인 경우나 소비자가 재계약 체결 또는 계약 갱신의 의사를 표시한 경우에는 그 통지를 생략할 수 있다(제30조제3항). 계속거래업자등은 재화등의 계약을 미성년자와 체결하고자 하는 경우에는 법정대리인의 동의를 얻어야 하며, 법정대리인의 동의를 얻지 못하는 경우에는 미성년자 본인 또는 법정대리인이 계약을 취소할 수 있다는 내용을 고지하여야 한다(제30조제4항). 계속거래업자등은 소비자에게 설명하거나 표시한 거래조건을 신의에 좇아 성실하게 이행하여야 한다(제30조제5항).

3. 계약의 해지

1) 계약의 해지 또는 해제와 그 제한

계속거래업자등과 계속거래등의 계약을 체결한 소비자는 계약 기간 중 언제든지

계약을 해지할 수 있다. 다만, 다른 법률에 별도의 규정이 있거나 거래의 안전 등을 위하여 필요한 경우 즉 소비자의 주문에 의하여 개별적으로 생산되는 재화등에 대한 것으로서 계약해지를 인정하면 계속거래업자 또는 사업권유거래업자에게 회복할 수 없는 중대한 피해가 예상되는 경우로서 사전에 해당 거래에 대하여 별도로 그 사실을 고지하고 소비자의 서면(전자문서를 포함한다)동의를 받은 경우에는 계약을 해지할 수 없다(제31조, 시행령 제40조).

2) 계약 해지 또는 해제의 효과와 위약금 등

계속거래업자등은 자신의 책임없는 사유로 계속거래등의 계약이 해지 또는 해제된 경우 소비자에게 해지 또는 해제로 발생하는 손실을 현저하게 초과하는 위약금을 청구하여서는 아니되고 가입비나 그 밖에 명칭에 상관없이 실제 공급된 재화등의 대가를 초과하여 수령한 대금의 반환을 부당하게 거부하여서는 아니된다(제32조제1항).

계속거래등의 계약이 해지 또는 해제된 경우 소비자는 반환할 수 있는 재화등을 계속거래업자등에게 반환할 수 있으며, 계속거래업자등은 대금의 환급 또는 위약금의 경감 등의 조치를 취해야 한다(제32조제2항). 즉 소비자가 재화등을 반환하는 경우 계속거래업자등은 반환받은 재화등의 가치에 상당하는 금액을 계약의 해제 또는 해지에 따라 지급하여야 할 환급금에 더하거나 청구할 수 있는 위약금에서 빼야 하고(시행령 제41조제1항), 환급금을 증액하거나 위약금을 감액하는 경우 재화등을 반환받은 날부터 3영업일 이내에 증액되거나 감액된 금액을 소비자에게 반환하거나 재화등의 대금 등 소비자로부터 받을 금액이 있는 경우에는 증액되거나 감액된 금액을 빼고 청구하여야 한다(시행령 제41조제2항전단). 계속거래업자등이 이러한 조치를 3영입일 이상 지연한 경우에는 그 지연기간에 대한 지연배상금을 지급하여야 한다(시행령 제41조제2항후단). 반환받은 재화등의 가치에 상당하는 금액을 산정할 때에는 재화등의 시장가격이나 감가상각 등을 고려하여야 한다(시행령 제41조제3항).

계속거래업자등은 자신의 책임이 없는 사유로 계약이 해지 또는 해제된 경우 소비자로부터 받은 재화등의 대금(재화 등이 반환된 경우 환급하여야 할 금액을 포함한다)이 이미 공급한 재화등의 대금에 위약금을 더한 금액보다 많으면 그 차액을 소비자에게 환급하여야 한다. 이 경우 환급이 3영업일 이상 지연되는 경우에는 그 지연일수에 대한 지연배상금을 함께 환급하여야 한다(제32조제3항, 규칙 제22조).

재화등의 훼손에 대한 소비자의 책임 유무, 계약이 체결된 사실 및 그 시기, 재화등의 공급 사실 및 그 시기, 계약서의 발급 사실 및 그 시기, 입증책임에 관한 별도의 약정이 없는 그 밖의 거래 사실 등에 관하여 다툼이 있는 경우에는 방문판매업자등이 증명하여야 한다(제36조제1항).

4. 거래기록의 열람 등

계속거래업자등은 재화등의 거래기록 등을 방문·전화 또는 인터넷 등을 통하여 언제든지 소비자가 열람할 수 있도록 필요한 조치를 하여야 하고, 소비자가 우편등에 의하여 열람요청을 하는 경우 3영업일 이내에 관련자료를 발송하여야 한다(제33조, 시행령 제42조).

5. 금지행위

계속거래업자등은 다음에 해당하는 행위를 하여서는 아니된다(제34조제1항).

① 계속거래등의 계약을 체결하게 하거나 계약의 해지 또는 해제를 방해하기 위하여 소비자를 위협하는 행위
② 거짓 또는 과장된 사실을 알리거나 기만적 방법을 사용하여 소비자를 유인 또는 거래하거나 계약의 해지 또는 해제를 방해하는 행위
③ 계속거래등에 필요한 재화등을 통상적인 거래 가격보다 현저히 비싼 가격으로 구입하게 하는 행위
④ 소비자가 계속거래등의 계약을 해지 또는 해제하였는데도 정당한 사유없이 이에 따른 조치를 지연하거나 거부하는 행위
⑤ 계약의 해지 또는 해제를 방해할 목적으로 주소·전화번호 등을 변경하는 행위
⑥ 분쟁이나 불만처리에 필요한 인력 또는 설비가 부족한 상태를 상당기간 방치하여 소비자에게 피해를 주는 행위
⑦ 소비자의 청약이 없는데도 일방적으로 재화등을 공급하고 재화 등의 대금을 청구하는 행위
⑧ 소비자가 재화를 구매하거나 용역을 제공받을 의사가 없음을 밝혔는데도 전

화, 팩스, 전자우편 등을 통하여 재화를 구매하거나 용역을 제공받도록 강요하는 행위

제5절 전자상거래등에서의 소비자보호에 관한 법률

[1] 총설

1. 용어의 정의

"전자상거래"란 전자거래의 방법으로 상행위를 하는 것을 말하며(제2조제1호), "통신판매"란 우편·전기통신·광고물·광고시설물·전단지·방송·신문 및 잡지·우편환·우편대체·지로 및 계좌이체 등을 이용하여 재화 또는 용역의 판매에 관한 정보를 제공하고 소비자의 청약에 의하여 재화 또는 용역(이하 "재화등"이라 한다)을 판매하는 것을 말한다(제2조제2호, 규칙 제2조). 다만, 방문판매 등에 관한 법률 제2조제3호의 규정에 의한 전화권유판매는 통신판매에서 제외된다(제2조제2호 단서).

"통신판매업자"란 통신판매를 업으로 하는 자 또는 그와의 약정에 따라 통신판매업무를 수행하는 자를 말하며(제2조제3호), "통신판매중개"란 사이버몰의 이용을 허락하거나 자신의 명의로 통신판매를 위한 광고수단을 제공하거나 그 광고수단에 자신의 이름을 표시하여 통신판매에 관한 정보의 제공이나 청약의 접수 등 통신판매의 일부를 수행함으로써 거래 당사자간의 통신판매를 알선하는 행위를 말한다(제2조제4호, 규칙 제3조). "소비자"란 사업자가 제공하는 재화등을 소비생활을 위하여 사용하거나 이용하는 자 또는 대통령령으로 정하는 자(시행령 제2조 참조)를 말한다(제2조제5호).

⊙ 시행령 제2조(소비자의 범위)

법 제2조제5호 나목에서 "대통령령으로 정하는 자"란 사업자가 제공하는 재화 또는 용역(이하 "재화등"이라 한다)을 소비생활 외의 목적에 사용하거나 이용하는 자로서 다음 각 호의 어느 하나에 해당하는 자를 말한다.

1. 재화등을 최종적으로 사용하거나 이용하는 자. 다만, 재화등을 원재료(중간재를 포함한다)

및 자본재로 사용하는 자는 제외한다.
2. 법 제3조제1항 단서에 해당하는 사업자로서 재화등을 구매하는 자(해당 재화등을 판매한 자에 대한 관계로 한정한다)
3. 재화등을 농업(축산업을 포함한다) 및 어업활동을 위하여 구입한 자. 다만, 원양산업발전법 제6조제1항에 따라 해양수산부장관의 허가를 받은 원양어업자는 제외한다.

2. 적용제외 및 다른 법률과의 관계

이 법의 규정은 사업자(방문판매 등에 관한 법률 제2조제6호의 다단계판매원은 제외한다)가 상행위를 목적으로 구입하는 거래에는 적용하지 아니한다(제3조제1항). 다만, 사업자라 하더라도 사실상 소비자와 같은 지위에서 다른 소비자와 같은 거래조건으로 거래하는 경우에는 그러하지 아니하다(제3조제1항 단서).

제13조제2항에 따른 계약내용에 관한 서면(전자문서를 포함한다)의 교부의무에 관한 규정은 다음 거래에는 적용하지 아니한다. 다만, ①의 경우에는 총리령으로 정하는 바에 따라 계약내용에 관한 서면의 내용이나 교부의 방법을 다르게 할 수 있다(제3조제2항).

① 소비자가 이미 잘 알고 있는 약관 또는 정형화된 거래방법에 따라 수시로 거래하는 경우로서 총리령으로 정하는 거래
② 다른 법률(민법 및 방문판매등에관한법률은 제외한다)에 이 법의 규정과 다른 방법으로 하는 계약서 교부의무 등이 규정되어 있는 거래

통신판매업자가 아닌 자 사이의 통신판매중개를 하는 통신판매업자에 대하여는 제13조부터 제15조까지, 제17조부터 제19조까지의 규정을 적용하지 아니하며(제3조제3항), 투자매매업자, 투자중개업자가 하는 증권거래, 금융회사 등이 하는 금융상품 거래 및 일상 생활용품, 음식료 등을 인접지역에 판매하기 위한 거래에 대하여는 제12조부터 제15조까지, 제17조부터 제20조까지 및 제20조의2를 적용하지 아니한다(제3조제4항).

전자상거래 또는 통신판매에서의 소비자보호에 관하여 이 법과 다른 법률이 경합하는 경우에는 이 법을 우선 적용한다. 다만, 다른 법률을 적용하는 것이 소비자에게 유리한 경우에는 그 법을 적용한다(제4조).

[2] 전자상거래에 관한 특칙 등

1. 전자상거래특칙

1) 전자문서의 활용

사업자가 소비자와 미리 전자문서로 거래할 것을 약정하여 지정한 주소로 전자문서를 송신하지 아니한 경우에는 그 사업자는 당해 전자문서에 의한 권리를 주장할 수 없다. 다만, ① 소비자와 특정한 전자우편주소로 2회 이상 거래한 경우에 그 전자우편주소로 전자문서를 송신한 경우, ② 소비자가 전자문서를 출력한 경우, ③ 소비자의 이익에 반하지 아니하고 그 소비자도 해당 전자문서의 효력을 부인하지 아니하는 경우, ④ 긴급하게 연락할 필요성이 있고 전자우편 외에 다른 수단을 활용할 수 없는 경우에는 그러하지 아니하다(제5조제1항, 시행령 제4조).

전자상거래를 하는 사업자는 소비자의 회원 가입, 계약의 청약, 소비자 관련 정보의 제공 등을 전자문서를 통하여 할 수 있도록 하는 경우에는 회원탈퇴, 청약의 철회, 계약의 해지 · 해제 · 변경, 정보의 제공 및 이용에 관한 동의의 철회 등도 전자문서를 통하여 할 수 있도록 하여야 하고(제5조제4항), 소비자가 재화등의 거래와 관련한 확인 · 증명을 전자문서로 제공하여 줄 것을 요청한 경우 이에 따라야 한다(제5조제5항). 다만, 전자문서로 제공하기 어려운 기술적 이유나 보안상 이유가 명백하여 이를 소비자에게 미리 고지한 경우에는 그러하지 아니하다((제5조제6항)

2) 거래기록의 보존 등

사업자는 전자상거래 및 통신판매에서의 표시·광고, 계약내용 및 그 이행 등 거래에 관한 기록을 상당한 기간 보존하여야 한다. 이 경우 소비자가 쉽게 거래기록을 열람·보존할 수 있는 방법을 제공하여야 한다(제6조제1항).

사업자가 보존하여야 할 거래기록의 대상·범위 및 기간은 다음과 같다. 다만, 통신판매중개자는 자신의 정보처리시스템을 통하여 처리한 기록의 범위 내에서 다음의 거래기록을 보존하여야 한다(제6조제3항, 시행령 제6조제1항).

① 표시·광고에 관한 기록 : 6개월

② 계약 또는 청약철회 등에 관한 기록 : 5년
③ 대금결제 및 재화등의 공급에 관한 기록 : 5년
④ 소비자의 불만 또는 분쟁처리에 관한 기록 : 3년

사업자가 소비자에게 제공하여야 할 거래기록의 열람·보존의 방법은 다음과 같다(제6조제3항, 시행령 제6조제2항).

① 거래가 이루어진 해당 사이버몰에서 거래당사자인 소비자가 거래기록을 열람·확인할 수 있도록 하고, 전자문서의 형태로 정보처리시스템 등에 저장할 수 있도록 할 것
② 거래당사자인 소비자와의 거래기록을 그 소비자의 희망에 따라 방문 · 전화 · 팩스 또는 전자우편 등의 방법으로 열람하거나 복사할 수 있도록 할 것. 다만, 거래기록 중에 「저작권법」 제4조부터 제6조까지의 규정에 따른 저작물(「저작권법」에 따라 복사할 수 있는 저작물은 제외한다)이 있는 경우에는 그에 대한 복사는 거부할 수 있다.

사업자가 보존하여야 할 거래기록 및 그와 관련된 개인정보(성명·주소·전자우편주소 등 거래의 주체를 식별할 수 있는 정보로 한정한다)는 소비자가 개인정보의 이용에 관한 동의를 철회하는 경우에도 『정보통신망 이용촉진 및 정보보호 등에 관한 법률』 등 대통령령으로 정하는 개인정보보호와 관련된 법률의 규정에도 불구하고 이를 보존할 수 있다(제6조제2항). 다만 이 경우 사업자는 개인정보의 이용에 관한 동의를 철회한 소비자의 거래기록 및 개인정보를 개인정보의 이용에 관한 동의를 철회하지 아니한 소비자의 거래기록 및 개인정보와 별도로 보존하여야 한다(시행령 제6조제2항제3호)

3) 조작실수 등의 방지

사업자는 전자상거래에서 소비자의 조작실수 등으로 인한 의사표시의 착오 등으로 발생하는 피해를 예방할 수 있도록 거래 대금이 부과되는 시점이나 청약 전에 그 내용을 확인하거나 바로잡는 데에 필요한 절차를 마련하여야 한다(제7조).

4) 전자적 대금지급의 신뢰확보

사업자가 전자적 대금지급방법을 이용하는 경우 사업자와 전자결제수단 발행자·전자결제서비스 제공자 등 전자적 대금지급 관련자(이하 "전자결제업자등"이라 한다)는 관련 정보의 보안유지에 필요한 조치를 하여야 한다(제8조제1항).

사업자와 전자결제업자등은 전자적 대금지급이 이루어지는 경우 소비자의 청약의사가 진정한 의사표시에 의한 것인지를 확인하기 위하여 ① 재화등의 내용 및 종류, ② 재화등의 가격, ③ 용역의 제공기간 등에 대하여 명확히 고지하고, 고지한 사항에 대한 소비자의 확인절차를 대통령령으로 정하는 바에 따라 마련하여야 한다(제8조제2항). 전자적 대금지급이 이루어진 경우에는 전자문서의 송신 등으로 소비자에게 그 사실을 통지하고, 언제든지 소비자가 전자적 대금지급과 관련한 자료를 열람할 수 있도록 하여야 한다(제8조제3항).

사이버몰에서 사용되는 전자적 대금지급 방법으로서 재화등을 구입·이용하기 위하여 미리 대가를 지불하는 방식의 결제수단의 발행자는 그 결제수단의 신뢰도 확인과 관련된 사항, 사용상의 제한이나 그 밖의 주의 사항 등을 표시하거나 고지하여야 한다(제8조제4항).

사업자와 소비자 사이에 전자적 대금지급과 관련하여 다툼이 있는 경우 전자결제업자등은 대금지급 관련 정보의 열람을 허용하는 등 대통령령으로 정하는 바에 따라 그 분쟁의 해결에 협조하여야 한다(제8조제5항).

2. 관련사업자의 협력 등

1) 배송사업자의 협력

전자상거래나 통신판매에 따라 재화 등을 배송(정보통신망을 통한 전송을 포함한다)하는 사업자는 배송사고나 배송장애 등으로 분쟁이 발생하는 경우에는 그 분쟁의 해결에 협조하여야 한다(제9조). 소비자가 분쟁의 발생 사실을 소명하여 요청하는 경우 배송사업자는 분쟁해결에 필요한 범위에서 ① 배송 관련 기록의 열람·제공 ② 사고 또는 장애 관련 사실의 확인을 위한 기록 열람 등에 대하여 지체 없이 협조하여야 한다(시행령 제11조).

2) 사이버몰의 운영

전자상거래를 하는 사이버몰의 운영자는 소비자가 사업자의 신원 등에 관하여 쉽게 알 수 있도록 ① 상호 및 대표자 성명, ② 영업소가 있는 곳의 주소(소비자의 불만을 처리할 수 있는 곳의 주소를 포함한다), ③ 전화번호·전자우편주소, ④ 사업자등록번호, ⑤ 사이버몰의 이용약관 등을 소비자가 알아보기 쉽도록 사이버몰의 초기 화면에 표시하여야 한다. 다만, ⑤의 사항은 소비자가 연결화면을 통하여 볼 수 있도록 할 수 있다(제10조제1항, 규칙 제7조제1항).

전자상거래를 하는 사이버몰의 운영자로서 출력에 제한이 있는 휴대전화 등과 같은 기기를 이용하여 거래하는 사업자는 위 사항이 사이버몰의 화면에 순차적으로 나타나도록 할 수 있다. 이 경우 대표자성명·사업자등록번호 및 사이버몰의 이용약관은 그 내용을 확인할 수 있는 방법을 화면에 나타나게 하는 것으로 대신할 수 있다(규칙 제7조제3항).

사이버몰의 운영자는 그 사이버몰에서 이 법을 위반한 행위가 이루어지는 경우 운영자가 조치하여야 할 부분이 있으면 시정에 필요한 조치에 협력하여야 한다(제10조제2항).

3) 소비자에 관한 정보의 이용 등

사업자는 전자상거래 또는 통신판매를 위하여 소비자에 관한 정보를 수집하거나 이용(제3자에게 제공하는 경우를 포함한다)할 때에는 『정보통신망 이용촉진 및 정보보호 등에 관한 법률』 등 관계 규정에 따라 이를 공정하게 수집하거나 이용해야 하며(제11조제1항), 재화등을 거래함에 있어서 소비자에 관한 정보가 도용되어 해당 소비자에게 재산상의 손해가 발생하였거나 발생할 우려가 있는 특별한 사유가 있는 경우에는 다음 조치를 취하여야 한다(제11조제2항, 시행령 제12조).

① 소비자 본인이 요청하는 경우 도용여부의 확인 및 해당 소비자에 대한 관련거래 기록의 제공
② 도용에 의하여 변조된 소비자에 관한 정보의 원상회복
③ 도용에 의한 피해의 회복

[3] 통신판매에 대한 규제

〈사례 1〉 A는 2007년 6월 1일 B TV홈쇼핑업체의 광고를 보고 C회사의 운동기구를 30만원에 구입하기로 하고C사에 신용카드를 이용하여 3개월 할부로 결제하였다. 2007년 6월 5일 택배로 물건을 받아본 A는 TV 광고에 나온 물건과 다르다는 사실을 알고 2007년 7월 5일 오후 4시경 C사에 청약철회의 의사표시가 기재된 서면을 내용증명으로 발송하였다. 청약철회가 된 것인가?

1. 통신판매업자의 신고 등

1) 신고 등

통신판매업자는 ① 상호(법인인 경우에는 대표자의 성명 및 주민등록번호를 포함한다)·주소·전화번호, ② 전자우편주소·인터넷도메인 이름·호스트서버의 소재지, ③ 개인 사업자의 경우 성명 및 주민등록번호 등의 사항을 주된 사무소의 소재지를 관할하는 특별시장·광역시장 또는 도지사에게 신고하여야 한다(제12조제1항, 시행령 제15조). 주된 사무소의 소재지가 외국인 경우에는 공정거래위원회에 신고하여야 한다(시행령 제13조제1항). 다만, 통신판매의 거래횟수, 거래규모 등이 공정거래위원회가 고시로 정하는 기준 이하인 경우에는 신고가 면제된다(제12조제1항 단서). 신고를 받은 공정거래위원회 또는 시·도지사는 신고증을 교부하여야 한다(시행령 제13조제3항).

통신판매업자가 신고한 사항을 변경하거나 영업을 휴업 또는 폐업하거나 휴업한 후 영업을 다시 시작할 때에도 신고하여야 한다(제12조제2항, 제3항).

공정거래위원회는 신고한 통신판매업자의 정보를 공개할 수 있다(제12조제4항). 이 경우 당해 통신판매업자에게 공개하는 내용과 방법을 미리 알려야 하고, 사실과 다른 내용을 정정할 수 있는 기회를 주어야 한다(시행령 제19조). 다만 공정거래위원회가 통신판매업자의 정보를 공개하는 경우에도 통신판매업자(법인인 경우에는 그 대표자를 포함한다)의 주민등록번호는 공개하지 아니한다(시행령 제19조제2항).

2) 신원 및 거래조건에 대한 정보의 제공과 계약서 교부

통신판매업자가 재화 등의 거래에 관한 청약을 받을 목적으로 표시·광고를 할 때에는 ① 상호 및 대표자 성명, ② 주소·전화번호·전자우편주소, ③ 통신판매업 신고번호 · 신고를 받은 기관의 이름 등 신고를 확인할 수 있는 사항 등을 포함하여야 한다(제13조제1항).

통신판매업자는 소비자가 계약체결 전에 거래조건을 정확하게 이해하고 실수나 착오 없이 거래할 수 있도록 다음 사항을 적절한 방법으로 표시·광고하거나 고지하여야 하며, 계약이 체결되면 계약자에게 다음 사항이 기재된 계약내용에 관한 서면을 재화등을 공급할 때까지 교부하여야 한다(제13조제2항). 통신판매업자는 소비자에게 표시·광고하거나 고지한 거래조건을 신의를 지켜 성실하게 이행하여야 한다(제13조제5항).

① 재화등의 공급자 및 판매자의 상호, 대표자의 성명 · 주소 및 전화번호
② 재화등의 명칭·종류 및 내용
③ 재화등의 정보에 관한 사항. 이 경우 제품에 표시된 기재로 계약내용에 관한 서면에의 기재를 갈음할 수 있다.
③ 재화등의 가격(가격이 결정되어 있지 아니한 경우에는 그 결정의 구체적인 방법)과 그 지급 방법 및 지급 시기
④ 재화등의 공급 방법 및 지급 시기
⑤ 청약의 철회 및 계약의 해제(이하 "청약철회등"이라 한다)의 기한·행사방법 및 효과에 관한 사항(청약철회등의 권리를 행사하는 데에 필요한 서식을 포함한다)
⑥ 재화등의 교환·반품·보증과 그 대금 환불 및 환불지연에 따른 배상금 지급의 조건 및 절차
⑦ 전자매체로 공급할 수 있는 재화등의 전송·설치 등을 할 때 필요한 기술적 사항
⑧ 소비자피해보상의 처리, 재화등에 대한 불만 처리 및 소비자와 사업자사이의 분쟁 처리에 관한 사항
⑨ 거래에 관한 약관
⑩ 소비자가 구매의 안전을 위하여 원하는 경우에는 재화등을 공급받을 때까지 대통령령으로 정하는 제3자에게 그 재화등의 결제대금을 예치하는 것(이하 "결제대금예치"라 한다)의 이용을 선택할 수 있다는 사항 또는 통신판매업자의 제24조제1항에 따른 소비자피해보상보험계약등의 체결을 선택할 수 있다

는 사항(선지급식 통신판매의 경우에만 해당하며, 제24조제3항의 각 호의 어느 하나에 해당하는 거래를 하는 경우는 제외한다)

⑪ 그 밖에 소비자의 구매 여부 판단에 영향을 주는 거래조건 또는 소비자피해의 구제에 필요한 사항으로서 대통령령으로 정하는 사항

통신판매업자는 미성년자와 재화등의 거래에 관한 계약을 체결할 때에는 법정대리인이 그 계약에 동의하지 아니하면 미성년자 본인 또는 법정대리인이 그 계약을 취소할 수 있다는 내용을 미성년자에게 고지하여야 한다(제13조제3항).

통신판매업자는 재화등의 정기결제 대금이 증액되거나 재화등이 무상으로 공급된 후 유료 정기결제로 전환되는 경우에는 그 증액 또는 전환이 이루어지기 전 대통령령으로 정하는 기간 내에 그 증액 또는 전환의 일시, 변동 전후의 가격 및 결제방법에 대하여 소비자의 동의를 받고, 증액 또는 전환을 취소하거나 해지하기 위한 조건 · 방법과 그 효과를 소비자에게 고지하여야 한다(제13조제6항)

3) 청약확인 등

통신판매업자는 소비자로부터 재화등의 거래에 관한 청약을 받으면 청약 의사표시의 수신 확인 및 판매 가능 여부에 관한 정보를 소비자에게 신속하게 알려야 하며(제14조제1항), 통신판매업자는 계약체결 전에 소비자가 청약내용을 확인하고, 정정하거나 취소할 수 있도록 적절한 절차를 갖추어야 한다(제14조제2항).

4) 재화등의 공급 등

통신판매업자는 소비자가 청약을 한 날부터 7일 이내에 재화등의 공급에 필요한 조치를 하여야 한다. 통신판매업자가 이미 재화등의 대금의 전부 또는 일부를 받은 경우(이하 "선지급식 통신판매"라 한다)에는 대금의 전부 또는 일부를 받은 날부터 3영업일 이내에 재화 등의 공급을 위하여 필요한 조치를 하여야 한다. 다만, 소비자와 통신판매업자간에 재화등의 공급시기에 관하여 별도의 약정이 있는 경우에는 그러하지 아니하다(제15조제1항).

통신판매업자는 청약을 받은 재화등을 공급하기 곤란함을 알았을 때에는 그 사유를 소비자에게 지체없이 알려야 한다. 선지급식 통신판매의 경우에는 그 대금을 지

급 받은 날부터 3영업일 이내에 환급하거나 환급에 필요한 조치를 하여야 한다(제15조제2항). 환급을 지연한 때에는 그 지연기간에 대하여 지연배상금을 지급하여야 한다((제15조제4항).

통신판매업자는 소비자가 재화등의 공급 절차 및 진행 상황을 확인할 수 있도록 적절한 조치를 하여야 한다(제15조제3항).

2. 청약철회권

1) 청약철회권의 행사 기간, 방법 및 제한

통신판매업자와 재화등의 구매에 관한 계약을 체결한 소비자는 다음 기간(거래당사자가 다음 기간보다 긴 기간으로 약정한 경우에는 그 기간을 말한다) 이내에 해당 계약에 관한 청약철회등을 할 수 있다(제17조제1항).

① 계약내용에 관한 서면을 받은 날부터 7일. 다만, 그 서면을 받은 때보다 재화등의 공급이 늦게 이루어진 경우에는 재화등을 공급받거나 재화등의 공급이 시작된 날부터 7일

② 계약내용에 관한 서면을 받지 아니한 경우, 통신판매업자의 주소 등이 적혀있지 아니한 서면을 받은 경우 또는 통신판매업자의 주소 변경 등의 사유로 위 ①의 기간에 청약철회등을 할 수 없는 경우에는 통신판매업자의 주소를 안 날 또는 알 수 있었던 날부터 7일

③ 청약철회 등에 대한 방해행위가 있는 경우에는 그 방해행위가 종료한 날부터 7일

소비자는 다음의 경우에는 통신판매업자의 의사에 반하여 청약철회등을 할 수 없다(제17조제2항). 다만 ② 내지 ⑤의 경우에는 통신판매업자가 그 사실을 재화등의 포장이나 그밖에 소비자가 쉽게 알 수 있는 곳에 명확하게 표시하거나 시용상품을 제공하는 등의 방법으로 청약철회등의 권리 행사가 방해받지 아니하도록 조치하여야 하며(제17조제6항), 이러한 조치를 취하지 아니한 때에는 소비자는 청약철회를 할 수 있다(제17조제2항 단서).

① 소비자에게 책임이 있는 사유로 재화등이 멸실되거나 훼손된 경우. 다만, 재화등의 내용을 확인하기 위하여 포장 등을 훼손한 경우를 제외한다.

② 소비자의 사용 또는 일부 소비로 재화등의 가치가 현저히 감소한 경우
③ 시간이 지나 다시 판매하기 곤란할 정도로 재화등의 가치가 현저히 감소한 경우
④ 복제가 가능한 재화등의 포장을 훼손한 경우
⑤ 용역 또는 디지털 콘텐츠의 제공이 개시된 경우. 다만, 가분적 용역 또는 가분적 디지털 콘텐츠로 구성된 계약의 경우에는 제공이 개시되지 아니한 부분에 대하여는 그러하지 아니하다.
⑥ 그 밖에 거래의 안전을 위하여 대통령령으로 정하는 경우

위 제1항 및 제2항의 규정에 불구하고 소비자는 재화등의 내용이 표시·광고 내용과 다르거나 계약내용과 다르게 이행된 경우에는 당해 재화등을 공급받은 날부터 3개월 이내, 그 사실을 안 날 또는 알 수 있었던 날부터 30일 이내에 청약철회등을 할 수 있다(제17조제3항).

청약철회의 방법에는 제한이 없다. 다만 청약철회등을 서면으로 하는 경우에는 그 의사표시가 적힌 서면을 발송한 날에 그 효력이 발생한다(제17조제4항).

청약철회등과 관련하여 재화등의 훼손에 대하여 소비자의 책임이 있는지의 여부, 재화등의 구매에 관한 계약이 체결된 사실 및 그 시기, 재화등의 공급사실 및 그 시기 등에 관하여 다툼이 있는 경우에는 통신판매업자가 이를 증명하여야 한다(제17조제5항).

〈해설 1〉 청약철회권의 행사기간은 원칙적으로 7일이지만, 재화등의 내용이 표시·광고 내용과 다르거나 계약내용과 다르게 이행된 경우에는 당해 재화등을 공급받은 날부터 3월 이내, 그 사실을 안 날 또는 알 수 있었던 날부터 30일 이내에 청약철회를 할 수 있다. 따라서 A는 그 다르다는 사실을 안 날부터 30일 이내에 청약철회를 한 것이므로 A의 청약철회는 유효하다.

2) 철회권 행사의 효과

소비자가 청약철회등을 한 경우에는 이미 공급받은 재화등을 반환하여야 한다. 다만, 이미 공급받은 재화등이 용역 또는 디지털 콘텐츠인 경우에는 그러하지 아니하다(제18조제1항). 이 때 이미 재화등이 일부 사용 또는 일부 소비된 경우, 통신판매업자는 그 재화등의 사용 또는 일부 소비에 의하여 소비자가 얻은 이익, 재화등의 사용으로 인하여 소모성 부품의 재판매가 곤란하거나 재판매가격이 현저히 하락

하는 경우에는 당해 소모성 부품의 공급에 소요된 비용 또는 다수의 동일한 가분물로 구성된 재화등의 경우에는 소비자의 일부소비로 인하여 소비된 부분의 공급에 소요된 비용의 지급을 소비자에게 청구할 수 있다(제18조제8항, 시행령 제24조).

통신판매업자(소비자로부터 재화등의 대금을 지급 받은 자 또는 소비자와 통신판매에 관한 계약을 체결한 자를 포함한다)는 재화등을 반환 받은 날(통신판매업자가 재화등을 공급하지 아니하였거나 용역 또는 디지털 콘텐츠를 공급한 경우에는 청약철회등을 한 날)부터 3영업일 이내에 이미 지급 받은 재화등의 대금을 환급하여야 한다. 통신판매업자가 소비자에게 대금의 환급을 지연한 때에는 그 지연기간에 대하여 지연배상금을 지급하여야 한다(제18조제2항).

통신판매업자는 재화등의 대금을 환급할 때 소비자가 신용카드 등으로 대금을 지급한 경우에는 지체없이 당해 결제수단을 제공한 사업자(이하 "결제업자"라 한다)에게 대금청구를 정지 또는 취소하도록 요청하여야 한다. 다만, 통신판매업자가 결제업자로부터 대금을 이미 지급받은 때에는 지체없이 이를 결제업자에게 환급하고, 그 사실을 소비자에게 알려야 한다(제18조제3항). 통신판매업자로부터 대금을 환급받은 결제업자는 지체없이 소비자에게 이를 환급하거나 환급에 필요한 조치를 하여야 한다(제18조제4항). 결제업자에게 환급을 지연하여 소비자로 하여금 대금을 결제하게 한 통신판매업자는 그 지연기간에 대한 지연배상금을 소비자에게 지급하여야 한다(제18조제5항).

소비자는 통신판매업자가 정당한 사유없이 결제업자에게 대금을 환급하지 아니하는 경우에는 환급받을 금액에 대하여 결제업자에게 당해 통신판매업자에 대한 다른 채무와 상계할 것을 요청할 수 있다(제18조제6항). 소비자는 결제업자가 정당한 사유없이 상계를 게을리한 경우 결제업자에 대하여 대금의 결제를 거부할 수 있다. 이 경우 통신판매업자와 결제업자는 결제거부를 이유로 소비자를 약정한 기일 이내에 채무를 변제하지 아니한 자로 처리하는 등 소비자에게 불이익을 주는 행위를 해서는 아니된다(제18조제7항).

청약철회등의 경우 공급받은 재화등의 반환에 필요한 비용은 소비자가 이를 부담하며 통신판매업자는 소비자에게 청약철회등을 이유로 위약금 또는 손해배상을 청구할 수 없다(제18조제9항). 다만 재화등의 내용이 표시·광고 내용과 다르거나 계약내용과 다르게 이행되어 청약철회등을 하는 경우에는 통신판매업자가 재화등의 반환에 필요한 비용을 부담한다(제18조제10항).

통신판매업자, 재화등의 대금을 받은 자 또는 소비자와 통신판매에 관한 계약을 체결한 자가 동일인이 아닌 경우에 이들은 청약철회등에 따른 재화등의 대금환급과 관련한 의무의 이행에 있어서 연대하여 책임을 진다(제18조제11항).

3. 손해배상청구금액의 제한

소비자에게 책임있는 사유로 인하여 재화등의 판매에 관한 계약이 해제된 경우 통신판매업자가 소비자에게 청구하는 손해배상액은 다음 각 호의 구분에 따라 정한 금액에 대금미납에 따른 지연배상금을 더한 금액을 초과할 수 없다(제19조제1항).

① 공급한 재화등이 반환된 경우 : 다음 각 목의 금액 중 큰 금액

가. 반환된 재화등의 통상 사용료 또는 그 사용으로 통상 얻을 수 있는 이익에 해당하는 금액

나. 반환된 재화등의 판매가액(販賣價額)에서 그 재화등이 반환된 당시의 가액을 뺀 금액

② 공급한 재화등이 반환되지 아니한 경우 : 그 재화등의 판매가액에 해당하는 금액

4. 통신판매중개자등의 책임

통신판매중개자는 자신이 통신판매의 당사자가 아니라는 사실을 소비자가 쉽게 알 수 있도록 총리령으로 정하는 방법으로 미리 고지하여야 한다(제20조제1항). 통신판매중개자는 위의 고지를 하지 아니한 경우 통신판매중개의뢰자의 고의 또는 과실로 소비자에게 발생한 재산상 손해에 대하여 통신판매중개의뢰자와 연대하여 배상할 책임을 진다(제20조의2제1항). 위 고지에도 불구하고 통신판매업자인 통신판매중개사는 제12조부터 제15조까지, 제17조및 제18조에 따른 통신판매업자의 책임을 면하지 못한다. 다만, 통신판매업자의 의뢰를 받아 통신판매를 중개하는 경우 통신판매중개의뢰자가 책임을 지는 것으로 약정하여 소비자에게 고지한 부분에 대하여는 통신판매중개의뢰자가 책임을 진다(제20조의2제3항).

통신판매중개업자는 통신판매중개를 의뢰한 자(이하 "통신판매중개의뢰자"라 한다)가 사업자인 경우에는 그 성명(사업자가 법인인 경우에는 그 명칭과 대표자의 성명) · 주소 · 전화번호 등 대통령령으로 정하는 사항을 확인하여 청약이 이루어지

기 전까지 소비자에게 제공하여야 하고, 통신판매중개의뢰자가 사업자가 아닌 경우에는 그 성명 · 전화번호 등 대통령령으로 정하는 사항을 확인하여 거래의 당사자들에게 상대방에 관한 정보를 열람할 수 있는 방법을 제공하여야 한다(제20조제2항). 통신판매중개자는 제20조제2항에 따라 소비자에게 정보 또는 정보를 열람할 수 있는 방법을 제공하지 아니하거나 제공한 정보가 사실과 달라 소비자에게 발생한 재산상 손해에 대하여 통신판매중개의뢰자와 연대하여 배상할 책임을 진다. 다만, 소비자에게 피해가 가지 아니하도록 상당한 주의를 기울인 경우에는 그러하지 아니하다(제20조의2제2항).

통신판매중개의뢰자(사업자의 경우에 한정한다)는 통신판매중개자의 고의 또는 과실로 소비자에게 발생한 재산상 손해에 대하여 통신판매중개자의 행위라는 이유로 면책되지 아니한다. 다만, 소비자에게 피해가 가지 아니하도록 상당한 주의를 기울인 경우에는 그러하지 아니하다(제20조의2제4항).

5. 금지행위

전자상거래를 하는 사업자 또는 통신판매업자는 다음 행위를 하여서는 아니된다(제21조제1항).

① 거짓 또는 과장된 사실을 알리거나 기만적 방법을 사용하여 소비자를 유인 또는 소비자와 거래하거나 청약철회등 또는 계약의 해지를 방해하는 행위

② 청약철회등을 방해할 목적으로 주소·전화번호·인터넷도메인 이름 등을 변경하거나 폐지하는 행위

③ 분쟁이나 불만처리에 필요한 인력 또는 설비의 부족을 상당기간 방치하여 소비자에게 피해를 주는 행위

④ 소비자의 청약이 없음에도 불구하고 일방적으로 재화등을 공급하고 그 대금을 청구하거나 재화등의 공급없이 대금을 청구하는 행위

⑤ 소비자가 재화를 구매하거나 용역을 제공받을 의사가 없음을 밝혔음에도 불구하고 전화, 팩스, 컴퓨터통신 또는 전자우편 등을 통하여 재화를 구매하거나 용역을 제공받도록 강요하는 행위

⑥ 본인의 허락을 받지 아니하거나 허락 받은 범위를 넘어 소비자에 관한 정보를 이용하는 행위

⑦ 소비자의 동의를 받지 아니하거나 총리령으로 정하는 방법에 따라 쉽고 명확하게 소비자에게 설명·고지하지 아니하고 컴퓨터프로그램 등이 설치되게 하는 행위

전자상거래를 하는 사업자 또는 통신판매업자는 온라인 인터페이스(웹사이트 또는 모바일 앱 등의 소프트웨어로서 소비자와 사업자 사이의 매개체를 말한다. 이하 같다)를 운영하는 경우 다음 각 호의 어느 하나에 해당하는 행위를 하여서는 아니 된다(제21조의2제1항).

1. 사이버몰을 통하여 소비자에게 재화등의 가격을 알리는 표시·광고의 첫 화면에서 소비자가 그 재화등을 구매·이용하기 위하여 필수적으로 지급하여야 하는 총금액(재화등의 가격 외에 재화등의 제공을 위하여 필수적으로 수반되는 비용까지 포함한 것을 말한다. 이하 같다) 중 일부 금액만을 표시·광고하는 방법으로 소비자를 유인하거나 소비자와 거래하는 행위. 다만, 총금액을 표시·광고할 수 없는 정당한 사유가 있고 그 사유를 총리령으로 정하는 바에 따라 소비자에게 알린 경우는 제외한다.
2. 재화등의 구매·이용, 회원가입, 계약체결 등이 진행되는 중에 소비자에게 다른 재화등의 구매·이용, 회원가입, 계약체결 등에 관한 청약의사가 있는지 여부를 묻는 선택항목을 제공하는 경우 소비자가 직접 청약의사 여부를 선택하기 전에 미리 청약의사가 있다는 표시를 하여 선택항목을 제공하는 방법으로 소비자의 다른 재화등의 거래에 관한 청약을 유인하는 행위
3. 소비자에게 재화등의 구매·이용, 회원가입, 계약체결 또는 구매취소, 회원탈퇴, 계약해지(이하 "구매등"이라 한다)에 관한 선택항목을 제시하는 경우 그 선택항목들 사이에 크기·모양·색깔 등 시각적으로 현저한 차이를 두어 표시하는 행위로서 다음 각 목의 어느 하나에 해당하는 경우
   가. 소비자가 특정 항목만을 선택할 수 있는 것처럼 잘못 알게 할 우려가 있는 행위
   나. 소비자가 구매등을 하기 위한 조건으로서 특정 항목을 반드시 선택하여야만 하는 것으로 잘못 알게 할 우려가 있는 행위
4. 정당한 사유 없이 다음 각 목의 어느 하나에 해당하는 방법으로 소비자의 구매취소, 회원탈퇴, 계약해지 등을 방해하는 행위
   가. 재화등의 구매, 회원가입, 계약체결 등의 절차보다 그 취소, 탈퇴, 해지 등

의 절차를 복잡하게 설계하는 방법

나. 재화등의 구매, 회원가입, 계약체결 등의 방법과는 다른 방법으로만 그 취소, 탈퇴, 해지 등을 할 수 있도록 제한하는 방법

5. 소비자가 이미 선택·결정한 내용에 관하여 그 선택·결정을 변경할 것을 팝업창 등을 통하여 반복적으로 요구하는 방법으로 소비자의 자유로운 의사결정을 방해하는 행위. 다만, 그 선택·결정의 변경을 요구할 때 소비자가 대통령령으로 정하는 기간 이상 동안 그러한 요구를 받지 아니하도록 선택할 수 있게 한 경우는 제외한다.

6. 휴업기간 등에서의 업무처리

통신판매업자는 휴업기간이나 영업정지기간에도 청약철회등의 업무와 청약철회등에 따른 대금환급과 관련된 업무를 계속하여야 한다(제22조제1항).

06 노동법

[1] 임금채권의 우선변제와 임금채권보장법

1. 임금채권의 우선변제

임금채권의 우선변제란 사용자가 변제하여야 할 다른 채권에 우선하여 근로자의 임금채권을 먼저 변제해야 한다는 것을 말한다. 임금채권우선변제 제도는 사용자가 도산이나 파산 그 밖의 경영위기에 처한 경우에 근로자의 유일한 생계수단인 임금을 다른 채권에 우선하여 변제케 함으로써 근로자의 생존권을 보장하려는데 그 목적이 있다.

근로기준법과 근로자퇴직급여보장법에 의하면 최종 3년간의 퇴직금, 최종 3개월분의 임금, 재해보상금은 사용자의 총재산에 대하여 질권 또는 저당권에 의하여 담보된 채권, 조세 · 공과금 및 다른 채권에 우선하여 변제되고(근로기준법 제38조제2항, 퇴직급여보장법 제12조제2항), 퇴직금, 임금, 재해보상금, 그 밖에 근로관계로 인한 채권은 사용자의 총재산에 대하여 질권 또는 저당권에 의하여 담보된 채권 외에는 조세 · 공과금 및 다른 채권에 우선하여 변제된다. 다만, 질권 또는 저당권에 우선하는 조세 · 공과금보다는 우선하여 변제되지 아니한다(근로기준법 제38조제1항, 퇴직급여보장법 제12조제1항). 따라서 기업이 도산하는 경우 기업의 총재산에 대해서 변제를 받을 수 있는 순위는 ① 최종 3년간의 퇴직금, 최종 3개월분의 임금, 재해보상금, ② 질권 또는 저당권에 우선하는 조세 · 공과금, ③ 질권 또는 저당권에 의하여 담보된 채권, ④ 최종 3년간의 퇴직금, 최종 3개월분의 임금 및 재해보상금을 제외한 퇴직금, 임금, 그 밖에 근로관계로 인한 채권, ⑤ 조세 · 공과금 및 일반채권이다.

여기서 『최종 3년간의 퇴직금』은 계속근로기간 1년에 대하여 30일분의 평균임금으로 계산한 금액을 말하며(퇴직급여보장법 제12조제3항), 『재해보상금』은 근로기준법 제8장에서 정한 재해에 대한 모든 보상금을 말한다. 『그 밖에 근로관계로 인한 채권』은 임금, 퇴직금, 재해보상금 이외에 근로관계를 전제로 성립한 모든 채권으로 보증금, 보관금, 저축금 등을 말한다.

임금채권을 우선변제하여야 할 자는 근로기준법 제2조제1항제2호에서 정한 사용자이지만 그 직명에 관계없이 실질적으로 임금지급의무를 부담하는 자를 말한다. 회사와 근로자 사이에 수급인이 개입되어 수급인을 통해 작업을 지휘·감독하고 있을지라도 그동안 회사가 임금을 지급해 온 이상 회사는 사용자로서 퇴직금지급채무를 부담한다(대법원 1986. 8. 19. 선고 83다카657 판결).

임금채권우선변제 규정에 위반하여 다른 채권을 먼저 변제한 경우 민법상 채권자취소권 행사의 요건에 해당하는 때에는, 그 채권변제는 무효이고 근로자들은 사용자가 변제한 금액을 환수할 수 있고 후순위채권자에 대해 부당이득반환청구를 할 수 있다.

〈판례〉 후순위 채권자에게 배당된 경우 임금채권자의 부당이득반환청구권

임금채권자가 체납처분의 청산절차에서 압류재산 매각대금 배분시까지 배분요구를 하지 아니하였다는 등의 사유로 그에게 배분되어야 할 금액 상당의 금원이 후순위 채권자에게 배분되었다면, 임금채권자는 자신의 우선변제권을 주장하여 후순위 채권자를 상대로 그 금원의 반환을 구하는 부당이득반환청구를 할 수 있다(대법원 2000. 6. 9. 선고 2000다15869 판결).

2. 임금채권보장법에 의한 임금채권보장

임금채권우선변제 제도에도 불구하고 기업의 도산 등으로 사용자의 변제능력이 부족한 때에는 근로자들이 임금과 퇴직금을 받지 못하는 경우가 발생한다. 임금채권보장법은 사업의 계속이 불가능하거나 기업의 경영이 불안정하여 임금 등을 지급받지 못하고 퇴직한 근로자에게 고용노동부장관이 사업주를 대신하여 임금을 지급함으로써 근로자의 기본생활의 안정을 실질적으로 도모하기 위한 법이다.

고용노동부장관은 기업주의 파산 등의 경우에 퇴직근로자의 미지급 임금 등을 사업주를 대신하여 지급한다(제7조제1항). 이 때 고용노동부장관이 대신 지급하는 임금 등을 대지급금이라고 한다. 일정한 요건을 충족하는 근로자에게 고용노동부장관이 지급하는 대지급금은 최종 3개월분의 임금, 최종 3년간의 퇴직급여, 휴업수당(최종 3개월분에 한함) 및 출산전후휴가기간 중 급여(최종 3개월분으로 한정)이다(제7조제2항). 다만 근로자의 퇴직 당시의 연령 등을 고려하여 그 상한액을 제한할 수 있으며 대지급금이 적을 때에는 지급하지 않을 수 있다(제7조제2항 단서).

대지급금을 지급받고자 하는 자는 당해 사업주에 대하여 파산선고 등이 있거나 도산 등 사실인정이 있는 날부터 2년 이내에 고용노동부장관에게 청구하여야 한다(시행령 제9조제1항).

고용노동부장관은 다음의 경우에 재직 중인 근로자가 지급받지 못한 임금 등의 지급을 청구하면 대지급금을 지급한다(제7조의2제1항).

1. 사업주가 근로자에게 미지급 임금 등을 지급하라는 소정의 판결, 명령, 조정 또는 결정 등이 있는 경우
2. 고용노동부장관이 근로자에게 체불임금 등과 체불사업주 등을 증명하는 서류를 발급하여 사업주의 미지급임금등이 확인된 경우

고용노동부장관이 재직 근로자에게 지급하는 대지급금의 범위는 다음과 같다(제7조의2제2항).

1. 재직 근로자가 체불 임금에 대하여 판결, 명령, 조정 또는 결정 등을 위한 소송 등을 제기하거나 해당 사업주에 대하여 진정 · 청원 · 탄원 · 고소 또는 고발 등을 제기한 날을 기준으로 맨 나중의 임금 체불이 발생한 날부터 소급하여 3개월 동안에 지급되어야 할 임금 중 지급받지 못한 임금
2. 위와 같은 기간 동안에 지급되어야 할 휴업수당 중 지급받지 못한 휴업수당
3. 위와 같은 기간 동안에 지급되어야 할 출산전후휴가기간 중 급여에서 지급받지 못한 급여

고용노동부장관이 근로자에게 대지급금을 지급한 때에는 그 지급한 금액의 한도 내에서 당해 사업주에 대한 당해 근로자의 미지급임금 등의 청구권을 대위한다(제8조제1항). 고용노동부장관은 미지급임금 등을 대신 지급하는데 소요되는 비용에 충당하기 위하여 사업주로부터 부담금을 징수한다(제9조제1항).

〈판례〉 파산관재인의 임금채권부담금 납부의무

사업주가 파산선고를 받은 이후에 파산관재인이 영업의 일부를 계속하고 이를 위하여 파산선고를 이유로 해고한 직원 중 일부를 다시 보조자로 선임하여 근로를 제공받는 경우, 파산관재인은 임금채권 부담금을 납부할 의무가 있는 사업주에 해당한다(대법원 2001. 2. 23. 선고 2000두2723 판결).

[2] 근로기준법상 여성근로자의 보호

1. 근로기준법상 균등대우의 원칙

사용자는 근로자에 대하여 남녀의 성을 이유로 차별적 대우를 하지 못하며 국적, 신앙, 또는 사회적 신분을 이유로 근로조건에 대한 차별적 처우를 하지 못한다(제6조). 여기서 『성별, 국적, 신앙, 사회적 신분』은 단순히 예시한 것이 아니라 제한적으로 열거한 것으로 보아야 한다. 이 규정을 위반한 경우에 형벌이 부과되므로 죄형법정주의원칙상 타당하다. 합리적 차별은 무방하다. 그러므로 능력평가, 업무성질, 근속연한 등에 따른 차별은 무방하며, 학자금지원, 인센티브 제도 등도 차별로 보지 아니한다.

출입국관리법을 위반한 불법취업 외국인도 근로기준법의 적용대상이 된다. 신앙의 자유는 절대적 자유이나 근무시간에 종교행사를 치루는 등 경영질서를 문란하게 하는 경우에는 이를 규제할 수 있다. 특정한 종교적 활동이나 정치적 목적 등의 수행과 관련되어 영위되는 이른바 경향사업체에서는 종교적 활동, 정치적 목적 등이 근로의 주된 내용을 이루는 때에는 종교나 정당의 목적에 반하는 행위를 한 근로자를 해고하거나 차별대우하는 것이 가능하다. 따라서 신학교 교직원이 기독교 교리에 반하는 행위나 강의를 한 경우 해고할 수 있다.

제6조의 근로조건에 채용이 포함되는지 여부에 관하여 다수설과 판례는 채용은 근로관계 이전의 문제이기 때문에 근로조건에 포함되지 않는다고 본다. 따라서 채용단계에서의 차별대우는 가능하게 된다. 다만 해고는 근로조건에 포함된다고 본다. 따라서 해고시 차별대우는 금지된다.

제6조에 위반되는 행위를 한 사업자는 500만원 이하 벌금에 처해진다(제114조).

〈판례〉 출입국관리법과 외국인근로자에 대한 차별

출입국관리법에서 외국인 고용제한을 규정하고 있는바, 그 입법취지가 취업자격 없는 외국인의 고용을 금지시키기 위한 입법목적도 아울러 갖고 있다고 하더라도, 이는 취업자격 없는 외국인의 고용이라는 사실적 행위 자체를 금지하고자 하는 것뿐이지 나아가 취업자격 없는 외국인이 사실상 제공한 근로에 따른 권리나 이미 형성된 근로관계에 있어서의 근로자로서의 신분에 따른 노동관계법상의 제반 권리 등의 법률효과까지 금지하려는 규정으로는 보기 어렵다(대법원 1995. 9. 15. 선고 94누12067 판결).

2. 근로기준법상 여성의 특별보호

근로기준법 제5장은 여성과 연소자에 대한 특별보호에 관해 규정하고 있다. 다만 여성에 대한 특별보호는 모성보호와 직결된 최소규제(출산과 관련된 부문)로 완화·축소되는 경향에 있다.

1) 야간·휴일근로의 규제

사용자는 18세 이상의 여성을 오후 10시부터 오전 6시까지의 시간 및 휴일에 근로시키려면 그 근로자의 동의를 받아야 한다(제70조제1항). 구근로기준법에서는 여성근로자에 대한 야간근로와 휴일근로를 금지하였으나, 현행법에서는 임산부 이외의 18세 이상 여성근로자의 동의가 있는 때에는 야간근로 및 휴일근로 허용하고 있다.

사용자는 임산부와 18세 미만자(연소자)를 오후 10시부터 오전 6시까지의 시간 및 휴일에 근로시키지 못한다(제70조제2항). 다만, 다음에 해당하는 경우로서 고용노동부장관의 인가를 받은 경우에는 야간 및 휴일근로를 시킬 수 있다(제70조제2항 난서).

① 18세 미만자의 동의가 있는 경우

② 산후 1년이 지나지 아니한 여성의 동의가 있는 경우

③ 임신 중의 여성이 명시적으로 청구하는 경우

2) 유해·위험사업에 대한 사용금지

사용자는 임신 중이거나 산후 1년이 지나지 아니한 여성(이하 "임산부"라 한다)과 18세 미만자를 도덕상 또는 보건상 유해 · 위험한 사업에 사용하지 못하며(제65조제1항), 임산부가 아닌 18세 이상의 여성을 보건상 유해 · 위험한 사업 중 임신 또는 출산에 관한 기능에 유해 · 위험한 사업에 사용하지 못한다(제65조제2항).

구근로기준법은 여자와 연소자를 도덕상 또는 보건상 유해·위험한 사업에 사용하는 것을 금지하였으나, 현행법은 임산부가 아닌 여성근로자에 대해서는 규제를 완화하였다. 이는 산업안전장치의 발달로 사고위험이 크게 감소하였고, 여성의 취업능력과 의욕이 향상되어 광범위한 사용금지직종의 지정은 여성의 취업기회를 오히려 제한하는 결과를 초래하기 때문이다.

3) 갱내근로의 규제

사용자는 여성과 18세 미만인 자를 갱내에서 근로시키지 못한다. 다만, 보건 · 의료, 보도 · 취재 등 대통령령으로 정하는 업무를 수행하기 위하여 일시적으로 필요한 경우에는 그러하지 아니하다(제72조). 여성과 18세 미만인 자라 하더라도 일시적 갱내근로가 허용되는 업무는 다음과 같다(시행령 제42조).

① 보건 · 의료 및 복지 업무
② 신문 · 출판 · 방송프로그램 제작 등을 위한 보도 · 취재업무
③ 학술연구를 위한 조사 업무
④ 관리 · 감독 업무
⑤ 제1호 내지 제4호의 업무와 관련된 분야에서 행하는 실습업무

4) 생리휴가의 보장

사용자는 여성 근로자가 청구하면 월 1일의 생리휴가를 주어야 한다(제73조). 구근로기준법에서는 여성근로자의 청구와 관계없이 월 1일의 유급생리휴가를 보장하였으나, 현행법에서는 여성근로자가 청구하는 경우 무급으로 월 1일의 생리휴가를 보장하고 있다. 생리가 없는 자(고령) 또는 생리가 중단 중인 자(임신)는 생리휴가

청구권이 없으며, 생리에 대한 입증책임은 여성근로자가 진다.

〈판례〉 생리휴가의 사후통지와 무단결근

단체협약에 회사는 여자근로자에게 월 1일의 생리유급휴가를 주어야 하고, 월 중 1일 결근은 생리유급휴가로 대체하고 결근으로 간주하지 아니한다고 규정하고 있는 경우에 있어 그 규정취지를 여자근로자가 사전에 생리휴가의 청구없이 무단결근을 하더라도 결근 후 지체없이 그것이 생리로 인한 결근이었다는 통고를 하거나 그것을 생리휴가로 대체해 줄 것을 희망하는 경우에 사용자는 월 1일에 한하여 그것을 무단결근으로 처리할 수 없다는 것으로 해석하고, 3일 연속 결근한 다음날 출근하여 회사간부들에게 어머니 제사 때문에 결근하였다는 말만하였지 생리휴가관계에 대하여는 아무런 언급이 없었다면 여자근로자의 3일 연속 결근은 모두 무단결근에 해당한다(대법원 1991. 3. 27. 선고 90다15631 판결).

5) 출산전후휴가와 임산부의 보호

사용자는 임신 중의 여성에게 출산 전과 출산 후를 통하여 90일(미숙아를 출산한 경우에는 100일, 한번에 둘 이상의 자녀를 임신한 경우에는 120일)의 출산전후휴가를 주어야 한다. 이 경우 휴가 기간의 배정은 출산 후에 45일(한번에 둘 이상의 자녀를 임신한 경우에는 60일) 이상이 되어야 한다(제74조제1항). 사용자는 임신 중인 여성 근로자가 ① 유산、사산의 경험이 있는 경우, ② 출산전후휴가를 청구할 당시 연령이 만 40세 이상인 경우, ③ 유산、사산의 위험이 있다는 의료기관의 진단서를 제출한 경우에는 출산 전 어느 때라도 휴가를 나누어 사용할 수 있도록 하여야 한다. 이 경우 출산 후의 휴가 기간은 연속하여 45일(한 번에 둘 이상 자녀를 임신한 경우에는 60일) 이상이 되어야 한다(제74조제2항, 시행령 제43조제1항).

사용자는 임신 중인 여성이 유산 또는 사산한 경우로서 그 근로자가 청구하면 대통령령으로 정하는 바에 따라 유산·사산 휴가를 주어야 한다. 다만, 인공 임신중절 수술(「모자보건법」 제14조제1항에 따른 경우는 제외한다)에 따른 유산의 경우는 그러하지 아니하다(제74조제3항). 유산 또는 사산한 근로자가 유산、사산휴가를 청구하는 경우에는 휴가 청구 사유, 유산、사산 발생일 및 임신기간 등을 적은 유산、사산휴가 신청서에 의료기관의 진단서를 첨부하여 사업주에게 제출하여야 하며(시행령 제43조제2항), 사업주는 다음 각 호의 기준에 따라 유산、사산휴가를 주어야 한다(시행령 제43조제3항).

① 유산 또는 사산한 근로자의 임신기간(이하 "임신기간"이라 한다)이 15주 이내인 경우 : 유산 또는 사산한 날부터 10일까지
② 임신기간이 16주 이상 21주 이내인 경우 : 유산 또는 사산한 날부터 30일까지
③ 임신기간이 22주 이상 27주 이내인 경우 : 유산 또는 사산한 날부터 60일까지
④ 임신기간이 28주 이상인 경우 : 유산 또는 사산한 날부터 90일까지

출산전후휴가와 유산·사산휴가는 최초 60일(한 번에 둘 이상 자녀를 임신한 경우에는 75일)은 유급으로 한다. 다만, 「남녀고용평등과 일·가정 양립 지원에 관한 법률」 제18조에 따라 출산전후휴가급여 등이 지급된 경우에는 그 금액의 한도에서 사용자는 지급의 책임을 면한다(제74조제4항).

사용자는 임신 중의 여성 근로자에게 시간외근로를 하게 하여서는 아니되며, 그 근로자의 요구가 있는 경우에는 쉬운 종류의 근로로 전환하여야 한다(제74조제5항). 사업주는 제1항에 따른 출산전후휴가 종료 후에는 휴가 전과 동일한 업무 또는 동등한 수준의 임금을 지급하는 직무에 복귀시켜야 한다(제74조제6항).

사용자는 임신 후 12주 이내 또는 32주 이후에 있는 여성 근로자가 1일 2시간의 근로시간 단축을 신청하는 경우 이를 허용하여야 한다. 다만, 1일 근로시간이 8시간 미만인 근로자에 대하여는 1일 근로시간이 6시간이 되도록 근로시간 단축을 허용할 수 있다(제74조제7항). 이 경우 사용자는 근로시간 단축을 이유로 해당 근로자의 임금을 삭감하여서는 아니 된다(제74조제8항). 사용자는 임신 중인 여성 근로자가 1일 소정근로시간을 유지하면서 업무의 시작 및 종료 시각의 변경을 신청하는 경우 이를 허용하여야 한다. 다만, 정상적인 사업 운영에 중대한 지장을 초래하는 경우 등 대통령령으로 정하는 경우에는 그러하지 아니하다(제74조제9항).

사용자는 산전·산후의 여성이 이 법에 따라 휴업한 기간과 그 후 30일 동안은 해고하지 못한다. 다만, 사용자가 사업을 계속할 수 없게 된 경우에는 그러하지 아니하다(제23조제2항).

⊙「모자보건법」 제14조제1항

의사는 다음 각호의 1에 해당되는 경우에 한하여 본인과 배우자(사실상의 혼인관계에 있는 자를 포함한다. 이하 같다)의 동의를 얻어 인공임신중절수술을 할 수 있다.

1. 본인 또는 배우자가 대통령령이 정하는 우생학적 또는 유전학적 정신장애나 신체질환이 있는 경우
2. 본인 또는 배우자가 대통령령이 정하는 전염성 질환이 있는 경우
3. 강간 또는 준강간에 의하여 임신된 경우
4. 법률상 혼인할 수 없는 혈족 또는 인척간에 임신된 경우
5. 임신의 지속이 보건의학적 이유로 모체의 건강을 심히 해하고 있거나 해할 우려가 있는 경우

⊙「남녀고용평등과 일·가정양립지원에 관한 법률」 제18조

① 국가는 제18조의2에 따른 배우자 출산휴가, 제18조의3에 따른 난임치료휴가, 「근로기준법」 제74조에 따른 출산전후휴가 또는 유산·사산 휴가를 사용한 근로자 중 일정한 요건에 해당하는 사람에게 그 휴가기간에 대하여 통상임금에 상당하는 금액(이하 "출산전후휴가급여등"이라 한다)을 지급할 수 있다.

② 제1항에 따라 지급된 출산전후휴가급여 등은 그 금액의 한도에서 제18조의2제1항, 제18조의3제1항 본문 또는 「근로기준법」 제74조제4항에 따라 사업주가 지급한 것으로 본다.

6) 육아시간

사용자는 생후 1년 미만의 유아를 가진 여성 근로자가 청구하면 1일 2회 각각 30분 이상의 유급 수유 시간을 주어야 한다(제75조). 여기서 유아란 여성근로자가 출산한 자이든 자기가 출산한 자가 아니든 불문한다. 여성근로자가 기혼이든 미혼이든 불문한다.

7) 시간외근로에 대한 규제완화

사용자는 산후 1년이 지나지 아니한 여성에 대하여는 단체협약이 있는 경우라도 1일에 2시간, 1주일에 6시간, 1년에 150시간을 초과하는 시간외근로를 시키지 못한다(제71조). 구근로기준법에서는 모든 여성근로자에 대해 시간외근로를 제한하였으

나, 현행법에서는 산후 1년이 지나지 아니한 여성에 대해서만 시간외근로 제한하고 있다.

[3] 남녀고용평등과 일·가정양립지원에 관한 법률상 여성보호

1. 남녀고용평등과 일·가정양립지원에 관한 법률의 목적

남녀고용평등과 일 · 가정양립지원에 관한 법률(이하 "남녀고용평등법"이라 한다)은 헌법의 평등이념에 따라 고용에 있어서 남녀의 평등한 기회 및 대우를 보장하는 한편 모성을 모호하고 직장과 가정생활의 양립과 직업능력개발 및 고용촉진을 지원함으로써 남녀고용평등실현을 목적으로 함(제1조).

2. 남녀고용평등법의 적용범위

남녀고용평등법은 근로자를 사용하는 모든 사업 또는 사업장에 적용된다(제3조). 다만 동거의 친족만으로 이루어지는 사업 또는 사업장과 가사사용인에 대하여는 이 법의 전부를 적용하지 않는다(제3조 단서, 시행령 제2조제1항).

3. 고용에 있어서 균등대우의 내용과 효력

1) 차별의 의의

차별이라 함은 사업주가 근로자에게 성별, 혼인, 가족 안에서의 지위, 임신 또는 출산 등의 사유로 합리적인 이유 없이 채용 또는 근로의 조건을 다르게 하거나 그 밖의 불리한 조치를 하는 경우를 말한다(제2조제1호). 사업주가 채용 또는 근로의 조건은 동일하게 적용하더라도 그 조건을 충족할 수 있는 남성 또는 여성이 다른 한 성에 비하여 현저히 적고 그로 인하여 특정 성에게 불리한 결과를 초래하며 그 조건이 정당한 것임을 입증할 수 없는 경우에도 이를 차별로 본다. 예를 들어 공무원채용시험에서 군필자에게 3~5%의 가산점을 부여하는 것이 이에 해당한다. 다만, 다음의 어느 하나에 해당하는 경우에는 차별로 보지 아니한다.

① 직무의 성격에 비추어 특정 성이 불가피하게 요구되는 경우
② 근로여성의 임신 · 출산 · 수유 등 모성보호를 위한 조치를 취하는 경우
③ 그 밖에 이 법 또는 다른 법률에 의하여 적극적 고용개선조치를 취하는 경우 (예: 현존하는 차별을 해소하기 위하여 국가, 지방자치단체, 사업주가 잠정적으로 특정 성을 우대하는 조치를 취하는 경우)

2) 모집과 채용상의 성차별 금지

사업주는 근로자의 모집 및 채용에 있어서 남녀를 차별하여서는 아니된다(제7조제1항). 다만 이 규정에 위반한 사업자의 모집·채용행위는 유효하고, 벌금 기타 벌칙만 문제된다.

사업주는 근로자를 모집 · 채용할 때 그 직무의 수행에 필요하지 아니한 용모 · 키 · 체중 등의 신체적 조건, 미혼조건 그 밖에 고용노동부령으로 정하는 조건을 제시하거나 요구하여서는 아니된다(제7조제2항).

3) 동일가치노동에 대한 동일임금 지급의 원칙

사업주는 동일한 사업 내의 동일가치의 노동에 대하여는 동일한 임금을 지급하여야 한다(제8조제1항). 사업주가 임금차별을 목적으로 설립한 별개의 사업은 동일한 사업으로 본다(제8조제3항). 동일한 가치의 노동에 대한 판단은 직무수행에 요구되는 기술, 노력, 책임 및 작업조건, 학력, 경력, 근속연수 등을 고려하여 판단한다. 이 규정은 강행규정으로서 이에 위반한 행위는 무효이다. 따라서 차별받는 근로자는 과거의 차별액을 차액임금으로서 청구할 수 있다. 다만 이 경우 사업주의 차별취급에 대해 근로자가 입증책임을 부담한다.

사업주는 임금 외에 근로자의 생활을 보조하기 위한 금품의 지급 또는 자금의 융자 등 복리후생에 있어서도 남녀를 차별하여서는 아니된다(제9조).

〈판례〉 '동일가치의 노동'의 의미 및 판단 기준

'동일가치의 노동'이라 함은 당해 사업장 내의 서로 비교되는 남녀 간의 노동이 동일하거나

실질적으로 거의 같은 성질의 노동 또는 그 직무가 다소 다르더라도 객관적인 직무평가 등에 의하여 본질적으로 동일한 가치가 있다고 인정되는 노동에 해당하는 것을 말하고, 동일가치의 노동인지 여부는 같은 조 제2항 소정의, 직무 수행에서 요구되는 기술, 노력, 책임 및 작업조건을 비롯하여 근로자의 학력 · 경력 · 근속연수 등의 기준을 종합적으로 고려하여 판단하여야 한다(대법원 2003. 3. 14. 선고 2002도3883 판결).

〈판례〉 '기술, 노력, 책임 및 작업조건'의 의미

'기술, 노력, 책임 및 작업조건'은 당해 직무가 요구하는 내용에 관한 것으로서, '기술'은 자격증, 학위, 습득된 경험 등에 의한 직무수행능력 또는 솜씨의 객관적 수준을, '노력'은 육체적 및 정신적 노력, 작업수행에 필요한 물리적 및 정신적 긴장 즉, 노동 강도를, '책임'은 업무에 내재한 의무의 성격 · 범위 · 복잡성, 사업주가 당해 직무에 의존하는 정도를, '작업조건'은 소음, 열, 물리적 · 화학적 위험, 고립, 추위 또는 더위의 정도 등 당해 업무에 종사하는 근로자가 통상적으로 처하는 물리적 작업환경을 말한다(대법원 2003. 3. 14. 선고 2002도3883 판결).

4) 교육·배치·승진에 있어서 차별금지

사업주는 근로자의 교육 · 배치 및 승진에 있어서 남녀를 차별하여서는 아니된다(제10조). 이 규정 역시 강행규정이며 위반행위는 무효이다.

5) 정년·퇴직·해고에 있어서 차별금지

사업주는 근로자의 정년 · 퇴직 및 해고에 있어서 남녀를 차별하여서는 아니된다(제11조제1항). 경영상 이유에 의한 해고시 여자를 우선적으로 해고하는 것은 동 규정의 위반행위에 해당한다. 사업주는 근로여성의 혼인, 임신 또는 출산을 퇴직사유로 예정하는 근로계약을 체결하여서는 아니된다(제11조제2항).

4. 직장내 성희롱의 금지 및 예방

『직장내 성희롱』이라 함은 사업주 · 상급자 또는 근로자가 직장 내의 지위를 이용하거나 업무와 관련하여 다른 근로자에게 성적 언동 등으로 성적 굴욕감 또는 혐오감을 느끼게 하거나 성적 언동 또는 그 밖의 요구 등에 따르지 아니하였다는 이유로 근로조건 및 고용에서 불이익을 주는 것을 말한다(제2조제2호).

사업주, 상급자 또는 근로자는 직장내 성희롱을 하여서는 아니된다(제12조). 사업주는 직장내 성희롱을 예방하고 근로자가 안전한 근로환경에서 일할 수 있는 여건 조성을 위하여 직장내 성희롱의 예방을 위한 교육을 실시해야 한다(제13조제1항).

누구든지 직장 내 성희롱 발생 사실을 알게 된 경우 그 사실을 해당 사업주에게 신고할 수 있다(제14조제1항). 사업주는 신고를 받거나 직장 내 성희롱 발생 사실을 알게 된 경우에는 지체 없이 그 사실 확인을 위한 조사를 하여야 한다. 이 경우 사업주는 직장 내 성희롱과 관련하여 피해를 입은 근로자 또는 피해를 입었다고 주장하는 근로자(이하 "피해근로자등"이라 한다)가 조사 과정에서 성적 수치심 등을 느끼지 아니하도록 하여야 한다(제14조제2항). 사업주는 조사 기간 동안 피해근로자등을 보호하기 위하여 필요한 경우 해당 피해근로자등에 대하여 근무장소의 변경, 유급휴가 명령 등 적절한 조치를 하여야 한다. 이 경우 사업주는 피해근로자 등의 의사에 반하는 조치를 하여서는 아니 된다(제14조제3항). 사업주는 조사 결과 직장 내 성희롱 발생 사실이 확인된 때에는 피해근로자가 요청하면 근무장소의 변경, 배치전환, 유급휴가 명령 등 적절한 조치를 하여야 하고(제14조제4항). 지체 없이 직장 내 성희롱 행위를 한 사람에 대하여 징계, 근무장소의 변경 등 필요한 조치를 하여야 한다. 이 경우 사업주는 징계 등의 조치를 하기 전에 그 조치에 대하여 직장 내 성희롱 피해를 입은 근로자의 의견을 들어야 한다(제14조제5항).

사업주는 성희롱 발생 사실을 신고한 근로자 및 피해근로자등에게 다음 각 호의 어느 하나에 해당하는 불리한 처우를 하여서는 아니 된다(제14조제6항).

1. 파면, 해임, 해고, 그 밖에 신분상실에 해당하는 불이익 조치
2. 징계, 정직, 감봉, 강등, 승진 제한 등 부당한 인사조치
3. 직무 미부여, 직무 재배치, 그 밖에 본인의 의사에 반하는 인사조치
4. 성과평가 또는 동료평가 등에서 차별이나 그에 따른 임금 또는 상여금 등의 차별 지급
5. 직업능력 개발 및 향상을 위한 교육훈련 기회의 제한
6. 집단 따돌림, 폭행 또는 폭언 등 정신적·신체적 손상을 가져오는 행위를 하거나 그 행위의 발생을 방치하는 행위
7. 그 밖에 신고를 한 근로자 및 피해근로자등의 의사에 반하는 불리한 처우

제2항에 따라 직장 내 성희롱 발생 사실을 조사한 사람, 조사 내용을 보고 받은

사람 또는 그 밖에 조사 과정에 참여한 사람은 해당 조사 과정에서 알게 된 비밀을 피해근로자등의 의사에 반하여 다른 사람에게 누설하여서는 아니 된다. 다만, 조사와 관련된 내용을 사업주에게 보고하거나 관계 기관의 요청에 따라 필요한 정보를 제공하는 경우는 제외한다(제14조제7항).

사업주는 고객 등 업무와 밀접한 관련이 있는 사람이 업무수행 과정에서 성적인 언동 등을 통하여 근로자에게 성적 굴욕감 또는 혐오감 등을 느끼게 하여 해당 근로자가 그로 인한 고충 해소를 요청할 경우 근무 장소 변경, 배치전환, 유급휴가의 명령 등 적절한 조치를 하여야 한다(제14조의2제1항). 사업주는 근로자가 제1항에 따른 피해를 주장하거나 고객 등으로부터의 성적 요구 등에 따르지 아니하였다는 것을 이유로 해고나 그 밖의 불이익한 조치를 하여서는 아니 된다(제14조의2제2항).

〈판례〉 성희롱 및 성적 언동의 의미와 성희롱이 성립하기 위한 요건

성희롱이란 업무, 고용, 그 밖의 관계에서 국가기관·지방자치단체, 각급 학교, 공직유관단체 등 공공단체의 종사자, 직장의 사업주 · 상급자 또는 근로자가 ① 지위를 이용하거나 업무 등과 관련하여 성적 언동 또는 성적 요구 등으로 상대방에게 성적 굴욕감이나 혐오감을 느끼게 하는 행위, ② 상대방이 성적 언동 또는 요구 등에 따르지 아니한다는 이유로 불이익을 주거나 그에 따르는 것을 조건으로 이익 공여의 의사표시를 하는 행위를 하는 것을 말한다. 여기에서 '성적 언동'이란 남녀 간의 육체적 관계나 남성 또는 여성의 신체적 특징과 관련된 육체적, 언어적, 시각적 행위로서 사회공동체의 건전한 상식과 관행에 비추어 볼 때, 객관적으로 상대방과 같은 처지에 있는 일반적이고도 평균적인 사람으로 하여금 성적 굴욕감이나 혐오감을 느끼게 할 수 있는 행위를 의미한다.

성희롱이 성립하기 위해서는 행위자에게 반드시 성적 동기나 의도가 있어야 하는 것은 아니지만, 당사자의 관계, 행위가 행해진 장소 및 상황, 행위에 대한 상대방의 명시적 또는 추정적인 반응의 내용, 행위의 내용 및 정도, 행위가 일회적 또는 단기간의 것인지 아니면 계속적인 것인지 등의 구체적 사정을 참작하여 볼 때, 객관적으로 상대방과 같은 처지에 있는 일반적이고도 평균적인 사람으로 하여금 성적 굴욕감이나 혐오감을 느낄 수 있게 하는 행위가 있고, 그로 인하여 행위의 상대방이 성적 굴욕감이나 혐오감을 느꼈음이 인정되어야 한다(대법원 2018. 4. 12. 선고 2017두74702 판결).

〈판례〉 직장 내 성희롱에 해당하는 근로자들의 발언으로 인한 회사의 사용자책임을 인정한 사례

성적 언동 등에는 피해자에게 직접 성적 굴욕감 또는 혐오감을 준 경우뿐만 아니라 다른 사람이나 매체 등을 통해 전파하는 간접적인 방법으로 성적 굴욕감 또는 혐오감을 느낄 수 있는 환경을 조성하는 경우도 포함된다.

갑 주식회사의 근로자인 을 등이 동료 여성 근로자인 병을 성적 대상으로 한 발언을 옮겨 전하는 한편 병에게 위와 같이 전해 들은 말이 사실인지 묻기도 하였고, 이러한 을 등의 발언으로 갑 회사의 근로자들 사이에 병에 대한 허위 소문이 유포되었는데, 이에 병이 갑 회사를 상대로 사용자책임에 기한 손해배상을 구한 사안에서, 을 등의 발언은 '성적인 사실관계를 묻거나 성적인 정보를 의도적으로 퍼뜨리는 행위'로서 남녀고용평등과 일 · 가정 양립 지원에 관한 법률 시행규칙 제2조 [별표 1]에서 말하는 성적인 언동에 해당하고, 병에게 성적 굴욕감이나 혐오감을 불러일으킴과 동시에 적대적이고 위협적인 근로환경을 조성하는 행위로서, 위 발언이 대부분 병 앞에서 직접 행해진 것이 아니라 근로자 사이에 병을 대상으로 한 성적인 내용의 정보를 유포하는 간접적인 형태로 이루어졌지만, 유포된 성적인 정보의 구체적 내용, 유포 대상과 범위, 그 효과 등에 비추어 업무관련성을 인정할 수 있으므로, 남녀고용평등과 일 · 가정 양립 지원에 관한 법률 제12조에서 금지되는 직장 내 성희롱에 해당하고, 나아가 을 등의 발언은 사용자의 사업과 시간적 · 장소적으로 근접하고 업무와 관련하여 이루어진 불법행위이고, 갑 회사에 직장 내 성희롱 등 가해행위가 발생할 위험을 방지할 책임이 있다는 사정을 아울러 고려하면, 을 등의 발언으로 병이 입은 손해는 을 등이 갑 회사의 사무집행에 관하여 병에게 가한 손해에 해당하므로, 갑 회사는 병에 대하여 직장 내 성희롱에 해당하는 을 등의 발언으로 인한 사용자책임을 부담한다(대법원 2021. 9. 16. 선고 2021다219529 판결)

〈판례〉 대학교수의 조교에 대한 성적인 언동이 불법행위를 구성한다고 본 사례

피해자가 엔엠알기기 담당 유급조교로서 정식 임용되기 전후 2, 3개월 동안, 가해자가 기기의 조작방법을 지도하는 과정에서 피해자의 어깨, 등, 손 등을 가해자의 손이나 팔로 무수히 접촉하였고, 복도 등에서 피해자와 마주칠 때면 피해자의 등에 손을 대거나 어깨를 잡았고, 실험실에서 "요즘 누가 시골처녀처럼 이렇게 머리를 땋고 다니느냐"고 말하면서 피해자의 머리를 만지기도 하였으며, 피해자가 정식 임용된 후에는 단둘이서 입방식을 하자고 제의하기도 하고, 교수연구실에서 피해자를 심부름 기타 명목으로 수시로 불러들여 위아래로 훑어보면서 몸매를 감상하는 듯한 태도를 취하여 피해자가 불쾌하고 곤혹스러운 느낌을 가졌다면, 화학과 교수 겸 엔엠알기기의 총책임자로서 사실상 피해자에 대하여 지휘 · 감독관계에 있는 가해자의 위와 같은 언동은 분명한 성적인 동기와 의도를 가진 것으로 보여지고, 그러한 성적인 언동은 비록 일정 기간 동안에 한하는 것이지만 그 기간 동안만큼은 집요하고 계속적

인 까닭에 사회통념상 일상생활에서 허용되는 단순한 농담 또는 호의적이고 권유적인 언동으로 볼 수 없고, 오히려 피해자로 하여금 성적 굴욕감이나 혐오감을 느끼게 하는 것으로서 피해자의 인격권을 침해한 것이며, 이러한 침해행위는 선량한 풍속 또는 사회질서에 위반하는 위법한 행위이고, 이로써 피해자가 정신적으로 고통을 입었음은 경험칙상 명백하다(대법원 1998. 2. 10. 선고 95다39533 판결).

〈판례〉 성희롱을 부인한 판례

초등학교 교사들의 회식자리에서 교감이 여자교사들에 대하여 남자교장에게 술 한 잔씩 따라 드리라는 언행을 한 것은 상사에게 답례로 술을 권하라는 취지라는 점 등을 고려하여 성희롱에 해당하지 않는다.

5. 난임치료휴가

사업주는 근로자가 인공수정 또는 체외수정 등 난임치료를 받기 위하여 휴가(이하 "난임치료휴가"라 한다)를 청구하는 경우에 연간 6일 이내의 휴가를 주어야 하며, 이 경우 최초 2일은 유급으로 한다. 다만, 근로자가 청구한 시기에 휴가를 주는 것이 정상적인 사업 운영에 중대한 지장을 초래하는 경우에는 근로자와 협의하여 그 시기를 변경할 수 있다(제18조의3제1항). 사업주는 난임치료휴가를 이유로 해고, 징계 등 불리한 처우를 하여서는 아니 된다(제18조의3제2항).

6. 육아휴직

사업주는 임신 중인 여성근로자가 모성을 보호하거나 근로자가 만8세 이하 또는 초등학교 2학년 이하의 자녀(입양한 자녀를 포함한다)를 양육하기 위하여 육아휴직을 신청하는 경우에 이를 허용하여야 한다(제19조제1항). 우리나라가 저출산·고령화 사회로 진입함에 따라 출산율을 제고하고 여성인력의 경제활동 참가를 유도하기 위하여 육아휴직요건을 종래의 생후 3년 미만의 자녀에서 2010년 2월 법개정에서 만6세 이하의 취학 전 자녀로 완화하는 한편, 입양가정의 경우도 가족간의 심리적·정서적 애착관계를 형성하고 입양부모의 육아부담을 덜어주기 위하여 입양자녀도 포함되도록 명시하였고, 2014년 1월 법개정에서는 근로자가 육아휴직을 신청할 수 있는 자녀의 연령을 만 6세 이하에서 만 8세 이하 또는 초등학교 2학년 이하로 상향

조정하였다.

육아휴직기간은 1년 이내로 하고 일정한 경우 6개월 이내에서 추가로 육아휴직을 사용할 수 있다(제19조제2항). 근로자는 육아휴직을 3회에 한정하여 나누어 사용할 수 있다. 이 경우 임신 중인 여성 근로자가 모성보호를 위하여 육아휴직을 사용한 횟수는 육아휴직을 나누어 사용한 횟수에 포함하지 아니한다(제19조의4제1항). 사업주는 육아휴직을 이유로 해고 그 밖의 불리한 처우를 하여서는 아니되며, 육아휴직 기간 동안은 당해 근로자를 해고하지 못한다. 다만, 사업을 계속할 수 없는 경우에는 그러하지 아니하다(제19조제3항).

사업주는 육아휴직 종료 후에는 휴직전과 동일한 업무 또는 동등한 수준의 임금을 지급하는 직무에 복귀시켜야 하고 육아휴직기간은 근속기간에 포함된다(제19조제4항). 기간제근로자 또는 파견근로자의 육아휴직 기간은 「기간제 및 단시간근로자 보호 등에 관한 법률」 제4조에 따른 사용기간 또는 「파견근로자보호 등에 관한 법률」 제6조에 따른 근로자파견기간에서 제외한다(제19조제5항).

국가는 육아휴직 중인 근로자의 생계비용을 지원할 목적으로 육아휴직을 30일(출산전후 휴가기간과 중복되는 기간은 제외한다) 이상 부여받은 근로자가 육아휴직을 시작한 날 이전에 피보험단위기간이 통산하여 180일 이상인 경우 육아휴직급여를 지급한다(제20조제1항, 고용보험법 제70조제1항).

육아휴직 급여를 지급받으려는 사람은 육아휴직을 시작한 날 이후 1개월부터 육아휴직이 끝난 날 이후 12개월 이내에 신청하여야 한다. 다만, 해당 기간에 대통령령으로 정하는 사유로 육아휴직 급여를 신청할 수 없었던 사람은 그 사유가 끝난 후 30일 이내에 신청하여야 한다(고용보험법 제70조제2항).

7. 육아기 근로시간 단축

사업주는 근로자가 만 12세 이하 또는 초등학교 6학년 이하의 자녀를 양육하기 위하여 근로시간의 단축(이하 "육아기 근로시간 단축"이라 한다)을 신청하는 경우에 이를 허용하여야 한다. 다만, 대체인력 채용이 불가능한 경우, 정상적인 사업 운영에 중대한 지장을 초래하는 경우 등 대통령령으로 정하는 경우에는 그러하지 아니하다(제19조의2제1항). 사업주가 육아기 근로시간 단축을 허용하지 아니하는 경우에는 해당 근로자에게 그 사유를 서면으로 통보하고 육아휴직을 사용하게 하거나 출근 및 퇴근시간 조정 등 다른 조치를 통하여 지원할 수 있는지를 해당 근로자와 협의하여야 한다(제19조의2제2항).

사업주가 해당 근로자에게 육아기 근로시간 단축을 허용하는 경우 단축 후 근로시간은 주당 15시간 이상이어야 하고 35시간을 넘어서는 아니된다(제19조의2제3항). 육아기 근로시간 단축의 기간은 1년 이내로 한다. 다만, 근로자가 육아휴직 기간 중 사용하지 아니한 기간이 있으면 그 기간의 두배를 가산한 기간 이내로 한다(제19조의2제4항). 근로자는 육아기 근로시간 단축을 나누어 사용할 수 있다. 이 경우 나누어 사용하는 1회의 기간은 1개월(근로계약기간의 만료로 1개월 이상 근로시간 단축을 사용할 수 없는 기간제근로자에 대해서는 남은 근로계약기간을 말한다) 이상이 되어야 한다(제19조의4제2항).

사업주는 육아기 근로시간 단축을 이유로 해당 근로자에게 해고나 그 밖의 불리한 처우를 하여서는 아니되고(제19조의2제5항), 근로자의 육아기 근로시간 단축기간이 끝난 후에 그 근로자를 육아기 근로시간 단축 전과 같은 업무 또는 같은 수준의 임금을 지급하는 직무에 복귀시켜야 한다(제19조의2제6항).

[4] 직장 내 괴롭힘 금지

1. 직장 내 괴롭힘의 의의

근로기준법에서는 직장 내 괴롭힘을 금지하고 있다. 직장 내 괴롭힘이란 사용자 또는 근로자가 직장에서의 지위 또는 관계 등의 우위를 이용하여 업무상 적정범위를 넘어 다른 근로자에게 신체적·정신적 고통을 주거나 근무환경을 악화시키는 행위(이하 "직장 내 괴롭힘"이라 한다)를 말한다(제76조의2). 그러므로 직장 내 괴롭힘에 해당하기 위해서는 ① 직장에서의 지위 또는 관계 등의 우위를 이용하여 ② 업무상 적정범위를 넘어 ③ 신체적·정신적 고통을 주거나 근무환경을 악화시키는 행위여야 한다.

2. 사용자의 조치의무 등

누구든지 직장 내 괴롭힘 발생 사실을 알게 된 경우 그 사실을 사용자에게 신고

할 수 있고(제76조의3 제1항), 사용자는 신고를 접수하거나 직장 내 괴롭힘 발생 사실을 인지한 경우에는 지체 없이 당사자 등을 대상으로 그 사실 확인을 위하여 객관적으로 조사를 실시하여야 한다(제76조의3 제2항). 사용자는 조사 기간 동안 직장 내 괴롭힘과 관련하여 피해를 입은 근로자 또는 피해를 입었다고 주장하는 근로자(이하 "피해근로자등"이라 한다)를 보호하기 위하여 필요한 경우 해당 피해근로자등에 대하여 근무장소의 변경, 유급휴가 명령 등 적절한 조치를 하여야 한다. 이 경우 사용자는 피해근로자등의 의사에 반하는 조치를 하여서는 아니 된다(제76조의3 제3항). 사용자는 조사 결과 직장 내 괴롭힘 발생 사실이 확인된 때에는 피해근로자가 요청하면 근무장소의 변경, 배치전환, 유급휴가 명령 등 적절한 조치를 하고(제76조3 제4항), 지체 없이 행위자에 대하여 징계, 근무장소의 변경 등 필요한 조치를 하여야 한다. 이 경우 사용자는 징계 등의 조치를 하기 전에 그 조치에 대하여 피해근로자의 의견을 들어야 한다(제76조의3 제1항). 사용자는 직장 내 괴롭힘 발생 사실을 신고한 근로자 및 피해근로자등에게 해고나 그 밖의 불리한 처우를 하여서는 아니 된다(제76조의3 제1항).

3. 비밀누설금지

직장 내 괴롭힘 발생 사실을 조사한 사람, 조사 내용을 보고받은 사람 및 그 밖에 조사 과정에 참여한 사람은 해당 조사 과정에서 알게 된 비밀을 피해근로자등의 의사에 반하여 다른 사람에게 누설하여서는 아니 된다. 다만, 조사와 관련된 내용을 사용자에게 보고하거나 관계 기관의 요청에 따라 필요한 정보를 제공하는 경우는 제외한다(제76조의3 제7항).

[5] 경영상의 이유에 의한 해고(정리해고)

경영상의 이유에 의한 해고가 정당하기 위해서는 다음 요건을 갖추어야 한다(제24조).

① 긴박한 경영상의 필요가 있어야 하고,
② 해고회피노력을 다해야 하며,
③ 합리적이고 공정한 해고기준에 따라 그 대상자를 선정해야 하고,

④ 해고회피노력과 해고기준 등에 관하여 노동조합 또는 근로자대표와 성실하게 협의하여야 한다.

1. 긴박한 경영상의 필요

사용자가 경영상 이유에 의하여 근로자를 해고하려면 긴박한 경영상의 필요가 있어야 한다(제24조제1항). 경영악화를 방지하기 위한 사업의 양도 · 인수 · 합병은 긴박한 경영상의 필요가 있는 것으로 본다(제24조제1항후단).

긴박한 경영상의 필요에 대해 판례는 1990년을 전후하여 태도의 변화를 보이고 있다. 즉 1990년 이전에는 기업경영이 위태로울 정도의 급박한 경영상의 필요성이 존재해야 하다는 입장이었으나, 1990년 이후에는 반드시 기업의 도산을 회피하기 위한 경우에 한정하지 아니하고 인원삭감이 객관적으로 보아 합리성이 있다고 인정되는 경우에는 긴박한 경영상의 필요을 인정하고 있다.

판례가 긴박한 경영상의 필요성을 인정한 사례로는 ① 생산중단·축소로 인해 작업부서가 폐지된 경우, ② 정부투자기관의 민영화과정에서 종래의 방만한 경영 개선을 위해 기구를 축소·개편한 경우, ③ 계속된 적자로 일부 사업을 하도급제로 전환하면서 근로자를 감축한 경우, ④ 계속적인 노사분규로 인한 적자경영을 극복하기 위해 일부 단위부서를 폐지한 경우, ⑤ 자금지원에 의존하는 기업체에서 자금지원이 중단된 경우, ⑥ 경영합리화를 위한 직제개편을 한 경우 등이 있다.

판례가 긴박한 경영상의 필요성을 부인한 사례로는 ① 노동조합의 파업으로 일시적 경영난에 빠진 경우, ② 정리해고 이후 신규로 근로자를 채용하는 등 사실상 경영사정이 곤란했다고 볼 수 없는 사정이 있는 경우, ③ 일부 영업부문의 적자가 발생하였을 뿐인 경우, ④ 적자가 만성적이지만 앞으로는 그러한 상태가 계속될 가능성이 없는 경우 등이 있다.

〈판례〉 긴박한 경영상의 필요의 의미 및 판단방법

긴박한 경영상의 필요라 함은 반드시 기업의 도산을 회피하기 위한 경우에 한정되지 아니하고, 장래에 올 수도 있는 위기에 미리 대처하기 위하여 인원삭감이 객관적으로 보아 합리성이 있다고 인정되는 경우도 포함되는 것으로 보아야 하고, 위 각 요건의 구체적 내용은 확정적·고정적인 것이 아니라 구체적 사건에서 다른 요건의 충족 정도와 관련하여 유동적으로 정해지는 것이므로 구체적 사건에서 경영상 이유에 의한 당해 해고가 위 각 요건을 모두 갖추어 정당한지 여부는 위 각 요건을 구성하는 개별사정들을 종합적으로 고려하여 판단하여야 한다(대법원 2002. 7. 9. 선고 2001다29452 판결).

2. 사용자의 해고회피노력

사용자는 경영상의 이유에 의하여 근로자를 해고하기에 앞서 해고를 피하기 위한 노력을 다하여야 한다(제24조제2항 전단). 해고회피노력이란 「사용자가 근로자의 해고범위를 최소화하기 위해 경영방침이나 작업방식의 합리화, 신규채용의 중지, 일시휴직 및 희망퇴직의 활용, 전근 등 가능한 조치를 취하는 것」을 말한다.

판례가 해고회피노력으로 인정한 구체적 사례로는 경영방침의 개선, 작업의 과학화·합리화, 사무실 규모 축소, 임원의 임금동결, 임시직·기간제 근로자의 재계약정지, 신규채용의 중지, 연장근로의 축소, 전직 등 배치전환, 일시휴업, 퇴직희망자의 모집 등이 있다.

사용자는 해고를 피하기 위한 방법과 해고기준 등에 관하여 노동조합 또는 근로자대표에 대하여 해고를 하고자 하는 날의 50일전까지 통보하고 성실하게 협의하여야 한다(제24조제3항). 여기서 협의는 동의를 의미하는 것은 아니다. 따라서 협의가 합의 내지 동의에 이르지 못하더라도 사용자는 해고회피조치를 행할 수 있다.

〈판례〉 해고회피노력

기업이 경영상의 필요에 의하여 근로자를 해고하는 이른바 정리해고의 정당성의 요건으로 요구되는, 긴박한 경영상의 필요성이란 기업의 일부 영업부문 내지 영업소의 수지만을 기준으로 할 것이 아니라 기업 전체의 경영사정을 종합적으로 검토하여 결정되어야 하며, 또 해고회피의 노력을 다하여야 한다는 것은 경영방침이나 작업방식의 합리화, 신규채용의 금지, 일시휴직 및 희망퇴직의 활용 및 전근 등 사용자가 해고범위를 최소화하기 위하여 가능한 모든 조치를 취하는 것을 의미한다(대법원 1999. 4. 27. 선고 99두202 판결).

다른 아파트단지의 관리소나 본사로 전근시키는 등 회사의 전체 사업장의 실정에 맞추어 직원을 재배치하는 것이 불가능한 것이 아니라면 참가인의 해고가 회피할 수 없는 부득이한 조치라고 할 수 없다.

3. 합리적이고 공정한 선발기준

사용자가 경영상 이유에 의하여 근로자를 해고하려면 합리적이고 공정한 해고의 기준을 정하고 이에 따라 그 대상자를 선정하여야 한다. 이 경우 남녀의 성을 이유로 차별하여서는 아니 된다(제24조제2항).

독일의 경우 해고대상자의 선발이 사회적 관점에 의하여 이루어지지 않을 때에는 부당한 해고로서 무효로 본다. 독일 판례는 해고대상자 선발기준의 체계화를 위하여 3단계 검토과정을 제시하고 있다. 해고대상이 되는 근로자의 범위를 확정하는 1단계, 이른바 사회적 관점에 따른 보호대상자를 선정하는 2단계, 경영기술적·경제적 또는 기타 경영상 정당한 요청을 검토·반영하는 3단계가 바로 그것이다.

프랑스의 경우에는 해고기준을 정함에 있어 ① 가족부양(특히 홀로된 부모부양), ② 근속기간, ③ 재취업을 곤란케 하는 사회적 특성을 갖고 있는 근로자의 처지(특히 장애인, 고령자) 등의 사항을 반드시 고려하도록 하고 있다.

우리 판례의 태도를 보면, 근로자측의 기준(근속연수, 연령 등)과 사용자측의 기준(근무성적, 경영사정)을 동일선상에서 제시하고 있는 경우도 있으나, 사용자 이익에 보다 큰 비중을 두면서 평소 근무성적, 상벌관계, 경력, 기능의 숙련도 등 사회적 보호의 관점을 고려하지 않고 기업이익에 부합하는 기준에 의거한 해고의 정당성을 인정하는 경향을 보이고 있다. 경영상 이유에 의한 해고의 본질이 기업의 생존과 경쟁력을 확보하기 위해 단행하는 조치라는 점을 고려할 때 판례의 태도는 타당하다.

〈판례〉 근로자의 부양의무의 유무, 재산, 건강상태, 재취업가능성 등을 고려하지 않은 해고기준

해고대상자 선정기준에 있어서 근로자의 부양의무의 유무, 재산, 건강상태, 재취업가능성 등 근로자 각자의 주관적인 사정과 사용자의 이익 측면을 적절히 조화시켜야 함에도 근로자의 생활보호측면을 전혀 고려함이 없이 단순히 연령, 재직기간, 근무성적 등 3가지 선정기준만을 설정하였을 뿐 아니라 그나마 이들 기준을 합리적으로 조화시키지 아니하고 그 중 어느 하나의 요건에만 해당하면 근무성적을 다소 고려하는 외에는 다른 기준에 불구하고 아무런 심사과정도 거치지 아니하고 바로 감축대상자로 선정한 점에 비추어 그 대상자 선정기준 역시 합리적이고 공정하다고 할 수 없다(대법원 2002. 7. 9. 선고 2001다29452 판결).

4. 근로자대표와의 성실한 협의

사용자는 해고회피방법과 해고기준 등에 관하여 당해 사업 또는 사업장에 근로자의 과반수로 조직된 노동조합이 있는 경우에는 그 노동조합, 근로자의 과반수로 조직된 노동조합이 없는 경우에는 근로자의 과반수를 대표하는 자(이하 "근로자대표"라 한다)에 대하여 해고를 하고자 하는 날의 50일 전까지 통보하고 성실하게 협의하여야 한다(제24조제3항).

사전협의의무는 경영상 이유에 의한 해고의 유효요건이다. 다만, 사전협의는 합의 내지 동의를 의미하는 것은 아니다. 판례는 사용자의 경영권은 헌법상 보장되어 있는 실체적 권리로서, 단체협약상 합의를 하도록 약정했더라도 협의의 취지로 해석해야 한다거나, 노조의 합의가 있을 경우에만 구조조정을 할 수 있다면 경영주체에 의한 고도의 경영상의 결단, 즉 경영권이 부인되는 결과를 초래한다거나, 또는 구조조정 실시 여부는 합의의 대상이 될 수 없고 단체교섭의 대상이 되지 않는다고 판시하고 있다.

〈판례〉 노동조합과의 협의와는 별도로 근로자대표와 협의할 필요가 있는지 여부

정리해고가 실시되는 사업장에 근로자의 과반수로 조직된 노동조합이 있는 경우 사용자가 그 노동조합과의 협의 외에 정리해고의 대상인 일정 급수 이상 직원들만의 대표를 새로이 선출케 하여 그 대표와 별도로 협의를 하지 않았다고 하여 그 정리해고를 협의절차의 흠결로 무효라 할 수는 없다(대법원 2002. 7. 9. 선고 2001다29452 판결).

5. 대량해고시 신고의무

사용자는 일정규모 이상의 인원을 해고하고자 할 때에는 고용노동부장관에게 신고하여야 한다(제24조제4항). 즉 ① 상시 근로자 수가 99인 이하인 사업 또는 사업장에서 10인 이상, ② 상시 근로자 수가 100인 이상 999인 이하인 사업 또는 사업장에서 상시 근로자 수의 10퍼센트 이상, ③ 상시 근로자 수가 1,000인 이상인 사업 또는 사업장에서 100인 이상의 근로자를 해고하고자 하는 경우 최초로 해고하고자 하는 날의 30일 전까지 ① 해고의 사유, ② 해고예정인원, ③ 근로자대표와의 협의내용, ④ 해고의 일정 등의 사항을 고용노동부장관에게 신고하여야 한다(시행령 제10

조). 다만, 이러한 신고제도는 대량해고에 대한 행정적 감시와 지도를 위한 것으로 신고의 유무가 해고의 효력에는 영향을 미치지 않는다(제24조제5항 참조).

6. 우선재고용의무

정리해고 후 3년 이내에 해고된 근로자가 담당하던 동일업무에 근로자를 채용하고자 하는 때에는 해고된 근로자가 원하는 경우 우선적으로 고용하여야 한다(제25조제1항). 이 규정 위반시 처벌조항은 없으나 근로자에게 재고용청구권이 발생하며, 사용자가 재고용의무를 게을리하는 경우 채무불이행책임 부담한다.

정부는 정리해고된 근로자에 대하여 생계안정, 재취업, 직업훈련 등 필요한 조치를 우선적으로 취해야 한다(제25조제2항).

7. 해고의 서면통지

사용자가 근로자를 해고하고자 할 경우에는 해고사유와 해고시기를 서면으로 통지하여야 한다. 서면으로 통지하지 않으면 해고의 효력이 발생하지 않는다(제27조). 서면통지의무는 사용자로 하여금 해고의 통보를 신중하게 하도록 하고, 그러한 통보에 대하여 근로자가 정당하게 대처할 수 있도록 한다는데 그 의의가 있다.

[6] 최저임금제

1. 최저임금제의 의의

최저임금제란 국가가 근로자와 사용자간의 임금결정과정에 개입하여 임금의 최저수준을 정하고, 사용자에게 그 이상의 임금을 지급하도록 법으로 강제함으로써 저임금 근로자를 보호하는 제도이다. 우리나라는 헌법 제32조제1항 『국가는 … 법률이 정하는 바에 의하여 최저임금제를 시행하여야 한다』라는 근거규정에 입각, 1986년 12월 31일 최저임금법을 제정·공포하여 1988년 1월 1일부터 시행하고 있다.

최저임금은 고용노동부장관이 최저임금위원회의 심의를 거쳐 매년 8월 5일까지 결정·고시하며, 결정·고시된 최저임금은 다음 연도 1월 1일부터 12월 31일까지 효력을 발생한다.

2. 최저임금법의 적용대상

최저임금법은 근로자를 사용하는 모든 사업 또는 사업장에 적용된다(제3조제1항). 따라서 최저임금법의 적용을 받는 사업장의 「근로자」는 근로기준법 제14조의 「근로자」를 말하므로, 상용근로자뿐만 아니라 임시직·일용직·시간제 근로자, 외국인 근로자 등 고용형태나 국적에 관계없이 근로기준법상의 근로자이면 모두 최저임금법의 적용대상이 된다. 물론 아르바이트 종사자의 경우에도 위와 같은 조건에 해당된다면 최저임금법의 적용을 받게 된다. 다만, 동거의 친족만을 사용하는 사업과 가사사용인 등에 대해서는 최저임금법을 적용하지 않는다(제3조제1항 단서).

근로자를 사용하는 모든 사업 또는 사업장에 종사하는 모든 근로자에게 최저임금이 적용되는 것이 원칙이나, 일반근로자와 동일하게 최저임금을 적용하는 것이 적당하다고 인정되지 않는 경우로서 ① 정신 또는 신체의 장애로 근로능력이 현저히 낮은 자, ② 기타 최저임금을 적용하는 것이 적당하지 아니하다고 인정되는 자에 대해서는 고용노동부장관의 인가를 받아 최저임금의 적용을 제외할 수 있다(제7조). 이때 적용제외대상이라고 하더라도 당연히 적용제외되는 것은 아니며 반드시 고용노동부장관의 인가를 받아야 한다.

3. 최저임금제의 주요내용

사용자는 최저임금의 적용을 받는 근로자에 대하여 최저임금액 이상의 임금을 지급하여야 한다(제6조제1항). 다만, 1년 이상의 기간을 정하여 근로계약을 체결하고 수습 중에 있는 근로자로서 수습을 시작한 날부터 3개월 이내인 자에 대해서는 시간급 최저임금액의 10%를 감한 금액을 시간급 최저임금액으로 한다(제5조제2항, 시행령 제3조). 이 경우 근로계약 등에 '수습으로 한다(또는 시용으로 한다)'는 명시적 근거가 있어야 하고 감액 적용기준은 3개월을 초과할 수 없다.

최저임금의 적용을 받는 근로자와 사용자가 최저임금액에 미달하는 임금을 정한 근로계약을 체결하였을 경우에는 그 부분은 무효가 되고, 무효로 된 부분은 최저임금액과 동일한 임금을 지급하기로 한 것으로 본다(제6조제3항). 따라서 근로자는 최저임금액에 미달하는 금액에 대해 그 지급을 청구할 수 있다(임금청구권의 소멸시효는 3년임).

사용자는 최저임금의 효력발생 전일까지 근로자에게 새로운 최저임금액 및 효력발생일 등을 주지시켜야 한다(제11조, 시행령제11조). 사용자가 이러한 주지의무를 위반한 경우 100만원 이하의 과태료가 부과된다(제31조). 그리고 사용자가 근로자에게 최저임금 이상의 임금을 지급하지 않을 경우에는 3년 이하의 징역 또는 2천만원 이하 벌금에 처해지거나 징역형과 벌금형이 병과될 수 있다(제28조제1항).

사용자의 최저임금법 위반행위 또는 임금체불 행위 등으로 손해를 입은 근로자는 지방노동관서의 근로감독관에게 신고하면 구제를 받을 수 있다. 근로감독관은 사용자의 최저임금 이행을 감독하며, 최저임금법 위반시 사업주에 대해 사법경찰관리의 직무를 수행하는 자이다(제26조제4항).

CHAPTER 07 상 법

[1] 상업사용인

상업사용인이란 특정한 상인에 종속되어 그 상인의 영업에 관한 대외적 거래를 대리하는 자이다. 상업사용인에는 지배인, 부분적 포괄대리권을 사용인, 물건판매점포의 사용인 등이 있다.

1. 지배인

지배인이란 영업주(상인)에 갈음하여 그 영업에 관한 재판상 또는 재판외의 모든 행위를 할 수 있는 권한을 가진 상업사용인이다(제11조제1항). 지배인은 지배인이 아닌 점원 기타 사용인을 선임 또는 해임할 수 있는 등(제11조제2항) 영업에 관한 재판상·재판 외의 모든 행위를 할 수 있으므로 영업에 관하여는 상인의 분신이라고 할 수 있다. 상인은 지배인을 선임하여 본점 또는 지점에서 영업을 하게 함으로써(제10조) 영업을 무한히 확장할 수 있다.

영업주는 지배인의 대리권 남용을 방지하기 위하여 수인의 지배인에게 공동으로 대리권을 행사하게 할 수도 있고(제12조제1항), 지배인의 대리권에 제한을 가할 수도 있다. 예를 들어 일정범위의 금액에 한하여 대리권을 준다든지 일정한 행위를 대리함에는 사전에 영업주의 동의를 얻도록 하는 것이다. 그러나 지배인의 대리권에 대한 제한은 선의의 제3자에게 대항하지 못한다(제11조제3항). 그러므로 영업주는 지배인의 대리권에 제한이 있음을 알지 못한 거래상대방에 대해 지배인의 대리행위의 효력을 부정하지 못한다.

상인은 지배인의 선임과 그 대리권의 소멸에 관하여 영업소(회사의 경우 본점을 말한다)의 소재지에서 등기하여야 한다(제13조).

2. 부분적 포괄대리권을 가진 사용인

부분적 포괄대리권을 가진 사용인은 영업주로부터 영업의 특정한 종류 또는 특정한 사항에 대한 위임을 받아 그에 관한 재판외의 모든 행위를 할 수 있는 권한을 가진 상업사용인을 말한다(제15조제1항). 경리부장, 판매과장, 구매부장 등이 이에 해당한다. 부분적 포괄대리권을 가진 사용인은 영업주뿐만 아니라 지배인도 이를 선임할 수 있다(제11조제2항).

부분적 포괄대리권을 가진 사용인의 대리권의 범위는 지배권과 같이 법률에 의하여 정해져 있으므로 이에 대한 제3자의 신뢰는 보호되어야 한다. 그러므로 영업주나 지배인이 그 대리권에 제한을 두더라도 이로써 선의의 제3자에게 대항하지 못한다(제15조제2항).

3. 물건판매점포의 사용인

물건을 판매하는 점포의 사용인은 그 판매에 관한 모든 권한이 있는 것으로 본다(제16조제1항). 따라서 물건판매점포의 사용인은 비록 영업주가 대리권을 수여하지 않았다고 하더라도 대리권이 있는 것으로 의제된다. 이것은 실체적 법률관계의 내용과 무관하게 물건판매점포의 사용인이라는 외관 자체에 법적 효력을 인정함으로써 상거래의 신속과 안전을 보장하기 위함이다.

『판매에 관한 모든 권한』에는 물건의 판매, 판매대금 수령, 대금의 할인, 판매물품의 교환 등이 모두 포함된다. 따라서 고객이 물건판매점포의 사용인으로부터 물건을 구입한 경우에는 그 사용인에게 판매권한이 없더라도 거래가 유효하게 성립하게 된다. 다만 거래상대방이 악의일 때 즉, 사용인에게 물건판매권한이 없음을 알면서 물건을 구입한 때에는 그러하지 아니하다(제15조제2항).

4. 상업사용인의 의무

1) 경업금지의무

상업사용인은 영업주의 허락없이 자기 또는 제3자의 계산으로 영업주의 영업부류에 속한 거래를 하지 못한다(제17조제1항). 이를 경업금지의무라고 한다. 영업주와 상업사용인의 이익충돌을 방지하기 위한 규정이다. 여기서『자기 또는 제3자의 계산』이란 거래의 경제적 효과가 자기 또는 제3자에게 귀속됨을 뜻한다.

상업사용인이 영업주의 허락없이 영업주의 영업부류에 속한 거래를 한 경우에 그 거래가 자기의 계산으로 한 것인 때에는 영업주는 이를 영업주의 계산으로 한 것으로 볼 수 있고 제3자의 계산으로 한 것인 때에는 영업주는 사용인에 대하여 이로 인한 이득의 양도를 청구할 수 있다(제17조제2항). 이를 개입권 또는 탈취권이라고 한다. 개입권은 영업주가 그 거래를 안 날부터 2주간을 경과하거나 그 거래가 있은 날부터 1년을 경과하면 소멸한다(제17조제4항).

개입권의 행사는 사용인에 대한 계약의 해지 또는 손해배상의 청구에 영향을 미치지 아니한다(제17조제3항). 따라서 영업주는 개입권 행사와 별도로 손해가 있는 경우에는 손해배상을 청구할 수 있고, 고용계약 등을 해지할 수 있다.

2) 겸직금지의무

상업사용인은 영업주의 허락없이 다른 회사의 무한책임사원, 이사 또는 다른 상인의 사용인이 되지 못한다(제17조제1항). 이를 겸직금지의무라 한다. 상업사용인의 노력이 분산되는 것을 방지하기 위한 규정이다. 상업사용인이 이 규정을 위반한 경우에는 손해배상을 청구할 수 있고 계약을 해지할 수 있다.

[2] 영업양도

1. 영업양도의 의의

영업양도란 물건·권리 및 사실관계(예: 고객, 영업 노하우)를 포함하는 조직적·기능적 재산으로서의 영업재산 일체를 양도하는 것을 말한다. 영업양도는 불요식의 계약으로 당사자의 합의만으로 성립한다. 다만 합의할 사항이 많으므로 양도계약서를 작성하는 것이 일반적이다.

2. 영업양도의 당사자

영업양도의 양도인과 양수인은 자연인 상인일 수도 있고 회사일 수도 있다. 양도인이 자연인 상인일 경우 영업 전부를 양도하면 상인자격을 상실하지만 영업 일부를 양도하면 상인자격을 그대로 유지한다. 양수인이 자연인일 경우 이미 상인일 수도 있고 상인이 아닐 수도 있다. 상인이 아닌 자가 양수하면 그 때부터 상인자격을 취득한다.

3. 영업양도의 효과

1) 영업재산의 이전

양도인은 영업재산을 이루는 개개 구성부분을 양수인에게 이전하여야 한다. 부동산은 등기, 동산은 인도, 채권은 대항요건을 갖추어 이전하는 등 각 재산의 종류별로 필요한 이전행위를 하여야 한다.

2) 경업금지의무

영업을 양도한 경우에 양도인과 양수인 사이에 다른 약정이 없으면 양도인은 10년간 동일한 특별시 · 광역시 · 시 · 군과 인접한 특별시 · 광역시 · 군에서 동종영업을 하지 못한다(제41조제1항). 양도인이 영업양도 후 인근지역에서 동종영업을 새로 수행한다면 양수인은 그 대가를 지급한 고객관계 등 재산적 가치 있는 사실관계를 양수하지 못하는 결과가 되기 때문에 양수인이 영업양수의 실효를 거둘 수 있도록 하기 위한 규정이다.

양도인과 양수인이 특약으로 양도인의 경업금지의무를 배제·경감하거나 10년을 초과하는 기간을 정할 수도 있다. 그러나 10년을 초과하는 기간을 정하여 경업금지의무를 부과하는 경우에는 20년을 초과하지 않는 범위 내에서 그 효력이 있다(제41

조제2항). 지나치게 장기로 하는 것은 개인의 자유를 극도로 구속하기 때문에 이를 방지하기 위함이다.

〈판례〉 경업금지의무의 이행강제 방법으로 본인의 영업금지 외에 제3자에 대한 임대, 양도 등의 처분행위의 금지를 명할 수 있는지 여부

영업양도계약의 약정 또는 상법 제41조에 따라 영업양도인이 부담하는 경업금지의무는 스스로 동종 영업을 하거나 제3자를 내세워 동종 영업을 하는 것을 금하는 것을 내용으로 하는 의무이므로, 영업양도인이 그 부작위의무에 위반하여 영업을 창출한 경우 그 의무위반 상태를 해소하기 위해서는 영업을 폐지할 것이 요구되고 그 영업을 타에 임대한다거나 양도한다고 하더라도 그 영업의 실체가 남아있는 이상 의무위반 상태가 해소되는 것은 아니므로, 그 이행강제의 방법으로 영업양도인 본인의 영업 금지 외에 제3자에 대한 영업의 임대, 양도 기타 처분을 금지하는 것도 가능하다(대법원 1996. 12. 23. 선고 96다37985 판결).

3) 영업상의 채권자 보호

영업양수인이 양도인의 상호를 계속 사용하는 경우에는 양도인의 영업으로 인한 제3자의 채권에 대하여 양수인도 변제할 책임이 있다(제42조제1항). 양수인이 양도인의 상호를 계속 사용함으로써 양도인의 영업이 계속되는 듯한 외관을 제공한 데 대하여 책임을 묻는 것이다. 다만, 양수인이 영업양도를 받은 후 지체없이 양도인의 채무에 대한 책임이 없음을 등기한 때에는 모든 채권자에게 변제책임을 지지 않는다. 양도인과 양수인이 지체없이 제3자에 대하여 그 뜻을 통지한 경우에 그 통지를 받은 제3자에 대해서도 변제책임을 지지 않는다(제42조제2항).

영업양수인이 양도인의 상호를 계속 사용하지 아니하는 경우에도 양수인이 양도인의 영업으로 인한 채무를 인수할 것을 광고한 때에는 양수인도 변제할 책임이 있다(제44조).

영업양수인이 상호속용으로 또는 채무인수광고로 변제책임을 지는 경우, 양도인의 제3자에 대한 채무는 상호속용으로 인한 경우에는 영업양도일부터, 채무인수광고로 인한 경우에는 광고일부터 2년이 경과하면 소멸한다(제45조). 그 후에는 양수인의 책임만이 존속한다.

4) 영업상의 채무자 보호

영업양수인이 양도인의 상호를 계속 사용하는 경우에 양도인의 영업으로 인한 채권에 대하여 채무자가 선의이며 중대한 과실없이 양수인에게 변제한 때에는 그 효력이 있다(제43조). 이 경우 양수인은 자신이 수령한 변제를 양도인에게 반환하여야 한다.

영업양수인이 양도인의 상호를 계속 사용하지 않는 경우에는 채무자를 보호할 이유가 없다. 그러므로 채무자가 양수인에게 변제한 경우 그것으로써 양도인에게 대항할 수 없다.

[3] 공중접객업자의 보관물 책임

1. 공중접객업자의 의의

공중접객업자이란 목욕탕, 극장, 여관, 음식점, 이발소, 독서실, 다방 등 공중이 이용하는 시설에 의한 거래를 영업으로 하는 자를 말한다(제151조). 여기서 『공중이 이용하는 시설』이란 불특정다수인이 모여 특정한 목적을 위해 이용할 수 있도록 제공된 인적·물적 설비 및 장소를 말한다. 공중접객업소의 공통적인 특징은 다수의 고객이 출입하므로 고객의 휴대품이 분실·도난될 염려가 많다는 것이다. 그러므로 상법은 고객의 휴대품이 분실·도난된 경우 이에 대한 업주의 책임을 규정하고 있다.

2. 임치한 물건에 대한 책임

공중접객업자는 자기 또는 그 사용인이 고객으로부터 임치를 받은 물건의 보관에 관하여 주의를 게을리 하지 아니하였음을 증명하지 아니하면 그 물건의 멸실 또는 훼손으로 인한 손해를 배상할 책임이 있다(제152조제1항). 종업원 등 이행보조자의 행위로 인한 경우에도 공중접객업자는 책임을 진다. 다만 고객과 공중접객업자 사이에 물건보관에 관한 명시적 또는 묵시적 합의가 있어야 한다. 고객의 휴대물에 대하여 책임이 없음을 알린 경우에도 공중접객업자는 책임을 면하지 못한다(제152조제3항).

〈판례〉 공중접객업자와 객 사이의 임치계약 성립요건

공중접객업자와 객 사이에 임치관계가 성립하려면 그들 사이에 공중접객업자가 자기의 지배영역 내에 목적물 보관의 채무를 부담하기로 하는 명시적 또는 묵시적 합의가 있음을 필요로 한다고 할 것이고, 여관 부설주차장에 시정장치가 된 출입문이 설치되어 있거나 출입을 통제하는 관리인이 배치되어 있는 등 여관 측에서 그 주차장에의 출입과 주차시설을 통제하거나 확인할 수 있는 조치가 되어 있다면, 그러한 주차장에 여관투숙객이 주차한 차량에 관하여는 명시적인 위탁의 의사표시가 없어도 여관업자와 투숙객 사이에 임치의 합의가 있는 것으로 볼 수 있다(대법원 1998. 12. 8. 선고 98다37507 판결).

3. 임치하지 않은 물건에 대한 책임

공중접객업자는 고객으로부터 임치를 받지 아니한 경우에도 그 시설 내에 휴대한 물건이 자기 또는 그 사용인의 과실로 인하여 멸실 또는 훼손되었을 때에는 그 손해를 배상할 책임이 있다(제152조제2항). 고객의 휴대물에 대하여 책임이 없음을 알린 경우에도 공중접객업자는 책임을 면하지 못한다(제152조제3항). 다만 이 경우 고객은 공중접객업자 또는 그 사용인의 과실을 입증하여야 한다.

〈판례〉 대중골프장 이용객이 골프장 현관의 골프가방거치대에 놓아 둔 골프가방을 도난당한 경우 골프장 경영자의 손해배상책임

골프장이 많은 이용객으로 항시 붐비는 상태인데도 이용객의 소지품 도난을 방지하기 위하여 경비원 수를 늘리거나 현관에 있는 골프가방거치대에 시정장치를 하지 아니한 잘못으로 이용객이 위 거치대에 놓아 둔 골프가방을 도난당하였다면, 위 골프장이 대중골프장(퍼블릭코스)으로서 일반 골프장과 달리 이용객이 보조자(캐디)없이 스스로 운반용 카트를 골프가방을 싣고 다니도록 되어 있고 그 사용요금도 현저히 저렴하며 위 골프장의 현관 등에 골프가방의 보관, 관리는 본인이 하여야 하고 분실시 책임지지 않는다는 안내문을 게시하였다 하더라도, 위 골프장 경영자는 상법 제152조제2항, 제3항에 따라 위 이용객이 위 골프가방을 도난당함으로써 입게 된 손해를 배상할 책임이 있다(서울민사지법 1991. 3. 20. 선고 90나24290 판결).

4. 고가물에 대한 책임

화폐, 유가증권, 그밖의 고가물에 대하여는 고객이 그 종류와 가액을 명시하여 임치하지 아니하면 공중접객업자는 그 물건의 멸실 또는 훼손으로 인한 손해를 배상할 책임이 없다(제153조). 따라서 고가물은 공중접객업자에게 임치해야만 책임을 물을 수 있고, 임치하지 않은 경우에는 공중접객업자의 책임을 물을 수 없다.

5. 단기소멸시효

공중접객업자의 책임은 단기소멸시효에 의하여 소멸한다. 즉 공중접객업자가 임치물을 반환하거나 고객이 휴대물을 가져간 후 6개월이 지나면 소멸시효가 완성하며(제154조제1항), 이 기간은 물건이 전부 멸실된 경우에는 고객이 그 시설을 퇴거한 날로부터 기산한다(제154조제2항). 다만 공중접객업자나 그 사용인이 악의인 경우에는 단기소멸시효를 적용하지 아니한다(제154조제3항).

[4] 보험

1. 의의 및 종류

보험이란 동일한 우발적 사고의 발생이라는 위험하에 있는 다수인이 사고로 인하여 생기는 경제적 수요를 충족하기 위하여 일정한 통계적 기초에 의하여 산출된 금액을 미리 갹출하여 공동재산을 비축하고, 사고가 발생한 경우에 공동재산으로부터 일정한 금액의 급여를 하는 제도를 말한다. 보험에서 문제되는 사고를 보험사고라고 하고, 보험가입자가 부담·갹출하는 금액을 보험료라 하며, 보험사고가 발생하였을 때 지급되는 금액을 보험금이라고 한다.

보험은 인보험과 손해보험으로 구분할 수 있다. 인보험은 사람에 신체에 대하여 생긴 사고를 보험사고로 하는 보험을 말하며, 생명보험·상해보험 등이 이에 해당한다. 손해보험은 우연한 사고로 인하여 발생한 손해를 보상하는 것을 목적으로 하는 보험으로서 화재보험·운송보험·해상보험·책임보험·자동차보험 등이 있다.

2. 보험계약의 체결

1) 보험계약의 성립

보험계약은 당사자 일방이 약정한 보험료를 지급하고 재산 또는 생명이나 신체에 불확정한 사고가 발생할 경우에 상대방이 일정한 보험금이나 그 밖의 급여를 지급할 것을 약정함으로써 성립한다(제638조). 따라서 보험계약은 당사자의 의사표시의 합치로서 성립하며, 아무런 방식을 요하지 않는 불요식의 유상·쌍무·낙성계약이다.

보험자가 보험증권을 작성하여 보험계약자에게 교부하지만(제640조), 보험증권은 보험계약의 성립과 무관하고 계약관계를 증명하는 증거증권에 지나지 않는다. 실무에서는 청약서와 함께 제1회 보험료를 지급하는 것이 관례이지만, 보험료의 지급은 보험자의 책임이 개시되기 위한 요건일 뿐 보험계약의 성립과는 무관하다. 보험계약은 보험계약자의 청약에 대해 보험자의 승낙이 있으면 성립한다.

2) 보험계약의 관계자

보험계약의 관계자로는 계약당사자로서 보험자와 보험계약자가 있고, 계약당사자 이외의 관계자로서 피보험자와 보험수익자가 있다. 그리고 보험자의 보조자로서 보험대리점·보험중개인·보험모집인 등이 있다.

(1) 보험자·보험계약자

보험자는 보험계약자로부터 보험료를 받는 대신에 보험기간 중에 보험사고가 발생하면 피보험자(손해보험의 경우) 또는 보험수익자(인보험의 경우)에게 보험금의 지급 기타 급여를 할 의무를 부담하는 자이며, 보험계약자는 자기명의로 보험자와 보험계약을 체결하고 보험료를 지급할 의무를 부담하는 자를 말한다.

(2) 피보험자·보험수익자

피보험자란 손해보험에 있어서는 보험사고가 발생하였을 때 보험금을 받는 자를 말하고, 인보험에 있어서는 보험사고의 객체로서 자신의 생명과 신체를 보험에 붙인 자연인을 말한다. 인보험에서는 피보험자를 보호하기 위해서 타인의 사망을 보험사고로 하는 보험계약을 체결할 때에는 그 타인의 서면에 의한 동의를 얻도록 하고 있으며(제731조제1항), 15세 미만자·심신상실자·심신박약자의 사망을 보험사고로 한 보험계약은 무효로 하고 있다(제732조). 다만, 심신박약자가 보험계약을 체결하거나 단체보험의 피보험자가 될 때에 의사능력이 있는 경우 그 보험계약은 유효하다(제732조 단서).

보험수익자란 인보험에 있어서 보험계약에 의하여 보험금을 지급받을 자로 지정된 자를 말한다. 그러므로 보험수익자는 보험사고가 발생한 경우 보험자에 대해 보험금의 지급을 청구할 수 있다. 손해보험에 있어서는 피보험자가 보험금을 받게 되므로 보험수익자는 피보험자이며, 따라서 특별히 보험수익자란 명칭을 사용하지 않는다.

(3) 보험대리점 · 보험중개인 · 보험모집인

보험대리점이란 일정한 보험자를 위하여 상시 보험계약체결의 대리(체약대리점) 또는 중개(중개대리점)를 영업으로 하는 독립된 상인을 가리킨다(제87조). 손해보험의 경우 보험대리점은 대부분 체약대리점이며 인보험의 경우에는 피보험자에 대한 신체검사 등 기술적인 판정권이 보험회사에 유보되어 있으므로 보험대리점은 일반적으로 중개대리점에 해당한다.

체약대리점은 보험자의 명의로 계약을 체결하며, 계약의 해제·해지·변경·통고·고지를 받고 보험료의 지급을 수령할 권한이 있다. 체약대리점이 보험계약자에 대해 보험료 대납을 승낙한 경우에는 보험계약자가 보험료를 지급한 것과 같은 효과가 발생한다. 중개대리점은 계약체결을 위한 대리권은 없고 다만 계약체결을 중개할 수 있는 권한밖에 없다.

보험중개인은 보험계약의 성립을 매개하는 자로서 그 기능은 중개대리점과 유사하지만, 불특정 보험사업자를 위하여 계약성립을 중개한다는 점에서 일정한 보험자를 위해 보험계약의 체결을 중개하는 중개대리점과 구분된다.

보험모집인은 보험자를 위하여 보험계약의 체결을 중개하는 보험자의 사용인을 말한다(보험업법 제2조제3항). 보험모집인은 보험자를 위하여 보험계약을 체결할 대리권은 물론 보험료를 수령할 권한도 없다. 그러나 통설과 판례는 보험업계의 실정에 비추어 생명보험의 경우에 보험모집인의 보험료수령권을 인정하고 있다.

〈판례〉 보험대리점이 보험계약자에 대하여 한 보험료 대납약정의 법적 효과

1. 보험회사를 대리하여 보험료를 수령할 권한이 부여되어 있는 보험대리점이 보험계약자에 대하여 보험료의 대납약정을 하였다면 그것으로 곧바로 보험계약자가 보험회사에 대하여 보험료를 지급한 것과 동일한 법적 효과가 발생하는 것이고, 실제로 보험대리점이 보험회사에 대납을 하여야만 그 효과가 발생하는 것은 아니다(대법원 1995. 5. 26. 선고 94다60615 판결).

2. 보험회사 대리점이 평소 거래가 있는 자로부터 그 구입한 차량에 관한 자동차보험계약의 청약을 받으면서 그를 위하여 그 보험료를 대납하기로 전화상으로 약정하였고, 그 다음날 실제 보험료를 지급받으면서는 그 전날 이미 보험료를 납입받은 것으로 하여 보험약관에 따라 보험기간이 그 전날 24:00 이미 시작된 것으로 기재된 보험료영수증을 교부한 경우 위 약정일에 보험계약이 체결되어 보험회사가 보험료를 영수한 것으로 보아야 할 것이다(대법원 1991. 12. 10. 선고 90다10315 판결).

〈판례〉 보험모집인의 보험료수령권

비록 보험모집인이 소속 보험회사와의 고용계약이나 도급적 요소가 가미된 위임계약에 바탕을 둔 소속보험회사의 사용인으로서 보험계약의 체결대리권이나 고지수령권이 없는 중개인에 불과하다 하여도 오늘날의 보험업계의 실정에 비추어 제1회 보험료의 수령권이 있음을 부정할 수는 없다(대법원 1989. 11. 28. 선고 88다카33367 판결).

3) 보험자의 낙부통지의무와 승낙의제

보험계약은 보험계약자의 청약에 대해 보험자의 승낙이 있으면 성립하는 것이 원칙이다. 그러나 실제 보험자가 승낙을 해태함으로써 보험계약자가 불이익을 받는 경우가 많아 상법은 보험계약의 성립에 관하여 일반원칙과 다른 특별규정을 두고 있다.

보험자가 보험계약자로부터 보험계약의 청약과 함께 보험료 상당액의 전부 또는 일부의 지급을 받은 때에는 다른 약정이 없으면 30일내에 그 상대방에 대하여 낙부의 통지를 발송하여야 한다. 인보험계약의 피보험자가 신체검사를 받아야 하는 경우에는 그 기간은 신체검사를 받은 날부터 기산한다. 보험자가 낙부통지기간 내에 낙부의 통지를 해태한 때에는 승낙한 것으로 본다(제638조의2제1항, 제2항).

나아가서 보험자가 보험계약자로부터 보험계약의 청약과 함께 보험료 상당액의

전부 또는 일부를 받은 경우에 그 청약을 승낙하기 전에 보험계약에서 정한 보험사고가 생긴 때에는 그 청약을 거절할 사유가 없는 한 예를 들어, 피보험체가 적격피보험체인 한 보험자는 보험계약상의 책임을 진다(제638조의2제3항). 다만 인보험계약의 피보험자가 신체검사를 받아야 하는 경우에 그 검사를 받지 아니한 때에는 그러하지 아니하다(제638조의2제3항 단서).

4) 보험약관의 교부·설명의무

보험자는 보험계약을 체결할 때에 보험계약자에게 보험약관을 교부하고 그 약관의 중요한 내용을 설명하여야 한다. 보험자가 보험약관의 교부·설명의무를 위반한 경우 보험계약자는 보험계약이 성립한 날부터 3개월 이내에 그 계약을 취소할 수 있다(제638조의3).

〈판례〉 보험자가 보험약관의 명시·설명의무에 위반하여 보험계약을 체결한 경우 그 약관의 내용을 보험계약의 내용으로 주장할 수 있는지 여부

보험자 및 보험계약의 체결 또는 모집에 종사하는 자는 보험계약의 체결에 있어서 보험계약자 또는 피보험자에게 보험약관에 기재되어 있는 보험상품의 내용, 보험료율의 체계, 보험청약서상 기재 사항의 변동 및 보험자의 면책사유 등 보험계약의 중요한 내용에 대하여 구체적이고 상세한 명시·설명의무를 지고 있다고 할 것이어서, 만일 보험자가 이러한 보험약관의 명시·설명의무에 위반하여 보험계약을 체결한 때에는 그 약관의 내용을 보험계약의 내용으로 주장할 수 없다고 할 것이다(대법원 2001. 9. 18. 선고 2001다14917, 14924 판결).

〈판례〉 보험계약자가 약관의 내용을 충분히 예상할 수 있거나 잘 알고 있는 경우 보험자가 약관의 명시·설명의무를 부담하는지 여부

보험약관의 중요한 내용에 해당하는 사항이라 하더라도 거래상 일반적이고 공통된 것이어서 보험계약자가 별도의 설명 없이도 충분히 예상할 수 있었던 사항이거나 보험계약자나 그 대리인이 그 내용을 충분히 잘 알고 있는 경우에는 그 약관이 바로 계약 내용이 되어 당사자에 대하여 구속력을 가지므로 보험자로서는 보험계약자 또는 그 대리인에게 약관의 내용을 따로 설명할 필요가 없다(대법원 2005. 12. 9. 선고 2004다26164, 26171 판결).

5) 고지의무

고지의무란 보험계약자 또는 피보험자가 보험계약을 체결함에 있어 중요한 사항을 고지하여야 할 의무를 말한다. 고지의 방법에는 제한이 없으므로 서면이나 구두로도 가능하지만, 실무에서는 질문표에 해당사항을 기재함으로써 고지하므로 서면으로 하게 된다.

보험계약 당시에 보험계약자 또는 피보험자가 고지의무를 위반한 경우에는 즉, 고의 또는 중대한 과실로 인하여 중요한 사항을 고지하지 아니하거나 부실의 고지를 한 때에는 보험사고의 발생 전후를 불문하고 보험자는 그 사실을 안 날로부터 1월내에, 계약을 체결한 날로부터 3년 내에 한하여 계약을 해지할 수 있다(제651조). 다만 보험자가 계약당시에 그 사실을 알았거나 중대한 과실로 인하여 알지 못한 때에는 계약을 해지하지 못한다(제651조 단서).

고지의무 위반을 이유로 한 보험계약의 해지는 장래에 대해 효력이 발생하므로 보험자는 이미 수령한 보험료를 반환할 필요가 없다. 보험사고가 발생한 경우에도 보험금을 지급할 책임이 없으며 이미 지급한 보험금은 반환을 청구할 수 있다(제655조). 그러나 생명보험의 경우 보험수익자를 위하여 적립한 금액은 보험계약자에게 지급하여야 한다(제736조제1항). 그리고 보험계약자가 불고지·부실고시된 중요사항과 보험사고의 발생 사이에 인과관계가 없음을 증명한 때에는 보험금지급을 청구할 수 있다(제655조 단서).

〈판례〉 고지의무의 대상이 되는 '중요한 사항'의 의미

보험계약자나 피보험자가 보험계약 당시에 보험자에게 고지할 의무를 지는 '중요한 사항'이란, 보험자가 보험사고의 발생과 그로 인한 책임부담의 개연율을 측정하여 보험계약의 체결 여부 또는 보험료나 특별한 면책조항의 부가와 같은 보험계약의 내용을 결정하기 위한 표준이 되는 사항으로서, 객관적으로 보험자가 그 사실을 안다면 그 계약을 체결하지 않든가 또는 적어도 동일한 조건으로는 계약을 체결하지 않으리라고 생각되는 사항을 말한다(대법원 1996. 12. 23. 선고 96다27971 판결).

〈판례〉 질문표와 고지의무위반의 중대한 과실

보험자가 고지의무의 대상이 되는 사항에 관하여 스스로 제정한 보험청약서 양식을 사용하여 질문하고 있는 경우에 보험청약서에 기재되지 않은 사항에 관하여는 원칙적으로 고지의무위반이 문제될 여지가 없다 할 것이므로, 보험자가 제공한 보험청약서에 … 사항이 없었다면 그 사실을 특별히 부기하지 않았다고 하여 보험계약자에게 중대한 과실이 있다고 볼 수 없다(대법원 1996. 12. 23. 선고 96다27971 판결).

3. 보험계약의 효과

1) 보험자의 의무

(1) 보험증권 교부의무

보험증권이란 보험계약의 성립과 그 내용을 증명하기 위하여 계약의 내용을 기재하고 보험자가 기명날인 또는 서명하여 보험계약자에게 교부하는 증권을 말한다. 보험자는 보험계약이 성립한 때에는 지체없이 보험증권을 작성하여 보험계약자에게 교부하여야 한다. 다만, 보험자의 보험증권 작성·교부의무는 보험계약자가 보험료의 전부 또는 최초의 보험료를 지급한 때에 발생한다(제640조제1항).

보험증권이 멸실 또는 현저하게 훼손되어 보험계약자가 자기의 비용부담으로 재교부를 청구한 때에는 보험자는 보험증권을 재교부할 의무가 있다(제642조).

(2) 보험금지급의무

보험자는 보험사고가 발생한 경우 보험계약에 따라 보험금을 지급할 의무가 있다(제638조). 보험자의 보험금지급의무는 보험계약자의 보험료지급의무와 대응되는 것으로서, 당사자 사이에 다른 약정이 없으면 최초의 보험료를 지급받은 때부터 개시된다(제656조).

보험자는 보험금액의 지급에 관하여 약정기간이 있는 경우에는 그 기간 내에, 약정기간이 없는 경우에는 보험사고발생의 통지를 받은 후 지체없이 지급할 보험금액을 정하고 그 정하여진 날부터 10일 내에 피보험자 또는 보험수익자에게 보험금액을 지급하여야 한다(제658조). 보험금지급의무는 3년의 시효에 의해 소멸한다(제662조).

보험자는 보험사고가 발생해도 다음에 해당하는 경우에는 보험금지급의무를 면한다.

① 보험사고가 보험계약자 또는 피보험자나 보험수익자의 고의 또는 중대한 과실로 인하여 생긴 때(제659조)

다만, 생명보험과 상해보험의 경우에는 보험사고가 보험계약자 또는 피보험자나 보험수익자의 중대한 과실로 인하여 발생한 경우에도 보험자는 보험금을 지급할 책임을 면하지 못하고, 둘 이상의 보험수익자 중 일부가 고의로 피보험자를 사망하게 한 경우에도 보험자는 다른 보험수익자에 대한 보험금 지급 책임을 면하지 못한다(제732조의2, 제739조).

② 보험사고가 전쟁 기타의 변란으로 인하여 생긴 때(제660조)

전쟁 기타 변란의 경우 위험의 규모가 커서 보통의 보험으로 감당하는 것이 불가능하기 때문이다.

③ 보험자가 보험계약을 해지한 때

보험자는 보험자가 보험료를 지급하지 않은 때(제650조), 보험계약자 등이 고지의무를 위반하였을 때(제651조), 보험기간 중 보험계약자 또는 피보험자가 사고발생의 위험이 현저하게 변경 또는 증가된 사실을 알고도 보험자에게 그 통지를 발송하지 아니한 때(제652조), 보험기간 중에 보험계약자·피보험자·보험수익자의 고의 또는 중대한 과실로 인하여 사고발생의 위험이 현저하게 변경 또는 증가된 때(제653조)에는 보험계약을 해지할 수 있으며, 해지한 때에는 보험금액을 지급할 책임이 없다. 다만 제651조 내지 654조에 해당하는 경우 고지의무위반 또는 위험의 현저한 변경·증가 사실이 보험사고 발생에 영향을 미치지 않았음이 증명된 때에는 보험자는 보험금지급책임을 면하지 못한다(제655조 단서).

(3) 보험료반환의무

손해보험계약의 전부 또는 일부가 무효인 경우에 보험계약자와 피보험자가 선의이며 중대한 과실이 없는 때에는 보험자는 보험료의 전부 또는 일부를 반환하여야 한다. 인보험의 경우 보험계약자와 보험수익자가 선의이며 중대한 과실이 없는 때에도 같다(제648조).

보험계약자는 보험사고가 발생하기 전 언제든지 계약의 전부 또는 일부를 해지할 수 있으며, 해지한 경우 보험자는 당사자간에 다른 약정이 없으면 미경과보험료를 반환하여야 한다(제649조). 미경과보험료란 보험계약의 해지시점이 속하는 보험료 기간 이후의 보험료기간에 해당하는 보험료를 말한다. 그리고 생명보험계약이 해지된 경우 보험자는 보험수익자를 위하여 적립한 금액을 보험계약자에게 지급하여야 한다(제736조제1항).

보험자의 보험료반환의무는 3년의 시효에 의해 소멸한다(제662조).

2) 보험계약자·피보험자·보험수익자의 의무

(1) 보험료지급의무

보험계약자는 보험자에게 보험료를 지급할 의무가 있다(제638조). 보험계약자가 계약이 성립한 후 최초의 보험료를 지급하지 않으면 보험자의 책임이 개시되지 않고(제656조), 계약성립 후 2월이 경과하도록 최초의 보험료를 지급하지 않으면 계약해제가 의제된다(제650조제1항).

보험자는 계속보험료가 약정한 시기에 지급되지 아니한 때 상당한 기간을 정하여 보험계약자에게 최고하고 그 기간 내에 지급되지 않으면 계약을 해지할 수 있다(제650조제2항). 이 때 보험계약이 해지되었으나 해지환급금이 지급되지 아니한 경우에는 보험계약자는 일정한 기간 내에 연체보험료에 약정이자를 붙여 보험자에게 지급하고 보험계약의 부활을 청구할 수 있다(제650조의2). 보험계약이 부활되더라도 보험계약이 실효된 기간 중에 발생한 보험사고에 대해서는 보험자는 보험금지급책임을 지지 않는다.

보험계약자의 보험료지급의무는 2년의 시효에 의해 소멸한다(제662조).

(2) 통지의무

① 보험사고발생의 통지의무

보험계약자 또는 피보험자나 보험수익자는 보험사고의 발생을 안 때에는 지체없이 보험자에게 그 통지를 발송해야 한다. 이 통지의무를 해태함으로 인하여 손해가 증가된 경우 보험자는 그 증가된 손해를 보상할 책임이 없다(제657조).

② 위험변경증가의 통지의무

보험기간 중에 보험계약자 또는 피보험자가 사고발생의 위험이 현저하게 변경 또는 증가된 사실을 안 때에는 지체없이 보험자에게 통지하여야 한다. 이를 해태한 때에는 보험자는 그 사실을 안 날부터 1월내에 한하여 계약을 해지할 수 있다. 보험자가 위험변경증가의 통지를 받은 때에는 1월내에 보험료의 증액을 청구하거나 계약을 해지할 수 있다(제652조). 이 때 보험자는 보험사고가 발생한 경우에도 위험변경증가 사실을 안 날부터 또는 위험변경증가 통지를 받은 날부터 1월내에 계약을 해지할 수 있다.

(3) 위험유지의무

보험계약자, 피보험자 또는 보험수익자는 보험기간 동안 위험을 계약체결시의 상태대로 유지할 의무가 있다. 따라서 보험기간 중에 보험계약자 등의 고의 또는 중대한 과실로 인하여 사고발생의 위험이 현저하게 변경 또는 증가된 경우 보험자는 그 사실을 안 날부터 1월 내에 보험료의 증액을 청구하거나 계약을 해지할 수 있다(제653조). 보험사고가 발생한 후라고 하더라도 마찬가지이다.

CHAPTER 08

형 법

[1] 강간죄

〈사례 1〉 갑과 을은 신혼부부로서 결혼 초부터 시부모님을 모시는 문제로 부부싸움을 자주 해 왔다. 남편 갑은 처 을이 밤늦게 귀가하는 것에 불만을 품고 있던 중 부엌칼로 을의 옷을 찢고 칼을 을의 복부에 들이대며 반항을 억압한 후 간음하였다. 강간죄가 성립하는가?

〈사례 2〉 갑은 평소 알고 지내던 을을 유인하여 강제로 간음하였다. 그런데 알고 보니 을은 몇 년 전 성전환수술을 받은 성전환여성이었다. 이 경우 갑의 행위는 강간죄를 구성하는가?

1. 의의

강간죄는 폭행 또는 협박으로 사람을 강간함으로써 성립하는 범죄이다. 3년 이상의 유기징역에 처한다(제297조). 강간이란 폭행 또는 협박으로 저항하기가 곤란한 상태에 있는 사람을 간음하는 것을 말한다. 강간죄의 보호법익은 성적 자기결정의 자유(성적 자기결정권)이다. 성적 자기결정권은 성행위 여부와 파트너선택에 있어서의 자기결정권을 포함한다.

2. 주체와 객체

강간죄의 주체에는 제한이 없다. 여자도 주체가 된다. 강간죄의 객체는 사람이다. 구형법에서는 강간죄의 객체를 "부녀"로 규정하고 있었으나, 2012년 개정형법에서 "사람"으로 개정하였다. 구형법에서는 남자나 성전환자가 강간죄의 객체가 되는지 여부에 대해 논란이 있었으나, 현행법하에서는 남자나 성전환자도 강간죄의 객체가 된다.

〈판례〉 성전환 수술을 받은 자가 강간죄의 객체인 '부녀'에 해당하는지 여부

강간죄의 객체는 부녀로서 여자를 가리키는 것이므로, 강간죄의 성립을 인정하기 위하여는 피해자를 법률상 여자로 인정할 수 있어야 한다. 종래에는 사람의 성을 성염색체와 이에 따른 생식기·성기 등 생물학적인 요소에 따라 결정하여 왔으나, 근래에 와서는 생물학적인 요소뿐 아니라 개인이 스스로 인식하는 남성 또는 여성으로의 귀속감 및 개인이 남성 또는 여성으로서 적합하다고 사회적으로 승인된 행동 · 태도 · 성격적 특징 등의 성역할을 수행하는 측면, 즉 정신적 · 사회적 요소들 역시 사람의 성을 결정하는 요소 중의 하나로 인정받게 되었으므로, 성의 결정에 있어 생물학적 요소와 정신적 · 사회적 요소를 종합적으로 고려하여야 한다. 성전환자를 여성으로 인식하여 강간한 사안에서, 피해자가 성장기부터 남성에 대한 불일치감과 여성으로의 성귀속감을 나타냈고, 성전환 수술로 인하여 여성으로서의 신체와 외관을 갖추었으며, 수술 이후 30여 년간 개인적 · 사회적으로 여성으로서의 생활을 영위해 가고 있는 점 등을 고려할 때, 사회통념상 여성으로 평가되는 성전환자로서 강간죄의 객체인 '부녀'에 해당한다(대법원 2009. 9. 10. 선고 2009도3580 판결).

〈해설 1〉 형법(2012. 12. 18. 법률 제11574호로 개정되기 전의 것, 이하 같다) 제297조는 부녀를 강간한 자를 처벌한다고 규정하고 있는데, 형법이 강간죄의 객체로 규정하고 있는 '부녀'란 성년이든 미성년이든, 기혼이든 미혼이든 불문하며 곧 여자를 가리킨다. 이와 같이 형법은 법률상 처를 강간죄의 객체에서 제외하는 명문의 규정을 두고 있지 않으므로, 문언 해석상으로도 법률상 처가 강간죄의 객체에 포함된다고 새기는 것에 아무런 제한이 없다. 부부 사이에 민법상의 동거의무가 인정된다고 하더라도 거기에 폭행, 협박에 의하여 강요된 성관계를 감내할 의무가 내포되어 있다고 할 수 없다. 혼인이 개인의 성적 자기결정권에 대한 포기를 의미한다고 할 수 없고, 성적으로 억압된 삶을 인내하는 과정일 수도 없기 때문이다(대법원 2013. 5. 16. 선고 2012도14788, 2012전도252 전원합의체 판결).

⊙ 형법 제324조(강요)

폭행 또는 협박으로 사람의 권리행사를 방해하거나 의무없는 일을 하게 한 자는 5년 이하의 징역 또는 3천만원 이하의 벌금에 처한다.

〈해설 2〉 판례는 성전환자에 대한 강간죄의 성립을 인정한다. 종래 학설은 강간죄의 보호법익이 성적 자기결정권이라는 관점에서 본다면 성전환 여성과 선천적 여성을 구별해야 할 합리적 이유가 없다는 견해, 강간죄의 객체를 여자에 한정한 것은 여자의 육체적·생리적 차이를 고려한 것이라는 점에 비추어 여자로 성전환수술을 했다고 하여도 임신과 출산의 능력이 없는 이상 강간죄의 객체가 될 수 없다면서 강제추행죄의 객체가 될 뿐이라는 견해 등으로 나뉘고 있었으나, 개정형법에서 강간죄의 객체를 "사람"으로 규정함으로써 성전환자에 대한 강간죄의 성립을 인정하고 있다.

3. 폭행·협박

폭행 또는 협박은 반드시 상대방의 반항을 불가능하게 할 정도뿐만 아니라 현저히 곤란하게 할 정도이면 충분하다(대법원 1991. 5. 28. 선고 91도546 판결). 마취제, 수면제 등의 약물을 사용하거나 최면술을 거는 것도 물리적 폭력의 한 유형으로 폭행에 해당한다.

〈판례〉 유부녀의 혼인외 성관계 사실을 폭로하겠다고 협박한 것이 강간죄·강제추행죄의 성립요건으로서 협박에 해당하는지 여부

유부녀인 피해자에 대하여 혼인외 성관계 사실을 폭로하겠다는 등의 내용으로 협박하여 피해자를 간음 또는 추행한 사안에서 협박이 피해자를 단순히 외포시킨 정도를 넘어 적어도 피해자의 항거를 현저히 곤란하게 할 정도의 것이었다면 강간죄 및 강제추행죄가 성립한다(대법원 2007. 1. 25. 선고 2006도5979 판결).

4. 특수강간죄 등

흉기나 그 밖의 위험한 물건을 지닌 채 또는 2인 이상이 합동하여 강간죄를 범하면 특수강간죄가 성립한다. 특수강간죄는 행위수단의 위험성 때문에 무기 또는 7년 이상의 징역으로 처벌된다{성폭력범죄의 처벌 등에 관한 특례법(이하 "성폭력특별법"이라 한다) 제4조제1항}.

사람의 심신상실 또는 항거불능의 상태를 이용하여 간음한 자(준강간죄), 13세 미만의 사람을 간음한 자, 13세 이상 16세 미만의 사람을 간음한 19세 이상의 자(미성년자의제강간죄)도 강간죄에 의하여 처벌한다(제299조, 제305조).

[2] 강제추행죄

1. 의의

강제추행죄는 폭행 또는 협박으로 타인을 추행함으로써 성립하는 범죄이다. 10년 이하의 징역 또는 1천500만원 이하의 벌금에 처한다(제298조). 보호법익은 성적 자

기결정권이다.

2. 주체 및 객체

행위의 주체와 객체에 제한이 없다. 여자도 주체가 될 수 있고, 남자도 객체가 될 수 있다. 부부관계일지라도 일방이 원치 않는 신체적 접촉은 강제추행죄가 적용 될 수 있다.

3. 폭행 · 협박

강제추행죄의 폭행·협박의 정도에 대해서 판례는『반드시 상대방의 의사를 억압할 정도의 것임을 요하지 아니하고 다만 상대방의 의사에 반하는 유형력의 행사인 한 그 힘의 대소강약을 불문한다』(대법원 2002. 4. 26. 선고 2001도2417 판결)고 판시하여 폭행·협박의 성립범위를 넓게 인정하고 있다. 강제추행죄의 폭행·협박은 강간죄의 경우보다는 낮은 것으로 보고 있다.

〈판례〉 강제추행죄에 있어서 폭행의 형태와 정도

강제추행죄는 상대방에 대하여 폭행 또는 협박을 가하여 항거를 곤란하게 한 뒤에 추행행위를 하는 경우뿐만 아니라 폭행행위 자체가 추행행위라고 인정되는 경우도 포함되는 것이며, 이 경우에 있어서의 폭행은 반드시 상대방의 의사를 억압할 정도의 것임을 요하지 않고 상대방의 의사에 반하는 유형력의 행사가 있는 이상 그 힘의 대소강약을 불문한다.

피해자와 춤을 추면서 피해자의 유방을 만진 행위가 순간적인 행위에 불과하더라도 피해자의 의사에 반하여 행하여진 유형력의 행사에 해당하고 피해자의 성적 자유를 침해할 뿐만 아니라 일반인의 입장에서도 추행행위라고 평가될 수 있는 것으로서, 폭행행위 자체가 추행행위라고 인정되어 강제추행에 해당된다(대법원 2002. 4. 26. 선고 2001도2417 판결).

〈판례〉 폭행 · 협박 선행형의 강제추행죄에서 '폭행 또는 협박'의 의미

대법원은 강제추행죄의 '폭행 또는 협박'의 의미에 관해 이를 두 가지 유형으로 나누어, 폭행행위 자체가 곧바로 추행에 해당하는 경우(이른바 기습추행형)에는 상대방의 의사를 억압할 정도의 것임을 요하지 않고 상대방의 의사에 반하는 유형력의 행사가 있는 이상 그 힘의 대소강약을 불문한다고 판시하는 한편, 폭행 또는 협박이 추행보다 시간적으로 앞서 그 수단으로 행해진 경우(이른바 폭행·협박 선행형)에는 상대방의 항거를 곤란하게 하는 정

도의 폭행 또는 협박이 요구된다고 판시하여 왔다

강제추행죄의 범죄구성요건과 보호법익, 종래의 판례 법리의 문제점, 성폭력범죄에 대한 사회적 인식, 판례 법리와 재판 실무의 변화에 따라 해석 기준을 명확히 할 필요성 등에 비추어 강제추행죄의 '폭행 또는 협박'의 의미는 다시 정의될 필요가 있다. 강제추행죄의 '폭행 또는 협박'은 상대방의 항거를 곤란하게 할 정도로 강력할 것이 요구되지 않고, 상대방의 신체에 대해 불법한 유형력을 행사(폭행)하거나 일반적으로 보아 상대방으로 하여금 공포심을 일으킬 수 있는 정도의 해악을 고지(협박)하는 것이라고 보아야 한다. 이와 달리 강제추행죄의 폭행 또는 협박이 상대방의 항거를 곤란하게 할 정도일 것을 요한다고 본 대법원 2012. 7. 26. 선고 2011도8805 판결을 비롯하여 같은 취지의 종전 대법원판결은 이 판결의 견해에 배치되는 범위 내에서 모두 변경하기로 한다(대법원 2023. 9. 21. 선고 2018도13877 전원합의체 판결)

4. 추행

소수설은 추행을 "주관적으로는 성욕을 흥분 또는 자극케 하거나 성적 만족을 얻을 목적으로 행해지고, 객관적으로는 일반인의 정상적인 성적 수치심을 해하며 선량한 성도덕관념에 반하는 행위"라고 정의함으로써 행위자의 주관적 의도·목적·동기를 추행의 개념요소에 포함하고 있다. 이에 대해 다수설과 판례는 "객관적으로 일반인의 성적 수치심이나 혐오감을 일으키게 하는 일체의 행위"라고 정의함으로써 추행개념에서 주관적 요소를 제외한다. 다수설과 판례에 의하면, 행위자에게 성욕의 자극·흥분이라는 주관적 의도가 없더라도 가령, 단순히 모욕을 주거나 놀림감으로 삼기 위해 또는 복수의 감정이나 호기심으로 한 행위도 추행이 될 수 있다.

5. 특수강제추행죄 등

흉기나 그 밖의 위험한 물건을 지닌 채 또는 2인 이상이 합동하여 강제추행죄를 범하면 특수강제추행죄가 성립한다. 특수강제추행죄는 행위수단의 위험성 때문에 5년 이상의 유기징역으로 처벌된다(성폭력특별법 제4조제2항).

사람의 심신상실 또는 항거불능의 상태를 이용하여 추행을 한 자(준강제추행죄), 13세 미만의 사람을 추행한 자, 13세 이상 16세 미만의 사람을 추행한 19세 이상의 자(미성년자의제강제추행죄)도 강제추행죄에 의하여 처벌한다(제299조, 제305조).

[3] 명예훼손죄

1. 의의

명예훼손죄는 공연히 사실을 적시하거나 또는 허위의 사실을 적시하여 사람의 명예를 훼손함으로써 성립하는 범죄이다(제307조제1항, 제2항). 사실을 적시하여 타인의 명예를 훼손하는 경우는 단순명예훼손죄라고 하고 2년 이하의 징역이나 금고 또는 5백만원 이하의 벌금에 처한다(제307조제1항). 허위의 사실을 적시하여 타인의 명예를 훼손하는 경우는 5년 이하의 징역, 10년 이하의 자격정지 또는 1천만원 이하의 벌금으로 가중처벌한다(제307조제2항). 명예훼손죄의 보호법익은 타인의 명예이다. 명예훼손죄는 반의사불벌죄로서 피해자의 명시한 의사에 반하여 공소를 제기할 수 없다(제312조제2항).

2. 공연성

명예훼손죄는 공연히 사실을 적시하여 타인의 명예를 훼손해야 한다. 여기서『공연히』란 불특정인 또는 다수인이 인식할 수 있는 상태를 말한다. 판례는 특정한 1인에게 사실을 적시했어도 순차로 연속하여 불특정 또는 다수인에게 전파될 가능성이 있는 경우에는 공연성을 인정하고 있다(대법원 1996. 7. 12. 선고 96도1007 판결).

3. 사실의 적시

명예훼손죄가 성립하기 위해서는 사실의 적시가 있어야 한다. 적시된 사실이 진실한 것이라 하더라도 명예훼손죄가 성립한다. 사회적으로 잘못 평가된 허위의 명성도 보호한다는 취지이다. 다만 적시된 사실은 특정인의 사회적 가치 내지 평가가 침해될 가능성이 있을 정도로 구체성을 띠어야 한다(대법원 2000. 2. 25. 선고 98도2188 판결). 사실은 악행이나 추문에 관한 것이 아니더라도 사람의 인격적 가치 또는 사회적 평가를 저하시킬 만한 것이면 족하다.

적시란 사실을 외부에 표시, 주장, 발설, 전달하는 일체의 행위를 말한다. 적시의 방법은 구두, 문서, 동작, 도화 등 제한이 없다.

4. 명예

행위의 객체는 타인의 명예이다. 명예는 성격·외모·자질·능력·직업 등에 대한 사회적인 평가로서 외부적 명예를 말한다. 자신의 인격적 가치에 대해 자신이 가지는 명예감정은 포함되지 않는다.

자연인은 누구나 명예의 주체가 된다. 범죄자라 하더라도 마찬가지이다. 다만 사망한 사람은 제외된다. 사망한 사람에 대한 명예훼손은 사자명예훼손죄(제308조)를 구성한다. 법인도 명예의 주체가 된다.

5. 위법성조각사유

단순명예훼손행위가 진실한 사실로서 오로지 공공의 이익에 관한 때에는 처벌하지 아니한다(제310조). 적시된 사실이 진실한 것이라는 증명이 없더라도 행위자가 그 사실을 진실한 것으로 믿었고 또 그렇게 믿을 만한 상당한 이유가 있는 경우에도 위법성은 조각된다(대법원 1997. 4. 11. 선고 97도88 판결).

공공의 이익에는 국가사회 기타 일반 다수인의 이익에 관한 것뿐만 아니라 특정집단 또는 그 구성원 전체의 이익에 관한 것도 포함된다. 공공의 이익이 주된 목적인 한 부수적으로 다른 사익적 목적이나 동기가 있더라도 무방하다.

〈판례〉 언론매체가 공적 인물이 아닌 자의 범죄사실을 보도하면서 그의 신원을 명시하거나 초상을 보여주는 것이 공공의 이익에 관한 것인지 여부

일반적으로 대중 매체의 범죄사건 보도는 범죄 행태를 비판적으로 조명하고, 사회적 규범이 어떠한 내용을 가지고 있고, 그것을 위반하는 경우 그에 대한 법적 제재가 어떻게, 어떠한 내용으로 실현되는가를 알리고, 나아가 범죄의 사회문화적 여건을 밝히고 그에 대한 사회적 대책을 강구하는 등 여론형성에 필요한 정보를 제공하는 등의 역할을 하는 것으로 믿어지고, 따라서 대중 매체의 범죄사건 보도는 공공성이 있는 것으로 취급할 수 있을 것이나, 범죄 자체를 보도하기 위하여 반드시 범인이나 범죄 혐의자의 신원을 명시할 필요가 있는 것은 아니고, 범인이나 범죄혐의자에 관한 보도가 반드시 범죄 자체에 관한 보도와 같은 공공성을 가진다고 볼 수도 없다(대법원 1998. 7. 14. 선고 96다17257 판결).

⊙ 정보통신망 이용촉진 및 정보보호 등에 관한 법률상 명예훼손죄

사람을 비방할 목적으로 정보통신망을 통하여 공공연하게 사실을 드러내어 다른 사람의 명예를 훼손한 자는 3년 이하의 징역 또는 3천만원 이하의 벌금에 처한다(제70조제1항). 사람을 비방할 목적으로 정보통신망을 통하여 공공연하게 거짓의 사실을 드러내어 다른 사람의 명예를 훼손하 자는 7년 이하의 징역, 10년 이하의 자격정지 또는 5천만원 이하의 벌금에 처한다(제70조제2항). 제1항과 제2항의 죄는 피해자가 구체적으로 밝힌 의사에 반하여 공소를 제기할 수 없다(제70조제3항).

〈판례〉 양육비 미지급자의 신상정보를 공개하는 인터넷 사이트 'Bad Fathers' 사건

피고인 갑은 양육비채권자의 제보를 받아 양육비 미지급자의 신상정보를 공개하는 인터넷 사이트 'Bad Fathers'의 운영에 관계된 사람이고, 피고인 을은 위 사이트에 자신의 전 배우자 병을 제보한 사람인데, 피고인들은 각자 또는 공모하여 위 사이트에 병을 비롯한 피해자 5명의 이름, 얼굴 사진, 거주지, 직장명 등 신상정보를 공개하는 글이 게시되게 하고, 피고인 을은 자신의 인스타그램에 위 사이트 게시 글의 링크 주소를 첨부하고 병에 대하여 '미친년'이라는 표현 등을 덧붙인 글을 게시함으로써 피해자들을 비방할 목적으로 사실을 적시하였다는 정보통신망 이용촉진 및 정보보호 등에 관한 법률 위반(명예훼손)의 공소사실로 기소된 사안에서, 피고인들이 위 사이트의 신상정보 공개를 통해 양육비 미지급 사실을 알린 것은 결과적으로 양육비 미지급 문제라는 공적 관심 사안에 관한 사회의 여론형성이나 공개토론에 기여하였다고 볼 수 있으나, 글 게시 취지·경위·과정 등에 비추어 그 신상정보 공개는 특정된 개별 양육비채무자를 압박하여 양육비를 신속하게 지급하도록 하는 것을 주된 목적으로 하는 사적 제재 수단의 일환에 가까운 점, 위 사이트에서 신상정보를 공개하면서 공개 여부 결정의 객관성을 확보할 수 있는 기준이나 양육비채무자에 대한 사전 확인절차를 두지 않고 양육비 지급 기회를 부여하지도 않은 채 일률적으로 공개한 것은 우리 법질서에서 허용되는 채무불이행자 공개 제도와 비교하여 볼 때 양육비채무자의 권리를 침해하는 정도가 커 정당화되기 어려운 점, 위 사이트에서 공개된 신상정보인 얼굴 사진, 구체적인 직장명, 전화번호는 그 특성상 공개 시 양육비채무자가 입게 되는 피해의 정도가 매우 큰 반면, 피고인들에게 양육비 미지급으로 인한 사회적 문제를 공론화하기 위한 목적이 있었더라도 얼굴 사진 등의 공개는 위와 같은 공익적인 목적과 직접적인 관련성이 있다고 보기 어렵고, 얼굴 사진 등을 공개하여 양육비를 즉시 지급하도록 강제할 필요성이나 급박한 사정도 엿보이지 않는 점 등 제반 사정을 종합하면, 피고인들에게 신상정보가 공개된 피해자들을 비방할 목적이 인정된다는 이유로, 같은 취지에서 피고인들에 대한 위 공소사실을 모두 유죄로 판단한 원심판결이 정당하다(대법원 2024. 1. 4. 선고 2022도699 판결)

6. 출판물에 의한 명예훼손 등

사람을 비방할 목적으로 신문, 잡지 또는 라디오 기타 출판물에 의하여 사실을 적시하여 타인의 명예를 훼손한 경우에는 출판물에 의한 명예훼손죄가 성립한다. 3년 이하의 징역이나 금고 또는 700만원 이하의 벌금에 처한다(제309조제1항). 사람을 비방할 목적으로 신문, 잡지 또는 라디오 기타 출판물에 의하여 허위의 사실을 적시하여 타인의 명예를 훼손한 경우에는 7년 이하의 징역, 10년 이하의 자격정지 또는 1천500만원 이하의 벌금으로 가중처벌된다(제309조제2항). 출판물에 의한 명예훼손죄는 반의사불벌죄로서 피해자의 명시한 의사에 반하여 공소를 제기할 수 없다(제312조제2항).

[4] 비밀침해죄

1. 의의

비밀침해죄는 봉함 기타 비밀장치한 사람의 편지, 문서 또는 도화를 개봉하거나 봉함 기타 비밀장치한 사람의 편지, 문서, 도화 또는 전자기록 등 특수매체기록을 기술적 수단을 이용하여 그 내용을 알아냄으로써 성립하는 범죄이다(제316조). 3년 이하의 징역이나 금고 또는 500만원 이하의 벌금에 처한다(제316조제1항). 보호법익은 개인의 비밀이다.

2. 객체

비밀침해죄의 행위객체는 봉함 기타 비밀장치한 사람의 편지, 문서, 도화 또는 전자기록 등 특수매체기록이다. 봉함이란 겉봉을 파손하지 않고는 그 내용을 알아볼 수 없도록 한 장치를 말한다. 따라서 봉하지 않은 편지나 우편엽서 등은 비밀침해죄의 객체가 되지 않는다. 전자기록 등 특수매체기록에는 컴퓨터하드디스크의 기록, 컴퓨터디스켓, CD-Rom, 녹화필름, 녹음테이프, 마이크로필름 등이 포함된다.

3. 개봉 및 내용탐지

비밀침해죄는 편지 등을 개봉한 경우 또는 기술적 수단을 이용하여 그 내용을 알아낸 경우에 성립한다. 따라서 편지를 개봉한 경우에는 외국어로 쓰여 있어서 내용을 알지 못한 경우에도 비밀침해죄가 성립한다. 또 편지를 개봉하지 않았다 하더라도 투시용 판독기 등을 이용하여 그 내용을 알아낸 경우에도 비밀침해죄는 성립한다.

친권자인 부모는 미성년자인 자녀에게 온 편지를 개봉해 볼 권한이 있다. 그러나 성년인 자녀의 편지는 개봉할 권한이 없다. 부부 사이에도 배우자에게 온 편지를 개봉할 권한이 없다.

4. 친고죄

비밀침해죄는 친고죄이므로 고소가 있어야 공소를 제기할 수 있다(제318조). 누가 피해자로서 고소권자인가에 대해서는 학설이 나뉘고 있으나, 편지의 발신자와 수신자는 편지의 발송 여부를 불문하고 항상 고소권자가 된다는 견해가 다수설이다.

[5] 사기죄

〈사례 1〉 갑은 도박으로 가산을 탕진하고도 정신을 차리지 못하고 고등학교 동창 을에게 집을 사려는데 천만원이 모자라니 빌려주면 곧바로 집을 소유권이전 한 후 은행에서 담보대출을 받아 갚겠다고 하며 천만원을 빌렸다. 갑은 천만원을 가지고 곧바로 도박장으로 달려가 빌린 돈 천만원까지 모두 잃었다. 이러한 갑의 행위는 사기죄를 구성하는가?

〈사례 2〉 갑은 처와 함께 동네 술집에서 술을 마시던 중 옆자리의 손님과 시비가 붙어 다투다가 상대방에게 전치 6주의 상해를 입히고 구속되었다. 갑의 친구 을은 갑의 처에게 접근하여 잘 아는 경찰에게 300만원을 주고 부탁을 하면 잘 처리될 것이라며 돈을 요구하였고 갑의 처는 을의 말을 그대로 믿고 300만원을 마련하여 주었다. 을은 그 돈을 유흥비로 다 써버리고 갑은 결국 재판을 받게 되었다. 이 경우 을의 행위는 사기죄를 구성하는가?

1. 의의

사기죄는 사람을 기망하여 재물의 교부를 받거나 재산상의 이익을 취득함으로써 또는 사람을 기망하여 제3자로 하여금 재물의 교부를 받게 하거나 재산상의 이익을 취득하게 함으로써 성립하는 범죄이다. 10년 이하의 징역 또는 2천만원 이하의 벌금에 처한다(제347조).

사기죄가 성립하려면 ① 기망행위, ② 피기망자의 착오, ③ 재산처분행위, ④ 재산상 손해발생, ⑤ 재산상 이익취득 등이 있어야 하며, 이들 사이에 각각 인과관계가 있어야 한다.

2. 기망행위

기망이란 사람을 착오에 빠지게 하는 일체의 행위를 말한다. 사기죄에서 기망은 행위 당시의 구체적 사정에 비추어 보아 일반인이 착오에 빠질 정도이면 족하다. 다만 거래상의 신의칙에 반하지 않을 정도의 기망은 사기죄를 구성하는 기망행위에 해당하지 않는다. 빌라를 분양함에 있어 평형의 수치를 다소 과장하여 광고한 경우 그것이 사회적으로 용인될 수 있는 상술의 정도를 넘지 않는 한 기망행위에 해당하지 않는다(대법원 1995. 7. 28. 선고 95다19515 판결).

기망의 방법은 구두, 문서, 동작, 태도로도 가능하며, 작위·부작위를 불문한다. 사기죄에 해당하는 사기도박의 경우에 기망은 화투의 조작 즉 동작에 의해 이루어진다. 부작위에 의한 기망은 상대방이 이미 착오에 빠져 있는 상태를 이용하고자 진실을 고지하지 않는 경우에 성립할 수 있다. 다만 이 경우에는 고지의무가 전제되어야 한다. 경매절차가 진행 중인 사실을 모르는 매수인에게 그 사실을 고지하지 않고 건물을 매도한 경우 매도인은 신의칙상 경매절차가 진행 중이라는 사실을 고지할 의무가 있으므로 부작위에 의한 기망에 해당한다.

기망행위에는 명시적으로 행해질 수도 있지만 묵시적으로 행해질 수도 있다. 묵시적 기망행위는 일정한 동작이 상대방의 착오를 유발하는 경우에 성립한다. 무전취식 또는 무전숙박 행위, 습득한 타인의 신용카드를 이용하여 물품을 구매하는 행위, 절취한 예금통장으로 은행에서 예금을 청구하는 행위 등이 이에 해당한다.

매매대금이나 거스름돈 등을 과다하게 수령한 경우, 수령자가 과다한 돈을 교부받기 전 또는 교부받던 중에 그 사실을 알면서도 그대로 수령한 때에는 부작위에 의한 사기죄가 성립한다. 수령자에게 신의칙상 고지의무가 있기 때문이다. 다만 돈을 주고받는 행위를 마친 후에야 비로소 알게 된 경우 수령자의 고지의무 불이행은 초과금액 편취의 수단으로서의 의미가 없으므로 사기죄가 성립하지 않고 점유이탈물횡령죄가 성립한다(대법원 2004. 5. 27. 선고 2003도4531).

〈판례〉 대형백화점의 변칙세일이 사기죄의 기망행위를 구성한다고 한 사례

현대산업화사회에 있어 소비자가 갖는 상품의 품질, 가격에 대한 정보는 대부분 생산자 및 유통업자의 광고에 의존할 수밖에 없고 백화점과 같은 대형유통업체에 대한 소비자들의 신뢰(정당한 품질, 정당한 가격)는 백화점 스스로의 대대적인 광고에 의하여 창출된 것으로서 이에 대한 소비자들의 신뢰와 기대는 보호되어야 한다고 할 것인바, 종전에 출하한 일이 없던 신상품에 대하여 첫 출하시부터 종전가격 및 할인가격을 비교표시하여 막바로 세일에 들어가는 이른바 변칙세일은 진실규명이 가능한 구체적 사실인 가격조건에 관하여 기망이 이루어진 경우로서 그 사술의 정도가 사회적으로 용인될 수 있는 상술의 정도를 넘은 것이어서 사기죄의 기망행위를 구성한다(대법원 1992. 9. 14. 선고 91도2994 판결).

〈판례〉 백화점 식품매장에서 재고생식품의 가공일자를 재포장일자로 변경하여 재판매하는 행위는 사기죄의 기망행위를 구성한다고 한 사례

백화점의 식품매장에서 당일 판매되지 못하고 남은 생식품들에 대하여 그 다음날 아침 포장지를 교체하면서 가공일자가 재포장일자로 기재된 바코드라벨을 부착하여 재판매하는 행위 내지 판매기법은 제품의 신선도에 대한 소비자들의 신뢰를 배신하고 그들의 생식품 구매 동기에 있어서 중요한 요소인 가공일자에 관한 착오를 이용하여 재고상품을 종전 가격에 판매하고자 하는 것으로서 그 사술의 정도가 사회적으로 용인될 수 있는 상술의 정도를 넘은 기망행위에 해당한다(대법원 1995. 7. 28. 선고 95도1157 판결).

3. 피기망자의 착오 등

기망행위에 의해 피기망자가 착오에 빠져 재물을 교부하거나 재산상의 처분행위를 하여야 한다. 피기망자의 처분행위로 인하여 기망자는 재물을 취득하거나 재산상의 이익을 취득하고, 피기망자는 재산상의 손해가 발생하여야 한다. 이들 각 요건들은 서로 인과관계가 있어야 한다.

4. 소송사기

사기죄에서 피기망자와 재산상의 피해자가 반드시 동일인일 필요는 없다. 피기망

자와 재산상의 피해자가 일치하지 않는 가장 전형적인 예가 소송사기이다. 소송사기란 법원에 허위사실을 주장하거나 허위의 증거를 제출하는 방법으로 법원을 기망하여 자기에게 유리한 판결을 얻어 상대방으로부터 재물의 교부를 받거나 재산상의 이익을 취득하는 것을 말한다(대법원 1993. 9. 14. 선고 93도915 판결). 이 때 피기망자는 법원이고 재산상의 피해자는 소송의 상대방이다. 통설과 판례는 소송사기에 대해 사기죄의 성립을 긍정한다.

5. 컴퓨터등 사용사기죄 등

컴퓨터 등 정보처리장치에 허위의 정보 또는 부정한 명령을 입력하거나 권한 없이 정보를 입력·변경하여 정보처리를 하게 함으로써 재산상의 이익을 취득하거나 제3자로 하여금 취득하게 하면 컴퓨터등 사용사기죄가 성립한다. 10년 이하의 징역 또는 2천만원 이하의 벌금에 처한다(제347조의2). 컴퓨터를 이용하여 사람을 기망하지도 않고 현금을 취득하지도 않은 채 예금계좌간의 이동이나 대체송금을 통하여 재산상의 이익을 취득하는 경우에는 사기죄로 처벌할 수 없는 문제가 있어 1995년 형법 개정시 신설된 범죄이다.

부정한 방법으로 대가를 지급하지 아니하고 자동판매기, 공중전화 기타 유료자동설비를 이용하여 재물 또는 재산상의 이익을 취득한 경우에는 편의시설부정이용죄가 성립한다. 3년 이하의 징역, 500만원 이하의 벌금, 구류 또는 과료에 처한다(제348조의2). 유료자동설비의 부정사용은 사람에 대한 기망이 없어 사기죄로 처벌할 수도 없고 공중전화 부정사용의 경우에는 재물의 취득이 없어 절도죄로 처벌할 수 없는 등의 문제점이 있어 1995년 형법 개정시 신설된 범죄이다.

〈판례〉 대출금을 정상적으로 결제할 의사나 능력없이 신용카드를 발급받아 사용한 경우 사기죄의 성립 여부

피고인이 카드사용으로 인한 대금결제의 의사와 능력이 없으면서도 있는 것 같이 가장하여 카드회사를 기망하고, 카드회사는 이에 착오를 일으켜 일정 한도 내에서 카드사용을 허용해 줌으로써 피고인은 기망당한 카드회사의 신용공여라는 하자 있는 의사표시에 편승하여 자동지급기를 통한 현금대출도 받고, 가맹점을 통한 물품구입대금 대출도 받아 카드발급회사로 하여금 같은 액수 상당의 피해를 입게 함으로써, 카드사용으로 인한 일련의 편취행위가 포괄

적으로 이루어지는 것이다. 따라서 카드사용으로 인한 카드회사의 손해는 그것이 자동지급기에 의한 인출행위이든 가맹점을 통한 물품구입행위이든 불문하고 모두가 피해자인 카드회사의 기망당한 의사표시에 따른 카드발급에 터잡아 이루어지는 사기의 포괄일죄이다(대법원 1996. 4. 9. 선고 95도2466 판결).

〈판례〉 금품 등을 받을 것을 전제로 성행위를 하는 부녀를 기망하여
성행위 대가의 지급을 면하는 경우, 사기죄의 성립 여부

일반적으로 부녀와의 성행위 자체는 경제적으로 평가할 수 없고, 부녀가 상대방으로부터 금품이나 재산상 이익을 받을 것을 약속하고 성행위를 하는 약속 자체는 선량한 풍속 기타 사회질서에 위반한 사항을 내용으로 하는 법률행위로서 무효이나, 사기죄의 객체가 되는 재산상의 이익이 반드시 사법(私法)상 보호되는 경제적 이익만을 의미하지 아니하고, 부녀가 금품 등을 받을 것을 전제로 성행위를 하는 경우 그 행위의 대가는 사기죄의 객체인 경제적 이익에 해당하므로, 부녀를 기망하여 성행위 대가의 지급을 면하는 경우 사기죄가 성립한다(대법원 2001. 10. 23. 선고 2001도2991 판결).

〈해설 1〉 용도를 속이고 돈을 빌린 경우에 만일 진정한 용도를 고지하였더라면 상대방이 빌려주지 않았을 것이라는 관계에 있을 때에는 사기죄의 실행행위인 기망은 있는 것으로 보아야 할 것이다(대법원 1996. 2. 27. 선고 95도2828 판결). 따라서 사례에서 갑이 빌린 돈을 도박에 사용하리라는 것을 을이 알았다면 빌려주지 않았을 것이라고 인정되는 경우에는 사기죄가 성립한다.

〈해설 2〉 뇌물로 전해 달라고 지급한 금전은 민법 제746조의 불법원인급여에 해당하여 급여자가 수익자에 대하여 반환청구권을 행사할 수 없다고 하더라도, 수익자가 기망을 통하여 급여자로 하여금 불법원인급여에 해당하는 재물을 제공하도록 하였다면 사기죄가 성립한다(대법원 2004. 5. 14. 선고 2004도677 판결 참조).

[6] 횡령죄

〈사례 1〉 한국대학교 법학과 3학년에 재학 중인 김총무는 법학과 학생회의 총무를 맡아서 학생회비를 관리하던 중 오토바이를 사면서 돈이 모자라자 통장에서 학생회비 30만원을 인출하여 사용하고 보름 뒤 부모님께서 보내온 생활비 중 30만원을 다시 학생회비를 관리하는 통장에 넣었다. 김총무가 사적인 용도로 잠시 학생회비를 사용한 행위는 범죄에 해당하는가?

1. 의의

횡령죄는 타인의 재물을 보관하는 자가 그 재물을 횡령하거나 그 반환을 거부함으로써 성립하는 범죄이다. 5년 이하의 징역 또는 1천5백만원 이하의 벌금에 처한다(제355조제1항).

2. 횡령죄의 주체

횡령죄의 주체는 타인의 재물을 보관하는 자이다. 즉 횡령죄는 보관자라는 신분을 가진 사람만이 범할 수 있는 죄이다. 보관은 위탁관계 내지 신임관계에 의하여 타인의 재물을 사실상 또는 법률상 지배하는 것을 말한다.

명의신탁계약에 의하여 부동산을 자기 명의로 등기한 명의수탁자가 명의신탁자의 동의없이 임의로 제3자에게 부동산을 매도한 경우에는 횡령죄가 성립한다(대법원 2000. 2. 22. 선고 99도5227 판결). 명의수탁자는 부동산을 법률상 지배하는 자로서 타인의 재물을 보관하는 자에 해당하기 때문이다. 타인 소유의 금전을 위탁받아 자기명의로 은행에 예금하고 있는 자도 금전에 대한 법률상의 지배자가 되어, 은행예금을 인출하여 소비하는 행위는 횡령죄에 해당한다.

3. 횡령죄의 객체

횡령죄의 객체는 자기가 보관하는 타인 소유의 재물이다. 여기서 재물이란 동산 또는 부동산을 말하며, 채권은 제외된다. 목적과 용도를 정하여 위탁한 금원은 정해진 목적·용도에 사용될 때까지는 이에 대한 소유권이 위탁자에게 유보되어 있으므로, 타인으로부터 용도나 목적이 엄격히 제한된 자금을 위탁받아 집행하면서 그 제한된 용도 이외의 목적으로 자금을 사용하면 횡령죄가 성립한다(대법원 2006. 11. 9. 선고 2004도3131 판결)

불법원인급여물 예를 들면, 뇌물로 전해달라고 건네준 보석을 수탁자가 임의처분한 경우 횡령죄가 성립하는지에 대해 다수설과 판례는 이를 부정하고 있다. 불법원인급여물은 그 원인행위가 무효임을 내세워 급여자가 부당이득반환청구나 소유권에 기한 반환청구를 할 수 없어서 급여물의 소유권은 수탁자에게 귀속되므로 수탁자가 임의처분하였다고 해도 타인의 재물을 보관 중 횡령하였다고 볼 수 없기 때문이다(대법원 1988. 9. 20. 선고 86도628 판결). 다만 수탁자의 불법성이 급여자의 불법성보다 현저히 큰 경우에는 급여자의 반환청구권이 허용되고, 수탁자의 임의처분행위는 횡령죄를 구성한다.

〈판례〉 보이스피싱으로 제3자 명의 계좌에 송금된 피해금을 제3자가 인출·소비한 경우 횡령죄 성립 여부

계좌명의인은 피해자와 사이에 아무런 법률관계 없이 송금·이체된 사기피해금 상당의 돈을 피해자에게 반환하여야 하므로, 피해자를 위하여 사기피해금을 보관하는 지위에 있다고 보아야 하고, 만약 계좌명의인이 그 돈을 영득할 의사로 인출하면 피해자에 대한 횡령죄가 성립한다. 이때 계좌명의인이 사기의 공범이라면 자신이 가담한 범행의 결과 피해금을 보관하게 된 것일 뿐이어서 피해자와 사이에 위탁관계가 없고, 그가 송금·이체된 돈을 인출하더라도 이는 자신이 저지른 사기범행의 실행행위에 지나지 아니하여 새로운 법익을 침해한다고 볼 수 없으므로 사기죄 외에 별도로 횡령죄를 구성하지 않는다. 한편 계좌명의인의 인출행위는 전기통신금융사기의 범인에 대한 관계에서는 횡령죄가 되지 않는다(대법원 2018. 7. 19. 선고 2017도17494 전원합의체 판결).

〈판례〉 포주가 보관 중인 윤락녀의 화대를 임의처분한 경우 횡령죄 성립 여부

민법 제746조에 의하면, 불법의 원인으로 인한 급여가 있고, 그 불법원인이 급여자에게 있는 경우에는 수익자에게 불법원인이 있는지 여부, 수익자의 불법원인의 정도, 그 불법성이 급여자의 그것보다 큰지 여부를 막론하고 급여자는 불법원인급여의 반환을 구할 수 없는 것이 원칙이나, 수익자의 불법성이 급여자의 그것보다 현저히 큰 데 반하여 급여자의 불법성은 미약한 경우에도 급여자의 반환청구가 허용되지 않는다면 공평에 반하고 신의성실의 원칙에도 어긋나므로, 이러한 경우에는 민법 제746조 본문의 적용이 배제되어 급여자의 반환청구는 허용된다고 해석함이 상당하다.

피고인과 피해자의 사회적 지위, 그 약정에 이르게 된 경위에다가 앞에서 본 약정의 구체적 내용, 급여의 성격 등을 종합해 볼 때, 피고인 측의 불법성이 피해자 측의 그것보다 현저하게 크다고 봄이 상당하므로, 민법 제746조 본문의 적용은 배제되어 피해자가 피고인에게 보관한 화대의 소유권은 여전히 피해자에게 속하는 것이어서, 피해자는 그 전부의 반환을 청구할 수 있고, 피고인이 이를 임의로 소비한 행위는 횡령죄를 구성한다고 보지 않을 수 없다(대법원 1999. 9. 17. 선고 98도2036 판결).

〈판례〉 명의신탁에서 신탁부동산을 임의로 처분한 경우 횡령죄·배임죄 성립 여부

명의신탁자와 명의수탁자가 이른바 계약명의신탁 약정을 맺고 명의수탁자가 당사자가 되어 명의신탁 약정이 있다는 사실을 알고 있는 소유자와 부동산에 관한 매매계약을 체결한 후 매매계약에 따라 부동산의 소유권이전등기를 명의수탁자 명의로 마친 경우에는 부동산 실권리자명의 등기에 관한 법률(이하 '부동산실명법'이라 한다) 제4조 제2항 본문에 의하여 수탁자 명의의 소유권이전등기는 무효이고 부동산의 소유권은 매도인이 그대로 보유하게 되므로, 명의수탁자는 부동산 취득을 위한 계약의 당사자도 아닌 명의신탁자에 대한 관계에서 횡령죄에서 '타인의 재물을 보관하는 자'의 지위에 있다고 볼 수 없고, 또한 명의수탁자가 명의신탁자에 대하여 매매대금 등을 부당이득으로 반환할 의무를 부담한다고 하더라도 이를 두고 배임죄에서 '타인의 사무를 처리하는 자'의 지위에 있다고 보기도 어렵다. 한편 명의수탁자가 매도인에 대한 관계에서 횡령죄에서 '타인의 재물을 보관하는 자' 또는 배임죄에서 '타인의 사무를 처리하는 자'의 지위에 있다고 볼 수도 없다(대법원 2012. 11. 29. 선고 2011도7361 판결).

〈해설 1〉 횡령죄는 타인의 재산을 보관하는 자가 그 재물을 횡령하거나 반환을 거부하는 경우에 성립한다. 여기서 횡령이란 불법영득의사로 가로채는 것을 말하는바, 판례는 비록 횡령 행위자에게 나중에 반환, 변상 또는 충당할 의사가 있었다고 하더라도 보관하는 재물을 처분 또는 소비할 당시에 그 재물을 소유자처럼 처분하려는 불법영득의 의사가 있었음을 이유로 횡령죄의 성립을 인정하고 있다. 따라서 김총무의 행위는 횡령죄에 해당한다.

4. 업무상횡령죄 등

업무상의 임무에 위배하여 타인의 재물을 횡령하거나 그 반환을 거부하는 경우에는 업무상 횡령죄가 성립한다. 10년 이하의 징역 또는 3천만원 이하의 벌금에 처한다(제356조). 업무상 횡령죄의 주체는 타인의 재물에 대한 보관자라는 신분 외에 업무자라는 이중의 신분을 요한다. 회사의 경리 또는 은행원과 같이 타인의 재물을 보관하는 것이 업무로 되어 있는 자의 행위라는 점에서 가중처벌된다.

유실물, 표류물, 매장물 또는 타인의 점유를 이탈한 재물을 횡령하는 경우 점유이탈물횡령죄가 성립한다. 1년 이하의 징역이나 300만원 이하의 벌금 또는 과료에 처한다(제360조). 점유이탈물은 어느 누구의 소유에도 속하지 않는 무주물과는 다르다. 잘못 배달된 우편물, 바람에 날려 자기 집 정원에 떨어진 세탁물, 버스·지하철·택시의 승객이 놓고 내린 물건 등이 이에 해당한다. 무주물은 선점한 자가 소유권을

취득한다(민법 제252조제1항).

〈판례〉 업무상 횡령죄

노동조합이 조합원들의 출퇴근 편의를 위하여 통근차량의 구입 및 유지에 사용하도록 그 용도가 엄격하게 제한된 자금을 사용자단체로부터 수령하여 조합의 '차량유지비' 특별회계로 편성·운용하는 한편, 자금을 그 제한된 용도에 사용하지 아니하고 그 외의 용도인 조합간부 등의 유류비로 지급한 행위는 그 자체로 불법영득의 의사를 실현한 것으로서 횡령에 해당된다(대법원 2007. 2. 22. 선고 2006도2238 판결).

[7] 배임죄

〈사례 1〉 한두번은 자신의 아파트를 갑에게 1억에 매도하기로 하고 계약금과 중도금을 받았으나 그 사이에 아파트 가격이 오르자 을에게 1억5천만원을 받고 소유권이전등기를 해주었다. 이 경우 한두번의 죄책은?

〈사례 2〉 이바람은 내연의 처 한미모가 불륜관계를 지속하는 대가로 이바람 소유의 아파트를 요구하자 이바람은 아파트를 증여하기로 하고, 편의상 매매형식을 빌어 매도증서를 작성한 후 이를 공증을 한 다음 소유권이전등기는 3년 뒤에 경료해 주기로 약정하였다. 이바람이 3년 뒤 이를 이행하지 않는 경우 배임죄가 성립하는가?

〈사례 3〉 갑은 을이 계주가 되어 조직한 낙찰계의 계원으로서 1회부터 14회 때까지 빠짐없이 계불입금을 성실하게 납입하여 오다가 제15회 계모임에 참석하여 낙찰을 받았다. 그런데 을은 계원들로부터 계금을 전부 징수하였음에도 불구하고 갑에게 계가 깨졌다고 거짓말을 하여 갑이 계에 참석하지 못하였고, 그럼으로써 순번이 된 갑은 계금을 탈 수 있는 기회를 잃게 되었다. 이 경우 을의 죄책은?

1. 의의

타인의 사무를 처리하는 자가 그 임무에 위배하는 행위로써 재산상의 이익을 취득하거나 제3자로 하여금 이를 취득하게 하여 본인에게 손해를 가함으로써 성립하는 범죄이다. 5년 이하의 징역 또는 1천5백만원 이하의 벌금에 처한다(제355조제2항). 배임죄는 신의성실의 의무를 위배하여 타인에게 손해를 끼친다는 점 즉, 신뢰관계를 배반하는 배신성에 그 본질이 있다.

2. 행위의 주체

배임죄의 행위주체는 "타인의 사무를 처리하는 자"이다. "타인의 사무를 처리하는 자"는 "대내관계에서 신의성실의 원칙에 따라 맡겨진 사무를 그 타인을 위해 처리할 신임관계에 있는 자"를 의미한다. 타인의 사무를 처리하는 근거는 법령, 위임·고용 등의 계약, 사무관리, 관습 등 어느 것에 의하건 관계없고 사실상의 것도 포함한다.

〈해설 1〉 부동산을 양도하기로 한 양도인의 이전등기의무는 그로써 자기의 재산처분을 완성케 하는 것이어서 본래 양도인 자신의 사무에 속하는 것이다. 그러나 한편으로 양도인의 등기협력 없이는 양수인 앞으로의 소유권이전을 완성할 수 없기 때문에 양도인의 등기의무는 양수인의 소유권취득을 위해 부담하는 타인의 사무에 속한다고 볼 수도 있다. 더욱이 양도인이 계약금 외에 중도금까지 수령한 정도의 단계에 이른 경우라면 그 양도인의 등기협력의무는 양수인을 위하여 부담하는 타인의 사무라고 볼 것이므로 이 경우 양도부동산을 제3자에게 이중매매하고 이전등기를 마친 양도인의 행위는 임무에 위배한 것으로서 배임죄를 구성한다 할 것이다(대법원 1986. 10. 28. 선고 86도936 판결). 따라서 사례에서 갑으로부터 중도금까지 받은 상태에서 을에게 다시 아파트를 이중매매하여 등기이전을 해 준 한두번의 행위는 배임죄에 해당한다.
다만 한두번이 갑으로부터 계약금만 받은 상태라면 언제든지 계약금의 배액을 지급하고 계약을 해제할 수 있으므로(민법 제565조) 이 단계에서는 한두번은 자기의 사무를 처리하는 자에 불과하므로 배임죄의 주체가 될 수 없다.

〈해설 2〉 법률상의 처가 있는 이바람이 내연의 처 한미모와의 불륜관계를 지속하는 대가로서 부동산에 관한 소유권이전등기를 경료해 주기로 한 부동산 증여계약은 선량한 풍속과 사회질서에 반하는 것으로 무효이므로 이바람은 한미모에 대해 증여로 인한 소유권이전등기의무를 부담하지 아니한다. 따라서 이바람은 타인의 사무를 처리하는 자에 해당하지 않으므로 비록 한미모와의 증여계약에 따른 소유권이전등기의무를 이행하지 않는다고 하더라도 배임죄가 성립하지 않는다(대법원 1986. 9. 9. 선고 86도1382 판결).

3. 배임행위 등

배임행위란 타인의 사무를 처리함에 있어 그 임무에 위배되는 행위를 말한다. 임무에 위배되는지 여부는 사무의 내용과 성질 등 구체적 사정을 고려하여 법규, 계약 또는 신의성실의 원칙에 비추어 판단한다.

배임행위에는 신의성실의 원칙상 당연히 하지 않아야 할 것을 기대되는 행위를 함(작위)으로써 또는 당연히 할 것으로 기대되는 행위를 하지 않음(부작위)으로써 본인에 대한 신임관계를 저버리는 일체의 행위가 포함된다. 예를 들면, 은행원이 충분한 담보없이 부실대출하는 행위, 물품매도사무를 처리하는 자가 부당하게 염가로 매도하는 행위, 계주가 계금을 순번이 된 계원에게 정당한 사유없이 지급하지 않는 행위, 채권추심사무를 위임받은 자가 채권의 소멸시효가 완성되도록 고의로 채권추심을 하지 않는 행위 등이 모두 배임행위에 해당한다.

배임죄는 배임행위로 인하여 행위자가 재산상의 이익을 취득하거나 제3자로 하여금 이를 취득하게 하고 본인에게 재산상의 손해를 발생케 해야 한다. 재산상의 이익은 소유권의 취득과 같은 적극적 이익이든, 채무면제와 같은 소극적 이익이든 물문한다. 배임행위로 인한 급부와 반대급부가 상응하고 다른 재산상의 손해도 없는 때에는 전체적 재산가치의 감소, 즉 재산상의 손해가 있다고 할 수 없다(대법원 2005. 4. 15. 선고 2004도7053 판결). 배임행위와 재산상의 손해 사이에는 인과관계가 있어야 한다.

〈해설 3〉 계는 계원과 계주간의 계약관계를 기초로 성립하여 유지되는 것이고, 계원과 계주의 권리의무는 상호 교환적인 것으로서 어느 한쪽이 기본적인 약정을 성실하게 이행하여 왔다면 다른 한 쪽도 그에 대응하는 자신의 의무를 성실하게 이행할 임무가 있다. 낙찰계에 있어서 계원이 계약내용의 가장 기본적인 요소인 계불입금 지급의무를 성실하게 이행하여 왔다면 계주는 계가 파계되었다는 등의 특별한 사정이 없는 한 그 계원에 대하여 계에 참석하여 낙찰받아 계금을 탈 수 있는 기회를 제공하여야 할 임무가 있다고 할 것이다. 그런데 계가 정상적으로 운영되고 있음에도 불구하고 계주가 그 동안 성실하게 계불입금을 지급하여 온 계원에게 계가 깨졌다는 등의 거짓말을 하여 그 계원이 계에 참석하여 낙찰받아 계금을 탈 수 있는 기회를 박탈하여 손해를 가하였다면 계주의 이와 같은 임무위배는 그 계원에 대한 관계에 있어서 배임죄를 구성한다고 할 것이다(대법원 1995. 9. 29. 선고 95도1176 판결).

4. 업무상배임죄 등

업무상의 임무에 위배하여 재산상의 이익을 취득하거나 제3자로 하여금 이를 취득하게 하여 본인에게 손해를 가한 경우에는 업무상배임죄가 성립한다. 10년 이하의 징역 또는 3천만원 이하의 벌금에 처한다(제356조). 업무상 배임죄의 주체는 타인의 사무처리자라는 신분 외에 업무자라는 이중의 신분을 요한다.

타인의 사무를 처리하는 자가 그 임무에 관하여 부정한 청탁을 받고 재물 또는 재산상의 이익을 취득하거나 제3자로 하여금 이를 취득하게 한 때에는 배임수재죄가 성립하고, 타인의 사무를 처리하는 자에게 그 임무에 관하여 부정한 청탁을 하고 재물 또는 재산상의 이익을 공여한 경우에는 배임증재죄가 성립한다(제357조제1항, 제2항). 배임수재죄는 5년 이하의 징역 또는 1천만원 이하의 벌금에 처하며(제357조제1항), 범인 또는 그 사정을 아는 제3자가 취득한 재물은 몰수한다(제357조제3항 전단). 그 재물을 몰수하기 불가능하거나 재산상의 이익을 취득한 때에는 그 가액을 추징한다(제357조제3항 후단). 배임증재죄는 2년 이하의 징역 또는 500만원 이하의 벌금에 처한다(제357조제2항).

부정한 청탁의 예로는 대학교수가 특정출판사의 교재를 채택하여 달라는 청탁을 받고 교재판매대금의 일정비율에 해당하는 금원을 받는 경우, 방송프로듀서가 담당 방송프로그램에 특정가수의 노래만을 자주 방송하여 달라는 청탁을 받고 사례금명목으로 돈을 받은 경우, 은행장이 회수불능이 예상되는 회사로부터 거액의 불량대출을 청탁받은 경우 등을 들 수 있다.

〈판례〉 부정한 청탁

배임수증죄에 있어서의 부정한 청탁이라 함은 청탁이 사회상규와 신의성실의 원칙에 반하는 것을 말하고 이를 판단함에 있어서는 청탁의 내용과 이에 관련되어 교부받거나 공여한 재물의 액수, 형식, 이 죄의 보호법익인 거래의 청렴성 등을 종합적으로 고찰하여야 할 것인바, 종합병원 또는 대학병원 소속 의사들이 자신들이 처방하는 약을 환자들이 예외없이 구입·복용하는 것을 기화로, 의약품수입업자로부터 병당 5만원 내지 7만원씩의 사례비를 줄 터이니 수입하여 시중 약국에는 보급하지 않고 직접 전화주문만 받아 독점판매하고 있는 메가비트 500이라는 약을 본래의 적응증인 순환기질환뿐 아니라 내분비 등 거의 모든 병에 잘 듣는 약이니 그러한 환자에게 원외처방하여 그들로 하여금 위 약을 많이 사먹도록 해달라는 부탁을 받고 금원을 교부받은 경우, 위 의사들은 그 임무에 관하여 부정한 청탁을 받고 금품을 수수하였다고 할 것이므로 위와 같은 행위는 배임수재죄를 구성한다.

임무에 관하여 부정한 청탁을 받고 4회에 걸쳐 합계 금 7백만원을 수수하였다면 그 후에 그중 일부 금원을 다시 되돌려 준 것만으로 이를 수수할 당시에 영득의 의사가 없었다고 단정할 수 없으므로 배임수재죄의 성립에 영향이 없다(대법원 1991. 6. 11. 선고 91도413 판결).

[8] 스토킹범죄

1. 의의

최근 스토킹으로 인하여 정상적인 일상생활이 어려울 만큼 정신적 · 신체적 피해를 입는 사례가 증가하고, 범행 초기에 가해자 처벌 및 피해자에 대한 보호조치가 이루어지지 아니하여 스토킹이 폭행, 살인 등 신체 또는 생명을 위협하는 강력범죄로 이어져 사회문제가 되고 있다. 이에 따라 스트킹이 범죄임을 명확히 규정하고 가해자 처벌 및 그 절차에 관한 특례와 스토킹범죄 피해자에 대한 각종 보호절차를 마련하여 범죄발생 초기 단계에서부터 피해자를 보호하고, 스토킹이 더욱 심각한 범죄로 이어지는 것을 방지하여 건강한 사회질서의 확립에 이바지하기 위해 「스토킹범죄의 처벌 등에 관한 법률」이 2021. 4. 20. 제정되어 2021. 10. 21.부터 시행되고 있다

스토킹범죄란 지속적 또는 반복적으로 스토킹행위를 하는 것을 말한다(제2조제2호). 3년 이하의 징역 또는 3천만원 이하의 벌금에 처한다(제18조제1항). 흉기 또는 그 밖의 위험한 물건을 휴대하거나 이용하여 스토킹범죄를 저지른 사람은 5년 이하의 징역 또는 5천만원 이하의 벌금에 처한다(제18조제2항).

스토킹범죄는 법 제정 당시에는 피해자가 가해자의 처벌을 원치 않는다는 의사를 표시하면 가해자를 처벌할 수 없는 반의사불벌죄로 규정되었으나, 이를 이용하여 피해자에게 합의를 강요하고 협박하는 사례가 적지 않았다. 이에 2023년 6월 22일 개정에서 반의사불벌죄는 폐지되었다.

2. 스토킹행위

스토킹행위란 상대방의 의사에 반하여 정당한 이유 없이 다음 각 목의 어느 하나에 해당하는 행위를 하여 상대방에게 불안감 또는 공포심을 일으키는 것을 말한다(제2조제1호).

① 상대방 또는 그의 동거인, 가족(이하 “상대방등”이라 한다)에게 접근하거나 따라다니거나 진로를 막아서는 행위

② 상대방등의 주거, 직장, 학교, 그 밖에 일상적으로 생활하는 장소(이하 “주거

등"이라 한다) 또는 그 부근에서 기다리거나 지켜보는 행위

③ 상대방등에게 우편 · 전화 · 팩스 또는 정보통신망을 이용하여 물건이나 글 · 말 · 부호 · 음향 · 그림 · 영상 · 화상(이하 "물건등"이라 한다)을 도달하게 하거나 정보통신망을 이용하는 프로그램 또는 전화의 기능에 의하여 글 · 말 · 부호 · 음향 · 그림 · 영상 · 화상이 상대방등에게 나타나게 하는 행위

④ 상대방등에게 직접 또는 제3자를 통하여 물건 등을 도달하게 하거나 주거등 또는 그 부근에 물건등을 두는 행위

⑤ 상대방등의 주거등 또는 그 부근에 놓여져 있는 물건등을 훼손하는 행위

⑥ 다음의 어느 하나에 해당하는 상대방등의 정보를 정보통신망을 이용하여 제3자에게 제공하거나 배포 또는 게시하는 행위

i 「개인정보 보호법」 제2조제1호의 개인정보

ii 「위치정보의 보호 및 이용 등에 관한 법률」 제2조제2호의 개인위치정보

iii i 또는 ii의 정보를 편집 · 합성 또는 가공한 정보(해당 정보주체를 식별할 수 있는 경우로 한정한다)

⑦ 정보통신망을 통하여 상대방등의 이름, 명칭, 사진, 영상 또는 신분에 관한 정보를 이용하여 자신이 상대방등인 것처럼 가장하는 행위

3. 응급조치 등

1) 응급조치

사법경찰관리는 진행 중인 스토킹행위에 대하여 신고를 받은 경우 즉시 현장에 나가 다음 각 호의 조치를 하여야 한다(제2조제1호).

1. 스토킹행위의 제지, 향후 스토킹행위의 중단 통보 및 스토킹행위를 지속적 또는 반복적으로 할 경우 처벌 서면경고
2. 스토킹행위자와 피해자등의 분리 및 범죄수사
3. 피해자등에 대한 긴급응급조치 및 잠정조치 요청의 절차 등 안내
4. 스토킹 피해 관련 상담소 또는 보호시설로의 피해자등 인도(피해자등이 동의한 경우만 해당한다)

2) 긴급응급조치

사법경찰관은 스토킹행위 신고와 관련하여 스토킹행위가 지속적 또는 반복적으로 행하여질 우려가 있고 스토킹범죄의 예방을 위하여 긴급을 요하는 경우 스토킹행위자에게 직권으로 또는 스토킹행위의 상대방이나 그 법정대리인 또는 스토킹행위를 신고한 사람의 요청에 의하여 다음 각 호에 따른 조치를 할 수 있다(제4조).

1. 스토킹행위의 상대방등이나 그 주거등으로부터 100미터 이내의 접근 금지
2. 스토킹행위의 상대방등에 대한 「전기통신기본법」 제2조제1호의 전기통신을 이용한 접근 금지

3) 잠정조치

검사는 스토킹범죄가 재발될 우려가 있다고 인정하면 직권 또는 사법경찰관의 신청에 따라 법원에 다음의 잠정조치를 청구할 수 있다(제8조제1항). 피해자 또는 그 법정대리인은 검사 또는 사법경찰관에게 잠정조치의 청구 또는 그 신청을 요청하거나, 이에 관하여 의견을 진술할 수 있다(제8조제2항).

1. 피해자에 대한 스토킹범죄 중단에 관한 서면 경고
2. 피해자 또는 그의 동거인, 가족이나 그 주거등으로부터 100미터 이내의 접근 금지
3. 피해자 또는 그의 동거인, 가족에 대한 「전기통신기본법」 제2조제1호의 전기통신을 이용한 접근 금지
4. 「전자장치 부착 등에 관한 법률」 제2조제4호의 위치추적 전자장치(이하 "전자장치"라 한다)의 부착
5. 국가경찰관서의 유치장 또는 구치소에의 유치

〈판례〉 휴대전화 벨소리가 울리게 하거나 부재중 전화 문구 등이 표시되도록 한 행위가 스토킹행위에 해당한다고 본 사례

피고인이 피해자의 의사에 반하여 정당한 이유 없이 전화를 걸어 피해자와 전화통화를 하여 말을 도달하게 한 행위는, 전화통화 내용이 불안감 또는 공포심을 일으키는 것이었음이 밝혀지지 않더라도, 피고인과 피해자의 관계, 지위, 성향, 행위 전후의 여러 사정을 종합

하여 전화통화 행위가 피해자의 불안감 또는 공포심을 일으키는 것으로 평가되면, 스토킹범죄의 처벌 등에 관한 법률 제2조 제1호 (다)목 스토킹행위에 해당하게 된다. 설령 피고인이 피해자와의 전화통화 당시 아무런 말을 하지 않아 '말을 도달하게 하는 행위'에 해당하지 않더라도 피해자의 수신 전 전화 벨소리가 울리게 하거나 발신자 전화번호가 표시되도록 한 것까지 포함하여 피해자에게 불안감이나 공포심을 일으킨 것으로 평가된다면 '음향, 글 등을 도달하게 하는 행위'에 해당하므로 마찬가지로 위 조항 스토킹행위에 해당한다.(대법원 2023. 5. 18. 선고 2022도12037 판결).

〈판례〉 수개월 동안 늦은 밤부터 새벽 사이에 반복하여 도구로 벽을 치거나 음향기기를 트는 등으로 주변 이웃들에게 큰 소리가 전달되게 한 행위가 스토킹행위에 해당한다고 본 사례

피고인은 층간소음 기타 주변의 생활소음에 불만을 표시하며 수개월에 걸쳐 이웃들이 잠드는 시각인 늦은 밤부터 새벽 사이에 반복하여 도구로 벽을 치거나 음향기기를 트는 등으로 피해자를 비롯한 주변 이웃들에게 큰 소리가 전달되게 하였고, 피고인의 반복되는 행위로 다수의 이웃들은 수개월 내에 이사를 갈 수밖에 없었으며, 피고인은 이웃의 112 신고에 의하여 출동한 경찰관으로부터 주거지 문을 열어 줄 것을 요청받고도 '영장 들고 왔냐'고 하면서 대화 및 출입을 거부하였을 뿐만 아니라 주변 이웃들의 대화 시도를 거부하고 오히려 대화를 시도한 이웃을 스토킹혐의로 고소하는 등 이웃 간의 분쟁을 합리적으로 해결하려 하기보다 이웃을 괴롭힐 의도로 위 행위를 한 것으로 보이는 점 등 피고인과 피해자의 관계, 구체적 행위태양 및 경위, 피고인의 언동, 행위 전후의 여러 사정들에 비추어 보면, 피고인의 위 행위는 층간소음의 원인 확인이나 해결방안 모색 등을 위한 사회통념상 합리적 범위 내의 정당한 이유 있는 행위라고 볼 수 없고, 객관적·일반적으로 상대방에게 불안감 내지 공포심을 일으키기에 충분하며, 나아가 위와 같은 일련의 행위가 지속되거나 반복되었으므로 '스토킹범죄'를 구성한다(대법원 2023. 12. 14. 선고 2023도10313 판결).

[9] 자동차운전자의 책임

자동차운행 중 교통사고를 낸 운전자는 민사책임 또는 형사책임을 부담한다. 운전자의 민사책임에 관한 법률로는 자동차손해배상보장법이 있고, 형사책임에 관한 법률로는 도로교통법, 교통사고처리특례법, 특정범죄가중처벌등에 관한 법률이 있다.

1. 민사책임

자기를 위하여 자동차를 운행하는 자는 그 운행으로 인하여 다른 사람을 사망하게 하거나 부상하게 한 때에는 그 손해를 배상할 책임을 진다. 즉 자동차운행자가 인체사고를 낸 경우에는 과실의 유무와 관계없이 손해배상책임을 진다. 다만, 다음에 해당하는 경우에는 자동차운행자가 배상책임을 지지 아니한다(자동차손해배상보장법 제3조).

① 승객이 아닌 자가 사망하거나 부상한 경우에 있어서 자기와 운전자가 자동차의 운행에 관하여 주의를 게을리하지 아니하고, 피해자 또는 자기 및 운전자 외의 제3자에게 고의 또는 과실이 있으며, 자동차의 구조상의 결함 또는 기능에 장해가 없었다는 것을 증명한 때

② 승객이 사망하거나 부상한 경우에 있어서 그 사망 또는 부상이 그 승객의 고의나 자살행위로 인한 것인 때

인체사고 이외의 자동차운행자의 손해배상책임에 관하여는 민법의 규정, 즉 일반불법행위책임에 의한다(자동차손해배상보장법 제4조).

2. 형사책임

1) 업무상과실·중과실 치사상죄

자동차운전자가 교통사고로 인하여 사람을 사망이나 상해에 이르게 한 때에는 5년 이하의 금고 또는 2천만원 이하의 벌금에 처한다(교통사고처리특례법 제3조제1항).

2) 교통사고처리 특례

(1) 처벌의 특례

자동차운전자가 업무상과실치상죄 또는 중과실치상죄와 도로교통법 제151조의 죄를 범한 경우에는 피해자의 명시한 의사에 반하여 공소를 제기할 수 없다. 즉 피해자가 운전자의 처벌을 원하지 않는 경우에는 처벌하지 아니한다(교통사고처리특례법 제3조제2항 본문). 다만, 피해자가 사망한 경우에는 특례의 적용대상에서 제외된다.

⊙ 도로교통법 제151조

차의 운전자가 업무상 필요한 주의를 게을리하거나 중대한 과실로 다른 사람의 건조물이나 그 밖의 재물을 손괴한 때에는 2년 이하의 금고나 500만원 이하의 벌금에 처한다.

(2) 보험등에 가입된 경우의 특례

자동차운전자가 업무상과실치상죄 또는 중과실치상죄와 도로교통법 제151조의 죄를 범한 경우 교통사고를 일으킨 차가 보험 또는 공제에 가입된 때에는 비록 피해자가 운전자의 처벌을 원하더라도 그 의사와 무관하게 자동차운전자에 대하여 공소를 제기할 수 없다(교통사고처리특례법 제4조제1항 본문). 피해자가 사망한 경우에는 역시 특례의 적용대상에서 제외된다.

(3) 특례의 예외

자동차운전자가 업무상과실치상죄 또는 중과실치상죄와 도로교통법 제151조의 죄를 범한 경우 다음에 해당하는 때에는 특례의 적용대상에서 제외된다.

① 피해자가 신체의 상해로 인하여 생명에 대한 위험이 발생하거나 불구 또는 불치나 난치의 질병에 이르게 된 경우(교통사고처리특례법 제4조제1항제2호). 다만 이 경우 피해자의 의사에 반하여 처벌할 수는 없다.

② 보험계약 또는 공제계약이 무효 또는 해지되거나 계약상의 면책규정 등으로 인하여 보험사업자 또는 공제사업자의 보험금 또는 공제금 지급의무가 없게 된 경우(교통사고처리특례법 제4조제1항제3호). 다만 이 경우 피해자의 의사에 반하여 처벌할 수는 없다.

③ 피해자 구호조치를 하지 아니하고 도주한 때(교통사고처리특례법 제3조제2항 단서, 제4조제1항제1호). 이 경우에는 피해자의 의사 및 보험가입여부를 불문하고 다음 구분에 따라 가중처벌한다(특정범죄가중처벌 등에 관한 법률 제5조의3 제1항).

i. 피해자를 치사하고 도주하거나, 도주 후에 피해자가 사망한 때에는 무기 또는 5년 이상의 징역에 처한다.

ii. 피해자를 치상한 때에는 1년 이상의 유기징역 또는 500만원 이상 3천만원 이하의 벌금에 처한다.

④ 피해자를 사고장소로부터 옮겨 유기하고 도주한 때(교통사고처리특례법 제3조제2항 단서, 제4조제1항제1호). 이 경우에는 피해자의 의사 및 보험가입여부를 불문하고 다음의 구분에 따라 가중처벌한다(특정범죄가중처벌등에관한 법률 제5조의3 제2항).

i. 피해자를 치사하고 도주하거나 도주 후에 피해자가 사망한 때에는 사형·무기 또는 5년 이상의 징역에 처한다.

ii. 피해자를 치상한 때에는 3년 이상의 유기징역에 처한다.

⑤ 도로교통법 제44조제2항을 위반하여 음주측정요구에 불응하거나 (운전자가 채혈 측정을 요청하거나 동의한 경우는 제외) 음주측정방해행위를 한 때(교통사고처리특례법 제3조제2항 단서, 제4조제1항제1호). 이 경우에는 피해자의 의사 및 보험가입여부를 불문하고 공소를 제기할 수 있다.

⑥ 운전자의 과실이 중대한 다음 12가지 사유에 해당하는 때(교통사고처리특례법 제3조제2항 단서, 제4조제1항제1호). 이 경우에는 피해자의 의사 및 보험가입여부를 불문하고 공소를 제기할 수 있다.

i. 신호기가 표시하는 신호 또는 교통정리를 하는 경찰공무원 등의 신호를 위반하거나 통행금지 또는 일시정지를 내용으로 하는 안전표지가 표시하는 지시에 위반하여 운전한 경우

ii. 중앙선을 침범하거나 고속도로 또는 자동차전용도로에서의 횡단·유턴·후진금지를 위반한 경우

iii. 제한속도를 시속 20킬로미터를 초과하여 운전한 경우

iv. 앞지르기의 방법·금지시기·금지장소 또는 끼어들기의 금지에 위반하여 운전한 경우

v. 철길건널목 통과방법을 위반하여 운전한 경우

vi. 횡단보도에서의 보행자보호의무(일시정지)를 위반하여 운전한 경우

vii. 무면허로 운전하거나 면허의 효력정지 또는 운전의 금지 중 운전한 경우

viii. 음주운전, 약물(마약·대마 및 향정신성의약품 등)의 영향으로 정상한 운전을 하지 못할 염려가 있는 상태에서 운전한 경우

ix. 보도가 설치된 도로의 보도를 침범하거나 보도횡단방법(일시정지)에 위반하여 운전한 경우

x. 승객의 추락방지의무를 위반하여 운전한 경우

xi. 어린이보호구역에서 통행제한 · 통행금지 조치를 준수하고 어린이의 안전에 유의하면서 운전하여야 할 의무를 위반하여 어린이의 신체를 상해에 이르게 한 경우

xii. 자동차의 화물이 떨어지지 아니하도록 필요한 조치를 하지 아니하고 운전한 경우

〈판례〉 도주의 의미

1. 특정범죄 가중처벌 등에 관한 법률 제5조의3 제1항 소정의 '피해자를 구호하는 등 도로교통법 제50조제1항의 규정에 의한 조치를 취하지 아니하고 도주한 때'라 함은 사고 운전자가 사고로 인하여 피해자가 사상을 당한 사실을 인식하였음에도 불구하고 피해자를 구호하는 등 도로교통법 제50조제1항에 규정된 의무를 이행하기 이전에 사고현장을 이탈하여 사고를 낸 자가 누구인지 확정될 수 없는 상태를 초래하는 경우를 말한다(대법원 2005. 12. 9. 선고 2005도5981 판결).

2. 사고 운전자가 사고로 인하여 피해자가 사상을 당한 사실을 인식하였음에도 불구하고 피해자를 구호하는 등 도로교통법 제50조제1항에 규정된 의무를 이행하기 이전에 사고현장을 이탈하였다면, 사고 운전자가 사고현장을 이탈하기 전에 피해자에 대하여 자신의 신원을 확인할 수 있는 자료를 제공하여 주었다고 하더라도, '피해자를 구호하는 등 도로교통법 제50조제1항의 규정에 의한 조치를 취하지 아니하고 도주한 때'에 해당한다(대법원 2005. 12. 9. 선고 2005도5981 판결).

3. 사고 운전자가 피해자를 병원에 후송하여 치료를 받게 하는 등의 구호조치는 취하였다고 하더라도, 피해자 등이 사고 운전자의 신원을 쉽게 확인할 수 없는 상태에서 피해자 등에게 자신의 신원을 밝히지 아니한 채 병원을 이탈하였다면 '도로교통법 제50조제1항의 규정에 의한 조치'를 모두 취하였다고 볼 수 없다(대법원 2006. 1. 26. 선고 2005도8264 판결).

4. 사고 운전자가 사고로 인하여 피해자가 사상을 당한 사실을 인식하였음에도 불구하고 피해자를 구호하는 등 도로교통법 제50조제1항에 규정된 의무를 이행하기 이전에 사고현장을 이탈하였다면, 사고 운전자가 사고현장을 이탈하기 전에 피해자에 대하여 자신의 신원을 확인할 수 있는 자료를 제공하여 주었다고 하더라도, 여전히 '피해자를 구호하는 등 도로교통법 제50조제1항의 규정에 의한 조치를 취하지 아니하고 도주한 때'에 해당한다(대법원 2005. 9. 9. 선고 2005도3244 판결).

〈판례〉 신호위반

교차로와 횡단보도가 인접하여 설치되어 있고 차량용 신호기는 교차로에만 설치된 경우에 있어서는, 그 차량용 신호기는 차량에 대하여 교차로의 통행은 물론 교차로 직전의 횡단보도

에 대한 통행까지도 아울러 지시하는 것이라고 보아야 할 것이고, 횡단보도의 보행등 측면에 차량보조등이 설치되어 있지 않다고 하여 횡단보도에 대한 차량용 신호등이 없는 상태라고는 볼 수 없다.

결국 이 사건 사고 당시 만약 피고인이 차량 신호등은 적색이고 횡단보도의 보행등은 녹색이었음에도 불구하고 우회전하기 위하여 횡단보도를 침범하여 운행한 것이라면, 이는 도로교통법 제5조의 규정에 의한 신호기의 신호에 위반하여 운전한 경우에 해당한다(대법원 1997. 10. 10. 선고 97도1835 판결).

〈판례〉 중앙선 침범

1. 차량진행방향 좌측으로 휘어지는 완만한 커브길(편도 1차선)을 비오는 상태에서 시속 50Km로 화물자동차를 운전하다가 약 20m 앞 횡단보도 우측에 보행자들이 서있는 것을 발견하고 당황한 나머지 감속을 하기 위하여 급제동조치를 취하다가 차가 빗길에 미끄러지면서 중앙선을 침범하여 반대편 도로변에 있던 피해자들을 차량으로 치어 중상을 입힌 것이라면, 운전자가 진행차선에 나타난 장애물을 피하기 위하여 다른 적절한 조치를 취할 겨를이 없었다고는 할 수 없으며, 또 빗길이라 하더라도 과속상태에서 핸들을 급히 꺾지 않는 한 단순한 급제동에 의하여서는 차량이 그 진로를 이탈하여 중앙선 반대편의 도로변을 덮칠 정도로 미끄러질 수는 없는 것이어서 그 중앙선침범이 운전자가 지배할 수 없는 외부적 여건으로 말미암아 어쩔 수 없었던 것이라고도 할 수 없다(대법원 1991. 10. 11. 선고 91도1783 판결).

2. 반대차선에서 오토바이가 진행하여 오고 있는 것을 보고도 좌회전하기 위하여 반대차선으로 넘어들어 가다가 미처 반대차선을 완전히 벗어나기도 전에 반대차선에서 진행하여 오던 오토바이와 부딪쳤다면, 다른 특별한 사정이 없는 한 피고인이 반대방향의 교통에 충분한 주의를 기울이면서 중앙선을 침범하여 반대차선으로 넘어 들어갔다고 인정하기는 어려운 것이므로, 단지 운전사가 당시 중앙선을 넘을 필요가 있었고 반대방향의 교통을 살펴보고 충분히 좌회전할 수 있을 것으로 생각하였다는 사유만으로 중앙선침범사고에 해당하지 아니한다고 할 수 없다(대법원 1990. 10. 26. 선고 90도1656 판결).

〈판례〉 비보호좌회전 표시나 유턴표시가 없는 교차로에서
좌회전 또는 유턴이 허용되는지 여부

교차로에 녹색, 황색 및 적색의 삼색등화만이 나오는 신호기가 설치되어 있고 달리 비보호좌회전 표시나 유턴을 허용하는 표시가 없는 경우에 차마의 좌회전 또는 유턴은 원칙적으로 허용되지 않는다고 보아야 한다.

횡형삼색등 신호기가 설치되어 있고 비보호좌회전 표지가 없는 교차로에서 녹색등화시 유턴하여 진행하였다면 반대 진행방향 차량뿐만 아니라 같은 진행방향의 후방차량에 대하여도 신호위반의 책임을 진다(대법원 2005. 7. 28. 선고 2004도5848 판결).

〈판례〉 앞지르기 위반

1. 도로교통법 제20조의2는 "모든 차의 운전자는 다음 각 호의 1에 해당하는 곳에서는 다른 차를 앞지르지 못한다"고 일정한 장소에서의 앞지르기를 금지하고 있으므로, 같은 조의 각 호에 해당하는 곳에서는 앞차가 진로를 양보하였다 하더라도 앞지르기를 할 수 없다(대법원 2005. 1. 27. 선고 2004도8062 판결).

2. 편도 1차로 도로로서 황색실선의 중앙선 표지가 있는 장소에서는 설사 앞서가던 버스가 정차하여 후행 차량의 진행로를 막고 있었다고 하더라도, 그 버스를 피하여 앞서가기 위하여 황색실선의 중앙선을 넘어 자동차를 운행할 수는 없다(대법원 1997. 7. 25. 선고 97도927 판결).

〈판례〉 횡단보도에서의 보행자보호의무 위반

횡단보도에 보행자를 위한 보행등이 설치되어 있지 않다고 하더라도 횡단보도표시가 되어 있는 이상 그 횡단보도는 도로교통법에서 말하는 횡단보도에 해당하므로, 이러한 횡단보도를 진행하는 차량의 운전자가 도로교통법 제24조제1항의 규정에 의한 횡단보도에서의 보행자보호의무를 위반하여 교통사고를 낸 경우에는 교통사고처리특례법 제3조제2항 단서 제6호 소정의 횡단보도에서의 보행자보호의무 위반의 책임을 지게 되는 것이며, 비록 그 횡단보도가 교차로에 인접하여 설치되어 있고 그 교차로의 차량신호등이 차량진행신호였다고 하더라도 이러한 경우 그 차량신호등은 교차로를 진행할 수 있다는 것에 불과하지, 보행등이 설치되어 있지 아니한 횡단보도를 통행하는 보행자에 대한 보행자보호의무를 다하지 아니하여도 된다는 것을 의미하는 것은 아니므로 달리 볼 것은 아니라고 할 것이다(대법원 2003. 10. 23. 선고 2003도3529 판결).

〈판례〉 무면허운전

1. 면허증에 그 유효기간과 적성검사를 받지 아니하면 면허가 취소된다는 사실이 기재되어 있고, 이미 적성검사 미필로 면허가 취소된 전력이 있는데도 면허증에 기재된 유효기간이 5년 이상 지나도록 적성검사를 받지 아니한 채 자동차를 운전하였다면 비록 적성검사 미필로 인한 운전면허 취소사실이 통지되지 아니하고 공고되었다 하더라도 면허취소사실을 알고 있었다고 보아야 하므로 무면허운전죄가 성립한다(대법원 2002. 10. 22. 선고 2002도4203 판결).

2. 무면허운전으로 인한 도로교통법위반죄에 있어서는 어느 날에 운전을 시작하여 다음날까지 동일한 기회에 일련의 과정에서 계속 운전을 한 경우 등 특별한 경우를 제외하고는 사회통념상 운전한 날을 기준으로 운전한 날마다 1개의 운전행위가 있다고 보는 것이 상당하므로 운전한 날마다 무면허운전으로 인한 도로교통법위반의 1죄가 성립한다고 보아야 할 것이고, 비록 계속적으로 무면허운전을 할 의사를 가지고 여러 날에 걸쳐 무면허운전행위를 반복하였다 하더라도 이를 포괄하여 일죄로 볼 수는 없다(대법원 2002. 7. 23. 선고 2001도6281 판결).

찾아보기

◀ ㅇ ▶

저자 약력

손수진

한양대학교 대학원 박사과정 수료(법학박사)
한국소비자원 선임연구원
사법시험 제1차시험 문제은행 심사위원
사법시험 제1차시험 문제은행 출제위원
사법시험 제1차시험 시험위원
충남지방노동위원회 심판담당 공익위원
충청남도 교육청 행정심판위원회 위원
현) 충청남도 행정심판위원회 위원
　　국민권익위원회 민원조정위원회 위원
　　국립공주대학교 법학과 교수

[저서·논문]
「광고관련 법원판례집」
「광고관련 법규집」
"품질보증제도 개선에 관한 연구"(공저)
"광고주·광고대행사·매체사의 법률관계에 관한 연구"
"부당광고의 오인야기성"
"표시·광고의 공정화에 관한 법률상의 광고실증제에 관한 연구"
"부당광고로 인한 소비자피해의 사법적 구제에 관한 연구"
"GMO식품표시제도의 개선방안에 관한 연구"
"공정거래법상 전속고발제에 관한 연구"
"복수노조의 교섭창구 단일화제도에 관한 연구"

제4판
현대사회와 법

초판발행　2015년 3월 1일
제2판발행　2016년 2월 29일
제3판발행　2018년 2월 20일
제4판발행　2022년 2월 28일
제5판인쇄　2025년 8월 20일
제5판발행　2025년 8월 28일

지은이　손수진
펴낸이　이원일

펴낸곳　學林
서울시 도봉구 마들로 859-19, 105-705
등록 제25100-2009-000026호
전 화　02)941-7898　팩 스　02)931-7868
홈페이지　www.haklim.com
ISBN　979-11-86422-44-1　93360

정 가　20,000원